HANS JÜRGEN HERINGER

Grammatik und Stil

Praktische Grammatik des Deutschen

Cornelsen

Für Georg,
den großen Grammatikus

Für den Gebrauch an Schulen

1. Auflage – 2. Druck 1995
Alle Drucke dieser Auflage können, weil untereinander unverändert,
im Unterricht nebeneinander verwendet werden.
© 1989 Cornelsen Verlag, Berlin
Das Werk und seine Teile sind urheberrechtlich geschützt.
Jede Verwertung in anderen als den gesetzlich zugelassenen Fällen
bedarf deshalb der vorherigen schriftlichen Einwilligung des Verlages.
Satz: Kösel GmbH, Kempten
Druck: Saladruck, Berlin
ISBN 3-454-22705-4
Bestellnummer 227054

 gedruckt auf säurefreiem Papier, umweltschonend
hergestellt aus chlorfrei gebleichten Faserstoffen

Inhalt

Hinweise zur Benutzung

Diese Grammatik enthält
– die grundlegenden Regeln der deutschen Sprache,
– Hinweise auf Schwierigkeiten und häufige Fehler,
– Tips für guten Stil und verständliches Schreiben.

Als Benutzer solltest du wissen, wie du mit der Grammatik umgehst, damit du auch Antworten auf deine Fragen findest.

Erste Problemstellung

Du willst dich über eine grammatische Erscheinung des Deutschen informieren, zum Beispiel: Wie sind einfache Sätze aufgebaut?
Dazu kannst du vom Inhaltsverzeichnis ausgehen. Du findest dort dieses Teilgebiet in seinem Zusammenhang. Im Text findest du noch weitere Orientierung: Jeder Paragraph hat am Rand einen Hinweis auf seinen speziellen Inhalt. Du kannst aber auch vom Sachregister (S. 381) ausgehen. Du suchst unter dem Stichwort *Satz*. Dort findest du *Satztypen* und Hinweise auf die entsprechenden Paragraphen. Die erste Zahl nennt dir gewöhnlich den Paragraphen, wo die Erscheinung definiert ist.

Zweite Problemstellung

Du liest in dieser Grammatik oder in einer anderen oder sonstwo etwas über Sprache und verstehst einen grammatischen Fachausdruck nicht (z. B. *Kongruenz*). Dann schaust du ins Sachregister und findest dort Hinweise auf verschiedene Paragraphen. Im ersten Paragraphen findest du gewöhnlich die Definition des Fachausdrucks, in den übrigen ist dargestellt, wo diese grammatische Erscheinung eine Rolle spielt.

Viele grammatische Erscheinungen haben aber mehrere Bezeichnungen. Vielleicht suchst du unter einem Stichwort, das in dieser Grammatik gar nicht verwendet wird. Dann wirst du deinen Ausdruck aber doch im Register finden und dazu den Ausdruck, der heute üblich ist und den die Konferenz unserer Kultusminister empfiehlt. Außerdem wird noch der Paragraph angegeben, wo die Erscheinung erklärt ist.

Dritte Problemstellung

Du hast Zweifel, ob man sich so ausdrücken kann. Kann man etwa sagen:
    Die Meinung seines Lehrers, eines Fachmanns auf diesem Gebiet, . . .

Oder muß es heißen:
    Die Meinung seines Lehrers, ein Fachmann auf diesem Gebiet, . . .

Dafür gibt es ein Problemregister (S. 373). Du brauchst eine ganz allgemeine
grammatische Bezeichnung für das grammatische Problem. Hier könntest du
zum Beispiel schauen unter *Substantiv* und weiter unter *Zusatz*, wo du eine
verständliche Formulierung deiner Problemstellung findest und einen Hinweis
auf den Paragraphen, in dem sie behandelt wird.

Vierte Problemstellung

Du möchtest deinen Stil verbessern. Hier kannst du über das Inhaltsverzeichnis
einsteigen. Du findest zu jedem Unterkapitel einen stilistischen Abschnitt, in
dem die einschlägigen Stilprobleme an Texten vorgeführt sind. Dazu werden
Möglichkeiten gezeigt, wie du es besser machen kannst, und Tips gegeben.
Du mußt diese stilistischen Kapitel nicht nacheinander lesen, sondern du
kannst dir eines aussuchen zu einer Erscheinung, die dich besonders interessiert.
Das Kapitel über den Text behandelt außerdem die wichtigsten Erscheinungen,
die der gute Schreiber kennen und beachten muß. Hier findest du etwas über
den Aufbau und die Ordnung eines Textes. Hier findest du aber auch Tips
dafür, wie du deinem Leser den Zusammenhang klar und verständlich machst.

Einführung: Grammatik und Stilistik oder
Wie man richtig und angemessen schreibt

Jede Sprache hat zwei große Arsenale, aus denen sie sich nährt: den Wortschatz und die Grammatik. Der Wortschatz (er ist wirklich ein Schatz) ist die Vorratskammer der Wörter, in der sie bereitstehen für die Verwendung in Sätzen. Die Grammatik enthält die Regeln, die bestimmen, wie man die Wörter abwandelt und zu Sätzen zusammenfügt.

Aber jede Sprache lebt nur in ihrem Gebrauch. Darum muß ein Sprecher oder Schreiber wissen, was er im Gebrauch der Wörter und Sätze erreichen kann, wie sein Partner ihn verstehen wird. Und ebenso muß ein Hörer oder Leser merken, was sein Partner gemeint haben könnte. Das Lexikon enthält die Wörter mit ihren Bedeutungen; die Grammatik sagt, welche Zusammenfügungen korrekt sind und was sie bedeuten. Aber das ist nicht alles. Im Gebrauch geht es um mehr: Die Bedeutung ist nur Dienerin, um einen bestimmten Sinn zu vermitteln, und der Sinn wird erst deutlich im Zusammenhang. Kontext und Situation bestimmen, wie eine Äußerung wirkt und wie sie zu verstehen ist. Erst im Gebrauch entfaltet sich der volle Sinn.

Was brauchst du also, wenn du gut und überlegt schreiben willst?
– Du mußt die Bedeutungen der Wörter kennen. Da hilft ein Lexikon.
– Du mußt die Regeln für den Satzbau kennen. Da hilft die Grammatik.
– Du mußt die Wirkung der Äußerungen kennen. Da hilft die Stilistik.

Darum bewegt sich der überlegte Schreiber zwischen Regeln und Freiheit. Das Reich der Regeln ist die Grammatik. Regeln legen fest, was überhaupt in einer Sprache möglich ist. So geht es in der Grammatik um richtig oder falsch. Sätze, die nicht den grammatischen Regeln entsprechen, sind eben keine richtigen Sätze, man kann sie nicht verstehen:

    Mit weißer kannst sich keines leisten.

Das ist Unsinn!

Das Reich der Freiheit ist die Stilistik. Es gibt unendlich viele korrekte Sätze, aber jeder ist nur ganz bestimmten Zwecken angemessen. So geht es in der Stilistik um angemessen oder unangemessen. Immer wenn wir schreiben, haben wir nämlich mehrere Möglichkeiten:

    Schau ihr ins Antlitz!
    Guck ihr ins Gesicht!
    Du sollst ihr in die Visage glotzen!
    Könntest du den Blick auf ihr Gesicht richten?

Aber glaub nicht, daß die Varianten das gleiche sagen! Jede hat ihre eigene Wirkung, jede wird anders bewertet. Der Schreiber muß wählen und bedenken, wie sein Leser reagieren wird.

Die Stilistik gibt die Varianten und Verwandten. Sie sagt auch, wie sie wirken: kühl und sachlich oder lebendig, bildhaft und gefühlvoll; offiziell oder ungezwungen; modisch-modern oder altertümlich; klar oder verschwommen; knapp oder breit; gehoben oder salopp oder gar ordinär. Und sie sagt, zu welcher Stilschicht sie gehören: Standardsprache, Umgangssprache, Literatursprache, Mundart, Schriftsprache, Geschäftssprache, Verwaltungssprache, Jugendsprache.

Wer gut schreiben will, sollte die Regeln und Normen kennen. Aber er muß sich nicht immer daran halten. Auch Verstöße gegen Normen und Regeln haben stilistische Wirkung. Wer diese Wirkung will, wird Verstöße wagen.

Und trotzdem sollte er sich an einige Grundregeln halten. Hier sind die goldenen Regeln für gutes Schreiben und Sprechen:

1. Schreib verständlich! Bedenke, für wen du schreibst!

Denk immer daran, daß du für jemanden schreibst, der dich verstehen soll. Darum kommt es darauf an, welche Ausdrucksweisen und Wörter dein Partner kennt, und auch, was er schon weiß. Also vermeide Wörter, die für deinen Partner schwierig sind, z. B. Fachwörter, Dialektwörter, Abkürzungen, die er nicht versteht. Auch manche Fremdwörter versteht noch lang nicht jeder. Am besten, du tust deinem Partner all das nicht an, was du selbst beim Hören oder Lesen schwierig findest.

Bedenke auch, was dein Partner wissen kann. Wenn du jemanden bittest: *Gib mir mein Handtuch!*, dann kann er die Bitte nur erfüllen, wenn er weiß, welches dein Handtuch ist, wie es aussieht, wo es hängt usw.

Wer sich um seinen Partner nicht kümmert, dem hört keiner zu.

2. Schreib einfach und klar! Vermeide Mehrdeutigkeiten!

Schwierige Satzformen machen nicht nur dir selbst zu schaffen, auch dein Partner kann sie schwer entschlüsseln. Im Sprechen verwendet man meistens einfache Satzformen. Darum schreib, wie du sprichst. (Vermeide allerdings die Nachlässigkeiten der Sprechsprache.)

Das treffende Wort spart oft viel Umständlichkeit. Schreib einfach:

> Wir haben die Stühle gepolstert.
> Er war ein Hüne.
> Was jetzt kommt, wird sehr unterhaltsam sein.

statt: Wir haben die Stühle mit Polstern versehen.
> Er war ein großer, wuchtiger und starker Mann.
> Was jetzt kommt, wird etwas mit einem Unterhaltungswert zu tun haben, der sehr, sehr hoch ist.

Umständlichkeit zahlt sich nicht aus.

Mehrdeutigkeiten sind der Feind jeder Verständigung. Als Schreiber bemerkt man sie oft nicht. Man selbst weiß ja, was man meint.

❀   Sehr geehrte Frau Tietze,
meine Tochter kann am Montag nicht zur Schule kommen.
Das Schwein wird geschlachtet.

Hochachtungsvoll
Alfred Fritz

Auch die klare Ordnung ist wichtig. Also, eins nach dem andern, und zeig die Ordnung auch!

3. Schreib genau, doch nicht übergenau!

Genau sprechen und schreiben heißt so sprechen und schreiben, daß der Partner genau versteht, was man meint. Wenn du ihm vielleicht sagen willst, wohin er einen Gegenstand legen soll, dann mußt du ihm genau sagen, welchen Gegenstand und an welchen Ort. Beispiel:
Leg ihr die rote Kugel in die linke Ecke.

Du kannst dir aber Ausdrücke sparen, auf die es nicht ankommt. Wenn es zum Beispiel nur eine Kugel gibt, wäre die Charakterisierung *rot* überflüssig. Sie bringt nur Genauigkeit, wenn etwa noch eine grüne da ist. Übergenauigkeit verwirrt den Partner. Sagst du ihm, du kommst um sechs, erscheint ihm alles normal. Sagst du ihm, du kommst um 18.03 Uhr und 10 Sekunden, dann wird er sich sehr wundern.

Also: Nicht so genau wie möglich, sondern so genau wie nötig!

4. Fasse dich kurz!

Alles Überflüssige kannst du weglassen. Es verwirrt deinen Partner nur. Überflüssig ist,
– was schon einmal gesagt ist,
– was aus dem Kontext hervorgeht,
– was dein Partner schon weiß.

Also keine Wiederholungen! Schreibe etwa:
Ich nehme das Medikament vor oder nach den Mahlzeiten.
statt: Ich nehme das Medikament vor den Mahlzeiten oder nach den Mahlzeiten.

Nichts doppelt moppeln! Was in einem Wort schon enthalten ist, braucht man nicht mit einem andern noch einmal zu sagen:

🔥   Die Socken sind schon hundertprozentig ausverkauft.

Ist da nicht etwas zweimal gesagt? Und ebenso in:

🔥   Wir schlenderten langsam die Straße entlang.

🔥   Ich muß nochmals wiederholen . . .

Keine Floskeln! Klingt es nicht etwas aufgeblasen, wenn in einer einfachen Entschuldigung steht:

        Meine Tochter ist einer Erkältung zum Opfer gefallen.

        Meine chronische Arbeitsüberlastung ist schon ein Dauerzustand geworden.

Also, mach nicht zuviel Worte! Ihre Anzahl muß dem Gehalt der Aussage angemessen sein. Überflüssiges läßt Aufmerksamkeit und guten Willen deines Partners schnell erlahmen.

5. Überleg, bevor du schreibst! Bedenke, was du erreichen willst!

Manch einer meint, der gute Schreiber falle vom Himmel: Entweder man kann es, oder man kann es nicht. So ist es aber nicht.

Der gute Schreiber lernt ständig und schreibt bewußt:
– Er überlegt vorher, sammelt, macht sich einen Plan und eine Ordnung.
– Er übt ständig, schaut beim Lesen, wie es die Könner machen.
– Er überarbeitet seinen Text, erprobt Alternativen und neue Möglichkeiten.

Erstes Kapitel: Das Wort und die Wortarten

1   Wort und Satz sind die Grundeinheiten der Sprache. Das Wort ist ein Baustein für Sätze, das gleiche Wort kann in vielen Sätzen vorkommen. Aber was ist ein Wort? Und was ist ein Wort, was sind zwei? Das Wort ist definiert durch folgende Eigenschaften:

- Ein Wort ist selbständig; vor ihm und nach ihm kann man beim Sprechen eine Pause machen.
- Ein Wort hat eine bestimmte Bedeutung; seine Bestandteile haben meistens keine selbständige Bedeutung.
- Ein Wort ist die Form, in der wir es zitieren, in der es im Wörterbuch steht.
- Ein Wort ist eine Einheit im Bewußtsein der Sprecher. Sie wissen, was als Grundbaustein zur Verfügung steht und wie man Wörter in Sätze einbauen kann.
- Ein Wort wird als orthographische Einheit geschrieben; vor und nach dem Wort machen wir Lücken.

Definition des Wortes

2   All diese Merkmale des Wortes sind mit Vorsicht zu genießen:

Einschrän-kungen

- Was im Wörterbuch steht, ist nur die allgemeine Form eines Wortes. Wörter sind Chamäleons. In einem Satz, einem Text kann ein Wort seine Form ändern; trotzdem bleibt es das gleiche Wort:

  Der Mantel und der Ring der Frau wurden von dem Ehegatten gefunden. Die ersten beiden Vorkommen von *der* gehören zu dem gleichen Wort, das dritte aber ist – obwohl es genauso lautet – eine Form des Wortes *die*, und das nachfolgende *dem* ist erstaunlicherweise wieder das Wort *der*, nur in anderer, abgewandelter Gestalt.

- Was ein Wort ist und was zwei sind, kann sich ändern. Wörter können zusammenwachsen, verschmelzen und sich trennen:

  Zusammenrückung:
      Rad fahren – radfahren
      im Stande sein – imstande sein
      Dank sagen – danksagen
  Verschmelzung:
      in dem Dorf – im Dorf
      Ich habe es! – Ich hab's!
  Trennung:
      Wir wollen abfahren. – Wir fahren ab.

  Darum ist die Schreibung oft schwierig.

    – Was gleich lautet, können doch zwei Wörter sein. In der gleichen Lautform
      können sich mehrere Wörter verstecken:
        Das war sein erster **Laut**.
        Sie waren sehr **laut**.
        Aber **laut** Presseberichten wird der Vertrag unterzeichnet.

die zehn   **3**   Wörter sind Bausteine. Aber nicht alle Wörter sind gleichartig, es gibt
Wortarten   verschiedene Arten für verschiedene Zwecke. Das Deutsche hat zehn Wort-
arten: Verb, Substantiv, Adjektiv, Artikel, Pronomen, Adverb, Präposition,
Partikel, Konjunktion/Subjunktion, Interjektion. Jede Wortart hat ihre eigene
grammatische Funktion, und viele haben ihre eigene Abwandlung (Flexion).
Man kann die Wortarten ordnen nach ihren grammatischen Eigenschaften:

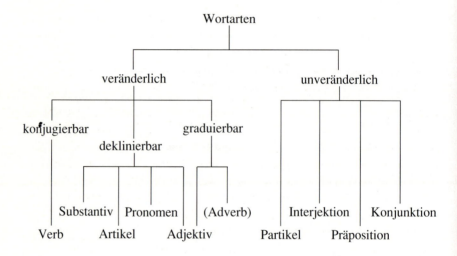

4   Auch nach ihrer inhaltlichen Leistung kann man die Wortarten ein-   Leistung der
teilen: Wortarten

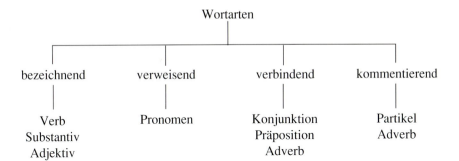

Außerdem haben die Wortarten unterschiedliche Arbeitsgebiete:
– Verben bezeichnen Handlungen und Vorgänge;
– Substantive bezeichnen Gegenstände, Personen und Lebewesen;
– Adjektive bezeichnen Eigenschaften und Merkmale.

Das sind aber nur die typischen Aufgaben. Hinzu kommen noch andere, und manchmal helfen sich die Wörter auch gegenseitig aus. So können auch Substantive Eigenschaften bezeichnen wie *Blau*, *Größe* usw.

●●●

Wortarten darf man nicht mit Satzgliedern verwechseln. Ein Satzglied kann nämlich aus mehreren Wörtern unterschiedlicher Wortarten bestehen. *Schule* ist ein Substantiv. Es ist Teil des Satzglieds Subjekt in folgendem Beispiel:

Unsere neue Schule ist bald fertig.
    Subjekt

Aber das Subjekt enthält noch die Wörter *unsere* und *neue*.

●●●

1   Das Verb

1.1 Abgrenzung und Arten von Verben

Beispiele

| 5 | Verben (auch Zeitwörter, Tätigkeitswörter genannt) sind die hervorgehobenen Wörter in folgenden Beispielen:

So **geht** es im Leben.

Es **heißt**, es **habe** drei Sorten **gegeben**.

Jetzt **ist** ein Grundkurs in einer weiteren Sprache **geplant**.

Sie **wollten** zuerst die Braut **interviewen**.

Bringst du deine Verwunderung zum Ausdruck?

Verben sind die zweitgrößte Wortart im Deutschen.

Arten von
Verben

| 6 | Verben bilden den Kern von Verbalphrasen (→ |230|). Sie können weitere Verben an sich binden, aber auch Adjektive und Nominalphrasen. Nach ihrer grammatischen Rolle unterscheidet man:

– Vollverben wie *gehen, machen, liegen.*
  Sie sind eigenständig und können allein das Prädikat bilden.

– Hilfsverben wie *haben, sein, werden.*
  Als Hilfsverben brauchen sie andere Verben, mit denen sie Tempusformen usw. bilden: *ist gegangen, wird gehen.*

– Modalverben wie *müssen, sollen, können, dürfen, wollen, mögen.*
  Sie müssen sich mit dem Infinitiv eines andern Verbs verbinden: *kann gehen, wollen gehen.*

– Funktionsverben wie (*zum Ausdruck*) *kommen,* (*zur Geltung*) *bringen* usw.
  Als Funktionsverben verbinden sie sich mit Verbalsubstantiven und bilden verbale Streckformen. Das Funktionsverb hat dabei nur wenig Bedeutung, die Hauptbedeutung trägt das Verbalsubstantiv.

Ergänzungs-
bedürftigkeit

| 7 | Verben spielen eine wichtige Rolle im Satz. Sie verlangen nach Ergänzung durch andere Satzglieder; sie haben eine Valenz (oder Wertigkeit). Danach sind zu unterscheiden:

– einwertige Verben wie *schlafen, blühen, arbeiten.*
  Sie brauchen eine einzige Ergänzung, fast immer das Subjekt:

  Der Meister schläft.
  Subjekt

– zweiwertige Verben wie *sehen, erkennen, herstellen, heißen, danken.*
 Sie brauchen zwei Ergänzungen, meistens das Subjekt und ein Objekt:

     Die Menschen erkennen die Welt.

      Subjekt   Objekt

– dreiwertige Verben wie *geben, schenken, beliefern, beschuldigen, legen.*
 Sie brauchen drei Ergänzungen, meistens das Subjekt und zwei Objekte:

     Einige Leute gaben den Kindern Süßigkeiten.

      Subjekt   Objekt   Objekt

Alle Verben, die einen Akkusativ verlangen, sind transitive (zielende) Verben.
Bei ihnen stellt sich die Frage *wen?* oder *was?* Die anderen sind intransitiv.
Transitive Verben sind z. B. *sehen, lieben, schlagen, umgraben, abschlagen.*
Sie lassen ein persönliches Passiv (→ 242) zu:

     Ihr wurdet gesehen.

Viele Verben gibt es transitiv und intransitiv und damit in verschiedener Bedeutung:

transitiv	intransitiv
Er schleift Messer.	Das Rad schleift.
Wir weiden die Schafe.	Rinder weiden auf der Wiese.
Wir rauchen keine Zigarren.	Der Schornstein raucht.

8   Verben wie *sich weigern, sich verbeugen, sich schämen, sich ent-*   Sonderfälle
schließen verlangen immer ein Reflexivpronomen, das sich auf das Subjekt
zurückbezieht. Diese Verben heißen echte reflexive Verben. Sie sind zu unterscheiden von nur reflexiv gebrauchten Verben, die sonst auch mit andern
Objekten vorkommen: *jemanden waschen* und *sich waschen.*

Viele Verben gibt es aufgrund ihrer Bedeutung nur in der 3. Person:
     Der Unfall passierte morgens.
(Nie: *ich passiere*, wenigstens nicht in diesem Sinn). *Ich* und *du*, die 1. und 2.
Person, bezeichnen ja (sprechende) Personen, die hier kaum vorkommen
können.

Einige solche Verben haben als Subjekt immer das Personalpronomen *es*:
     Es regnete und schneite den ganzen Tag.
Diese Verben bezeichnen meistens Wettersituationen. Sie heißen unpersönliche Verben.

Bedeutung | 9 | Verben bezeichnen besonders Vorgänge und Handlungen, die in der Zeit ablaufen. Inhaltlich unterscheidet man drei große Gruppen:

– Handlungsverben wie in
>   Wir spielen gern Klavier.
>   Die Siedler bauten gleich Häuser.

Sie drücken aus, daß jemand etwas tut, eine Handlung ausführt. Der Handelnde ist oft ein Mensch, er wird durch das Subjekt bezeichnet. Weitere Handlungsverben sind *gehen, machen, sagen, geben, lehren, kaufen, stellen*.

– Vorgangsverben wie in
>   Die Suppe kocht seit einer Stunde.
>   Unkraut wächst sehr schnell.

Sie drücken eine Veränderung aus, die sich meistens am Subjekt vollzieht, oft einen natürlichen Prozeß. Weitere Vorgangsverben sind *brennen, passieren, fallen, bekommen, erfahren, sterben, vergessen*.

– Zustandsverben wie in
>   München liegt an der Isar.
>   Ich heiße Evelyn.

Sie drücken einen Zustand aus, in dem sich das Subjekt befindet. Weitere Zustandsverben sind *wissen, stehen, glauben, kennen, gelten, gleichen*.

Zeitbezug | 10 | Verben haben etwas mit dem zeitlichen Verlauf zu tun (→ S. 46). Nach der Art und Weise, wie sie zeitliche Verläufe fassen, kann man vier Arten unterscheiden:

– durative Verben wie *schlafen, sehen, warten, wissen, blühen*.
Sie betonen den andauernden Verlauf (schematisch wie eine Gerade: ———) und verbinden sich gut mit Angaben über die Zeitdauer:
>   Der Kleine schläft drei Stunden lang.
>   Ich weiß es seit gestern.

– punktuelle Verben wie *treffen, finden, spucken, explodieren, passieren, schießen, setzen, merken*.
Sie betonen den momentanen Übergang (schematisch wie ein Punkt: •) und verbinden sich schlecht mit Angaben über die Zeitdauer:
>   Wir haben uns drei Stunden lang getroffen.

In vielen Fällen geht diese Verbindung aber doch, sie besagt dann, daß die Handlung wiederholt ausgeführt wurde:
>   Der Kleine spuckt seit drei Stunden.

– perfektive Verben (auch resultative genannt) wie *verbrennen, besteigen, verblühen, verschwinden*.

Sie sind eine Kreuzung aus durativen und punktuellen Verben (schematisch:
———•). Sie betonen den momentanen Übergang, lassen aber das Vorangehende als erheblich erscheinen, etwa den Vorgang oder die Handlung, die
zu dem Resultat führte. Bei zusammengesetzten Verben steht oft das Grundverb für das Vorangehende:

    Das Haus verbrannte.

    Es **brannte**. (Resultat:) Dann war es zerstört.

– ingressive Verben (auch inchoative genannt) wie *erblühen, einschlafen, auf-*
wachen, erblicken, erfahren.

    Sie sind eine Kreuzung aus durativen und punktuellen Verben (schematisch:
    •———). Sie betonen den momentanen Übergang, lassen aber das Nachfol-
    gende als erheblich erscheinen. Bei zusammengesetzten Verben steht oft das
    Grundverb für das Nachfolgende:

    Die Blume erblühte.

    Die Blume ging auf. Dann **blühte** sie.

1.2 Konjugation des Verbs: Überblick

| 11 | Jedes Verb kommt in verschiedenen Formen vor, die durch innere   **Verbformen**
Abwandlung des Stammes und durch Anhängen von Endungen entstehen. Es
wird konjugiert. Man unterscheidet finite Formen (auch Personalformen
genannt) wie *gehst, hatte, gab* von infiniten Formen wie *gehen, haben,*
geben.

In der Konjugation wird ein Verb abgewandelt nach
– der Person: *ich gehe – du gehst* usw.
– dem Numerus (grammatische Zahl): *sie geht – sie gehen* usw.
– dem Tempus (grammatische Zeit): *du gehst – du gingst* usw.
– dem Modus (der Aussageweise): *er hatte – er hätte* usw.
– dem Genus (der Sichtweise): *ihr hebt – ihr werdet gehoben* usw.

Jede finite Verbform ist in jeder Hinsicht bestimmt:

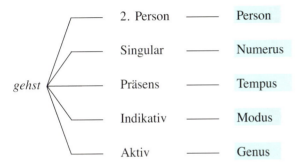

Abwandlung | 12 | Für die Abwandlung eines Verbs gibt es drei Möglichkeiten:

– Anhängen einer Endung. Die Verbform besteht dann aus dem Verb-Stamm und der Endung:

Stamm	Endung
sag	-e
leg	-en
mach	-test
feg	-ten

Eine Endung kann dabei mehreres gleichzeitig bezeichnen:

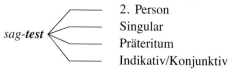

sag-test ⟨ 2. Person
              Singular
              Präteritum
              Indikativ/Konjunktiv

– Abwandlung des Stammes. Hier wird hauptsächlich der Stammvokal verändert: *raten – riet, laden – lud*; *mögen – mochten, kennen – kannte*.
Die innere Abwandlung wird besonders genutzt für die Bildung des Präteritums und der Partizipien (→ | 14 |).

– Zusammensetzung mit einem Hilfsverb, so daß eine komplexe Verbalphrase entsteht: *hast gesagt, bist gegangen, werde beobachtet*.
Auf diese Weise werden zusammengesetzte Tempora (Perfekt, Plusquamperfekt, Futur, Konditional) gebildet und das Passiv.

regelmäßige, | 13 | Nach der Bildung der Formen unterscheidet man regelmäßige und
unregelmäßige   unregelmäßige Verben.
Verben   Regelmäßige Verben (auch schwache genannt) sind eine sehr große Gruppe, sie bilden ihre Formen alle in gleicher Weise, meistens durch Anhängen einer Endung: *machen (machte), sagen, glauben, stellen, lernen, setzen* usw. Verben, die neu ins Deutsche aufgenommen oder neu gebildet werden, sind alle regelmäßig.
Unregelmäßige Verben gehören zu kleineren Gruppen, sie bilden ihre Formen unterschiedlich. Es gibt vier Sorten unregelmäßiger Verben:
– ablautende Verben: *kommen (kam), geben (gab), heißen (hieß), lassen (ließ), fahren (fuhr), ziehen (zog)* usw.
– Hilfsverben: *haben, sein, werden*.
– Modalverben: *müssen, können, sollen, dürfen, mögen, wollen*, dazu das Verb *wissen*.
– rückumlautende Verben: *kennen (kannte), brennen* usw. und gemischte Verben: *stehen, gehen, denken, bringen* usw.

machen (regelmäßig)

Partizip		Imperativ	Infinitiv	
Perfekt	Präsens		Perfekt	neutral
gemacht	machend	Mach! Macht! Machen Sie!	gemacht haben	machen

Präteritum	Präsens	Futur
ich machte	ich mache	ich werde machen
du machtest	du machst	du wirst machen
er machte	er macht	er wird machen
wir machten	wir machen	wir werden machen
ihr machtet	ihr macht	ihr werdet machen
sie machten	sie machen	sie werden machen

Konjunktiv II	Konjunktiv I	Konditional
ich machte	ich mache	ich würde machen
du machtest	du machest	du würdest machen
er machte	er mache	er würde machen
wir machten	wir machen	wir würden machen
ihr machtet	ihr machet	ihr würdet machen
sie machten	sie machen	sie würden machen

Plusquamperfekt (Vor-Vergangenheit)	Perfekt (Vor-Gegenwart)	Vor-Futur
ich hatte gemacht	ich habe gemacht	ich werde gemacht haben
du hattest gemacht	du hast gemacht	du wirst gemacht haben
er hatte gemacht	er hat gemacht	er wird gemacht haben
wir hatten gemacht	wir haben gemacht	wir werden gemacht haben
ihr hattet gemacht	ihr habt gemacht	ihr werdet gemacht haben
sie hatten gemacht	sie haben gemacht	sie werden gemacht haben

gehen (unregelmäßig)

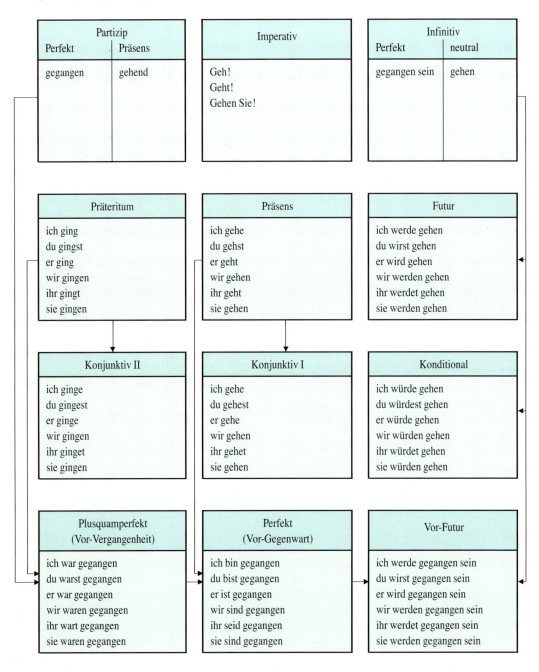

Partizip		Imperativ	Infinitiv	
Perfekt	Präsens		Perfekt	neutral
gegangen	gehend	Geh! Geht! Gehen Sie!	gegangen sein	gehen

Präteritum	Präsens	Futur
ich ging	ich gehe	ich werde gehen
du gingst	du gehst	du wirst gehen
er ging	er geht	er wird gehen
wir gingen	wir gehen	wir werden gehen
ihr gingt	ihr geht	ihr werdet gehen
sie gingen	sie gehen	sie werden gehen

Konjunktiv II	Konjunktiv I	Konditional
ich ginge	ich gehe	ich würde gehen
du gingest	du gehest	du würdest gehen
er ginge	er gehe	er würde gehen
wir gingen	wir gehen	wir würden gehen
ihr ginget	ihr gehet	ihr würdet gehen
sie gingen	sie gehen	sie würden gehen

Plusquamperfekt (Vor-Vergangenheit)	Perfekt (Vor-Gegenwart)	Vor-Futur
ich war gegangen	ich bin gegangen	ich werde gegangen sein
du warst gegangen	du bist gegangen	du wirst gegangen sein
er war gegangen	er ist gegangen	er wird gegangen sein
wir waren gegangen	wir sind gegangen	wir werden gegangen sein
ihr wart gegangen	ihr seid gegangen	ihr werdet gegangen sein
sie waren gegangen	sie sind gegangen	sie werden gegangen sein

haben (Hilfsverb)

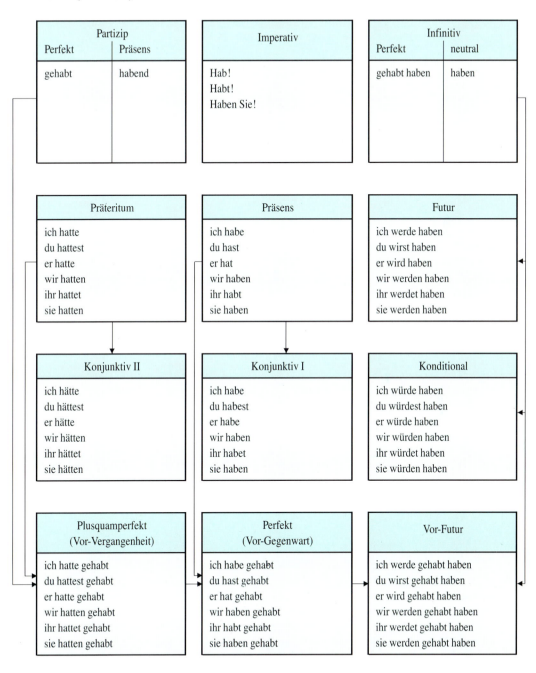

Partizip	
Perfekt	Präsens
gehabt	habend

Imperativ
Hab!
Habt!
Haben Sie!

Infinitiv	
Perfekt	neutral
gehabt haben	haben

Präteritum
ich hatte
du hattest
er hatte
wir hatten
ihr hattet
sie hatten

Präsens
ich habe
du hast
er hat
wir haben
ihr habt
sie haben

Futur
ich werde haben
du wirst haben
er wird haben
wir werden haben
ihr werdet haben
sie werden haben

Konjunktiv II
ich hätte
du hättest
er hätte
wir hätten
ihr hättet
sie hätten

Konjunktiv I
ich habe
du habest
er habe
wir haben
ihr habet
sie haben

Konditional
ich würde haben
du würdest haben
er würde haben
wir würden haben
ihr würdet haben
sie würden haben

Plusquamperfekt (Vor-Vergangenheit)
ich hatte gehabt
du hattest gehabt
er hatte gehabt
wir hatten gehabt
ihr hattet gehabt
sie hatten gehabt

Perfekt (Vor-Gegenwart)
ich habe gehabt
du hast gehabt
er hat gehabt
wir haben gehabt
ihr habt gehabt
sie haben gehabt

Vor-Futur
ich werde gehabt haben
du wirst gehabt haben
er wird gehabt haben
wir werden gehabt haben
ihr werdet gehabt haben
sie werden gehabt haben

sein (Hilfsverb)

Partizip		Imperativ	Infinitiv	
Perfekt	Präsens		Perfekt	neutral
gewesen	seiend	Sei! Seid! Seien Sie!	gewesen sein	sein

Präteritum	Präsens	Futur
ich war	ich bin	ich werde sein
du warst	du bist	du wirst sein
er war	er ist	er wird sein
wir waren	wir sind	wir werden sein
ihr wart	ihr seid	ihr werdet sein
sie waren	sie sind	sie werden sein

Konjunktiv II	Konjunktiv I	Konditional
ich wäre	ich sei	ich würde sein
du wärst	du seist	du würdest sein
er wäre	er sei	er würde sein
wir wären	wir seien	wir würden sein
ihr wärt	ihr seiet	ihr würdet sein
sie wären	sie seien	sie würden sein

Plusquamperfekt (Vor-Vergangenheit)	Perfekt (Vor-Gegenwart)	Vor-Futur
ich war gewesen	ich bin gewesen	ich werde gewesen sein
du warst gewesen	du bist gewesen	du wirst gewesen sein
er war gewesen	er ist gewesen	er wird gewesen sein
wir waren gewesen	wir sind gewesen	wir werden gewesen sein
ihr wart gewesen	ihr seid gewesen	ihr werdet gewesen sein
sie waren gewesen	sie sind gewesen	sie werden gewesen sein

werden (Hilfsverb)

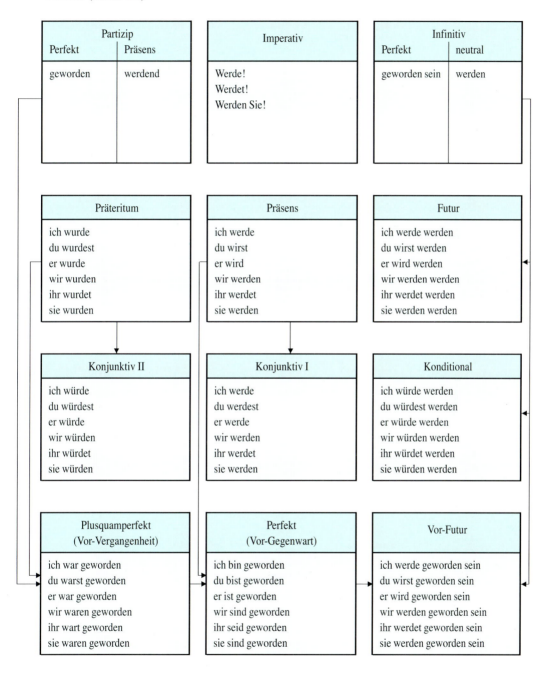

Partizip	
Perfekt	Präsens
geworden	werdend

Imperativ
Werde!
Werdet!
Werden Sie!

Infinitiv	
Perfekt	neutral
geworden sein	werden

Präteritum
ich wurde
du wurdest
er wurde
wir wurden
ihr wurdet
sie wurden

Präsens
ich werde
du wirst
er wird
wir werden
ihr werdet
sie werden

Futur
ich werde werden
du wirst werden
er wird werden
wir werden werden
ihr werdet werden
sie werden werden

Konjunktiv II
ich würde
du würdest
er würde
wir würden
ihr würdet
sie würden

Konjunktiv I
ich werde
du werdest
er werde
wir werden
ihr werdet
sie werden

Konditional
ich würde werden
du würdest werden
er würde werden
wir würden werden
ihr würdet werden
sie würden werden

Plusquamperfekt (Vor-Vergangenheit)
ich war geworden
du warst geworden
er war geworden
wir waren geworden
ihr wart geworden
sie waren geworden

Perfekt (Vor-Gegenwart)
ich bin geworden
du bist geworden
er ist geworden
wir sind geworden
ihr seid geworden
sie sind geworden

Vor-Futur
ich werde geworden sein
du wirst geworden sein
er wird geworden sein
wir werden geworden sein
ihr werdet geworden sein
sie werden geworden sein

müssen (Modalverb)

Partizip		Imperativ	Infinitiv	
Perfekt	Präsens		Perfekt	neutral
gemußt	müssend	– – –	gemußt haben	müssen

Präteritum	Präsens	Futur
ich mußte	ich muß	ich werde müssen
du mußtest	du mußt	du wirst müssen
er mußte	er muß	er wird müssen
wir mußten	wir müssen	wir werden müssen
ihr mußtet	ihr müßt	ihr werdet müssen
sie mußten	sie müssen	sie werden müssen

Konjunktiv II	Konjunktiv I	Konditional
ich müßte	ich müsse	ich würde müssen
du müßtest	du müssest	du würdest müssen
er müßte	er müsse	er würde müssen
wir müßten	wir müssen	wir würden müssen
ihr müßtet	ihr müsset	ihr würdet müssen
sie müßten	sie müssen	sie würden müssen

Plusquamperfekt (Vor-Vergangenheit)	Perfekt (Vor-Gegenwart)	Vor-Futur
ich hatte gemußt	ich habe gemußt	ich werde gemußt haben
du hattest gemußt	du hast gemußt	du wirst gemußt haben
er hatte gemußt	er hat gemußt	er wird gemußt haben
wir hatten gemußt	wir haben gemußt	wir werden gemußt haben
ihr hattet gemußt	ihr habt gemußt	ihr werdet gemußt haben
sie hatten gemußt	sie haben gemußt	sie werden gemußt haben

können (Modalverb)

Partizip		Imperativ	Infinitiv	
Perfekt	Präsens		Perfekt	neutral
gekonnt	könnend	(Kann!?)	gekonnt haben	können
		(Könnt!?)		
		(Können Sie!?)		

Präteritum	Präsens	Futur
ich konnte	ich kann	ich werde können
du konntest	du kannst	du wirst können
er konnte	er kann	er wird können
wir konnten	wir können	wir werden können
ihr konntet	ihr könnt	ihr werdet können
sie konnten	sie können	sie werden können

Konjunktiv II	Konjunktiv I	Konditional
ich könnte	ich könne	ich würde können
du könntest	du könnest	du würdest können
er könnte	er könne	er würde können
wir könnten	wir können	wir würden können
ihr könntet	ihr könnet	ihr würdet können
sie könnten	sie können	sie würden können

Plusquamperfekt (Vor-Vergangenheit)	Perfekt (Vor-Gegenwart)	Vor-Futur
ich hatte gekonnt	ich habe gekonnt	ich werde gekonnt haben
du hattest gekonnt	du hast gekonnt	du wirst gekonnt haben
er hatte gekonnt	er hat gekonnt	er wird gekonnt haben
wir hatten gekonnt	wir haben gekonnt	wir werden gekonnt haben
ihr hattet gekonnt	ihr habt gekonnt	ihr werdet gekonnt haben
sie hatten gekonnt	sie haben gekonnt	sie werden gekonnt haben

sollen (Modalverb)

Partizip		Imperativ	Infinitiv	
Perfekt	Präsens		Perfekt	neutral
gesollt	sollend	– – –	gesollt haben	sollen

Präteritum	Präsens	Futur
ich sollte du solltest er sollte wir sollten ihr solltet sie sollten	ich soll du sollst er soll wir sollen ihr sollt sie sollen	ich werde sollen du wirst sollen er wird sollen wir werden sollen ihr werdet sollen sie werden sollen

Konjunktiv II	Konjunktiv I	Konditional
ich sollte du solltest er sollte wir sollten ihr solltet sie sollten	ich solle du sollest er solle wir sollen ihr sollet sie sollen	ich würde sollen du würdest sollen er würde sollen wir würden sollen ihr würdet sollen sie würden sollen

Plusquamperfekt (Vor-Vergangenheit)	Perfekt (Vor-Gegenwart)	Vor-Futur
ich hatte gesollt du hattest gesollt er hatte gesollt wir hatten gesollt ihr hattet gesollt sie hatten gesollt	ich habe gesollt du hast gesollt er hat gesollt wir haben gesollt ihr habt gesollt sie haben gesollt	ich werde gesollt haben du wirst gesollt haben er wird gesollt haben wir werden gesollt haben ihr werdet gesollt haben sie werden gesollt haben

dürfen (Modalverb)

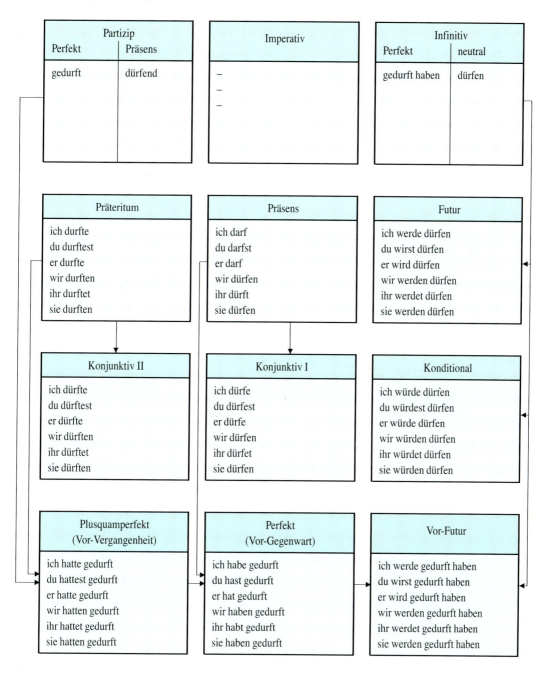

Partizip	
Perfekt	Präsens
gedurft	dürfend

Imperativ
–
–
–

Infinitiv	
Perfekt	neutral
gedurft haben	dürfen

Präteritum
ich durfte
du durftest
er durfte
wir durften
ihr durftet
sie durften

Präsens
ich darf
du darfst
er darf
wir dürfen
ihr dürft
sie dürfen

Futur
ich werde dürfen
du wirst dürfen
er wird dürfen
wir werden dürfen
ihr werdet dürfen
sie werden dürfen

Konjunktiv II
ich dürfte
du dürftest
er dürfte
wir dürften
ihr dürftet
sie dürften

Konjunktiv I
ich dürfe
du dürfest
er dürfe
wir dürfen
ihr dürfet
sie dürfen

Konditional
ich würde dürfen
du würdest dürfen
er würde dürfen
wir würden dürfen
ihr würdet dürfen
sie würden dürfen

Plusquamperfekt (Vor-Vergangenheit)
ich hatte gedurft
du hattest gedurft
er hatte gedurft
wir hatten gedurft
ihr hattet gedurft
sie hatten gedurft

Perfekt (Vor-Gegenwart)
ich habe gedurft
du hast gedurft
er hat gedurft
wir haben gedurft
ihr habt gedurft
sie haben gedurft

Vor-Futur
ich werde gedurft haben
du wirst gedurft haben
er wird gedurft haben
wir werden gedurft haben
ihr werdet gedurft haben
sie werden gedurft haben

mögen (Modalverb)

Partizip	
Perfekt	Präsens
gemocht	mögend

Imperativ
(Möge!)
(Mögt!)
(Mögen Sie!)

Infinitiv	
Perfekt	neutral
gemocht haben	mögen

Präteritum
ich mochte
du mochtest
er mochte
wir mochten
ihr mochtet
sie mochten

Präsens
ich mag
du magst
er mag
wir mögen
ihr mögt
sie mögen

Futur
ich werde mögen
du wirst mögen
er wird mögen
wir werden mögen
ihr werdet mögen
sie werden mögen

Konjunktiv II
ich möchte
du möchtest
er möchte
wir möchten
ihr möchtet
sie möchten

Konjunktiv I
ich möge
du mögest
er möge
wir mögen
ihr möget
sie mögen

Konditional
ich würde mögen
du würdest mögen
er würde mögen
wir würden mögen
ihr würdet mögen
sie würden mögen

Plusquamperfekt (Vor-Vergangenheit)
ich hatte gemocht
du hattest gemocht
er hatte gemocht
wir hatten gemocht
ihr hattet gemocht
sie hatten gemocht

Perfekt (Vor-Gegenwart)
ich habe gemocht
du hast gemocht
er hat gemocht
wir haben gemocht
ihr habt gemocht
sie haben gemocht

Vor-Futur
ich werde gemocht haben
du wirst gemocht haben
er wird gemocht haben
wir werden gemocht haben
ihr werdet gemocht haben
sie werden gemocht haben

wollen (Modalverb)

Partizip	
Perfekt	Präsens
gewollt	wollend

Imperativ
Wolle!
Wollt!
Wollen Sie!

Infinitiv	
Perfekt	neutral
gewollt haben	wollen

Präteritum
ich wollte
du wolltest
er wollte
wir wollten
ihr wolltet
sie wollten

Präsens
ich will
du willst
er will
wir wollen
ihr wollt
sie wollen

Futur
ich werde wollen
du wirst wollen
er wird wollen
wir werden wollen
ihr werdet wollen
sie werden wollen

Konjunktiv II
ich wollte
du wolltest
er wollte
wir wollten
ihr wolltet
sie wollten

Konjunktiv I
ich wolle
du wollest
er wolle
wir wollen
ihr wollet
sie wollen

Konditional
ich würde wollen
du würdest wollen
er würde wollen
wir würden wollen
ihr würdet wollen
sie würden wollen

Plusquamperfekt (Vor-Vergangenheit)
ich hatte gewollt
du hattest gewollt
er hatte gewollt
wir hatten gewollt
ihr hattet gewollt
sie hatten gewollt

Perfekt (Vor-Gegenwart)
ich habe gewollt
du hast gewollt
er hat gewollt
wir haben gewollt
ihr habt gewollt
sie haben gewollt

Vor-Futur
ich werde gewollt haben
du wirst gewollt haben
er wird gewollt haben
wir werden gewollt haben
ihr werdet gewollt haben
sie werden gewollt haben

Ablaut | 14 | Ablautende Verben (auch starke genannt) verändern ihren Stamm-
vokal. Die erste Stammform gilt für den Infinitiv und alle Präsensformen
(manchmal mit Umlaut oder *e/i*-Wechsel), die zweite Stammform gilt für das
Präteritum, die dritte Stammform gilt für das Partizip II. Es gibt zehn wichtige
Ablautreihen, nach denen viele ablautende Verben gehen:

1. Ablautreihe e – a – o
   gelten – galt – gegolten; befehlen, brechen, erschrecken, gebären, helfen,
   nehmen, stehlen, verderben, werfen u.a.

2. Ablautreihe e – a – e
   essen – aß – gegessen; geschehen, lesen, treten, vergessen, genesen,
   geben u. a.

3. Ablautreihe e/ö – o – o
   schmelzen – schmolz – geschmolzen; quellen, schwören, verlöschen,
   schwellen, dreschen, scheren u. a.

4. Ablautreihe ei – i – i
   reiten – ritt – geritten; schneiden, beißen, weichen, gleiten, greifen, knei-
   fen, reißen, streichen u. a.

5. Ablautreihe ei – ie – ie
   bleiben – blieb – geblieben; gedeihen, leihen, scheinen, schweigen, stei-
   gen, treiben, verzeihen, preisen, speien u. a.

6. Ablautreihe ie – o – o
   fließen – floß – geflossen; bieten, fliehen, frieren, genießen, kriechen,
   ziehen u. a.

7. Ablautreihe a – u – a
   fahren – fuhr – gefahren; graben, schlagen, wachsen, waschen, schaffen,
   tragen

8. Ablautreihe a – ie – a
   fallen – fiel – gefallen; geraten, halten, lassen, raten, schlafen u. a.

9. Ablautreihe i – a – u
   binden – band – gebunden; empfinden, gelingen, schwingen, sinken,
   zwingen u. a.

10. Ablautreihe i – a – o
    spinnen – spann – gesponnen; beginnen, gewinnen, rinnen, schwimmen

Außerdem gibt es alleinstehende Verben, die keiner dieser Reihen zuzuordnen
sind. Dazu gehören: *gehen – ging – gegangen*; *heißen – hieß – geheißen*;
liegen – lag – gelegen; *fangen – fing – gefangen*; *rufen – rief – gerufen*;
saufen – soff – gesoffen; *hängen – hing – gehangen*; *sitzen – saß – gesessen*;
kommen – kam – gekommen; *lügen – log – gelogen* und einige andere, die aber
seltener gebraucht werden.

15 Bei manchen Verben besteht Unsicherheit, sie haben Doppelformen   Doppelformen
ohne größeren Bedeutungsunterschied: *wendete/wandte – gewendet/gewandt*;
verwendet/verwandt, *sendete/sandte – gesendet/gesandt*.

●●●

wendete, gewendet sagen wir,
– wenn etwas auf die andere Seite gedreht wird:
    Ich habe das Fleisch schon gewendet.

– in den Ableitungen *abwenden, entwenden*:
    Sie hat die Gefahr noch rechtzeitig abgewendet.
    Bei dem Einbruch wurde Schmuck im Wert von 20 000 DM entwendet.

senden, gesendet (ausgesendet) sagen wir,
– wenn etwas über Funk oder Fernsehen ausgestrahlt wird:
    Die Show wird live gesendet.

Die Partizipien von *wenden* und *senden*, die als Adjektive oder als Substantive
gebraucht werden, sind fast ausschließlich mit *-a-* gebildet:
    das Institut für angewandte Physik
    Eingesandte Bilder werden nicht zurückgeschickt.

Verwandte Bücher sind ähnliche Bücher; verwendete Bücher aber die, die
jemand verwendet hat.

●●●

Veraltet ist *ward* für *wurde*, *buk* für *backte*, *frug* für *fragte*, *stak* für *steckte*.

Öfter verstecken sich zwei Verben in einer Infinitiv-Form, aber im Präteritum
und im Partizip II sind sie wieder geschieden:

bewegen ⎨ Die Sache hat mich sehr bewegt.
         ⎩ Was hat dich zur Tat bewogen?

erschrecken ⎨ Man hat dich erschreckt.
            ⎩ Da bist du erschrocken.

hängen ⎨ Jemand hängte die Bilder an die Wand.
       ⎩ Die Bilder hingen an der Wand.

pflegen ⎨ Er hat seine Frau aufopfernd gepflegt.
        ⎩ Wir haben schön der Ruhe gepflogen.

schaffen ⎨ Wir schafften den Aufstieg in zwei Stunden.
         ⎩ Gott schuf den Menschen.

weichen ⎨ Er weichte die Wäsche über Nacht.
        ⎩ Sie wich nicht von seiner Seite.

wiegen ⎨ Nicht alle Mütter wiegten ihre Kinder.
       ⎩ Unsere Kinder wogen nicht viel.

● ●

Das zweite Partizip einiger Verben macht manchen Schwierigkeiten: *gespaltet* oder *gespalten*; *gesalzt* oder *gesalzen*? Beide Formen sind möglich, aber *gespaltet* und *gesalzt* werden seltener verwendet.
Im Sinne von *sehr hoch* kann es jedoch nur heißen *gesalzen*. Also:
> Die Preise waren ganz schön gesalzen.
Nur eine richtige Form gibt es von *heißen* und *scheinen*:
> Es hat ... geheißen (und nicht *gehießen*).
> Die Sonne hat geschienen (und nicht *gescheint*).

● ●

Sonderfälle | 16 | Einige Verben bilden ihre Form zum Teil wie regelmäßige Verben, zum Teil wie unregelmäßige (gemischte Konjugation):
> mahlen – mahlte – gemahlen

Bei einer Gruppe von Verben ändert sich der Vokal, obwohl sie regelmäßig konjugiert werden. Der Infinitiv enthält ein umgelautetes *a*, das wir aber als *e* schreiben. Dieser Umlaut wird in anderen Verbformen rückgängig gemacht (Rückumlaut):

> nennen – nannte – genannt   brennen – brannte – gebrannt
> kennen – kannte – gekannt   rennen – rannte – gerannt

Eine kleine Gruppe von Verben verändert auch die Konsonanten im Stamm:
> gehen – ging – gegangen   denken – dachte – gedacht
> stehen – stand – gestanden   bringen – brachte – gebracht

infinite Verbformen | 17 | Außer den finiten Formen der Verbtafeln hat jedes Verb drei infinite (nicht konjugierte) Formen: den Infinitiv und die beiden Partizipien, also das Partizip I und das Partizip II.
Der Infinitiv ist die Grund- oder Nennform eines Verbs. Er ist unveränderlich. Er besteht aus dem Stamm mit der Endung *-en*:
> les-en, kost-en, teil-en, gefall-en, hab-en, koch-en, vertreib-en

Aus lautlichen Gründen kann das *e* ausfallen:
> lächel-n, radel-n, flimmer-n, räuber-n

Grammatisch hat der Infinitiv folgende Funktionen:
– Teil einer Verbalphrase:
> will **gehen**, wird **gehen**, geht **spazieren**, scheint zu **stimmen**
– satzwertiger Infinitiv:
> Ich verspreche dir, **heute abend Karten zu spielen**.
> Es war sein Vergnügen, **abends Karten zu spielen**.
– nominaler Infinitiv:
> **Spielen** ist schön.
> **Kartenspielen** gefällt mir.

● ●

Der Infinitiv kann auch substantiviert sein:

Dieses Spielen war so schön.

Er ist dann zum Substantiv geworden (keine Verbform!), hat meistens ein Artikelwort und wird groß geschrieben.

● ●

Außerhalb des Satzverbands und alleinstehend wird der Infinitiv gebraucht
– zum Nennen und Zitieren eines Verbs, z. B. als Stichwort im Wörterbuch,
– als Aufforderung:

Vor Gebrauch schütteln!   Bitte nicht rauchen!

| 18 | Das Partizip I (auch Partizip Präsens) besteht aus dem Verbstamm mit   **Partizip I**
der Endung *-end*:

pack-end, zeig-end, grab-end, reiz-end, lieg-end

Aus lautlichen Gründen kann das *e* ausfallen:

hunger-nd, tänzel-nd, flimmer-nd

Das Partizip I wird als Adjektiv gebraucht, und zwar
– attributiv: *die hungernden Kinder Afrikas*

Es wird dann wie ein attributives Adjektiv dekliniert.
– adverbial: *Wir kamen hungernd über die Zeit.*

Hier wird es nicht dekliniert.

Zur Bildung von Verbalphrasen wird das Partizip I nicht verwendet. Inhaltlich ist das Partizip I durativ zu verstehen, es drückt den gleichzeitigen Verlauf aus; ein Tempus bezeichnet es aber selbst nicht. Außerdem ist das Partizip I aktivisch.

| 19 | Das Partizip II wird bei regelmäßigen und unregelmäßigen Verben   **Partizip II**
unterschiedlich gebildet:

Partizip II	Präfix	Stamm	Endung
regelmäßig	ge-	setz	-t
ablautend	ge-	sponn	-en

Regelmäßige Verben mit festem Präfix und auf *-ieren* haben kein *ge-*:

entsetzt, empfunden, zerrissen, durchforstet; studiert, gratuliert

Aus lautlichen Gründen tritt manchmal ein *e* vor die Endung *-t*:

geredet, gerettet

Bei Verben mit trennbarem Präfix wird das *ge-* eingeschoben:

ein-ge-schoben, um-ge-kleidet

● ●

Bei einigen zusammengesetzten Verben besteht Unsicherheit, wo das *ge-* hingehört. Es heißt *geweissagt* von *weissagen*, aber *weisgemacht* von *weismachen*, *gevierteilt* von *vierteilen*, *notgelandet* von *notlanden*.

Außerdem fragt man sich öfter, ob Verben ein *ge-* verlangen oder nicht. Es heißt *mißlungen*, *mißraten*, *mißfallen*, *mißglückt*, aber *mißgestimmt*, *mißgebildet* und *mißgetönt*.

Bei einigen Verben gibt es Doppelformen: *mißhandelt* (aber auch *gemißhandelt*), *mißbilligt* (aber auch *gemißbilligt*), *mißleitet* (aber auch *mißgeleitet*), *liebkost* (aber auch *geliebkost*).

● ●

Funktionen des Partizips II

20   Grammatisch hat das Partizip II folgende Funktionen:

– Teil einer Verbalphrase:

   sind gegangen, haben gesungen, wird gesehen, bleibt geschlossen

   Hier dient es vor allem der Bildung der zusammengesetzten Tempusformen und des Passivs.

– Teil einer Nominalphrase als attributives Adjektiv:

   der gestohlene Wagen, eine geschlachtete Kuh, das vergangene Jahr

   Es wird hier wie ein Adjektiv dekliniert.

Inhaltlich ist das Partizip II perfektiv zu verstehen; ein Tempus drückt es aber selbst nicht aus. Die zweiten Partizipien von transitiven Verben sind öfter passivisch zu verstehen: *geschlagen*, *verloren*, die von intransitiven Verben nur aktivisch: *gegangen*, *passiert*.

● ●

Bei manchen Verben sollte man das Partizip II nur im passivischen Sinn verwenden.

Also:	aber nicht:	sondern:
die begonnene Arbeit	der begonnene Erfolg	der Erfolg, der begann
das bestandene Abitur	die lange bestandene Firma	die Firma, die lange bestand
das abgenommene Geld	die abgenommene Zahl	die Zahl, die abgenommen hat
	teilgenommene Sportler	Sportler, die teilgenommen haben

● ●

1.3 Person und Numerus

21   Eine finite (konjugierte) Verbform braucht fast jeder Satz. Entweder **Personalformen**
bildet sie das Prädikat oder einen wichtigen Teil des Prädikats. Wichtigstes
Merkmal eines finiten Verbs: Es steht in einer Person (deshalb auch Personalform).

Es gibt drei grammatische Personen:
1. Person: *ich gehe, wir gehen*
2. Person: *du gehst, ihr geht*
3. Person: *er/sie/es geht, sie gehen*

Die drei Personen haben mit den Rollen in der Verständigung zu tun:
1. Person: Sprecher, 2. Person: Angesprochener, 3. Person: Besprochenes
(→ 118).

● ●

Eine gemischte Form ist die sogenannte Höflichkeitsform *Sie*:
        Bleiben Sie?

Nach der Verb-Endung ist sie 3. Person Plural. Nach dem Pronomen *Sie* kann
sie 3. Person Singular oder Plural sein. Nach ihrem Gebrauch ist sie eher
2. Person, weil sie der Anrede dient.

● ●

22   Einige Verben ändern ihren Stamm je nach grammatischer Person **Stamm-**
(*e/i*-Wechsel):   **veränderungen**

e	i
ich werfe	du wirfst, er/sie/es wirft
ich gebe	du gibst, er/sie/es gibt
ich fechte	du fichtst, er/sie/es ficht

Bei anderen Verben tritt in diesen Personen Umlaut ein:

Stammvokal	Umlaut
ich grabe	du gräbst, er/sie/es gräbt
ich stoße	du stößt, er/sie/es stößt

Numerus　　$\boxed{23}$　Die finite Verbform hat einen Numerus, sie ist entweder Singular (Einzahl) oder Plural (Mehrzahl).

Jede grammatische Person gibt es im Singular und im Plural. So gibt es sechs Verbformen:

	Singular	Plural
1. Person	(ich) gehe	(wir) gehen
2. Person	(du) gehst	(ihr) geht
3. Person	(er/sie/es) geht	(sie) gehen

●●

Einige Formen lauten immer gleich. Im Plural sind immer die 1. und 3. Person gleich (*gehen*, *gingen*). Außerdem entspricht im Präsens die 3. Person Singular der 2. Person Plural (*geht*) und im Präteritum die 1. Person Singular der 3. Person Singular (*ging*, *sagte*). Unterschieden sind diese Formen nur durch das Pronomen.

●●

1.4 Tempus

Tempora　　$\boxed{24}$　Das Verb hat mit Zeit zu tun. Jede finite Verbform drückt eine grammatische Zeit, ein Tempus aus:

>Wer stiehlt den Wagen?
>Wer stahl den Wagen?
>Wer hat den Wagen gestohlen?
>Wer hatte den Wagen gestohlen?
>Wer wird den Wagen stehlen?

Die grammatische Zeit ist nicht absolut wie die Kalenderzeit, sondern relativ: Sie ist immer bezogen auf die Sprechzeit oder die Textzeit. Gegenüber dieser Bezugzeit kann ein Geschehnis charakterisiert werden

– als vergangen, d.h. als vorher passiert:
>Ich ging (vor dem jetzigen Zeitpunkt, wo ich dies sage).

– als gegenwärtig, d.h. als um die Bezugzeit herum liegend:
>Ich gehe (zu der Zeit, wo ich dies sage).

– als zukünftig, d.h. als später liegend:
>Ich werde gehen (nach der Zeit, wo ich dies sage).

Im Deutschen gibt es sechs Tempora: Präsens, Präteritum, Perfekt, Plusquamperfekt, Futur I, Futur II.

Die Grundtempora sind Präsens und Präteritum. Sie sind einfache Verbformen, und sie sind sehr häufig und üblich. Alle übrigen Tempora sind zusammengesetzt und nicht selbständig, weil sie im finiten Verb wieder ein Grundtempus haben müssen.

| 25 | Das Präsens ist das nicht markierte Tempus. Es wird einfach aus **Präsens**
Stamm + Personal-Endung gebildet:

> rat-e, leg-t, heiß-t, sitz-en

Es gibt einige Besonderheiten:

– Bei einigen Verben tritt Umlaut auf in der 2. und 3. Person Singular:

> lade – lädst, stoße – stößt, laden – lädt, wachsen – wächst

●●

Regelmäßige Verben haben keinen Umlaut!

> du fragst, du kaufst (nicht: *du frägst, käufst* usw.)

●●

– Der Stammvokal *e* kann in der 2. und 3. Person Singular wechseln mit *i*:

> treten – trittst, vergessen – vergißt, messen – mißt, schmelzen – schmilzt

– Bei Modalverben sind die 1. und 3. Person Singular endungslos:

> ich kann, ich mag, sie darf, er soll

– Bei Verben, deren Stamm auf *-d* oder *-t* endet, wird ein *e* eingeschoben in der 2. und 3. Person Singular und der 2. Person Plural:

> du redest, sie redet, ihr redet
> Ähnlich: du atmest, du öffnest

●●

Bei *e/i*-Wechsel heißt es aber:

> du giltst, es gilt, du trittst
> Außerdem: ich gebäre, sie gebiert; ich lösche, es (er)lischt

●●

– Bei *-eln* wird das *e* gekürzt:

> handle, wandle (aber: *handel-n, wandel-n*)

Bedeutung | 26 | Das Präsens ist das häufigste Tempus des Deutschen. Es hat eine sehr
des Präsens   weite Bedeutung. Entsprechend gibt es mehrere Gebrauchsweisen:

– Präsens für die Gegenwart:

> Draußen regnet es.
>
> Heute habe ich Geburtstag.
>
> Wir wissen, daß die Erde keine Scheibe ist.

Der Sprecher drückt aus, daß das Geschehen zur Sprechzeit oder um die
Sprechzeit herum abläuft. In einem Text kann das auch die Zeit sein, zu der
die Gesamthandlung spielt.

– Präsens für die Zukunft:

> Er kommt bestimmt.
>
> Morgen regnet es nicht.
>
> Diesmal machen wir es anders.

Der Sprecher drückt aus, daß das Geschehen noch in der Zukunft liegt. Er
erwartet, sagt vorher, vermutet, daß es passieren wird.

– Präsens für Zeitlosigkeit:

> Ein Viereck hat vier Ecken.
>
> Die Erde dreht sich um die Sonne.
>
> Jeden Morgen putze ich die Zähne.

Der Sprecher drückt aus, daß das Geschehen zeitlos ist. Vielleicht macht es
keinen Sinn, es zeitlich einzuschränken, weil es sich um allgemeine Wahrheiten handelt. Oder das Geschehen wiederholt sich zu verschiedenen Zeit-
punkten.

Um zu verstehen, welche Zeit gemeint ist, muß man auf die Zeitangaben
achten: *jetzt*, *heute*, *eben* usw. machen deutlich, daß Gegenwart gemeint ist;
morgen, *später*, *bald* usw. machen deutlich, daß Zukunft gemeint ist. Auch
der Gesamtsinn kann für das richtige Verständnis den Ausschlag geben. Wenn
man sagt: *Er kommt bestimmt*, drückt man eine Vermutung aus. Darum ist
offensichtlich Zukunft gemeint.

Präteritum | 27 | Das Präteritum wird bei regelmäßigen Verben gebildet durch ein ein-
geschobenes *-t-*:

> sag-t-en (gegenüber Präsens: *sagen*), lach-t-est, heil-t-e, lieb-t-et

In der 3. Person Singular fehlt die eigentliche Personal-Endung *-t*:

> Er redete, sagte aber nichts.

Nach dem Stammauslaut *d* oder *t* wird ein *e* eingefügt: *redeten*, *retteten*.

Bei den ablautenden Verben wird der Stammvokal geändert, die 1. und
3. Person Singular sind hier endungslos:

> sie gab (gegenüber: *sie gibt*)
>
> er fiel (gegenüber: *er fällt*)
>
> es log (gegenüber: *es lügt*)

Das Präteritum ist das zweithäufigste Tempus des Deutschen. Es drückt aus, daß das Geschehen vor der Bezugszeit (der Sprechzeit oder Textzeit) liegt und so der Vergangenheit angehört:

> Damals war alles in Butter. Die Leute hatten Zeit und Ruhe. Sie wußten, was sie zu tun hatten. Alles klappte ganz selbstverständlich, routinemäßig. Aber das war nur die Oberfläche.

Das Präteritum ist das typische Tempus für Erzählungen und Berichte.

Wenn etwas im Präteritum berichtet wird, muß der Zeitbezug stimmen. Also nicht:

> Aber morgen war Weihnachten.

Sondern:

> Aber am nächsten Tag war Weihnachten.

28 Das Perfekt ist ein zusammengesetztes Tempus: Es wird gebildet mit   Perfekt
einer Präsensform der Hilfsverben *haben* oder *sein* und dem Partizip II:

> Ich habe gespült, du bist verschwunden.

Das Partizip II der regelmäßigen Verben ist gebildet mit *ge-* + *-t*, bei unregelmäßigen durch Ablaut und *ge-* + *-en* (→ 19).
Schon nach seiner Bildungsweise ist das Perfekt eine Mischung aus Gegenwart und Vergangenheit: einerseits das Präsens des Hilfsverbs, andererseits das perfektive Partizip II, das das Resultat des Vorgangs oder der Handlung betont. So drückt das Perfekt die Vergangenheit eines Vorgangs oder einer Handlung aus, besagt aber zugleich, daß die Wirkung oder das Resultat noch in der Gegenwart fortbesteht. Es gibt mehrere Gebrauchsweisen:

– Perfekt für die Vergangenheit:
> Wer hat den Lauf damals gewonnen?
> Wer ist als erste über den Kanal geschwommen?

In diesem Gebrauch wird das Perfekt ähnlich wie das Präteritum gebraucht. Oft hat es aber einen Bezug zur Gegenwart und besagt, daß etwas vor der Gegenwart liegt (Vorgegenwart):
> Weil du gewonnen hast, bekommst du den Preis.

In Süddeutschland wird für die Vergangenheit fast nur das Perfekt gebraucht. Das Präteritum ist hier untergegangen, außer bei Hilfsverben und einigen anderen. In der Standardsprache gebraucht man aber für die erzählte Vergangenheit meistens Präteritum.

– Perfekt für die Zukunft:

> Morgen hast du alles vergessen.
> In drei Tagen bist du geheilt.

Dieser Gebrauch ist verwandt mit dem Präsens für die Zukunft. Er besagt, daß etwas in der Zukunft passiert sein wird, abgeschlossen sein wird.

– Perfekt für Zeitlosigkeit:

> Niemand hat den morgigen Tag gesehen.

Dieser Gebrauch ist recht selten.

Plusquam-perfekt | 29 | Das Plusquamperfekt ist ein zusammengesetztes Tempus. Es wird gebildet mit einer Präteritumform der Hilfsverben *haben* oder *sein* und dem Partizip II:

> Sie hatten schon alles weggeputzt, als es losging.
> Wir waren kaum angekommen, da klingelte es.

Das Plusquamperfekt entspricht in der Bildung dem Perfekt. Das Perfekt besteht aus einer finiten Präsensform mit Partizip II; das Plusquamperfekt besteht aus einer finiten Präteritumform mit Partizip II:

> hatte gesehen – habe gesehen
> war gegangen – bin gegangen

In seiner Bedeutung verhält sich das Plusquamperfekt so ähnlich zum Präteritum wie das Perfekt zum Präsens.

Das Plusquamperfekt drückt Vergangenheit aus in bezug auf einen vergangenen Zeitpunkt (Vorvergangenheit). Es besagt, daß ein Geschehen zu diesem Zeitpunkt abgeschlossen war, aber noch nachwirkt:

> Ich hatte schon alles geschlossen. Da kam der Sturm.
> (Die Handlung des Schließens war abgeschlossen, bevor der Sturm kam; aber ihr Ergebnis wirkte – Gott sei Dank – noch.)

Die Zeitverhältnisse verdeutlicht das Tempusviereck:

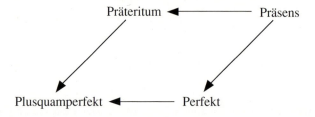

●●

Meide das Superplusquamperfekt:

🔥   Sie hatten schon alles geschlossen gehabt.

Diese Bildung ist in Dialekten üblich, in der Standardsprache ist sie verpönt.

●●

| 30 | Das Futur I ist ein zusammengesetztes Tempus. Es wird gebildet mit   **Futur I**
einer Präsensform des Hilfsverbs *werden* und dem Infinitiv:
    Wir werden bleiben, ihr werdet gehen, du wirst siegen.

Das Futur I wird selten gebraucht. Es hat zwei Verwendungen:

– Futur für die Zukunft:
    Sie werden demnächst in eine höhere Liga aufsteigen.
Der Sprecher drückt aus, daß das Geschehen nach der Bezugszeit (der
Sprechzeit) abläuft. Das Futur I wird entsprechend verwendet für Verspre-
chungen und Prophezeiungen. Im Vergleich zum Präsens drückt es die
Zukunft klarer aus, es braucht z. B. keine Zeitangaben für die Zukunft.

●●

Wenn die gemeinte Zeit deutlich ist, ist das Futur zu stark.
Also: Ich verspreche, daß ich komme.
Statt: Ich verspreche, daß ich kommen werde.

Oft genügt das Präsens für die Zukunft. Man sollte aber beachten, daß das
Präsens auch zeitlos verstanden werden kann. Darum unterscheide:
    Wenn wir gegessen haben werden, werden wir schwimmen gehen.
    Wenn wir gegessen haben, gehen wir schwimmen.
Das letztere kann nämlich heißen, daß wir das regelmäßig tun.

●●

– Futur für Vermutungen:
    (Was macht Hanna?) Sie wird arbeiten.
    Er wird wohl krank sein.
Der Sprecher drückt eine Vermutung über ein gegenwärtiges Geschehen
aus. Da die Zukunft immer unsicher ist, erscheint die vermutende Verwendung sehr plausibel. Öfter wird sie durch Zusätze wie *wohl, vermutlich*
usw. verdeutlicht:
    Vermutlich wird sie arbeiten.

In der Anrede kann das Futur zum strengen Befehl werden:
    Du wirst jetzt gehen!

Futur II | 31 | Das Futur II ist ein zusammengesetztes Tempus. Es wird gebildet mit einer Präsensform des Hilfsverbs *werden*, dem Infinitiv des Hilfsverbs *haben* oder *sein* und dem Partizip II:

>   Dann werden wir so gealtert sein, daß wir ruhig warten können.

Das Futur II ist sozusagen das Futur zum Perfekt:

>   hat   –   wird haben
>   hat geschlafen   –   wird geschlafen haben

Das Futur II wird sehr selten gebraucht. Es hat zwei Gebrauchsweisen:

– Vergangenheit in der Zukunft:

>   Morgen wirst du alles vergessen haben.
>   Im nächsten Jahrhundert werden alle ausgestorben sein.

Der Sprecher drückt aus, daß das Geschehen nach der Bezugszeit (der Sprechzeit) abgelaufen sein wird. So wie das Präsens die Funktion des Futur I erfüllen kann, kann das Perfekt auch die Funktion des Futur II erfüllen:

>   Morgen hast du alles schon vergessen.

Die Zeitangabe *morgen* macht die Zukunftsdeutung klar.

– Futur II für Vermutungen über Vergangenes:

>   Er wird sein Geld verloren haben.

Der Sprecher drückt eine (gegenwärtige) Vermutung über ein vergangenes Geschehen aus. Das einfache Perfekt kann dies nur leisten, wenn die Vermutung extra ausgedrückt ist durch *wohl*, *vermutlich*, *bestimmt* usw:

>   Er hat wohl sein Geld verloren.

Zeitenfolge | 32 | Der Ausdruck der Zeit in einer Aussage ist in sich relativ: Er ist bezogen auf die Sprechzeit. Außerdem können zwei Aussagen auch untereinander in einer zeitlichen Beziehung stehen: Entweder läuft ein Geschehnis vor dem andern ab, oder beide verlaufen gleichzeitig.

Gleichzeitigkeit kann durch das gleiche Tempus ausgedrückt sein:

>   Wir spielen, ihr arbeitet.
>   Einige schwammen, die andern liefen.

Vorzeitigkeit kann auch durch gleiches Tempus ausgedrückt sein. Allerdings muß die Vorzeitigkeit dann durch andere Mittel markiert sein, oder man muß sie erschließen können:

>   Ich putze die Zähne und gehe (dann) ins Bett.

Vorzeitigkeit drücken wir normalerweise durch unterschiedliches Tempus aus. Das Tempussystem ist gerade auf diese Möglichkeit hin angelegt:

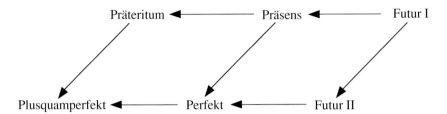

Die unteren Tempora sind unselbständig, sie sind bezogen auf ein anderes Tempus:

– Vorzeitig zum Präsens ist das Perfekt:
    Sobald ich alles erledigt habe, mache ich Feierabend.

– Vorzeitig zum Präteritum ist das Plusquamperfekt:
    Sobald ich alles erledigt hatte, machte ich Feierabend.

– Vorzeitig zum Futur I ist das Futur II:
    Sobald ich alles erledigt haben werde, werde ich Feierabend machen.

●●●

Aus diesem Grund meide das alleinstehende Plusquamperfekt, das eigentlich an Stelle des Präteritums stünde. Also nicht:
🔥   Letztes Jahr hatten wir eine schöne Reise gemacht.
🔥   Ich war schon dagewesen.

Man erwartet ein anderes Geschehen als Bezug für die Vorzeitigkeit.

●●●

1.5 Tempus in stilistischer Sicht

Die richtige und überlegte Verwendung der Tempora ist eine Kunst. Aber mit einigen Tips kommt man schon weit. Betrachten wir die Wirkungen im Text.

Was leistet das Präsens? Ein Text steht im Präsens, wenn das Berichtete
– gegenwärtig, also um das Jetzt herum, abläuft oder
– in naher Zukunft erwartet wird oder
– ohne Zeitbezug ganz allgemein gültig ist oder
– immer wieder vorkommt.

> Jedes achte Schulkind muß ohne ausreichendes Frühstück zur Schule; das stellten Wissenschaftler fest.
> Nach Auskunft des Gesundheitsdienstes der Deutschen Angestellten Krankenkasse (DAK) kann das fehlende Frühstück schuld sein, wenn ein Kind in der Schule nicht mehr mitkommt. Das Frühstück sollte etwa 30 bis 35 Prozent der täglich benötigten Gesamt-Energiemenge liefern.
>
> Zeitungsnotiz

Die Untersuchung selbst ist vorbei, das wird im Präteritum gesagt (*stellten fest*). Aber die Ergebnisse sind aktuell, sie werden im Präsens dargestellt.

●●

Reden, Nachrichten, alle aktuellen Berichte, Reportagen und Schilderungen stehen im Präsens.

●●

> Ein Junge sucht eine Katze. Er lauscht auf Geräusche und sucht. Und so lernen wir die Familie kennen: Mama, die eilig tippt und einen Wust zerknüllter Blätter durchs Zimmer rauschen läßt, das Bruderherz, das sich chaotisch die Haare wäscht und das ganze Bad unter Wasser gesetzt hat, der Vater, der furios und genial in der Küche herummacht, so daß die Pfannkuchen an der Lampe kleben, und schließlich die Schwester, die den Kuchen auf den Teppich hat klatschen lassen. Alle klappern, blubbern, platschen und klabastern. Nur das Kätzchen betätigt sich lautlos und hingebungsvoll, hat in aller Stille, Unschuld und Anmut eine nette Katastrophe inszeniert.
> Eine Bildergeschichte ohne Prätention, ohne „Moral", ohne tutige Schelmerei. Reines Vergnügen an Situationskomik, pointensicher, mit Grazie und großem zeichnerischen Können in Szene gesetzt.
>
> Inhaltsangabe eines Kinderbuchs

●●

Sachtexte und Beschreibungen wie Inhaltsangaben, Lehrtexte, Gesetzestexte, Kommentare, Gebrauchsanweisungen, Werbetexte stehen im Präsens.

●●

Der Lehrtext sagt ja etwas Allgemeingültiges, er berichtet nicht über Geschehenes oder Einmaliges.

> Die Reizbarkeit spielt im Leben der frei beweglichen Tiere eine viel größere Rolle als bei den Pflanzen. Schon die Einzeller sind imstande, Reize aufzunehmen und zu leiten. Eine Amöbe antwortet auf Berührung, chemische Reize, Änderung der Temperatur und der Belichtung durch Veränderungen in ihrem Verhalten und kann dabei zwischen verschiedenartigen Reizen unterscheiden. Auch wird der Reiz häufig nicht am Ort der Einwirkung, sondern an einer anderen Stelle des Zelleibes beantwortet. Besondere Einrichtungen für die Reizaufnahme und die Erregungsleitung treten erst bei den Vielzellern auf. Die Folge dieser Spezialisierung ist eine gesteigerte Empfindlichkeit und beschleunigte Reizbeantwortung. Bei den höher entwickelten Tieren treten dann die Sinneszellen zu *Sinnesorganen* zusammen; die Nervenzellen vereinigen sich an bestimmten Stellen des Körpers, und ihre zu Bündeln zusammengefaßten Fortsätze besorgen als *Nerven* die Fernleitung der Erregung. Die leitenden und schaltenden Organe bilden das *Nervensystem*.
>
> H. Linder

●●●

Gedichte, die Stimmungen, Gedanken, Empfindungen zum Ausdruck bringen, stehen meist im Präsens.

●●●

> Der Abend
> Übermütig wechselt das Grün
> Von heller zu dunklerer Anmut
> Kräftig holt jetzt die Sonne
> Das Licht hervor aus den Bäumen
> Eh sichs davonstiehlt, die Blumen
> Dorfhähne am Morgen, empfangen
> Den Abend mit samtenen Farben
> In den Fluten der reifen Felder
> Schlingern verspätete Trecker
> Der Himmel wird pflaumenblau
> Und auf der Zunge brennt noch
> Der Abbiß von Fliegenpilz
> O ihr guten versunkenen Städte
> Hier ist es fröhlich und heiter
> Selbst das Dunkel beginnt
> Leuchtend und prunkvoll.
>
> Sarah Kirsch

Was leisten Präteritum und Perfekt? Das Präteritum ist das Haupttempus der Vergangenheit. Es ist ein typisches Erzähltempus.

> Es war einmal ein armes Dienstmädchen, das war fleißig und reinlich, kehrte alle Tage das Haus und schüttete das Kehricht auf einen großen Haufen vor die Türe. Eines Morgens, als es eben wieder an die Arbeit gehen wollte, fand es einen Brief darauf, und weil es nicht lesen konnte, so stellte es den Besen in die Ecke und brachte den Brief seiner Herrschaft, und da war es eine Einladung von den Wichtelmännern, die baten das Mädchen, ihnen ein Kind aus der Taufe zu heben. Das Mädchen wußte nicht, was es tun sollte, endlich auf vieles Zureden, und weil sie ihm sagten, so etwas dürfte man nicht abschlagen, so willigte es ein. Da kamen drei Wichtelmänner und führten es in einen hohlen Berg, wo die Kleinen lebten. [...]
>
> Brüder Grimm

●●●

Erzählungen, Märchen und Berichte über Vergangenes stehen überwiegend im Präteritum.

●●●

Präteritum und Perfekt sind in manchen Fällen aber gleichwertig. In vielen Gegenden Deutschlands und in der Umgangssprache ist das Präteritum fast ganz untergegangen, dort muß das Perfekt ja das gleiche leisten. Aber um so wichtiger die Fälle, wo es Unterschiede gibt, wo feine Nuancierungen auftreten. So sind im folgenden Märchentext die vier wichtigsten Tempora versammelt: Präteritum, Perfekt, Präsens und Futur.

> Es war einmal eine schöne Henne, die lebte ganz vergnügt in einem Hofe, umgeben von ihren zahlreichen Jungen, unter welchen jedoch ein Hähnchen durch seine Verstümmelung und Mißgestalt auffiel. Und gerade dieses war der Mutter Liebling. Es war eigentlich nur die Hälfte eines Hahnes, denn es hatte nur ein Auge, einen Flügel und einen Fuß; dabei war es aber viel stolzer als sein Vater, der doch auf zwanzig Meilen in der Runde der schönste und galanteste Hahn war. Ja, in seinem Dünkel sah es sich für den Phönix seines Geschlechtes an und hielt es für Neid, wenn die andern jungen Hähne sich über ihn lustig machten, und für Rache verschmähter Liebe, wenn die Hühnchen es auslachten.
> Eines Tages sagte dieses Hähnchen zur Mutter: „Hör mal, Frau Mutter, ich langweile mich hier auf dem Lande. Ich habe den Vorsatz gefaßt, in die Residenz zu gehen: Ich will den König und die Königin sehen."

Die arme Mutter fing an zu zittern, als sie dies hörte. „Söhnchen", rief sie, „wer hat dir solchen Unsinn in den Kopf gesetzt? Dein Vater hat in seinem ganzen Leben nicht dieses Gehöft verlassen und ist doch die Zierde seines Geschlechtes geblieben. Wo wirst du einen Hof wie diesen finden? Wo einen ansehnlicheren Düngerhaufen? Wo eine gesündere und reichlichere Nahrung, einen besser geschützten Stall, eine Familie, die dich mehr liebt?"

„Nego", erwiderte das halbe Hähnchen auf Latein, denn es tat sich was darauf zugute, ein paar Worte Latein krähen und kratzen zu können, „meine Brüder und Vettern sind mir einmal zu dumm und zu unwissend!"

„Aber Söhnchen", entgegnete die Mutter, „hast du dich nie im Spiegel erblickt? Hast du nicht da bemerkt, daß ein Auge und ein Fuß dir fehlt?"
[. . .]

spanisches Märchen

Das Präteritum überwiegt, denn vor allem wird erzählt. Immer dann, wenn die Handelnden selbst sprechen, steht aber ein anderes Tempus. Dadurch wirkt der Text lebendig und natürlich. Die Wirkung des Präteritums wird deutlich, wenn man die gesprochenen Sätze ins Präteritum überträgt:

Wer setzte dir solchen Unsinn in den Kopf? Dein Vater verließ in seinem ganzen Leben nicht dieses Gehöft und blieb doch die Zierde des Geschlechts. Aber Söhnchen, erblicktest du dich nie im Spiegel?

So wirken die Sätze eigenartig distanziert, weit weg vom eigentlichen Geschehen und ohne Wirkung.

Das Präteritum ist öfter fehl am Platz, wenn das Geschehen noch bis an die Gegenwart heran wirkt. Wenn ich z. B. irgendwo ankomme, werde ich meinen Fahrtbericht nicht mit *Ich fuhr um neun Uhr ab* . . . beginnen. Das wäre eher der Anfang einer Erzählung über lang Vergangenes.

Wenn Fernseh-Nachrichten im Präteritum formuliert sind, können sogar aktuelle Ereignisse seltsam fern und distanziert wirken:

Ein schwerer Verkehrsunfall ereignete sich gestern in den frühen Morgenstunden auf der A8 zwischen Augsburg und München. Infolge dichten Nebels kam es zu Massenkarambolagen, bei denen 14 Menschen getötet und mehr als 40 Menschen zum Teil schwer verletzt wurden.

●●●

Will man in einem Text ein Gespräch so natürlich wie möglich wiedergeben, wird man das Perfekt vorziehen wie in der gesprochenen Sprache.

●●●

> Freunde, haltet euch fest – Gustaf hat sich ein Auto gekauft! Es hat einen ziemlichen Krach mit Frieda gegeben, die meinte, eines könne man nur: Segeln oder Autofahren. Aber Gustaf hat gesiegt. Wer hätte auch daran zweifeln wollen; was der Skipper sich einmal in den Kopf gesetzt hat, führt er durch. Und diesmal ist es eben das Auto.
> Es handelt sich um einen ziemlich klapprigen VW mit einem Tachostand von 97000 (Heini fragte hämisch, die „wievielten" 97000 es wären). Aber es ist immerhin ein Auto und laut Auskunft des Verkäufers für den Stadtverkehr genau das richtige Vehikel. Der Verkäufer muß es schließlich wissen.
> „Mann, wozu brauchen wir ein Auto?" hat Frieda entsetzt gefragt, als Gustaf zum ersten Male die Autoplatte auflegte. – „Zum Segeln", sagte Gustaf und dachte dabei an die ewige Schlepperei und den umständlichen Weg zum Hafen. Frieda glaubte nicht recht zu hören. Zum Segeln brauchte Gustaf ein Auto? „Ich denke, zum Segeln braucht man ein Boot."
>
> W. J. Krauss

Neben diesen etablierten Verwendungen können Tempora auch für bestimmte Zwecke eingesetzt werden. So hat das Präsens in Erzählungen oft stilistische Wirkung.

> Der Schlafwagen war nicht übermäßig besetzt; ein Abteil neben dem meinen war leer, war nicht zum Schlafen eingerichtet, und ich beschloß, es mir auf eine friedliche Lesestunde darin bequem zu machen. Ich holte also mein Buch und richtete mich ein. Das Sofa ist mit seidigem lachsfarbenen Stoff überzogen, auf dem Klapptischchen steht der Aschenbecher, das Gas brennt hell. Und rauchend las ich.
> Der Schlafwagenkondukteur kommt dienstlich herein, er ersucht mich um mein Fahrscheinheft für die Nacht, und ich übergebe es seinen schwärzlichen Händen. Er redet höflich, aber rein amtlich, er spart sich den „Gute-Nacht!"-Gruß von Mensch zu Mensch und geht, um an das anstoßende Kabinett zu klopfen. Aber das hätte er lassen sollen, denn dort wohnte der Herr mit den Gamaschen, und sei es nun, daß der Herr seinen Hund nicht sehen lassen wollte oder daß er bereits zu Bette gegangen war, kurz, er wurde furchtbar zornig, weil man es unternahm, ihn zu stören, ja, trotz dem Rollen des Zuges vernahm ich durch die

dünne Wand den unmittelbaren und elementaren Ausbruch seines Grimmes. „Was ist denn?!" schrie er. „Lassen Sie mich in Ruhe – Affenschwanz!!" [. . .]
Ich erwäge, was etwa dagegen sprechen könnte, noch eine Zigarre zu rauchen, und finde, daß es so gut wie nichts ist. Ich rauche also noch eine im Rollen und Lesen und fühle mich wohl und gedankenreich. Die Zeit vergeht, es wird zehn Uhr, halb elf Uhr oder mehr, die Insassen des Schlafwagens sind alle zur Ruhe gegangen, und schließlich komme ich mit mir überein, ein Gleiches zu tun.

Thomas Mann

Der Verfasser wechselt aus der Vergangenheit in die Gegenwart, um den Leser direkter an seinen Erlebnissen teilnehmen zu lassen. Der Wechsel zu diesem Erzählpräsens ist also ein Mittel, um Spannung zu erzeugen.

●●●

Manchmal steht das Präsens auch in Erzählungen, die von Vergangenem erzählen.

●●●

1.6 Modus

Modi | 33 | Finite Verbformen stehen in einem Modus. Mit dem Modus kann der Sprecher seinen Wahrheitsanspruch und seine Einstellung zum Gesagten variieren. Er kann darlegen, ob er seine Aussage für gewiß hält, für notwendig, für wahrscheinlich, für möglich oder für ungewiß.

Das Deutsche bezeichnet durch Verbformen drei Modi: den Indikativ, den Konjunktiv und den Imperativ:

- Der Indikativ (die Wirklichkeitsform) kann Aussagen als tatsächlich und sicher darstellen:
  Draußen regnet es.

- Der Konjunktiv (die Möglichkeitsform) kann Aussagen als unsicher, als nur möglich, erwünscht oder berichtet darstellen:
  Ich bliebe nicht hier.

- Der Imperativ (die Befehlsform) verlangt vom Angesprochenen, daß er etwas tun soll, damit die Aussage erfüllt wird:
  Gib das Geld nicht aus der Hand!

Außer diesen finiten Verbformen gibt es auch zusammengesetzte Verbalphrasen für den Ausdruck des Modus. Hier drücken Modalverben den Modus aus (→ | 251 |):
  Du sollst das Geld nicht aus der Hand geben.

Indikativ | 34 | Der Indikativ ist die neutrale Normalform finiter Verben. Im Hauptsatz stellt er die Aussage als sicher dar, der Sprecher behauptet beispielsweise etwas mit vollem Wahrheitsanspruch:
  Claudia hat die Kirschen gegessen.

Auch im Fragesatz ist der Indikativ die Normalform, man erwartet auch eine Antwort im Indikativ:
  Kommt sie? – Ja, sie kommt.

Selbstverständlich erhebt der Sprecher nur einen Anspruch auf Wahrheit: Was als sicher und richtig dargestellt wird, muß nicht richtig sein. Sogar für offenbar Falsches kann ein Wahrheitsanspruch erhoben werden:
  Zwei mal zwei ist fünf.

Ebensowenig muß, was als sicher falsch dargestellt wird, auch falsch sein:
  10 minus 3 ist nicht 7.

Im Nebensatz ist der Indikativ eigentlich neutral. In einem *wenn*-Satz ist nichts behauptet, aber trotzdem steht der Indikativ:
  Wenn es schneit, fahren wir Ski.

Der Modus kann etwa durch den übergeordneten Satz oder eine Verbform angezeigt sein. Auch dann kann im Nebensatz der Indikativ stehen:

> Es ist möglich, daß sie kommt.
>
> Es ist unsicher, ob sie kommt.
>
> Wir bezweifeln, daß sie kommt.

Hier erhebt der Indikativ im Nebensatz natürlich keinen Wahrheitsanspruch.

35   Der Konjunktiv ist die markierte, die auffällige Form, er ist im Kontrast zum Indikativ zu verstehen. Es gibt im Deutschen drei Konjunktivarten: den Konjunktiv I, den Konjunktiv II und den Konditional. Der Konjunktiv bezeichnet eigentlich kein Tempus, und er hat auch nicht verschiedene Formen für verschiedene Tempora, obwohl seine Formen mit den Tempusformen verwandt sind. Darum kann der gleiche Konjunktiv im Nebensatz stehen, egal welches Tempus im Hauptsatz steht: *Konjunktiv*

> Sie behaupten,
>
> Sie behaupteten,   ⟶   daß sie komme.
>
> Sie haben behauptet,

Aber natürlich macht es einen Tempusunterschied, wenn der Konjunktiv in einem zusammengesetzten Tempus auftritt:

> Sie behaupten, daß sie gekommen sei.

Damit wird wie im indikativischen Perfekt die Vorzeitigkeit angezeigt.

36   Der Konjunktiv I wird gebildet vom Präsensstamm. Sein Kennzeichen   *Konjunktiv I*
ist ein eingefügtes *e*:

Indikativ	Konjunktiv I
ich habe	ich habe
du hast	du habest
er/sie/es hat	er/sie/es habe
wir haben	wir haben
ihr habt	ihr habet
sie haben	sie haben

In vielen Formen lautet der Konjunktiv I wie der Indikativ Präsens. In der 2. Person Singular und Plural wird meistens – aber nicht immer – das unterscheidende *e* eingeschoben. Das kann auch einen *e/i*-Wechsel rückgängig machen: *gebest – gibst*. Deutlich gekennzeichnet ist immer die 3. Person Singular: *habe – hat*, *gebe – gibt*, weil sie im Konjunktiv auf *-e* endet, im Indikativ auf *-t*.

Deutliche Konjunktivformen hat auch das Hilfsverb *sein*, das für den Konjunktiv einen eigenen Stamm besitzt, so daß alle Formen vom Indikativ verschieden sind:

Indikativ	Konjunktiv I
ich bin	ich sei
du bist	du seist
er/sie/es ist	er/sie/es sei
wir sind	wir seien
ihr seid	ihr seiet
sie sind	sie seien

Beim Hilfsverb *werden* ist zusätzlich zur 3. Person Singular noch die 2. Person Singular deutlich unterschieden: *du werdest – du wirst*. Bei den Modalverben ist der Konjunktiv I vom Indikativ durch das Einschub-*e* und den Umlaut unterschieden:

Indikativ	Konjunktiv I
ich muß	ich müsse
du mußt	du müssest
er/sie/es muß	er/sie/es müsse
wir müssen	wir müssen
ihr müßt	ihr müsset
sie müssen	sie müssen

Hier lauten nur die 1. und 3. Person Plural gleich. Ebenso bei *könne, dürfe, möge, solle, wolle*.

Verwendungs-
weisen

37   Der Konjunktiv I wird allgemein verwendet zum Ausdruck der Unsicherheit und Nichtwirklichkeit. Er hat mehrere Gebrauchsweisen:

– distanzierter Bericht und indirekte Wiedergabe (→ S. 61):
   Es hieß, er **komme** morgen.
   Es wurde berichtet, daß er morgen **komme**.
Dieser Gebrauch ist besonders häufig in Nebensätzen, die als indirekte Rede nach redeeinleitenden Verben stehen wie *sagen, behaupten, berichten* usw. Er kommt aber auch in Hauptsätzen vor, wenn etwa eine ganze Passage als indirekte Rede zu verstehen ist:
   Es hieß, er komme morgen. Er **habe** alle Vorbereitungen getroffen und **habe** seinen Besuch angekündigt.

– Aufforderung oder Wunsch:

Sie **lebe** hoch!

Man **möge** ihm aus dem Weg gehen!

Man **nehme** ein Pfund Mehl ...

Sie baten Gott, er **möge** alles richten.

Man tat alles, damit das Wasser eingedämmt **werde**.

Dieser Gebrauch ist im Hauptsatz seltener, öfter auch formelhaft wie etwa in den Höflichkeitsfloskeln:

Seien Sie so gut ...

– Setzen einer Bedingung:

Es sei x = 3 und y = 5.

Die Gerade g schneide die längere Seite im Winkel von 30 Grad.

Verwandt hiermit ist die Formel *es sei denn, daß* ...

38 Der Konjunktiv II wird gebildet vom Präteritalstamm: Konjunktiv II

Indikativ	Konjunkiv II
ich schlief	ich schliefe
du schliefst	du schliefest
er/sie/es schlief	er/sie/es schliefe
wir schliefen	wir schliefen
ihr schlieft	ihr schliefet
sie schliefen	sie schliefen

Ebenso: *riefe (rief)*, *wäre (war)*, *hätte (hatte)*, *gäbe (gab)*, *ritte (ritt)*.

Auch hier tritt wieder das charakteristische e auf. Indikativ: *ich/sie lag*, dagegen Konjunktiv: *ich/sie läge*.

1. und 3. Person Plural des Konjunktivs II unterscheiden sich in ihrer Endung nicht vom Indikativ Präteritum. Wenn möglich, wird aber im Konjunktiv II umgelautet, so daß der Umlaut ein gutes Kennzeichen für den Konjunktiv II ist. Bei den regelmäßigen Verben ohne Ablaut ist der Präteritalstamm nicht verschieden vom Präsensstamm. Hier lauten Präteritum und Konjunktiv II in allen Formen gleich:

Konjunktiv II / Indikativ Präteritum
ich legte
du legtest
er/sie/es legte
wir legten
ihr legtet
sie legten

Als ungewöhnlich und altertümelnd gelten Konjunktivformen auf *ö* wie *schwömme*, *flöhe*, *quölle*, *mölke*, *föchte*, außerdem *hülfe*.

●●●

Bei einigen Verben gibt es Doppelformen: *stände/stünde*, *begänne/begönne*, *sänne/sönne*, *schwüre/schwöre*, *spänne/spönne*, *höbe/hübe*. Verschiedentlich haben sich alte Formen erhalten, weil die neuen undeutlich sind, etwa *empföhle* (gegenüber *empfähle*), *hülfe* (gegenüber *hälfe*, das wie *helfe* klingt).

●●●

Verwendungs-
weisen

| 39 | Der Konjunktiv II wird allgemein verwendet als Ausdruck der Unsicherheit und nicht erfüllter Bedingungen. Er hat mehrere Gebrauchsweisen:

– distanzierter Bericht und indirekte Wiedergabe → S. 61):
>   Es hieß, sie kämen morgen.
>   Es wurde berichtet, daß sie morgen kämen.

Dieser Gebrauch ist besonders häufig in Nebensätzen, die als indirekte Rede nach redeeinleitenden Verben stehen wie *sagen*, *berichten*, *behaupten*. Er kommt aber auch in Hauptsätzen vor, wenn etwa eine ganze Passage als indirekte Rede zu verstehen ist:
>   Es hieß, wir kämen morgen. Wir **hätten** alle Vorbereitungen getroffen
>   und **hätten** unsern Besuch angekündigt.

– Kennzeichnung von nur Vorgestelltem, aber nicht Wirklichem (irreal):
>   Wär' ich doch endlich groß! (Ich bin es aber nicht.)
>   Wenn sie früher gekommen wäre, wäre alles gutgegangen. (Sie ist aber
>   nicht gekommen, und es ist nicht gutgegangen.)
>   Er kam zu spät, als daß er noch hätte helfen können.
>   Hätte er noch helfen können?

Bei diesem Gebrauch wird immer mitgesagt, daß es tatsächlich nicht so ist. *Wenn*-Sätze im Indikativ etwa lassen offen, ob die Bedingung erfüllt ist oder nicht; im Konjunktiv II hingegen wird die Bedingung als nicht erfüllt dargestellt.

– abschwächend und in Höflichkeitsfloskeln:
>   Sie wären der richtige Mann für uns.
>   Könnten Sie mir das Salz reichen?

In diesem Gebrauch bewirkt der Konjunktiv II eine Abschwächung, signalisiert Zurückhaltung. Die Aufforderung oder Bitte wirkt weniger direkt.

40   Der Konditional wird gebildet mit dem Konjunktiv II von *werden* und   Konditional
dem Infinitiv:

Konditional
ich würde legen
du würdest legen
er/sie/es würde legen
wir würden legen
ihr würdet legen
sie würden legen

Er ist in seiner Form mit dem Futur I verwandt, bezeichnet aber kein Tempus.

Der Konditional wird gebraucht wie der Konjunktiv II:

– distanzierter Bericht und indirekte Wiedergabe → S. 61):

    Es hieß, sie würden Bohnen legen.

– Kennzeichnung von nur Vorgestelltem, aber nicht Wirklichem (irreal):

    Würdest du eher gehen, würde sie bleiben.
    Ich würde das tun.

– abschwächend und in Höflichkeitsfloskeln:

    Würden Sie mir das Salz reichen?
    Ich würde meinen/sagen, daß wir es versuchen sollten.
  Der Konditional ist hier weniger direkt, wirkt höflich und verbindlich.

● ●

Wenn der irreale Konjunktiv II deutlich ist, sollte man den Konditional vermeiden:

    Wenn du wüßtest/könntest/hättest . . .
Nicht:Wenn du wissen/können/haben würdest . . .

Kindlich wirkt die Umschreibung mit *täte*:

    Du tätest weggehen.
    Täten Sie mir das Salz reichen?

● ●

---

58 — Das Verb

Ersatzwesen | **41** Indirekte Rede kann im Indikativ stehen, besser zu erkennen ist sie jedoch im Konjunktiv. Wenn man Konjunktiv verwendet, ist es entscheidend, eine deutliche Form zu wählen. Gewöhnlich wählt man den Konjunktiv I:

> In der Verlautbarung hieß es, daß der Minister zurücktrete.

Der Konjunktiv I ist aber nur manchmal deutlich: in der 3. Person Singular, beim Hilfsverb *sein* und bei Modalverben. Sonst lauten Konjunktiv und Indikativ gleich:

> Sie behaupteten, daß wir lügen.

In diesen Fällen weicht man aus in den Konjunktiv II. Man sagt also deutlicher:

> Sie behaupteten, daß wir lögen.

Ebenso:

> Es hieß, sie kämen.   statt: Es hieß, sie kommen.
> Man sagt, ihr wüßtet alles.   statt: Man sagt, ihr wisset alles.

Deutlich sind eigentlich alle umgelauteten Konjunktive. Aber auch sehr viele Konjunktive II sind undeutlich oder ungewöhnlich. Undeutlich sind etwa alle regelmäßigen Verben, weil Indikativ Präteritum und Konjunktiv II gleich lauten. In solchen Fällen weicht man aus in den Konditional:

> Es war fraglich, ob du spieltest/spielen würdest.
> Alle hatten Angst, daß sie fielen/fallen würden.

Undeutlich sind auch viele Formen mit *ä*-Umlaut, wenn der Indikativ *e* hat: *nähmen* gegenüber *nehmen*, *läse* gegenüber *lese* (auch *erschräke* gegenüber *erschrecke*). Undeutlich sind nicht umlautfähige Formen wie *sie fingen*, *wir fielen* (allerdings ist die 1. und 3. Person Singular deutlich: *ich finge*). Ungewöhnlich sind viele Formen mit umgelautetem *o* oder *u*: *er flöhe*, *ich büke*, obwohl sie eigentlich deutlich sind.

••

Vermeide Mißverständnisse in der indirekten Rede! Wenn möglich und deutlich, wähle Konjunktiv I. Sonst wähle Konjunktiv II. Ist auch dieser nicht deutlich, wähle den Konditional. Der Konditional ist immer deutlich, aber manchmal etwas umständlich und steif.

In der Umgangssprache und in Dialekten jedoch sind sowohl der Konjunktiv I als auch der Konjunktiv II fast tot; hier lebt der Konditional.

••

42   Der Imperativ ist der Modus der Noch-nicht-Wirklichkeit, mit dem   Imperativ
der Sprecher verlangt, daß etwas erst wahr gemacht oder vollzogen wird. Ein
Verb hat zwei Imperativformen, eine für den Singular, eine für den Plural.

Der Imperativ Singular ist bei Ablautverben der reine Stamm:
    lieg, geh, bring, fang, denk, schneid
Öfter wechselt aber der Vokal von *e* zu *i*:
    lies, vergiß, nimm, gib, hilf, iß, sieh

Bei regelmäßigen Verben wird dem Stamm ein *-e* angehängt:
    lege, rede, sage, mache, koche, setze, hole, füttere
Dieses *-e* wird in der gesprochenen Sprache oft weggelassen: *hol, sag, mach*,
aus lautlichen Gründen aber nicht in *atme, lächle, radle*. Bei Ablautverben
hingegen wird in der Schriftsprache öfter ein *-e* angehängt: *bringe, denke,*
fange usw. Das klingt gehobener und kann den Rhythmus verbessern.

●●●

Imperative wie *werfe, nehme, esse, gebe* gehören der Umgangssprache an. In
der Standardsprache muß es heißen: *wirf, nimm, iß, gib*.

Außerdem: Der Imperativ zu *jemanden erschrecken* heißt: *Erschrecke ihn*!
Der Imperativ zu *selbst erschrecken* heißt: *Erschrick bitte nicht*!

●●●

Der Imperativ Plural ist bei allen Verben die 2. Person Plural Indikativ:
    macht, sagt, atmet, holt, denkt, gebt, geht, nehmt, erschreckt

43   Der Imperativ wird verwendet, um den Angesprochenen aufzufordern,   Gebrauch
eine Handlung auszuführen oder seine Einstellung zu ändern. Er ist entsprechend auf eine zukünftige Handlung bezogen und immer als Anrede an einen
Partner gerichtet. (Bei einigen Verben ist der Imperativ gar nicht sinnvoll, weil
die entsprechende Aufforderung nicht sinnvoll ist, beispielsweise *könne,*
müsse).
Imperative sind sozusagen Formen der 2. Person, wo das *du* oder das *ihr*
ausgelassen ist, weil in der Situation sowieso klar ist, wer angesprochen ist. Der
Gebrauch des Imperativs setzt aber voraus, daß der Sprecher den oder die
Angesprochenen duzt. Sonst muß er in die Höflichkeitsform ausweichen, die
ein – oft undeutlicher – Konjunktiv I ist:
    Seien Sie nicht ängstlich!
    Kommen Sie zu uns!

Arten von Auf-
forderungen

| 44 | Aufforderungen sind so wichtig, daß es sie in verschiedener Stärke (bitten, auffordern, anweisen, befehlen) und verschiedenen sprachlichen Formen gibt:

– direkte Aufforderung:

Imperativ:	Nimm! Nehmt! Spring! Springt!
Höflichkeitsform:	Nehmen Sie (bitte) . . .
explizites Verb:	Ich befehle dir, daß du gehst.
	Ich fordere dich auf zu gehen.

●●●

Auch der Imperativ von *sein* in der Höflichkeitsform muß im Konjunktiv I stehen:

Seien (nicht: *Sind*) Sie so nett . . .

●●●

– indirekte Aufforderung:

Frage:	Geben Sie mir bitte Salz?
Modalverb:	Könnten Sie mir Salz geben?
Konditional:	Würden Sie mir Salz geben?
Feststellung:	Ich möchte, daß du kommst.
Modalverb:	Du sollst kommen.

– strenger Befehl:

Infinitiv:	Ablegen!
Partizip II:	Abgelegt!
Passiv:	Jetzt wird geschlafen.
Futur:	Du wirst jetzt schlafen.
modaler Infinitiv:	Die Kleider sind abzulegen.

1.7 Modus und indirekte Rede

Das meiste, was wir wissen oder glauben, haben wir vom Hörensagen. Darum ist es so wichtig, daß wir genau verstehen, was uns jemand sagt, aber auch, daß wir genau wiedergeben, was uns gesagt wird. Am genauesten ist es, den Sprecher direkt zu zitieren:

    Christine sagte: „Ich gehe ins Kino".

So gibt man zwar genau den Wortlaut wieder, den Christine verwendet hat, aber das muß nicht alles sein. Vielleicht hat Christine dies versprochen oder damit gedroht oder geantwortet. Es kann sehr wichtig sein, dies genau und richtig darzustellen. So wird es manchmal sogar notwendig, daß wir nicht mehr genau den Wortlaut wiedergeben, sondern einen Nebensatz verwenden, also die indirekte Rede:

Christine $\left\{\begin{array}{l} \text{versprach,} \\ \text{drohte,} \\ \text{gab zu,} \end{array}\right\}$ daß sie ins Kino geht.

Besonders wichtig ist die richtige Redewiedergabe in Zeitungsberichten:

> München (LX). Der FNL-Chef K. läuft nach Ansicht der freiheitlichen Partei Amok gegen die Demokratie, gegen die Wissenschaft und gegen die Kirche. Seine jüngsten Äußerungen hätten dies gezeigt, meinte FP-Spitzenkandidat Prof. Stierle. K. verkenne die Rolle der Kirchen, wenn er ihnen das Recht abspreche, sich zu den Fragen der Kernenergie zu äußern. Ähnlich gehe er mit angeblich verblendeten Wissenschaftlern um, wenn er sage, daß sie den Anarchisten und Terroristen nahestehen.

Im Text wird die Meinung von Stierle in indirekter Rede wiedergegeben. Allerdings nicht im Indikativ, sondern im Konjunktiv:

    Seine jüngsten Äußerungen **hätten** dies gezeigt, meinte ...

Mit dem Konjunktiv zeigt der Schreiber die indirekte Rede an, ohne Konjunktiv könnte man sie nämlich als Hauptsatz deuten, der die Meinung des Schreibers wiedergibt:

    Seine jüngsten Äußerungen haben dies gezeigt.

Übrigens muß er der Deutlichkeit halber natürlich den Konjunktiv II wählen. Im weiteren Text verwendet der Schreiber dann gar keine Redeeinleitung mehr, sondern einfach Hauptsätze. Hier ist der Konjunktiv das einzige Zeichen dafür, daß er nur Stierles Rede wiedergibt und nicht selbst all das behauptet.

• •

Der Konjunktiv kennzeichnet indirekte Rede. Er ist nötig, wenn kein redeeinleitendes Verb verwendet wird oder wenn die indirekte Rede sonst nicht zu erkennen wäre.

• •

Da der Schreiber selbst all die üblen Dinge nicht behaupten will, wahrt er in der Redewiedergabe Distanz. Aber gibt er auch zu erkennen, daß er selbst all dies nicht glaubt? Und würde er mit dem Indikativ selbst für die Behauptungen verantwortlich? So ist es nicht. Es ist in dieser Hinsicht egal, ob der Schreiber den Indikativ oder den Konjunktiv verwendet:

Stierle sagt,
daß K. die Rolle der Kirche verkennt.
daß K. die Rolle der Kirche verkenne.

In keinem Fall hat der Schreiber etwas darüber gesagt, ob auch er dieser Meinung ist. Er hat sich neutral verhalten.

Wenn aber der Schreiber – wie in unserem Text – sich über weite Strecken der auffälligen Konjunktivform bedient, die Indirektheit also betont, dann vermuten wir leicht, daß er sich distanzieren will. Ganz ähnlich ist die Sachlage, wenn man offenkundige Wahrheiten im Konjunktiv zitiert:

Er behauptete, zwei mal zwei sei vier.

●●●

Konjunktiv und Indikativ in der indirekten Rede besagen nichts darüber, ob der Schreiber die zitierte Meinung vertritt oder nicht.

●●●

Beim Konjunktiv II oder beim Konditional weiß man öfter nicht, ob nur indirekte Rede gekennzeichnet werden soll oder ob ein irrealer Konjunktiv vorliegt:

Die Angeklagten gaben zu, daß sie es getan hätten.
(Sagten sie: „Wir hätten es getan" oder „Wir haben es getan"?)

Wie kann man aber darlegen, daß man die Meinung des Zitierten nicht teilt? Mit dem Modus geht das beim Konjunktiv II. Wenn es keinen andern Grund für die Wahl des Konjunktivs II gibt (weil beispielsweise der Konjunktiv I deutlich ist), dann verstehen wir den Konjunktiv II als irreal:

K. behauptete, die Wissenschaftler wären Anarchisten, wenn sie sich so verhielten.

●●●

Mit dem Konjunktiv II kann man seine Distanz zu der Meinung des Zitierten anzeigen.

●●●

1.8 Das Verb in stilistischer Sicht

Verben haben mit Zeit und Zeitverlauf zu tun. Meist stehen sie für Veränderungen, für Handlungen und Vorgänge (selbst Zustände werden nur nennenswert, wo man Veränderung erwarten könnte). Darum wirkt ein Text mit vielen Verben oft dynamisch: Es passiert etwas. Verben bringen Leben in den Satz, sie können Spannung und Anteilnahme erzeugen. Außerdem prägen sie den Sätzen ihren grammatischen Stempel auf. Verben gliedern Satz und Aussage vor, sie leiten Hörer und Leser im Verstehen. Sie verdeutlichen, wie die Satzteile verbunden sind. So schaffen sie Ordnung und Klarheit, halten die Zügel in der Hand.

Meine Schüler
Sie können nicht lesen, nicht schreiben und rechnen. Einige können nicht oder nur sehr schlecht sprechen. Andere muß ich täglich zur Toilette bringen, ausziehen, abhalten und wieder anziehen. Manchmal geht auch noch etwas in die Hose.
Trotzdem kommen sie jeden Morgen zu mir in die Schule. Die Schüler meiner Klasse sind alle über zehn Jahre alt. Sie können noch nicht einmal allein zur Schule kommen. Deshalb werden sie jeden Morgen mit einem Bus gebracht und nachmittags wieder abgeholt. Eine Schule, in der geistig behinderte Kinder unterrichtet werden. Ihr Verstand ist so winzig, daß sie nicht lesen, schreiben und rechnen lernen können. Aber sie können

spielen,
lachen,
singen,
weinen,
streiten,
arbeiten
und sich freuen
wie alle anderen Schüler auch.

Rolf Krenzer

Verwende Verben! Nutze ihre grammatische Kraft! Wenn es dir um Handlungen und Vorgänge geht, dann drücke sie mit dem passenden Verb aus.

Allerdings kommt es auch auf die Textsorte an. Erzählungen werden durch Verben lebendig, in Telefonbüchern, Ersatzteillisten, Inhaltsverzeichnissen haben sie wenig zu suchen. Auch ein Wörterbuch-Artikel enthält kaum Verben, nicht einmal der zu „Verb“:

> **Verb**, *das V.*; *-s*, *-en* (lat. verbum = [Zeit]wort): Wort für Tätigkeiten, Geschehen, Vorgänge oder Zustände; Wortart mit komplexen Formen (Konjugation: Tempus, Modus) und Funktionen (Valenz).

Im Deutschen gibt es sehr viele Verben, mehr als zehntausend Grundverben. Aber wieviel verwenden wir schon aus diesem Angebot? Es gibt geläufige, mit denen wir uns meistens zufriedengeben; darunter auch Allerweltsverben wie *tun* und *machen*. Es gibt aber auch unübliche, mit denen man stilistische Wirkungen erzielen kann. Besonders zu empfehlen: Spezielle Verben wählen; sie machen die Aussage genauer und farbiger.

> . . . als ich in den Bädern von Lucca war, lobte ich meinen Hauswirt, der mir dort so guten Tee gab, wie ich ihn noch nie getrunken. Dieses Loblied hatte ich auch bei Lady *Woolen,* die mit mir in demselben Hause wohnte, sehr oft angestimmt, und diese Dame wunderte sich darüber um so mehr, da sie, wie sie klagte, trotz allen Bitten von unserem Hauswirte keinen guten Tee erhalten konnte und deshalb genötigt war, ihren Tee per Estafette aus Livorno kommen zu lassen – „der ist aber himmlisch!“ setzte sie hinzu und lächelte göttlich. „Milady“, erwiderte ich, „ich wette, der meinige ist noch viel besser.“ Die Damen, die zufällig gegenwärtig, wurden jetzt von mir zum Tee eingeladen, und sie versprachen, des anderen Tages um sechs Uhr auf jenem heiteren Hügel zu erscheinen, wo man so traulich beisammensitzen und ins Tal hinabschauen kann.
> Die Stunde kam, Tischchen gedeckt, Butterbrötchen geschnitten, Dämchen vergnügt schwatzend – aber es kam kein Tee. Es war sechs, es wurde halb sieben, die Abendschatten ringelten sich wie schwarze Schlangen um die Füße der Berge, die Wälder dufteten immer sehnsüchtiger, die Vögel zwitscherten immer dringender – aber es kam kein Tee. Die Sonnenstrahlen beleuchteten nur noch die Häupter der Berge, und ich machte die Damen darauf aufmerksam, daß die Sonne nur zögernd scheide und sichtbar ungern die Gesellschaft ihrer Mitsonnen verlasse. Das war gut gesagt – aber der Tee kam nicht. Endlich, endlich, mit seufzendem Gesichte, kam mein Hauswirt und frug: ob wir nicht Sorbett statt des Tees genießen wollten? „Tee! Tee!“ riefen wir alle einstimmig. „Und zwar denselben“ – setzte ich hinzu – „den ich täglich trinke.“ – „Von demselben, Exzellenzen? Es ist nicht möglich!“ – „Weshalb nicht

möglich?" rief ich verdrießlich. Immer verlegener wurde mein Hauswirt, er stammelte, er stockte, nur nach langem Sträuben kam er zu
einem Geständnis – und es löste sich das schreckliche Rätsel.

Mein Herr Hauswirt verstand nämlich die bekannte Kunst, den Teetopf,
woraus schon getrunken worden, wieder mit ganz vorzüglich heißem
Wasser zu füllen, und der Tee, der mir so gut geschmeckt, und wovon
ich so viel geprahlt, war nichts anders als der jedesmalige Aufguß von
demselben Tee, den meine Hausgenossin, Lady *Woolen,* aus Livorno
kommen ließ.

Die Berge rings um den Bädern von Lucca haben ein ganz außerordent-
liches Echo und wissen ein lautes Damengelächter gar vielfach zu wiederholen.

Heinrich Heine

Wollte man in diesem Text alle Redeeinleitungen durch *sagen* ersetzen, dann
würde er nichtssagend.

● ●

Wähle treffende Verben! Viele Grundverben haben eine Menge Verwandte,
die deutlicher und passender sind. Damit ersparst du dem Leser Mißverständnisse, er hat mehr Spaß beim Lesen.

● ●

Gewählte Verben sollten aber auch passen, sonst macht man sich lächerlich.
Wer aus der Schule nach Hause kommt und sagt: „Mich dürstet und hungert",
der wird doch leichtes Schmunzeln hervorrufen – was er vielleicht erreichen
wollte.

2   Das Substantiv

2.1 Abgrenzung und Arten von Substantiven

Beispiele | 45 | Substantive (auch Nomen/Nomina, Namenwörter, Hauptwörter, Ding-
wörter genannt) sind Wörter wie

> Jahr, Tag, Leute, Mutter, Vater, Zeit, Haus, Frau, Mann, Wald, Kind,
> Krieg, Bauer, Geschäft

Substantive bilden die größte Wortart im Deutschen. Sie sind eine offene
Liste, die ständig erweitert wird. Mit Substantiven beziehen wir uns auf das,
worüber wir sprechen. Sie bezeichnen Gegenstände im weitesten Sinn, besonders Dinge in der Welt. Sie haben die unterschiedlichsten Bedeutungen, und da sie
alle Gegenstände bezeichnen können, geben sie auch eine Ordnung der Welt
wieder: Sie unterscheiden Dinge, Lebewesen, Menschen, Pflanzen, Gattungen,
Sachverhalte, Handlungen, Vorgänge, Begriffe, Gefühle und vieles andere.

Eigenschaften | 46 | Substantive bilden den Kern von Nominalphrasen (→ |258|); vor den
Substantiven stehen oft Artikelwörter und Adjektive:

> die schöne neue Welt, manche Leute von gestern

Jedes Substantiv hat ein festes Genus (grammatisches Geschlecht):

> der Raum (maskulin), die Kappe (feminin), das Motto (neutral)

Jedes Substantiv kommt in verschiedenen Formen vor, es wird dekliniert.
So steht jedes Substantiv
– in einem Numerus (grammatische Zahl):

> das Haus – die Häuser

– in einem Kasus (grammatischer Fall):

> das Haus – des Hauses – dem Haus – das Haus

Kennzeichen | 47 | Um zu erkennen, ob es sich bei einem Wort um ein Substantiv han-
delt, kann man folgende Proben machen:
1. Kann ein Artikelwort davorstehen, das sich auf das Wort bezieht, zum
Beispiel *der, ein, diese, meine, manche, jedes, alle* usw.?

> Jedes Lügen enttäuscht mich.
> Dein Deutsch gefällt mir.
> Das war zum Heulen. (In *zum* steckt ein Artikelrest!)
> Alles Gute!
> Da hilft kein Wenn und Aber.

2. Kann man einen Plural bilden?

> Ahs und Ohs hörte man von allen Seiten.
> Deine Fünfen müssen aufhören.

3. Kann man *-chen* oder *-lein* anhängen?

      Haus – Häuslein   Hans – Hänschen

Leider gehen diese Proben aber nicht bei allen Substantiven auf.

| 48 | Grammatisch werden die Substantive eingeteilt danach, ob sie einen Plural bilden können und welche Artikelwörter zu ihnen passen. Man unterscheidet: *Arten von Substantiven*

– Eigennamen

Substantive, die ein Einzelwesen bezeichnen. So hat beispielsweise jeder Mensch einen eigenen Namen: *Rudi Rummenigge*, *Tina Bäcker*. Aber auch Städte (*Paris*, *Berlin*), Länder (*England*, *Polen*), Straßen (*Moltkestraße*, *Rainweg*), Tiere (*Minka*, *Hasso*).

– Zählsubstantive

Substantive, die eine Gegenstandsart bezeichnen, in der wir aber einzelne Gegenstände unterscheiden und identifizieren können:

    diese drei schönen Hühner

    meine allerschönsten Stunden

Huhn bezeichnet eine Tierart, aber mit dem Wort kann man auch jedes einzelne Huhn meinen.

– Massesubstantive

Substantive, die etwas als ungegliederte Masse oder als Kontinuum darstellen, in dem wir keine einzelnen Gegenstände unterscheiden. Sie bezeichnen besonders Stoffe und Materialien:

    Papier, Gold, Fleisch, Wolle, Zucker, Aas, Eis, Dreck; Musik, Lärm, Arbeit, Erfahrung, Hunger, Physik

– Sammelsubstantive (Kollektiva)

Substantive, die eine gegliederte Vielheit als Ganzheit bezeichnen:

    Vieh, Gebirge, Mannschaft, Bürgerschaft, Ungeziefer, Unkraut

Ein Gebirge ist eine Ganzheit, die aber – wie wir wissen – aus einzelnen Bergen besteht.

| 49 | Es gibt viele Übergänge zwischen den Substantivarten. Manche Substantive können Massesubstantive, aber in anderer Bedeutung auch Zählsubstantive sein: *Sonderfälle*

	Massesubstantiv	Zählsubstantiv
Brot	Ich mag gern Brot.	Dieter kauft drei Brote.
Holz	Der Schrank war aus Edelholz.	Der Schrank war aus edlen Hölzern.
Erfahrung	Man lernt durch Erfahrung.	Diese Erfahrungen kenne ich.

Massesubstantive im Plural sind fast immer als Zählsubstantive gebraucht. Sie bezeichnen dann oft eine Sorte des jeweiligen Stoffs oder Materials:

Holz – Hölzer (= Holzsorten, Holzstücke)

Gras – Gräser (= Grashalme, Grasarten)

Bedeutung   **50**   Inhaltlich werden die Substantive eingeteilt in

– Konkreta (Singular: Konkretum), die konkrete Gegenstände bezeichnen, die wir mit den Sinnen wahrnehmen können:

Lebewesen:	*Pferd, Schaf, Laus, Maus, Vogel, Krabbe, Seehund*
Pflanzen:	*Rose, Kohl, Eiche, Gras, Gurke, Tulpe, Holunder*
Dinge:	*Tisch, Auto, Gabel, Kleid, Haar, Hand, Mauer, Haus*

– Abstrakta (Singular: Abstraktum), die abstrakte Denkgegenstände bezeichnen, zum Beispiel etwas Vorgestelltes, Begriffliches, Gefühle:

Handlungen:	*Spiel, Abstoß, Lauf, Fernsehen, Streich, Piepser*
Begriffe:	*Freiheit, Jahr, Menge, Nähe, Zahl, Herbst, Begriff*
Eigenschaften:	*Schönheit, Würde, Kraft, Farbe, Dicke, Langsamkeit*
Vorgänge:	*Regen, Explosion, Wachstum, Unfall, Knall*
Zustände:	*Tod, Fieber, Ruhe, Angst, Hunger, Wissen*

Überblick   **51**   Ein Überblick zeigt die Arten von Substantiven:

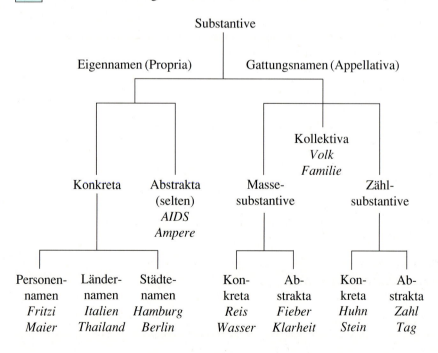

2.2 Genus des Substantivs

52 Jedes Substantiv hat ein festes Genus (grammatisches Geschlecht). Es   Genus
gibt im Deutschen drei Genera:

Femininum (weiblich):   *die Klasse, die Leiter, die Frau, die Schwester*
Maskulinum (männlich):   *der Fuß, der Regen, der Vater, der Hund, der Tag*
Neutrum (sächlich):   *das Buch, das Konto, das Ohr, das Bett, das Eis*

Man sieht dem Substantiv sein Genus meistens nicht an. Manchmal erkennt
man es an der Endung *(Lehrerin)*, aber meistens nur an der Artikelform, die es
verlangt.
Das Genus darf nicht mit dem natürlichen Geschlecht verwechselt werden.
Alle Substantive haben ein Genus, aber nicht alle bezeichneten Gegenstände
haben ein Geschlecht. Wenn das Bezeichnete ein Geschlecht hat, so stimmt es
oft mit dem grammatischen Genus überein, es muß aber nicht übereinstimmen:
Mädchen sind weiblich, aber *das Mädchen* ist Neutrum; Weiber sind weiblich,
aber *das Weib* ist Neutrum; *der Doktor* ist Maskulinum, aber er kann männlich
oder weiblich sein; *die Biene* ist Femininum, aber sie kann männlich oder
weiblich sein.

53 Natürliches Geschlecht und grammatisches Genus können im Wider-   Probleme
streit liegen. Die Personenbezeichnungen *Lehrer, Student, Schneider, Verkäu-
fer, Arzt* sind maskulin. Aber die Personen können auch weiblich sein. Wenn
man dies zum Ausdruck bringen will, muß man eine Endung anhängen: *Lehrerin, Studentin, Schneiderin, Verkäuferin, Ärztin.* Diese Substantive sind femi-
nin und bezeichnen weibliche Personen. Genauer kann man auch *Bürgermei-
sterin, Ministerin, Präsidentin, Professorin* sagen, wenn man auf das
Geschlecht hinweisen will. Die Sprache ergreift sozusagen Partei zugunsten
der Männer, weil man bei dem kurzen „Normalwort" meistens an männliche
Personen denkt.

●●●

Die Parteinahme finden wir auch bei anderen Substantiven:

    Kaufmann, Amtmann, Landsmann

Man sollte hier ruhig auch die neuen Zusammensetzungen verwenden:

    Kauffrau, Amtfrau, Landsfrau

Wenn man zeigen will, daß man Frauen und Männer gleichzeitig meint, muß
man umständlicher werden:

    Lehrerinnen und Lehrer, Kauffrauen und Kaufmänner

Schwerfällig ist aber:

    Lehrer/innen, Schüler/innen

●●●

schwankendes | **54** | Weil das Genus selbst keine Bedeutung hat, kann es ohne weiteres
Genus | | wechseln. Öfter hat ein Substantiv in der Umgangssprache oder im Dialekt ein
anderes Genus als in der (geschriebenen) Standardsprache.

Standardsprache	Umgangssprache/Dialekt
die Butter	der Butter
der Bach	die Bach
der Liter	das Liter
das Drittel	der Drittel
das Podest	der Podest
der Sakko	das Sakko
der Sellerie	die Sellerie
der Kamin	das Kamin

Bei seltenen Substantiven ist man oft unsicher, welches Genus sie haben.
Wenn man sicher sein will, muß man ins Wörterbuch schauen. Da heißt es:

das Bollwerk, der Fittich, das Gebaren, der Gewahrsam, die Trübsal,
der Verbleib, die Wehmut, der Zwist

55   Bei manchen Substantiven ist das Genus allgemein unsicher. Bei den
folgenden Beispielen steht der seltenere Artikel in Klammern:

der (das)	Biotop, Curry, Dotter, Dschungel, Filter, Gelee, Joghurt, Kehricht, Keks, Klafter, Meter, Schlüsselbund
das (der)	Bonbon, Barock, Katapult, Gulasch, Poster, Radar, Virus, Erbteil, Lasso
der (die)	Abscheu, Gabardine, Salbei, Klunker, Wulst
die (der)	Gischt, Spachtel, Haspel, Geschwulst

gleichlautende | **56**   Am Genus unterscheiden wir oft zwei Substantive, die mehr oder
Substantive | weniger zufällig gleich lauten, aber verschiedene Bedeutung haben:
verschiedener
Bedeutung

der Band (Buch)	das Band (Streifen)
der Bauer (Landmann)	das Bauer (Vogelkäfig)
der Bund (Bündnis, Hosen-/Rockbund)	das Bund (Gebinde, Bündel)
der Ekel (Abscheu)	das Ekel (widerlicher Mensch)
der Flur (Korridor)	die Flur (Feld und Wiese)
der Gehalt (Inhalt, Wert)	das Gehalt (Arbeitsentgelt)
der Hut (Kopfbedeckung)	die Hut (Schutz, Aufsicht)
der Kunde (Käufer)	die Kunde (Nachricht)

der Schild (Schutzwaffe)   das Schild (Aushängeschild,
                                        Erkennungszeichen)

der See (Binnengewässer)   die See (Meer)
das Steuer (Lenkvorrichtung)   die Steuer (Abgabe)
der Stift (Bleistift)   das Stift (Kloster oder Stiftung)
der Alp (Alpdrücken)   die Alp (Bergweide)
der Kiefer (Knochen, Kinnlade)   die Kiefer (Baum)
das Laster (Ausschweifung)   der Laster (Lastkraftwagen)
die Leiter (Gerät mit Sprossen)   der Leiter (Person in über-
                                        geordneter Stellung)

die Mark (Geldeinheit, Grenzland)   das Mark (weiches Knocheninnere)
der Reis (Nahrungsmittel)   das Reis (Zweiglein)
der Tau (Niederschlag)   das Tau (starkes Seil)
das Tor (große Tür)   der Tor (törichter Mensch)
der Verdienst (Lohn)   das Verdienst (besondere Leistung)

●●

Oft ist der Bedeutungsunterschied sehr gering oder es gibt nur einen stilistischen Unterschied:

das Eck – die Ecke   der Quell – die Quelle
der Spalt – die Spalte   der Karren – die Karre

●●

57   Viele Fremdwörter behalten im Deutschen das Genus, das sie in der   Genus von
Herkunftssprache haben: *die Pizza*, *der Ballon*. Wörter aus dem Englischen   Fremdwörtern
bringen natürlich kein Genus mit, weil es im Englischen kein Genus wie im
Deutschen gibt.
Öfter haben Fremdwörter das Genus eines sinnverwandten deutschen Wortes:
die Bouillon nach *die Brühe*, *die Kolchose* nach *die Genossenschaft*, *das Chanson*
nach *das Lied*, *das Souvenir* nach *das Andenken*, *der Star* nach *der Stern*.
Bei vielen Fremdwörtern kann man das Genus an ihrer Endung erkennen:

Maskulinum	Femininum	Neutrum
-and: Konfirmand	-a: Kamera	-(i)um: Faktum, Atrium
-ier: Bankier	-ade: Marmelade	-ment: Abonnement
-or: Motor	-age: Etage	-ma: Klima
-ist: Optimist	-ion: Reduktion	-ett: Tablett
-ismus: Idealismus	-ine: Maschine	-in: Terpentin
-iker: Musiker	-ive: Defensive	-ing: Dribbling
	-ose: Neurose	
	-üre: Broschüre	

2.3 Numerus des Substantivs

Numerus

| 58 | Jedes Substantiv steht in einem Numerus. Es gibt im Deutschen zwei Numeri:

Singular: *Auto*, *Land*, *Tag*, *Laus*, *Wagen*, *Bogen*
Plural: *Autos*, *Länder*, *Tage*, *Läuse*, *Wagen*, *Bögen*

Der Singular zeigt an, daß nur ein Gegenstand der jeweiligen Art gemeint ist. Der Plural zeigt an, daß mehr als ein Gegenstand gemeint ist. Falls zwischen einem und zwei Gegenstände gemeint sind, verwenden wir manchmal den Singular und manchmal den Plural:

Singular	Plural
ein und ein halbes Brot ein und ein halber Tag	anderthalb Brote eineinhalb Tage

Fast alle Substantive können sowohl im Singular als auch im Plural stehen. Der Numerus ist also nicht fest, und er hat seine eigene Bedeutung (Einzahl oder Mehrzahl).

pluralische
Substantive

| 59 | Einige Substantive kommen nur im Plural vor, weil der Singular nicht sinnvoll ist:

die Eltern, die Gebrüder, die Geschwister, die Spesen, die Diäten, die Kosten, die Leute, die Möbel, die Ränke, die Masern, die Alpen, die Pyrenäen, die Trümmer, die Spaghetti, die USA, die Shorts, die Ferien, die Flitterwochen

Falls mit dem Plural wirklich mehrere Gegenstände gemeint sind, man aber nur von einem sprechen will, so muß man ein anderes Wort oder eine Zusammensetzung wählen:

ein Elternteil, ein Bruder, ein Möbelstück, eine Person

singularische
Substantive

| 60 | Es gibt eine Anzahl von Substantiven, die nur oder überwiegend im Singular vorkommen. Hierzu gehören

- fast alle Eigennamen, bei denen der Plural nicht sinnvoll ist. Wird doch der Plural verwendet, so sind entweder mehrere Individuen gleichen Namens gemeint oder der Eigenname wird zum Gattungsnamen:

    die Meiers, die Nikoläuse, die Anjas
    drei neue Napoleons, die beiden Deutschland(s)
    Beckenbauers sind selten.

    Hier sind wir manchmal unsicher, wie der Plural gebildet wird.

– Währungs- und Münzbezeichnungen:

   50 Mark, acht Dollar, drei Pfund, dreißig Schilling

Dagegen: 1000 Peseten, 10 Pesos, 100 Franken, dreißig Kronen.

– Massesubstantive:

   Gold, Butter, das Schöne, Mumps, Leichtathletik, Billard, Obst, Laub

Bildet man von solchen Substantiven doch Plurale, so ändern sie ihre Bedeutung. Sie bezeichnen dann unterschiedene Einzeldinge:

   drei Schnäpse (Gläser Schnaps), diese Billards (Tische), die vier Winde

Will man in der ungegliederten Masse Arten unterscheiden, so verwendet man Komposita:

   Buttersorte, Obstsorte, Leichtathletikdisziplin, Goldart, Billardform, Zuckerstück, Luftzug

In manchen Fällen wird auch hierfür der Plural verwendet:

   Gräser, Hölzer, Weine, Salze, Gemüse, Marmeladen, Wässer, Lüfte

61   Bei Maß- und Mengenangaben ist folgendes zu beachten: Wenn Substantive wie *Sack*, *Faß*, *Glas* usw. bei Massesubstantiven Mengen ausgrenzen, können sie auch im Singular statt im Plural stehen:

Mengen-
angaben

   3 Säcke Zucker – 3 Sack Zucker; tausend Fässer Wein – tausend Faß Wein; zwei Gläser Bier – zwei Glas Bier

Manchmal ist fast nur der Singular üblich:

   zehn Mann Besatzung, acht Schuß Munition, drei Pfund Gurken, vier Kilo Mehl

Dies gilt aber nur für Maskulina und Neutra. Feminina werden voll dekliniert:

   dreißig Ellen Tuch, fünf Flaschen Wein, tausend Dosen Gemüse, zwei Tassen Kaffee

62   Der Singular wird im Deutschen nicht markiert, deshalb muß der Plural zur Unterscheidung (durch eine Endung) gekennzeichnet sein. Für die Markierung des Plurals stehen fünf Möglichkeiten zur Verfügung: die Endungen *-en*, *-e*, *-er* und *-s*; dazu noch der Umlaut. Endung und Umlaut können auch gemeinsam den Plural kennzeichnen. So gibt es gemäß ihrer Pluralbildung fünf Klassen von Substantiven: *en*-Plurale, *e*-Plurale, Umlaut-Plurale, *er*-Plurale, *s*-Plurale.

Pluralbildung

en-Plural | 63 |

Genus	Maskulinum	Femininum	Neutrum
Plural	Strahl-**en**, Fürst-**en**	Frau-**en**, Tat-**en**	Ohr-**en**, Bett-**en**

Das *e* der Endung *-en* wird weggelassen, wenn das Substantiv schon auf *-e* oder einen andern Vokal (außer *-au* und *-ei*) endet oder auf *-el, -er, -ar*:

Genus	Maskulinum	Femininum	Neutrum
Plural	Bote-**n**, Nachbar-**n**, Stachel-**n**	Klage-**n**, Regel-**n**, Schachtel-**n**, Kartoffel-**n**	Ende-**n**

Bei Substantiven auf *-ie/-ee* wird das Dehnungs-*e* weggelassen; *-en* bleibt erhalten: *Theorien, Ideen*.

Substantive mit den Endungen *-erei, -heit, -keit, -schaft, -ung* bilden einen *en*-Plural:

> Sauerei-en, Gemeinheit-en, Gemeinsamkeit-en, Gemeinschaft-en, Erinnerung-en

Ebenso die Feminina auf *-el, -er*: *Achsel, Feder*; allerdings wird *-en* hier nach Lautregeln gekürzt: *Achseln, Nadeln, Zwiebeln, Kartoffeln, Federn*.

Maskulina und Neutra auf *-el* bleiben endungslos:

> der Stiefel – die Stiefel   der Ziegel – die Ziegel
> der Löffel – die Löffel   der Brösel – die Brösel

●●

Ausnahmen:

> der Pantoffel – die Pantoffel**n**   der Muskel – die Muskel**n**
> der Stachel – die Stachel**n**

●●

Fremdwörter | 64 | Auch viele Fremdwörter bilden den Plural auf *-en*; so die Fremdwörter mit unbetontem *-or* wie *Doktor* und die folgenden:

der Rhythmus	–	Rhythmen	das Museum	– Museen
der Radius	–	Radien	das Individuum	– Individuen
das Virus	–	Viren	das Spektrum	– Spektren
der Organismus	–	Organismen	das Album	– Alben
der Zyklus	–	Zyklen	das Gremium	– Gremien
der Kaktus	–	Kakteen	das Ministerium	– Ministerien

65 *e*-Plural

Genus	Maskulinum	Femininum	Neutrum
Plural	Tag-**e**, Hund-**e**, Stein-**e**	Kenntniss-**e**	Jahr-**e**, Schiff-**e**

Bei Substantiven, die auf -*n*, -*l*, -*r* oder -*e* enden, entfällt das Plural-*e* aus lautlichen Gründen:

Genus	Maskulinum	Neutrum
Plural	Balken, Lehrer, Spargel	Fenster, Kissen, Segel, Gewebe

Substantive mit folgenden Endungen bilden *e*-Plurale:

Trunken**bold**, Kön**ig**, Tepp**ich**, Fremd**ling**, Grob**ian**, Schick**sal**, Kommiss**ar**, Maj**or** (Sonderfall: *Tenöre*)

Entsprechend mit getilgter Pluralendung:

Häns**chen**, Käst**lein**, Schnip**sel**, Sport**ler**, Kürsch**ner**, Kasperle, Wag**en**

66 Umlaut-Plural

Genus	Maskulinum	Femininum
Plural	Stäb-**e**, Türm-**e**, Klötz-**e**	Kräft-**e**, Nächt-**e**, Nöt-**e**

Diese Substantive bilden den Plural durch Umlaut und die Endung -*e*.

Das einzige Neutrum mit Umlaut + *e* ist *Flöß-e*.

Endet das Substantiv im Singular auf -*e* oder einen andern Vokal oder auf -*l*, -*n* (Ausnahme *Kran*) oder -*r*, so fällt das Endungs-*e* aus:

Genus	Maskulinum	Femininum
Plural	Nägel, Gräben	Töchter, Mütter

Das einzige Neutrum dieser Art ist *Klöster*.

Es gibt eine Reihe von Varianten, die schwanken zwischen *e*-Plural und Umlautplural. Bei fast allen ist das auslautende *e* nach Lautregeln getilgt:

Bogen/Bögen, Laden/Läden, Hammel/Hämmel, Kasten/Kästen, Kragen/Krägen, Krane/Kräne, Schlucke/Schlücke, Wagen/Wägen

er-Plural | 67 |

Genus	Maskulinum	Neutrum
Plural	Geist-**er**, Wäld-**er**, Würm-**er**	Täl-**er**, Bild-**er**, Spitäl-**er**

Bei dieser Klasse markiert die Endung allein den Plural. Der Umlaut ist eigentlich kein Pluralkennzeichen. Umgelautet werden alle Vokale, die umlautfähig sind: *a, o, u, au → ä, ö, ü, äu*.
Substantive mit der Endung *-tum* bilden *er*-Plural: *Bistümer*, *Weistümer*.

s-Plural | 68 |

Genus	Maskulinum	Femininum	Neutrum
Plural	Streik-**s**, Uhu-**s**, PKW-**s**	Lok-**s**, Mutti-**s**, Bar-**s**	Motel-**s**, Radio-**s**, Ticket-**s**

Den *s*-Plural haben Wörter auf vollen Vokal, der nicht den Hauptton trägt: *Náckedèi-s*, aber *Papagéi-en*; Abkürzungen und Kurzwörter, außerdem Fremdwörter und Wörter aus dem Niederdeutschen (besonders der Seemannssprache): *Wrack-s, Deck-s, Dock-s*.
Der *s*-Plural ist sehr lebendig. Wenn neue Wörter ins Deutsche aufgenommen werden, bekommen sie meistens einen *s*-Plural:

> Twens, Hobbys, Partys, Steaks, Papayas, Jobs, Pneus, Keyboards, Tandems

Auch Wörter, die keine Pluralmarkierung haben, werden in der Umgangssprache zur Verdeutlichung gerne mit einem Plural-*s* versehen:

> Fräuleins, Kumpels, Jungens, Blagens

Hierher gehören auch substantivierte Farbbezeichnungen:

> die Rots, die Grüns, die Blaus

Die Standardsprache verbietet dieses Plural-*s*, hier heißt es etwa:

> Das Kleid hat verschiedene Rot im Muster/verschiedene Rottöne.

● ●

Manchmal wird das Plural-*s* angehängt an fremdsprachige Plurale: *Solis, Divertimentis*. Das ist natürlich überflüssig. Ebenso falsch sind *Thematas, Schematas* oder *Lexikas*. Richtig heißen die Plurale:

> Soli, Divertimenti, Themata/Themen, Schemata/Schemas, Lexika

● ●

69 Gleichlautende Wörter mit unterschiedlicher Bedeutung (Homonyme) gehören oft zu unterschiedlichen Klassen und bilden auch ihren Plural verschieden:

Numerus-
probleme:
Homonyme

die Bank —⟨ Banken (Geldinstitut, Aufbewahrungsstelle für Blut oder Daten)
            Bänke (zum Sitzen)

das Gesicht —⟨ Gesichter (Antlitz)
               Gesichte (Erscheinungen)

der Strauß —⟨ Strauße (Vogel)
              Sträuße (von Blumen)

der Ort —⟨ Orte (Stadt usw.)
           Örter (mathematischer Fachausdruck)

das Wort —⟨ Wörter (Einzelwörter, die etwa im Wörterbuch stehen)
            Worte (Aussprüche und Äußerungen, größere Teile von Texten)

die Mutter —⟨ Mütter (Elternteil)
              Muttern (für Schrauben)

der Block —⟨ Blöcke (Klotz)
             Blocks (aus Papier oder Häusern)

der Rat —⟨ die Räte (als politische Institution)
           (Ratschläge)

70 Manche Homonyme unterscheiden sich durch unterschiedlichen Plural und zusätzlich durch ihr Genus:

Genus-
unterschiede:
Homonyme

der ⟩— Band —⟨ Bände (Buch)
das   Bänder (Stoffstreifen)

der ⟩— Bauer —⟨ Bauern (Landmann)
das   Bauer (Vogelkäfig)

der ⟩— Schild —⟨ Schilde (Schutzschild)
das   Schilder (Hinweistafel)

der ⟩— Gehalt —⟨ Gehalte (Inhalt)
das   Gehälter (Verdienst)

der ⟩— Flur —⟨ Flure (Korridor)
die   Fluren (Feld)

Numerus-
probleme:
Fremdwörter

| 71 | Fremdwörter bringen öfter ihren Plural aus der Herkunftssprache mit. Sie können aber auch einen deutschen Plural bilden, meistens *s*-Plural.

Fremdwörter mit fremden Pluralen

auf *-ma*:

das Thema	– Themata/Themen	das Schema	– Schemata/Schemas
das Komma	– Kommata/Kommas	das Trauma	– Traumata/Traumen

auf *-um*:

das Maximum	– Maxima	das Neutrum	– Neutra
das Visum	– Visa	das Periodikum	– Periodika

Dagegen: das Museum – Museen, das Individuum – Individuen, das Spektrum – Spektren, das Album – Alben, das Ministerium – Ministerien.

auf *-us*:

der Stimulus	– Stimuli	der Kasus	– Kasus
der Modus	– Modi	das Genus	– Genera
der Famulus	– Famuli	das Tempus	– Tempora

auf *-y*:

die Lady	– Ladys/Ladies	das Hobby	– Hobbys
das Baby	– Babys	das Pony	– Ponys
die Party	– Partys/Parties	der Whisky	– Whiskys

Manche Fremdwörter haben Doppelformen entwickelt:
>   die Balkons/die Balkone, die Parfüms/die Parfüme

Einige lateinische und griechische Substantive haben im Deutschen neue Pluralformen angenommen, deren Gebrauch von vielen als ungebildet angesehen wird:
>   die Atlanten/die Atlasse, die Globen/die Globusse,
>   die Kakteen/die Kaktusse

2.4 Kasusformen des Substantivs

| 72 | Jedes Substantiv nimmt verschiedene Kasusformen an. Mit dem   Kasus
Kasus wird die grammatische Rolle gekennzeichnet, die das Substantiv im
Satz spielt. Es gibt im Deutschen vier Kasus. Jedes Substantiv hat diese Kasus
sowohl im Singular als auch im Plural:

Kasus	Singular	Plural
Nominativ (1. Fall)	der Tag	die Tag**e**
Genitiv (2. Fall)	des Tag**es**	der Tag**e**
Dativ (3. Fall)	dem Tag(**e**)	den Tag**en**
Akkusativ (4. Fall)	den Tag	die Tag**e**

Die Kasus sind nicht alle durch Endungen unterschieden. So lauten bei *Tag*
der Nominativ und der Akkusativ gleich, meistens auch der Dativ; im Plural
lauten alle Kasus bis auf den Dativ gleich. Also kann man sich auf die
Kasusmarkierung nicht verlassen; die Kennzeichnung der Satzrolle des Substantivs wird darum auch teilweise übernommen durch den Artikel und die
Stellung im Satz.
Im Plural wird nur der Dativ markiert. Er erhält bei allen Substantiven die
gleiche Endung *-n*.

●●

Dieses *-n* darf man nicht vergessen:
>   innerhalb 5 Tagen (nicht: *Tage*)
>   nach 5 bis 6 Kilometern (nicht: *Kilometer*)
>   zwischen fünf und sechs Metern (nicht: *Meter*)

●●

Diese Endung wird aber manchmal aus lautlichen Gründen getilgt: Das
Dativ-*n* entfällt, wenn der Plural schon auf *-n* endet (*die Katzen – den Katzen*)
oder wenn der Plural auf *-s* endet (*die Sofas – den Sofas*).

Im Singular gibt es drei Listen von Endungen und damit drei Deklinationsklassen:
Endungslose Deklination, *s*-Deklination, *n*-Deklination.

73   Endungslose Deklination –, –, –, –

Nominativ	Genitiv	Dativ	Akkusativ
die Quelle	der Quelle	der Quelle	die Quelle

Zu dieser Klasse gehören alle femininen Substantive und einige maskuline oder neutrale Fremdwörter, die auf *-s* ausgehen: *der Rhythmus, des Rhythmus, dem Rhythmus, den Rhythmus.*

74   *s*-Deklination –, -es, -e, –

Nominativ	Genitiv	Dativ	Akkusativ
der Tod	des Tod(**e**)**s**	dem Tod(**e**)	den Tod
der Wagen	des Wagen**s**	dem Wagen	den Wagen

In diese Klasse gehören fast alle Neutra.

Im Genitiv und Dativ wird aus lautlichen Gründen das *e* ausgelassen, wenn das Substantiv auf Vokal endet oder auf *-er, -el, -en, -ling, -lein,* sowie bei Fremdwörtern und mehrsilbigen Substantiven. Endet das Substantiv auf einen S-Laut (*s, ß, x, z* oder *tz*), so muß im Genitiv immer die volle *es*-Endung stehen: *des Glases.*

In allen andern Fällen kann man frei wählen zwischen der kurzen Genitivendung und der vollen, ebenso kann man das Dativ-*e* auslassen. Die vollen Endungen klingen öfter etwas feierlicher (besonders das Dativ-*e*). Man verwendet sie auch aus rhythmischen Gründen, z. B. in Gedichten.

75   *n*-Deklination –, -en, -en, -en

Nominativ	Genitiv	Dativ	Akkusativ
der Student	des Student**en**	dem Student**en**	den Student**en**
der Kunde	des Kund**en**	dem Kund**en**	den Kund**en**

Das *e* der Endung *-en* wird ausgelassen, wenn das Substantiv schon auf *-e* oder vollen Vokal (außer *-au* und *-ei*) endet oder auf *-el, -er.*

| 76 | Eine Reihe von maskulinen Substantiven hat zwei Nominativformen: der Funke/Funken, der Name/Namen, der Same/Samen, der Schade/Schaden, der Friede/Frieden, der Gedanke/Gedanken

Kasus-
schwierig-
keiten:
Deklinations-
mischung

Diese Substantive mischen *s*-Deklination und *n*-Deklination:

Nominativ	Genitiv	Dativ	Akkusativ
der Glaube	des Glaubens	dem Glauben	den Glauben
der Friede	des Friedens	dem Frieden	den Frieden

Eine eigene Deklination hat das Substantiv *Herz*:

Nominativ	Genitiv	Dativ	Akkusativ
das Herz	des Herzens	dem Herzen	das Herz

In wissenschaftlichen Texten wird aber *Herz* auch nach der *s*-Deklination
dekliniert.

| 77 | Eine Reihe von Substantiven wird manchmal nach der *s*-Deklination,
manchmal nach der *n*-Deklination dekliniert. Die *n*-Deklination wirkt hier
stilistisch besser, sie ist in der Schriftsprache üblich.

Kasus-
schwierig-
keiten:
s- oder *n*-De-
klination

umgangssprachlich	schriftsprachlich
des Bärs, dem Bär, den Bär	des Bären, dem Bären, den Bären
des Bubs, dem Bub, den Bub	des Buben, dem Buben, den Buben
des Finks, dem Fink, den Fink	des Finken, dem Finken, den Finken
des Mohrs, dem Mohr, den Mohr	des Mohren, dem Mohren, den Mohren
des Narrs, dem Narr, den Narr	des Narren, dem Narren, den Narren

Öfter ist die *s*-Deklination lautlich unmöglich. Also nicht *des Ochs*, *des
Menschs* usw., sondern *des Ochsen*, *des Menschen* usw.

Bei Fremdwörtern haben wir oft Zweifel, wie sie zu deklinieren sind.

n-Deklination haben Personenbezeichnungen auf
-ant: des Protestanten, dem Passanten, des Intendanten
           (Ausnahme: *Leutnant*)
-graf: des Fotografen, dem Telegrafen, den Stenografen
-at: des Soldaten, Diplomaten (viele Ausnahmen: *Senat* u. a.)
-et: des Poeten, dem Planeten, den Propheten, des Asketen,
           dem Athleten
-it: des Banditen, des Islamiten, dem Schiiten, des Satelliten
-ot: des Piloten, dem Idioten, des Patrioten, dem Despoten
-soph: des Philosophen, einem Anthroposophen, des Theosophen
-ent: des Dirigenten, Patienten, Produzenten, Präsidenten
           (Ausnahme: *Kontinent, Orient*)
-ast: des Phantasten, des Gymnasiasten, dem Scholasten
           (Ausnahme: *Kontrast* u. a.)
-ist: des Touristen, dem Polizisten, des Prokuristen, dem Atheisten,
           des Kubisten
-agoge: des Demagogen, einen Pädagogen
-loge: des Philologen, den Meteorologen, des Theologen, des Psychologen
-nom: des Astronomen, dem Ökonomen, des Gastronomen

s-Deklination haben Fremdwörter auf
-ar: des Jubilars (Ausnahmen: des *Barbaren, Tataren* usw.)
-or: des Direktors
Außerdem die meisten Maskulina und Neutra: *des Friseurs, des Autos* usw.

Einige Substantive haben Doppelformen:
            des Nachbars/Nachbarn, des Bauers/Bauern, des Magnets/Magneten

Kasus-
schwierig-
keiten:
endungslos
oder -*es*?

| 78 | Im heutigen Deutsch gibt es eine Tendenz, das Substantiv möglichst nicht zu deklinieren. Man hört öfter: *des Dollar, des Genitiv*. Das kann der Deutlichkeit abträglich sein. Also: Achte auf Deutlichkeit des Kasus. Auch der Artikel trägt dazu bei.

Bei manchen Fremdwörtern, die auf einen S-Laut enden, bestehen öfter Zweifel, ob der Genitiv endungslos oder auf -*es* zu bilden ist.
Endungslosen Genitiv haben Fremdwörter, die mit unbetontem Vokal + *s* enden (*des Sozius, des Kasus, des Mythos*), und alle auf -*ismus* (*des Sozialismus*). Einige sind aber im Deutschen schon so heimisch, daß sie die volle Genitivendung angenommen haben: *des Atlasses, des Zirkusses, des Omnibusses, des Kompromisses*.

Monatsnamen werden öfter ohne Deklinationsendung gebraucht, z. B. *des Januar(s)*, *des Juni(s)*. Die Monatsnamen auf *-er* bewahren meistens die Genitivendung: *des Septembers*, *des Oktobers*. *Mai* und *August* haben auch die Genitivendung *-s*. Die undeklinierte artikellose Form des Monatsnamens steht vor allem dann, wenn ein Substantiv vorangeht: *Anfang Januar*, *Mitte Juli*, *Ende Oktober*. Stehen die Monatsnamen als Apposition bei dem Wort *Monat*, dann bleiben sie undekliniert: *des Monats Januar*.

Wochentagsnamen haben im Genitiv Singular *-s*: *mit Ausnahme des Sonntags* (nicht: *mit Ausnahme des Sonntag*)

| 79 | Personennamen haben nur im Genitiv eine Endung, nämlich die Endung *-s*: | Kasus-schwierig-keiten: Personennamen |

    Heinis Lauf, Friedels Kappe, Gerdas Zimmer, Goethes Gedichte, die
    Theorie Marie Curies, wegen Müllers Krankheit, Bohnenbergers Bar
Wie Personennamen werden oft auch *Vater, Mutter* usw. gebraucht.

Geht dem Personennamen allerdings ein Artikelwort voraus, das den Kasus anzeigt, so bleibt der Name endungslos:
    die Kappe des kleinen Friedel, das Tor des Gerd Müller, das Gedicht
    der Droste

Endet der Personennamen auf einen S-Laut (*s, x, z, tz*), so ist das Genitiv-*s* nicht zu hören. In diesem Fall wählt man statt des Genitivs eine Umschreibung mit einer Präposition:
    der Lauf von Fritz, die Gedichte von Manes, der Geburtstag von Iris

Altertümelnd klingen folgende Formen:
    Fritzens Lauf, Reitzens kleine Tochter, Marxens Kapital,
    Mariens Streiche

In der Schriftsprache kann man auch einen Apostroph zur Kennzeichnung des Genitivs verwenden:
    Fritz' Lauf, Karres' Besuch, Manes' Gedicht, Leibniz' Theorie, Klix'
    neues Buch

2.5 Deklinationstypen des Substantivs

Deklinations-
typen

80   Im Deutschen gibt es zehn Deklinationstypen für Substantive. Wenn man die fünf Möglichkeiten der Pluralbildung und die drei Deklinationsklassen kombiniert, könnte man 15 Möglichkeiten bekommen. Sie sind aber nicht alle realisiert. Hier ein Überblick:

Plural \ Singular	endungslos	s-Deklination	n-Deklination
en-Plural	**1** Femininum: *Frau*	**2** Maskulinum: *Staat* Neutrum: *Auge*	**3** Maskulinum: *Herr*
e-Plural	**4** Femininum: *Kenntnis*	**5** Maskulinum: *Tag* Neutrum: *Jahr*	
Umlaut-Plural	**6** Femininum: *Hand*	**7** Maskulinum: *Kopf*	
er-Plural		**8** Maskulinum: *Mann* Neutrum: *Kind*	
s-Plural	**9** Femininum: *Mutti*	**10** Maskulinum: *Schal* Neutrum: *Auto*	

Die Substantive der Typen 1 und 2 machen zusammen etwa 85 % der deutschen Substantive aus. Der Rest verteilt sich auf die anderen Typen.

81 Stellt man alle Formen eines Substantivs zusammen, so erhält man ein **Paradigma**. Man muß sich allerdings nicht alle Formen merken. Es genügen die zwei Kennformen Genitiv Singular und Nominativ Plural. Wenn man sie kennt, kann man alle andern Formen erschließen.

Deklinationstyp 1 –, -en

	Singular	Plural
Nominativ	die Frau	die Frauen
Genitiv	der Frau	der Frauen
Dativ	der Frau	den Frauen
Akkusativ	die Frau	die Frauen

Ebenso: *Zeit, Sache, Maschine, Stunde, Arbeit, Schule, Straße, Wirtschaft, Schwester, Kartoffel, Gemeinde, Seife, Suppe.*

Deklinationstyp 2 -es, -en

	Singular	Plural
Nominativ	der Staat	die Staaten
Genitiv	des Staates	der Staaten
Dativ	dem Staat	den Staaten
Akkusativ	den Staat	die Staaten

Ebenso: *Doktor, See, Traktor, Motor, Rekrut, Professor, Typ, Vetter, Schmerz, Graf; Auge, Interesse, Hemd.*

Deklinationstyp 3   -en, -en

	Singular	Plural
Nominativ	der Herr	die Herr**en**
Genitiv	des Herr**en**	der Herr**en**
Dativ	dem Herr**en**	den Herr**en**
Akkusativ	den Herr**en**	die Herr**en**

Ebenso: *Bauer, Bub, Soldat, Nachbar, Mensch, Kamerad, Geselle, Fürst, Narr, Bursche, Hase.*

Deklinationstyp 4   –, -e

	Singular	Plural
Nominativ	die Kenntnis	die Kenntniss**e**
Genitiv	der Kenntnis	der Kenntniss**e**
Dativ	der Kenntnis	den Kenntniss**en**
Akkusativ	die Kenntnis	die Kenntniss**e**

Ebenso: *Ersparnis, Besorgnis, Bewandtnis, Wirrnis, Trübsal, Labsal.*

Deklinationstyp 5   -es, -e

	Singular	Plural
Nominativ	der Tag	die Ta**g**e
Genitiv	des Tag**es**	der Ta**g**e
Dativ	dem Tag	den Ta**g**en
Akkusativ	den Tag	die Ta**g**e

Ebenso: *Krieg, Abend, Sonntag, Weg, Berg, Herbst, Kerl; Geschäft, Ding, Stück, Beispiel, Brot.*

Deklinationstyp 6   –, Umlaut

	Singular	Plural
Nominativ	die Hand	die Hände
Genitiv	der Hand	der Hände
Dativ	der Hand	den Händen
Akkusativ	die Hand	die Hände

Ebenso: *Kuh, Nacht, Stadt, Frucht, Wurst, Magd, Luft, Wand, Haut, Kraft, Schnur, Braut, Axt, Angst.*

Deklinationstyp 7   -es, Umlaut

	Singular	Plural
Nominativ	der Baum	die Bäume
Genitiv	des Baumes	der Bäume
Dativ	dem Baum	den Bäumen
Akkusativ	den Baum	die Bäume

Ebenso: *Hof, Stall, Stamm, Gaul, Sack, Kopf, Anfang, Fall, Schluß, Platz, Ausflug, Lohn, Schlag, Grund* (Anlaß), *Bach.*

Deklinationstyp 8   -es, -er

	Singular	Plural
Nominativ	der Mann	die Männer
Genitiv	des Mannes	der Männer
Dativ	dem Mann	den Männern
Akkusativ	den Mann	die Männer

Ebenso: *Wald, Gott, Rand, Ski, Geist, Leib, Strauch; Loch, Dorf, Schloß, Land, Tal, Geld, Feld, Weib, Brett, Bild*

Deklinationstyp 9   −, -s

	Singular	Plural
Nominativ	die Oma	die Omas
Genitiv	der Oma	der Omas
Dativ	der Oma	den Omas
Akkusativ	die Oma	die Omas

Ebenso: *Mama, Ziehharmonika, Kobra, Kamera, Boa, Aula, Metro, Safari, Diva, Mutti*.

Deklinationstyp 10   -s, -s

	Singular	Plural
Nominativ	der Schal	die Schals
Genitiv	des Schals	der Schals
Dativ	dem Schal	den Schals
Akkusativ	den Schal	die Schals

Ebenso: *Kaffee, Chef, Silo, Opa, Streik; Kino, Hotel, Radio*.

2.6 Das Substantiv in stilistischer Sicht

Mit Substantiven sprechen wir häufig von Gegenständen der Welt. Wir nennen und benennen sie, um dann etwas über sie auszusagen. Darum bringen Substantive auch Ordnung in die Welt, sie gliedern ganze Gegenstandsbereiche.

Haustiere

Abkürzungen:
m. = männlich; *k.* = kastriert; *w.* = weiblich; *j.* = das Jungtier

1 u. 2 Großvieh *n* (Vieh)
1 das Rind, ein Horntier *n*, ein Wiederkäuer *m*; *m.* der Stier (Bulle); *k.* der Ochse; *w.* die Kuh; *j.* das Kalb
2 das Pferd; *m.* der Hengst; *k.* der Wallach; *w.* die Stute; *j.* das Füllen (Fohlen)
3 der Esel
4 der Saumsattel (Tragsattel)
5 der Saum (die Traglast)
6 der Quastenschwanz
7 die Quaste
8 das Maultier, ein Bastard *m* von Eselhengst *m* und Pferdestute *f*
9 das Schwein, ein Paarhufer *m*; *m.* der Eber; *w.* die Sau; *j.* das Ferkel
10 der Schweinsrüssel (Rüssel)
11 das Schweinsohr
12 das Ringelschwänzchen
13 das Schaf; *m.* der Schafbock (Bock, Widder); *k.* der Hammel; *j.* das Lamm
14 die Ziege (Geiß)
15 der Ziegenbart
16 der Hund, ein Leonberger *m*; *m.* der Rüde; *w.* die Hündin; *j.* der Welpe

17 die Katze, eine Angorakatze; *m.* der Kater
18–36 Kleinvieh *n*
18 das Kaninchen; *m.* der Rammler (Bock); *w.* die Häsin
19–36 Geflügel *n*
19–26 das Huhn
19 die Henne
20 der Kropf
21 der Hahn; *k.* der Kapaun
22 der Hahnenkamm
23 der Wangenfleck
24 der Kinnlappen
25 der Sichelschwanz
26 der Sporn
27 das Perlhuhn
28 der Truthahn (Puter); *w.* die Truthenne (Pute)
29 das Rad
30 der Pfau
31 die Pfauenfeder
32 das Pfauenauge
33 die Taube; *m.* der Täuberich
34 die Gans; *m.* der Gänserich (Ganser, *nd.* Ganter); *j. nd.* das Gössel
35 die Ente; *m.* der Enterich (Erpel); *j.* das Entenküken
36 die Schwimmhaut

Die Substantive liefern uns die Bezeichnungen, damit wir von Gegenständen reden können. Da gibt es aber auch eine Ordnung. Die Sammelsubstantive wie *Großvieh*, *Kleinvieh* und *Geflügel* charakterisieren drei große Gruppen. Auch in jeder Art gibt es noch Untergruppen, zum Beispiel die Jungtiere, die weiblichen und die männlichen Tiere. Und schließlich sogar die Körperteile der Tiere.

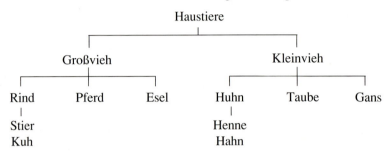

Wähle treffende Substantive! Jedes hat seinen bestimmten Platz in einer Ordnung.

Die Ausdrücke für Lebewesen und Dinge, für Gegenständliches also, sind Konkreta. Aber es gibt auch Abstrakta, Ausdrücke für Gedachtes und für Begriffe. Auch dies wird mit Substantiven erfaßt und zum Satzgegenstand gemacht.

> Geppettos Heim war nur ein kleines Zimmer zu ebener Erde, dessen einziges Fenster unter einem Treppenaufgang lag. Die Einrichtung konnte nicht bescheidener sein: ein wackliger Stuhl, ein schlechtes Bett und ein alter, beschädigter Tisch. An der hinteren Zimmerwand konnte man einen kleinen Kamin erkennen, in dem Feuer brannte; aber es war nur gemaltes Feuer, und über ihm hing ein gemalter Kessel, der lustig kochte und eine Wolke von Dampf ausstieß, die ganz wie echter Dampf aussah.
> Carlo Collodi

> **Jugendarbeitsschutz**
> Der Schutz der arbeitenden Jugend ist durch das *Jugendarbeitsschutzgesetz* (JASchG) vom 12. 4. 1976 (BGBl. I 965) geregelt. Es enthält Vorschriften insbesondere über Kinderarbeit, Arbeitszeit und Freizeit der Jugendlichen, Beschäftigungsverbote und -beschränkungen, besondere Pflichten des Arbeitgebers sowie die gesundheitliche Betreuung der arbeitenden Jugendlichen.
> O. Model/C. Creifelds

Die Substantive in Collodis „Pinocchio"-Text bezeichnen überwiegend Gegenstände der konkreten Wirklichkeit, Gegenstände, die man sehen und anfassen kann. Die Substantive im Gesetzestext dagegen bezeichnen überwiegend Gegenstände aus dem Bereich der Ideen.

Meistens enthalten Texte sowohl Konkreta als auch Abstrakta; Erlebniserzäh-
lungen und Beschreibungen von Gegenständen häufig mehr Konkreta, öffent-
liche und wissenschaftliche Texte mehr Abstrakta. Unanschaulich wirkt ein
Text, wenn die Konkreta zu allgemein sind oder wenn die Abstrakta (auf *-heit*,
-keit, *-ung*, *-schaft*, *-nis*, *-tum*) sich häufen. Darum sollte man statt allgemeiner Konkreta wie *Kleinvieh* oder *Hund* öfter mal speziellere verwenden wie
Gänse, *Tauben*, *Kaninchen*, *Dackel*, *Dogge* usw.

●●

Willst du anschaulich schreiben? Dann wähle Konkreta! Benütze nicht nur
allgemeine Substantive, sondern möglichst spezielle!

●●

Substantive sind wie Schlaglichter. Sie nennen dem Leser den Gegenstand der
Rede – und er wartet, was darüber gesagt wird, oder er denkt es sich selbst. In
Schilderungen etwa schaffen sie Stimmung und Atmosphäre.

> Ein Wort – ein Glanz, ein Flug, ein Feuer,
> ein Flammenwurf, ein Sternenstrich –
> und wieder Dunkel, ungeheuer,
> im leeren Raum um Welt und Ich.
>
> Gottfried Benn

Substantive sind darum Stichwörter. Sie regen unsere Phantasie an, weil wir
wissen möchten, was über die genannten Gegenstände gesagt werden soll oder
könnte. Das gilt etwa für die Substantivketten in Zeitungsüberschriften und für
Schlagzeilen:

> Neun Jahre für Mord an Oma
> Vierlingsgeburt nach Hormonbehandlung
> Hundefutter in China-Restaurant?

Überschriften und Schlagzeilen fassen die wichtigste Aussage einer Nachricht
in einem oder in wenigen Substantiven zusammen. Häufig wird mit übertrieben und reißerisch formulierten Überschriften um die Aufmerksamkeit des
Lesers gekämpft. In Frageform wird die Neugier des Lesers geweckt, um ihn
zum Kauf der Zeitung zu bringen. Liest er den ganzen Artikel, dann fühlt er
sich oft an der Nase herumgeführt.

Von Substantiven geprägt ist auch der Telegrammstil. Hier drängen wir Informationen auf engsten Raum:

> Ankunft Freitagnacht – Verhandlungsergebnisse optimal – Geschäfts-
> eröffnung aussichtsreich – Treffpunkt Steigenberger Hotel – Mittagessen
> 13 Uhr

Aber Vorsicht! Auch im Telegrammstil mußt du dem Leser alles geben, was er
zum Verständnis braucht.

3 Das Adjektiv

3.1 Form und Funktion des Adjektivs

Beispiele | **82** | Adjektive (auch Eigenschaftswörter, Wiewörter genannt) sind die hervorgehobenen Wörter in folgenden Beispielen:

der **rote** Tiger, eine **enge** Freundschaft, ein **sicherer** Tip
Das Meer war **blau**.
Löwen werden **zahm**.
Alle verhielten sich recht **klug**.
Das Wasser ebbte **allmählich** ab.
Sie erschien mir **tiefrot**.

Adjektive bilden die drittgrößte Wortart im Deutschen.

Kennzeichen | **83** | Adjektive sind durch folgende Kriterien bestimmbar:

– Sie können als Teile von Nominalphrasen vor Substantiven stehen und werden dann von diesen regiert:
  eine **schöne** Bescherung

– Sie sind deklinierbar:
  ein klein**er** Punkt, eines klein**en** Punktes, ein klein**es** Kind

– Sie können gesteigert werden (Komparation):
  stark, stärk**er**, **am** stärk**sten**

– Sie können abgestuft oder graduiert werden:
  sehr schön, wirklich schön

– Sie können ein direktes Gegenteil haben:
  lang – kurz, süß – sauer, hell – dunkel

Aber nicht jedes Adjektiv erfüllt alle diese Kriterien.

Formen von Adjektiven | **84** | Nach ihrer Form kann man unterscheiden:

– geborene Adjektive:
  gut, alt, groß, schön, lang, ganz, klein, fertig, jung, recht, weit, schnell

– Partizipien:
  wütend, brüllend, entscheidend; entschieden, verwirrt, verrückt; geteiltes Land, versalzenes Essen, entschwundene Hoffnung

– abgeleitete Adjektive:
  rötlich, reichlich, fröhlich, unklug, dreifach (aus Adjektiven); heizbar, erklärlich, spendabel, unaufhörlich, durchlässig, schmeichelhaft (aus Verben); polizeilich, römisch, sandig, eisern, fleischlos (aus Substantiven); morgig, ehemalig, sonstig (aus Adverbien)

85   Grammatisch, das heißt in Sätzen, spielen Adjektive folgende Rollen: Leistung der
– attributiv: Adjektive

> ein dicker Hund, von grünlicher Farbe, ein entschiedenes Nein

Sie stehen dann vor Substantiven und bilden mit ihnen eine Einheit: Sie
werden dekliniert und haben den gleichen Kasus wie das Substantiv.

– prädikativ:

> Silvia ist faul.
>
> Peter liegt faul im Sessel.

Das Adjektiv gehört hier zum flektierten Verb, es wird nicht dekliniert und
sagt etwas aus über das Subjekt.

– adverbal (aufs Verb bezogen):

> Christa läuft schnell.
>
> Der Chor singt laut.

Das Adjektiv gehört hier zum flektierten Verb, es wird nicht dekliniert und
sagt etwas über die verbale Handlung.

Während im prädikativen Gebrauch einem Gegenstand oder einer Person
eine Eigenschaft zugeschrieben wird, bezieht sich das Adjektiv im adverba-
len Gebrauch auf das Verb. Dies wird durch Umformung deutlich:

prädikativ: *Silvia ist faul – die faule Silvia*
adverbal: *Silvia läuft schnell – ihr schneller Lauf*
                     (nicht unbedingt: *die schnelle Silvia*)

– adverbial (wie ein Adverb):

> weit hinten, bewußt zurückhaltend, kurz vor acht

Hier modifiziert das Adjektiv Wörter anderer Wortart: Adverbien, Adjektive, Präpositionen.

86   Die Grundbedeutung der Adjektive besteht darin, daß wir mit ihnen   Ergänzungs-
Eigenschaften zuschreiben. Dies können einfache Merkmale sein oder Bezie-   bedürftigkeit
hungen zwischen Gegenständen oder Personen:

> Kinder sind selbständig.
>
> Kinder sind abhängig von den Eltern.

Danach kann man unterscheiden:

– einwertige Adjektive:

> blau, klug, witzig, englisch, dreizehn, dritte, typisch, mäßig, echt

– zweiwertige Adjektive:

> wohnhaft in, einverstanden mit, seiner Stärke bewußt, jemandem dank-
> bar, etwas wert, gespannt auf, seiner Sache sicher, jemandem genehm

– dreiwertige Adjektive:

> jemandem überlegen an, mit jemandem einig über

Wertadjektive | 87 | Einige Adjektive schreiben nicht Eigenschaften zu, sondern Wertungen:

> Der Wagen ist gut. Das Buch ist schön.

Wertende Adjektive sind relativ: Die Wertungen beruhen auf bestimmten Eigenschaften der Gegenstände, beziehen sich aber auch auf Standards, nach denen wir werten.

Eigenschaftsbeschreibung: *Der Wein ist süß.*
Standard: *Wenn der Wein süß ist, dann ist er gut.*
Wertung: *Der Wein ist gut.*

Wer den Standard akzeptiert, wird der Wertung zustimmen.

Andere relative Adjektive sind *groß*, *klein*, *lang*, *breit* u. a. Ihnen liegt ein bestimmter Maßstab zugrunde. Den Maßstab stellt meistens das Substantiv her: *kleiner Elefant* heißt klein in bezug auf Elefanten, *große Mücke* heißt groß in bezug auf Mücken. Ein kleiner Elefant ist aber größer als eine große Mücke.

Der Maßstab des relativen Adjektivs kann dem Zusammenhang entnommen werden, oder er kann zum allgemeinen Wissen gehören.

Arten von | 88 | Entsprechend ihrer Bedeutung gibt es folgende Arten von Adjektiven:
Adjektiven
– Eigenschaftswörter wie *rot*, *kalt*, *naß*.
  Sie bezeichnen Eigenschaften und Merkmale.

– Orientierungswörter wie *hiesig*, *dortig*, *heutig*, *sofortig*.
  Sie ordnen räumlich oder zeitlich ein.

– Wertwörter wie *gut*, *schön*, *nützlich*, *kindisch*.
  Sie bewerten Gegenstände.

– Zahlwörter (Numeralia) wie *eine*, *zwei*, *acht*, *hundert*.
  Diese Grundzahlwörter (Kardinalzahlen) geben die Anzahl an. Sie werden
  – außer *ein*, *zwei*, *drei* – nicht dekliniert.
Ordnungszahlwörter (Ordinalzahlen) wie *erste*, *fünfte*, *tausendste* geben eine Ordnung an. Sie werden wie andere Adjektive dekliniert.

●●●

Zahlwörter können auch substantiviert sein:

> Ich bin jetzt Mitte Zwanzig.
> Wer bekommt sein Gehalt am Ersten?
> das erste Tausend

●●●

– Verweiswörter wie *folgend, derartig, obig, erstere, letztere, ander, sonstig.*
Sie stellen Bezüge im Text her.

● ●

ersterer oder *letzterer* sollte man nur verwenden, wenn man den Bezug auf
grammatisch gleichberechtigte Personen oder Sachen verdeutlichen will:

    Sie besaß ein Fahrrad und ein Skateboard. Letzteres war nagelneu.
    Ersteres benutzte sie täglich.

Aber nicht:

🔥   Der Roller steht im Keller. Letzterer war lange nicht gereinigt.

● ●

3.2 Komparation des Adjektivs (Steigerung)

| 89 | Adjektive haben neben der Grundform gesteigerte Formen oder Vergleichsformen. Wenn man Gegenstände oder Personen nach ihren Eigenschaften vergleicht, kann man gesteigerte Adjektive verwenden.

(Randnotiz: Vergleichs-formen)

1. Grundstufe (Positiv):   *schnell, der schnelle Läufer*
2. Höherstufe (Komparativ):   *schneller, der schnellere Läufer*
3. Höchststufe (Superlativ):   *am schnellsten, der schnellste Läufer*

    Holz ist schwer.
    Stein ist schwerer als Holz.
    Stahl ist schwerer als Stein.
    Stahl ist am schwersten.

Beachte: Die nicht-attributive Form wird mit *am* + *-sten* gebildet.

Der Komparativ wird regelmäßig gebildet durch Anhängen der Endung *-er*,
der Superlativ mit *-(e)st*. In manchen einsilbigen Adjektiven wird zusätzlich
der Stammvokal umgelautet:

Positiv	Komparativ	Superlativ
dick	dicker	dickst/am dicksten
alt	älter	ältest/am ältesten
grob	gröber	gröbst/am gröbsten
jung	jünger	jüngst/am jüngsten

Umgelautete und nicht-umgelautete Varianten gibt es nebeneinander bei *blasser/blässer, frommer/frömmer, banger/bänger, schmaler/schmäler* u. a.

unregelmäßige | **90** | Einige Adjektive haben unregelmäßige Vergleichsformen (Ersatz-
Steigerung | formen):

Positiv	Komparativ	Superlativ
gut	besser	am besten
viel	mehr	am meisten
hoch	höher	am höchsten
nahe	näher	am nächsten

Bei Adjektiven auf *-el* fällt im Komparativ das *e* aus:
    dunkel – dunkler – am dunkelsten
    eitel – eitler – am eitelsten
    heikel – heikler – am heikelsten

Das *e* fällt auch weg bei *-er*, wenn dieser Endung ein Diphthong vorausgeht:
    teuer – teurer – teuerste
    sauer – saurer – sauerste

Die übrigen Adjektive auf *-er* und die auf *-en* haben Doppelformen:
    bescheiden – bescheidener/bescheidner – bescheidenste
    trocken – trockener/trockner – trockenste

Sonderfälle | **91** | Grundsätzlich können alle Adjektive gesteigert werden, die attributiv verwendbar sind. Partizipien werden nur gesteigert, wenn sie schon als Adjektiv eingebürgert sind:
    das bewährteste Mittel, die glänzendste Leistung
Aber kaum:
    das lachendere Kind, der gebogenere Ellbogen, die zerstörtere Stadt

Zusammengesetzte Adjektive können wie normale Adjektive im zweiten Teil gesteigert werden:
    altmodisch – altmodischer – altmodischst
    langweilig – langweiliger – langweiligst
    glaubwürdig – glaubwürdiger – glaubwürdigst

Bei zusammengesetzten Partizipien kann der erste oder der zweite Teil gesteigert werden:
    weitreichendere/weiterreichende Maßnahmen

Sind die beiden Teile noch nicht so eng zusammengewachsen, kann nur der erste Teil gesteigert werden: *die besserbezahlte Stelle*.

●●●

Einige zusammengesetzte Adjektive enthalten bereits einen gesteigerten Teil:
  bestmöglich, erstklassig, größtmöglich, meistbietend

Solche Adjektive braucht man nicht noch einmal zu steigern. Also nicht:
🔥 bestbewährtest, größtmöglichst, bestmöglichst, erstklassigst usw.
  (aber üblich: *die erstbeste*)

Also: Bei Zusammensetzungen steigere nur einen Teil!

Nur eine Steigerung sollte man auch beim substantivierten Adjektiv wählen.
Also nicht doppelt steigern:
  Das am besten Geeignete (nicht: *Geeignetste*)
●●●

92 Eine Reihe von attributiven Adjektiven ist schon nach der Bedeutung oder nach der Form gesteigert, ohne daß man es ihnen unbedingt ansieht: optimal, maximal, extrem, zentral, absolut, ideal, total Nur wer ihre Bedeutung nicht genau kennt, wird sie dennoch steigern.	Steigerung: möglich oder nicht?

Viele Adjektive bezeichnen ihrer Bedeutung nach den höchsten Grad. Auch
sie müssen nicht mehr gesteigert werden:
  einzig, letzt, ganz, völlig, hauptsächlich, ausschließlich
Also bitte nicht: *der einzigste* oder *in keinster Weise*!

Bei vielen Adjektiven macht es nicht viel oder nicht immer Sinn, sie zu
steigern. Hierzu gehören:
  hölzern, golden, eisern, kinderlos, einwandfrei, unverheiratet,
  stumm, tot, nackt, leer, voll, schuld (nur prädikativ gebraucht),
  endgültig, viereckig, schriftlich, prima, chemisch;
  Farbadjektive: grün, schwarz, weiß, blau, rosa, orange;
  Partizipien: liegend, stehend, gelegen, bietend;
  durch Zusammensetzung graduiert: steinreich, schneeweiß, nagelneu,
  grundfalsch, uralt

Aber auch in diesen Fällen kann Steigerung sinnvoll sein:
  Nackter als nackt, so nackt, daß es knackt. (= Skelett)
  Dieses Waschmittel wäscht noch weißer.
  Sie haben mein vollstes Vertrauen.
  Fred ist noch hölzerner als sein Vater.
  So ist es im wahrsten Sinne des Wortes.
  Er hatte die schwerwiegendsten Bedenken, die hochfliegendsten Pläne.
  der weitgehendste/weitestgehende Antrag

Also: Auf den Sinn kommt es an! Achte darauf, daß Sinn macht, was du sagst!

als oder *wie*? | 93 | Gesteigerte Adjektive sind relativ. Ihr Bezug wird oft ausdrücklich angegeben. Beim Vergleichen auf der gleichen Stufe (mit *so* oder *ebenso*) wird das Verglichene mit *wie* angeschlossen; *wie* bezeichnet die Gleichheit:

> Der eine ist so bekannt wie der andre.
> Er ist nicht so klug wie Eva.

Beim Vergleichen mit dem Komparativ wird das Verglichene mit *als* angeschlossen; *als* bezeichnet die Ungleichheit:

> Die eine ist bekannter als die andre.
> Stahl ist härter als Holz.

Merke auch: *anders als*, *niemand als*, *keiner als*, *nichts als*, *umgekehrt als*, *auf andre Weise als*.

●●

In der Umgangssprache wird hier häufig *wie* verwendet, was aber von manchen in der Schriftsprache ungern gesehen wird:

> Der ist viel dicker wie ich.
> Ich mache es umgekehrt wie du.

Aufpassen muß man, wenn der Satz mehrdeutig wird:

> Wir müssen mehr Tore schießen wie Borussia (es getan hat).

●●

Wenn zwei *als* im Satz aufeinandertreffen, so wird die Vergleichspartikel durch (das sonst altertümelnde) *denn* ersetzt:

> Als Freund ist er mir lieber denn als Feind.

3.3 Graduierung des Adjektivs

Graduierungs-mittel | 94 | Die Eigenschaften oder Wertungen, die wir mit Adjektiven zuschreiben, können in unterschiedlichem Grad ausgedrückt werden. Darum sind Adjektive (und ihre Vergleichsformen) graduierbar, und zwar in beide Richtungen, nicht nur verstärkend wie bei der Steigerung, sondern auch abschwächend. Um diese Grade auszudrücken, gibt es verschiedene sprachliche Möglichkeiten:

– intensivierende oder graduierende Adverbien:
> kaum kalt, wenig kalt, ein bißchen kalt, etwas kalt, mäßig kalt; ziemlich kalt, verhältnismäßig kalt, sehr kalt, richtig kalt, besonders kalt, überaus kalt, höchst kalt, äußerst kalt, extrem kalt, unwahrscheinlich kalt, unendlich kalt, zu kalt, allzu kalt; weniger kalt; etwas kälter, um einiges kälter, viel kälter, bei weitem kälter, weit kälter, ungleich kälter; noch kälter, immer kälter; der weitaus kälteste, bei weitem am kältesten

Solche Intensivierungen verlieren schnell ihre Kraft. Deshalb werden oft neue Möglichkeiten gesucht:

> ungeheuer kalt, wahnsinnig kalt, echt kalt, furchtbar kalt, irre kalt, schrecklich kalt, verdammt kalt

●●●

> Das Wetter war selten schön.

Der Satz ist doppeldeutig, denn *selten* kann auch graduierend verstanden werden. Wenn die Doppeldeutigkeit nicht beabsichtigt ist, sollte man eine andere Formulierung wählen.

●●●

– intensivierende Adverbien (und Adjektive) wachsen öfter mit den Adjektiven zusammen, so daß neue, intensivere Adjektive entstehen:

> allerkälteste, schwerverständlich, leichtverständlich, schwerwiegend, die allerschönste

Sie gewinnen oft eine neue, eigene Bedeutung und können dann weiter gesteigert werden:

> schwerstverständlich, schwerwiegendst, dichtestbevölkert

– intensivierende Wortbildungen:

> eiskalt, saukalt, saudumm, blitzschnell, mordsschwer, urkomisch, steinreich, bildschön, knallhart, supermodern, übernervös, hyperschlau

– intensivierender Gebrauch des Superlativs (sog. Elativ):

> mit besten Wünschen, freundlichst, aufs herzlichste, mit den besten Zutaten, mit modernsten Maschinen, mit anmutigsten Bewegungen

●●●

Graduierung und Steigerung hängen zusammen. Adjektive, die schwer zu steigern sind, sind auch schwer graduierbar. Darum sind folgende Beispiele meistens komisch:

> sehr viereckig, äußerst kinderlos, ziemlich golden, besonders tot

●●●

Mehrfache Graduierungen gehen oft nicht, erscheinen übertrieben oder sogar komisch, wenn sie sich widersprechen:

> äußerst blitzschnell, ziemlich urkomisch, höchst steinreich, ziemlich wunderbar, allzu erstklassig

3.4 Deklination des Adjektivs

Deklinations-
formen

95   Das attributive Adjektiv hat wie das Substantiv unterschiedliche Deklinationsformen
– nach den drei Genera (variables Genus),
– nach den vier Kasus,
– nach den zwei Numeri.

Es gibt für jedes Adjektiv zwei Deklinationen: die schwache Deklination und die starke Deklination.
Die schwache Adjektivdeklination hat fast dieselben Endungen wie Substantive der *n*-Deklination (Typ 3 → 81). Sie unterscheidet die Formen kaum, zum Beispiel lauten im Plural alle Formen gleich.

Schwache Deklination

Singular			Plural		
der / die → gute ← das	Mann / Frau / Kind	Nominativ	die / die → guten ← die	Männer / Frauen / Kinder	
des / der → guten ← des	Mannes / Frau / Kindes	Genitiv	der / der → guten ← der	Männer / Frauen / Kinder	
dem / der → guten ← dem	Mann / Frau / Kind	Dativ	den / den → guten ← den	Männern / Frauen / Kindern	
den – guten – Mann / die → gute ← das	Frau / Kind	Akkusativ	die / die → guten ← die	Männer / Frauen / Kinder	

Starke Deklination

Singular			Plural		
manch – gut**er** – Mann manch – gut**es** – Kind manch – gut**e** – Frau		Nominativ	manch ⌐ manch ⊢ gute manch ⌐		Männer Kinder Frauen
manch – gut**en** ⟨ Mannes / Kindes manch – gut**er** – Frau		Genitiv	manch ⌐ manch ⊢ guter manch ⌐		Männer Kinder Frauen
manch – gut**em** ⟨ Mann / Kind manch – gut**er** – Frau		Dativ	manch ⌐ manch ⊢ guten manch ⌐		Männern Kindern Frauen
manch – gut**en** – Mann manch – gut**es** – Kind manch – gut**e** – Frau		Akkusativ	manch ⌐ manch ⊢ gute manch ⌐		Männer Kinder Frauen

Die starke Adjektivdeklination ist weitgehend identisch mit der Artikeldeklination. Ausnahme: Genitiv Singular im Maskulinum und Neutrum.

Attributive Adjektive werden schwach dekliniert nach einem deklinierten Artikelwort, das die Markierung des Kasus leistet. Attributive Adjektive werden stark dekliniert, wenn kein stark deklinierter Artikel vorangeht (→ 271).

96   Mehrere Adjektive vor einem Substantiv werden parallel dekliniert: parallele
schwach: *die langen, blonden Haare*; *alle starken deutschen Adjektive*   Deklination
stark: *ein heißer, starker, süßer Kaffee*

Da gibt es manchmal Schwierigkeiten. Es heißt

– im Dativ Singular:
    mit selbstgenähtem, türkisfarbenem Sommerkleid
    auf heißem, feinkörnigem, weißem Sandstrand
    mit frischem, gedünstetem Fisch
    zu selbstgebackenem, noch warmem Apfelstrudel

– im Genitiv Plural:
    die Ermahnungen strenger, alter Großväter
    die Erfahrungen erlebnisreicher, aufregender Monate

undeklinierte | 97 | Ein Adjektiv, das ein anderes modifiziert, wird nicht dekliniert.
Adjektive Beziehen sich aber beide auf das Substantiv, werden die Adjektive parallel
dekliniert (und durch Komma getrennt!):

modifizierend   parallel

ein scheußlich kalter Wind   ein scheußlicher, kalter Wind
brennend heißer Wüstensand   brennender, heißer Wüstensand
ein gähnend langweiliger Mensch   ein gähnender, langweiliger Mensch

Die beiden Konstruktionsarten haben unterschiedliche Bedeutung. In *scheuß-lich kalt* wird *kalt* durch das adverbial (wie ein Adverb → 85) gebrauchte *scheußlich* näher bestimmt, in *scheußlicher, kalter Wind* wird vom Wind gesagt, daß er scheußlich ist.

Zahlwörter | 98 | Ordnungszahlwörter werden wie andere attributive Adjektive dekli-niert; Grundzahlwörter werden normalerweise nicht dekliniert:
das erste/zweite/dritte Mal, der ersten/zweiten/dritten Art,
am dreiundzwanzigsten Mai
nach dreiundzwanzig Tagen, mit drei mißlungenen Versuchen,
für ein bis zwei Wochen, ein Drittel multipliziert mit drei Viertel

● ●

Der Artikel *ein* ist auch eine Art Zahlwort. Er wird ebenfalls dekliniert:
auf einen Blick,
Geschichten aus Tausendundeiner Nacht,
mit einem oder mehreren Freunden,
der Preis für einen Liter Rotwein

● ●

Zur Verdeutlichung des Kasus können die Zahlwörter *zwei* und *drei* dekliniert werden. Wenn der Genitiv sonst nicht erkennbar wäre (weil etwa kein Artikel da ist), hat das Zahlwort eine Genitivendung:
wegen zweier Fehler, das Treffen zweier Leute,
die Fußballschuhe dreier Schüler, beim Besuch dreier Verwandter

Mehrere Adjektive werden dann parallel dekliniert:
wegen zweier dummer Fehler, die Fußballschuhe zweier älterer Schüler

Steht das Zahlwort allein (sozusagen als Substantiv), wird es dekliniert:
auf allen vieren, mit den dreien

99   Einige Adjektive sind formenscheu. Sie deklinieren sich nicht gern   deklinierbar
und lassen sich auch nicht steigern: oder nicht?
    ein lila Kleid, eine prima Wurst

Hierzu gehören besonders einige entlehnte Farbadjektive:
    rosa, orange, beige, bleu, creme, oliv

In der Umgangssprache werden solche Adjektive aber öfter doch dekliniert:
    ein beiger Rock, ein rosanes Kleid, ein oranges Blüschen,
    ein fitter Sportler, eine kaputte Uhr

In der Schriftsprache gibt es Auswege:
    ein lilafarbenes Röckchen, eine olivgrüne Uhr

Oder für die Steigerung:
    heller orange, stärker orange, kräftiger orange

● ●

Die Wörter *quitt*, *schade*, *ab*, *zu*, die prädikativ häufig verwendet werden,
vermeidet man attributiv in der Schriftsprache, weil man sie nicht deklinieren
will. Umgangssprachlich werden sie aber dekliniert:
🔥   ein abenes Bein, eine zune Tür

Schriftsprachlich wird dies als grober Schnitzer angesehen.

● ●

Stilistisch steif sind deklinierte prädikative Adjektive:

steif	besser
Die Folgen waren erfreuliche.	Die Folgen waren erfreulich.
Der Gewinn war ein erklecklicher.	Der Gewinn war erklecklich.

Man meidet solche Ausdrucksweisen, weil sie zurückgehen auf überflüssige
Wiederholungen:
    Der Gewinn war ein erklecklicher Gewinn.

Adjektiv oder
Substantiv?

| 100 | Ein Substantiv braucht nicht wiederholt zu werden, wenn es aus dem Zusammenhang erschlossen werden kann:

> Sonja bekam blaue Schuhe, Anja braune (Schuhe).
> Von allen Spielern war Klaus der beste (Spieler).
> Die großen Tiere fressen die kleinen (Tiere).

braune, *beste*, *kleinen* bleiben hier Adjektive, auch wenn ihnen ein Artikel vorausgeht, dem kein Substantiv folgt.

● ●

In einigen Fällen kann man nicht eindeutig erkennen, ob ein Adjektiv oder ein Substantiv gemeint ist:

> Das finde ich klasse/Klasse.

Hier sind beide Schreibweisen möglich. Als Adjektiv zu erkennen ist:

> Das war ein klasse Spiel.

Substantiv ist *Klasse* in Sätzen wie

> Das ist einsame Klasse.

Das attributive Adjektiv zeigt es deutlich.

● ●

Wenn kein Substantiv oder nur ein sehr allgemeines Substantiv mitgedacht ist, können die Adjektive substantiviert sein. Sie werden dann natürlich groß geschrieben:

> Eine Fremde stand vor dem Haus.
> Sie labten die Hungrigen.
> Sie wünschten sich etwas Neues.

Der Adjektivcharakter bleibt hier erhalten in der Graduierung, im variablen Genus und in der Deklination, besonders der Unterschied starker und schwacher Deklination:

> etwas Neues, etwas sehr Neues; das Neue
> ein Fremder, eine Fremde, ein Fremdes; ganz Fremde

3.5 Das Adjektiv in stilistischer Sicht

Die Grundfunktion der Adjektive besteht darin, einem genannten Gegenstand einzelne Eigenschaften zuzuschreiben, etwas über ihn auszusagen also. Dies kann aber je nach Bedeutung des Adjektivs und je nach Textsorte Unterschiedliches bewirken. So können Adjektive

– klassifizieren:
   Es gibt **tropische**, **subtropische**, **gemäßigte** und **polare** Klimazonen.
   Sie bieten **weißen** und **grünen** Spargel an.

– unterscheiden:
   der **junge** Mann mit den **langen, schlanken** Beinen; der **alte** Mann mit den **kurzen, dicken** Beinen

– beschreiben:
   Wir gingen ziemlich **flink**; **graue, glatte** Kieselsteine

– charakterisieren:
   ihr **spöttisches** Lächeln
   Er redet **leise** und **unaufdringlich**.

– schmücken:
   aus **wunderschöner**, **golddurchwirkter** Seide; **silbrig glänzende** Blätter

– werten:
   eine **hübsche, liebenswürdige** Person
   Ich finde ihn **nett**.

Auf den ersten Blick könnten Adjektive unwichtig erscheinen. Sie sind unselbständig, nur Begleitwörter von Substantiven und Verben; der Schreiber kann wählen, ob er ein Adjektiv bringen will oder nicht. Aber gerade das verpflichtet ihn zur Sorgfalt. Häufig sagt ein Adjektiv mehr aus als das Substantiv (oder Verb), dem es untergeordnet ist. Das ist besonders bei allgemeinen Substantiven der Fall:

   körperliche Arbeit, der **naturwissenschaftliche** Bereich, **böse** Worte, meine **persönliche** Sache, eine **geschäftliche** Angelegenheit

● ●

Wähle passende Adjektive! Das Adjektiv sollte inhaltlich und stilistisch nicht im Widerspruch zu seinem Bezugswort stehen, und es sollte zum Stil des Textes passen.

● ●

unpassende Auswahl:	*spöttische Klimazonen, liebenswürdige Seide*
unpassende Wertung:	*hübscher Flugzeugabsturz*
widersprüchliche Aussage:	*flinke Schnecke, herber Zucker*
Stilbruch:	*heroisches Haar*
übertreibend:	*genialer Kaffee, einzigartiger Freistoß*

●●

Natürlich kann man solche Zusammenstellungen verwenden, wenn man besondere Wirkungen erzielen will. Im Märchen etwa kann eine Schnecke sich durch ihre Schnelligkeit auszeichnen, da wäre *flinke Schnecke* angebracht. Sarkastisch kann man auch von einem *hübschen Flugzeugabsturz* sprechen, wenn man kritisieren will, daß anderen als Zuschauern solche Katastrophen gefallen.

●●

Ein sachbezogener Text braucht andere Adjektive als ein Stimmungsbild, die Schilderung eines objektiven Sachverhalts andere Adjektive als die Schilderung eines subjektiven Eindrucks. In einem Brief an einen Freund wird man andere Adjektive wählen als in einer Beschreibung eines physikalischen Versuchs. Vermischt man diese Bereiche, dann kann die sachliche Mitteilung unsachlich werden, und das Stimmungsbild wird stimmungslos.

Die Wirkung des treffenden Adjektivs sehen wir im Vergleich dieser beiden Zeitungsanzeigen:

sachlich

” Wir setzen das Textverarbeitungs-System WORD von Microsoft ein; sollten Sie über keine **einschlägigen** Erfahrungen verfügen, ansonsten aber unseren Vorstellungen entsprechen, lernen wir Sie an. In jedem Fall setzen wir die Fähigkeit zum **eigenständigen** und **verantwortungsbewußten** Arbeiten, **flinkes** Maschinenschreiben (nach Phonodiktat und nach Vorlagen) sowie natürlich **einwandfreie** Beherrschung der deutschen Sprache voraus. Wenn Sie an einem sicheren Arbeitsplatz im Kreise netter Kollegen interessiert sind, so setzen Sie sich am besten gleich telefonisch mit unserem Herrn Schraudolph in Verbindung.

subjektiv

” Für e. überdurchschnittliche Beziehung mit Familienperspektive suche ich e. eigenständige Persönlichkeit u. **ehrlichen** Freund. Bin: Akademikerin (34), **lebhaft, sportlich, sinnenfreudig, musisch, begeisterungsfähig, entsetzlich offen**.

Verwende treffende Adjektive! So vermeidest du Mißverständnisse durch Genauigkeit und Deutlichkeit.

Eine Gebrauchsanweisung wäre unbrauchbar, wenn die Adjektive unpräzise Angaben machten:

Bedienungsanleitung für aufblasbare Rettungswesten

Bei Aufblasung springen die Druckknöpfe **selbsttätig** auf und die **leuchtend orangefarbene** Innenseite des Schwimmkörpers wird sichtbar. Die Rettungsweste wird mit **verstellbarem** Hüftgurt und Karabinerhaken am Körper des Trägers festgelegt. Der Schwimmkörper besitzt **linksseitig** ein **arretierbares** Rückschlagventil für Mundaufblasung. Im Bereich des Mundventils befindet sich eine Doppelton-Signalflöte. Die Rettungsweste ist für alle Körpergrößen und Körpergewichte von Erwachsenen geeignet. Aufgrund des Volumens des Schwimmkörpers und seiner **schwimmphysikalisch richtigen** Auftriebsanordnung wird der Kopf des Trägers, **unabhängig** von seinem **absoluten** Körpergewicht, auch bei Erschöpfung oder Ohnmacht, **ertrinkungssicher** über Wasser gehalten.

Ohne die Adjektive fehlen dem Text wichtige Informationen, so daß die Benutzung der Rettungsweste schlecht ausgehen könnte.

Auch das schmückende Adjektiv – in einem persönlichen Brief beispielsweise – sollte so treffend wie möglich sein, damit der Adressat ein lebendiges Bild dessen vor Augen hat, was ich ihm vermitteln möchte. Wähle ich ausdruckslose Adjektive, wird mein Brief langweilig wirken.

Vermeide überflüssige Adjektive!

Meistens verwenden wir sowieso zu viele Adjektive. Darum sollte man alle überflüssigen streichen. Überflüssig sind besonders

– formelhafte Verbindungen und wiederholende Adjektive:
  reiner Zufall, nackte Tatsachen, schwarzer Rappe, großer Riese, unnötiger Ballast, eine seltene Rarität

Überflüssig ist auch ein Adjektiv, das schon im Substantiv steckt:
  eine seltene Ausnahme, die geltenden Gesetze, die vollständige Vollendung, nach den durchgeführten Wahlen, in etwaigen Notfällen, die gestellten Fragen, der unüberbrückbare Widerspruch, bitterer Ernst

– Allerweltsadjektive wirken im geschriebenen Text meist ausdruckslos:

> ein toller Tag, ein herrlicher Strand, eine wunderbare Gegend, eine super Disco, ein irrer Typ, eine echt starke Frau, ein schicker Urlaub, eine traumhafte Stadt, faszinierende Leute, eine malerische Landschaft, ein fantastisches Essen, eine unvergleichliche Stimmung

Was soll sich der Leser da vorstellen? Es wird eine gewisse Stimmung hervorgerufen, die aber nicht genauer beschrieben wird. Der Schreiber hat sich nicht genau festgelegt; der Leser muß selbst mit seiner Phantasie ausfüllen, was er unter einer malerischen Landschaft versteht. Die Werbung verwendet solche Stimmungsbilder häufig. Sie will in der Phantasie ein Wunschbild wecken, das man sich mit dem angepriesenen Gegenstand erkaufen kann.

Allgemeine Adjektive sollte man durch speziellere ersetzen. Für *klein* z. B. gibt es eine ganze Palette treffender Adjektive:

> eine unbedeutende Stellung, ein geringfügiger Schaden, ein enger Gesichtskreis, ein unwichtiges Detail, ein winziger Fehler, ein geringer Verlust

●●

Hüte dich vor Adjektivhäufungen!

●●

Mehrere Adjektive gemeinsam können natürlich den Gegenstand ganz genau charakterisieren. So erscheinen sie als bequemes Mittel der Genauigkeit. Aber die Adjektivhäufungen blasen den Satz oft zu sehr auf. Besonders schlimm wird das bei Klischee-Adjektiven. Da entsteht leicht Kitsch.

> „„ Mit geschmeidigen, weichen Bewegungen schritt Ariane über den trockenen, lockeren Heideboden. Sie wirkte jung, schmal, fast zerbrechlich in ihrem weißen Kleid, das ihre biegsame, hochgewachsene Gestalt sanft umschmeichelte. Ihr golden blondes, leicht gekräuseltes Haar wehte im linden Wind wie ein langer, schwebender Schleier hinter ihr her, und auf ihrem schönen blassen Gesicht lag ein Ausdruck von tiefer Trauer. Sie preßte einen kleinen Strauß violetter Blüten an ihr blasses, schmales Gesicht und sog den würzigen Duft ein.

Solche Adjektive sind nur dekorativ. Sie geben nur die Klischees und Schablonen des Kitschromans.

4   Die Artikelwörter

4.1 Abgrenzung und Arten von Artikelwörtern

| 101 | Artikelwörter sind die hervorgehobenen Wörter in folgenden Bei-   Beispiele
spielen:

Die Leistung war nicht in Ordnung.

Wir hatten auch **ein** Telefon.

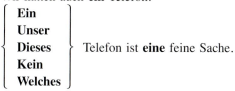

Telefon ist **eine** feine Sache.

Die Funktion des Artikels erfüllen Wörter recht verschiedener Art. Dennoch ist die Liste der Artikelwörter überschaubar; ihre Anzahl ist gering und verändert sich nicht.

| 102 | Artikelwörter leben in enger Gemeinschaft mit Substantiven. Sie sind   Funktion
ihre treuen Begleiter:

– Sie gehören zum Substantiv und entfernen sich nicht weit von ihm, sie gehen ihm voran und zeigen es an. Darum sind die Artikelwörter auch so wichtig für die Substantivbestimmung:

   Das Kleid hat ein schönes Rot.

– Als Helfer verdeutlichen sie die oft undeutliche Substantivdeklination. So erkennt man Genus, Kasus, Numerus oft besser am Artikelwort (→ | 264 |):

Genusanzeiger: *die Leiter   –   der Leiter*
Kasusanzeiger: *die Autos   –   der Autos*
Numerusanzeiger: *das Mädchen –   die Mädchen*

– Sie bereiten das Substantiv für die konkrete Verwendung vor. Sie sagen etwas über die Bekanntheit, die Anzahl, die Zugehörigkeit, die Bestimmtheit von Gegenständen, die mit dem Substantiv benannt werden.

Arten von
Artikelwörtern

| 103 | Die typischen Artikelwörter sind der definite Artikel (auch bestimmtes Geschlechtswort genannt) *der*, *die*, *das* und der indefinite Artikel (auch unbestimmtes Geschlechtswort genannt) *ein*, *eine*, *ein*. Aber es gibt noch andere, die ebenso wichtig sind. Man muß sie zum Beispiel beachten, wenn man Zweifel hat, ob ein Wort ein Substantiv ist:

jedes Wackeln, dieses Grün, mein Ich

Übersicht: Artikelwörter

definiter Artikel *der*, *die*, *das*	indefiniter Artikel *ein*, *eine*, *ein*
Possessivpronomen *mein*, *meine*, *mein*	Demonstrativpronomen *dieser*, *diese*, *dieses*
Indefinitpronomen *mancher*, *manche*, *manches*	Interrogativpronomen *welcher*, *welche*, *welches*

4.2 Deklination der Artikelwörter

Deklination

| 104 | Artikelwörter werden dekliniert. Dabei werden sie abgewandelt nach Genus, nach Kasus, nach Numerus. Typisches Beispiel ist das Demonstrativpronomen *dieser*.

	Singular	Plural	
Nominativ	dieser – Mann dieses – Kind diese – Frau	diese ← Männer Kinder Frauen	Maskulinum Neutrum Femininum
Genitiv	dieses < Mannes Kindes dieser – Frau	dieser ← Männer Kinder Frauen	Maskulinum Neutrum Femininum
Dativ	diesem < Mann Kind dieser – Frau	diesen ← Männern Kindern Frauen	Maskulinum Neutrum Femininum
Akkusativ	diesen – Mann dieses – Kind diese – Frau	diese ← Männer Kinder Frauen	Maskulinum Neutrum Femininum

Diese Deklination entspricht der starken Adjektivdeklination (→ 95). Bei Artikelwörtern auf -r gibt es Kurzformen: *unsern, unserm, unsren, unsrem* oder *euren, eurem* usw.

Die einzelnen Formen sind nicht eindeutig. So lauten Nominativ und Akkusativ oft gleich; im Plural ist das Genus nicht unterschieden. Erst alle grammatischen Kennzeichen der Nominalphrase zusammen schaffen einigermaßen klare Verhältnisse (→ 270).

105   Zwei Besonderheiten der Artikeldeklination sind zu beachten: Sonderfälle

– Die Artikelwörter *ein*, *kein*, *mein* usw. haben im Singular teilweise endungslose Formen:

Nominativ	ein Mann	Maskulinum
	ein Kind	Neutrum
Akkusativ	ein Kind	Neutrum

Ist das Substantiv weggelassen, kommt die normale Artikel-Endung wieder zum Vorschein: *ein Kind/eines*.

– Der definite Artikel hat verschiedene Formen mit den typischen Artikel-Endungen. Diese Endungen kann man aber nicht mehr abtrennen, weil sie mit dem Stamm verschmolzen sind.

	Singular	Plural	
Nominativ	**der** – Mann **das** – Kind **die** – Frau	**die** ← Männer Kinder Frauen	Maskulinum Neutrum Femininum
Genitiv	**des** ← Mannes Kindes **der** – Frau	**der** ← Männer Kinder Frauen	Maskulinum Neutrum Femininum
Dativ	**dem** ← Mann Kind **der** – Frau	**den** ← Männern Kindern Frauen	Maskulinum Neutrum Femininum
Akkusativ	**den** – Mann **das** – Kind **die** – Frau	**die** ← Männer Kinder Frauen	Maskulinum Neutrum Femininum

doppelte
Deklination

106   Die Demonstrativpronomen *derjenige*, *diejenige*, *dasjenige* und *der-selbe*, *dieselbe*, *dasselbe* sind zusammengesetzt. Sie werden auch zusammengeschrieben, bestehen im Grund aber aus Artikel + Adjektiv und werden entsprechend auch an zwei Stellen dekliniert.

	Singular	Plural	
Nominativ	**der**jenige **das**jenige **die**jenige	**die**jenigen	Maskulinum Neutrum Femininum
Genitiv	**des**jenigen **der**jenigen	**der**jenigen	Maskulinum Neutrum Femininum
Dativ	**dem**jenigen **der**jenigen	**den**jenigen	Maskulinum Neutrum Femininum
Akkusativ	**den**jenigen **das**jenige **die**jenige	**die**jenigen	Maskulinum Neutrum Femininum

4.3 Leistung der Artikelwörter

definiter
Artikel

107   Der definite Artikel kennzeichnet einen Gegenstand, der schon bekannt ist, in der Sprechsituation vorhanden oder im Text schon eingeführt:

Wo ist denn **der** Papa?
Sie kaufte sich ein Moped. **Die** Maschine hatte 8 PS.

Für den Fall, daß von mehreren Gegenständen die Rede ist, gibt es den Plural:
das Fahrrad – **die** Fahrräder
In beiden Fällen sind aber einzelne Gegenstände gemeint.

Der definite Artikel kann auch verallgemeinern. Er kennzeichnet dann nicht einen einzelnen Gegenstand der Gattung, sondern die ganze Gattung:
Der Löwe frißt kaum Gras.
Der Löwe ist ein Raubtier.

Namen sind schon definit. Deshalb steht vor Personennamen meistens kein Artikel:

> Hans ist ein sehr lieber Freund von mir.
> Uschi war auch da.
> Specht ist mein neuer Musiklehrer.

Auch wenn ein Titel oder eine Berufsbezeichnung vor dem Namen steht, bleibt der Artikel weg:

> Bundeskanzler Kohl geht in Urlaub. Aber: Der Kanzler geht in Urlaub.
> Prinz Charles ist vom Pferd gefallen. Aber: Der Prinz ist vom Pferd gefallen.

● ●

Vor dem Familiennamen berühmter Frauen steht manchmal der Artikel:

> Die Monroe wäre dieses Jahr 60 geworden.
> Ich habe alle Filme der Deneuve gesehen.

Es gilt jedoch als unhöflich zu sagen:

> Die Maier ist meine Nachbarin.

● ●

108   Vor den meisten Ländernamen und vor Städtenamen wird der definite Artikel nicht gesetzt: `artikellos`

> Frankreich, Italien, Spanien, Griechenland, Portugal, Deutschland;
> Rom, Paris, München, New York, Stockholm

Es heißt jedoch:

> die Türkei, die Schweiz, die DDR, die Tschechoslowakei, die Pfalz, das Elsaß

Auch bei zusammengesetzten und pluralischen Ländernamen steht der Artikel:

> die Niederlande, die Sowjetunion, das Allgäu, die USA

Wenn ein Adjektiv oder ein Genitivattribut bei Länder- oder Städtenamen steht, muß der definite Artikel stehen:

> das frühere Paris, ins schöne Spanien
> das Rom Cäsars, das München meiner frühen Kindheit

● ●

Weil der Artikel oft den Kasus verdeutlicht, sollte man ihn nicht weglassen.

● ●

indefiniter
Artikel

109   Der indefinite Artikel kennzeichnet einen Gegenstand, der noch unbekannt ist oder gerade im Text eingeführt werden soll:

> Es war einmal eine Prinzessin. Sie war wunderschön.

Der indefinite Artikel *ein* bedeutet, daß es sich nur um einen Gegenstand handelt; er kann darum keinen Plural haben. Will man von mehreren Gegenständen unbestimmt sprechen, so läßt man einfach das Artikelwort weg:

> ein Fahrrad – Fahrräder   eine Tüte – Tüten

Der indefinite Artikel kann auch verallgemeinern. Er kennzeichnet dann nicht einen einzelnen Gegenstand der Gattung, sondern die Gattung:

> Ein Löwe frißt kaum Gras.
> Ein Löwe ist ein Säugetier.

Possessiv-
pronomen

110   Die Possessivpronomen entsprechen den Personalpronomen:

mein	– ich	unser	– wir
dein	– du	euer	– ihr
sein	– er, es	ihr	– sie
ihr	– sie		

In ihrer Form sind sie dem Genitiv des Personalpronomens sehr ähnlich.

Die Possessivpronomen haben sozusagen eine doppelte Ausrichtung: Als Artikelwort sind sie grammatisch gebunden an ihr Substantiv in Genus, Kasus, Numerus. Inhaltlich sind sie aber orientiert an der Sprechsituation (dem Sprecher = *ich* usw.) oder dem Text.

Im Text kommt es darauf an, daß man die inhaltliche Orientierung erkennt:

> Susanne holt ihren jüngsten Bruder ab.
> Der Alkohol hatte seine Wirkung getan.
> Das Land hat im Laufe der Zeit seine Anziehungskraft eingebüßt.

Possessivpronomen drücken Zugehörigkeit aus. Das kann im einzelnen bedeuten:

Besitz:	*seine Kappe, euer Rasen, ihr Pferd, dein Hut*
Zugehörigkeit:	*meine Frau, unser Betrieb, ihr Sohn, eure Familie*
Subjekt:	*mein Vorschlag, eure Einmischung, ihre Zuständigkeit*
Objekt:	*sein Ausbau, ihre Ausweisung, ihre Überbrückung*

●●

Hier kann es Mehrdeutigkeiten oder Kalauer geben:

❀   Während des Essens sitzt unser Hund unter dem Tisch. Nach dem Essen geht er mit in die Küche und frißt unsere Überreste.

●●

111   Demonstrativpronomen als Artikelwörter sind: *dieser*, *diese*, *dieses*, | Demonstrativ-
jener, *solche*, *derartige* und betontes *der* usw. Außerdem gibt es die zusam- | pronomen
mengewachsenen Demonstrativpronomen *derjenige*, *diejenige*, *dasjenige* und
derselbe, *dieselbe*, *dasselbe*, *ebender*, *ebendieser*.

Die Demonstrativpronomen weisen besonders hin auf den Gegenstand, von
dem die Rede ist. Sie kennzeichnen ihn als nah (*dieser*) oder fern (*jener*) in der
Sprechsituation oder im Text. In der Sprechsituation ist die Verwendung oft
mit einer Zeige-Geste verbunden. Im Text unterscheidet man die Entfernung
der Bezugswörter:

> Zuerst tranken sie etwas Wein und dann Kaffee. Dieser war kalt, jener
> war warm.

Das zusammengesetzte Demonstrativpronomen wird oft auch als Vorverweis
auf einen Relativsatz verwendet:

> Diejenigen Leute, die das wissen, nehmen sich in acht.

In manchen Fällen bevorzugt man das Demonstrativpronomen *deren/dessen* an
Stelle des Possessivpronomens *ihr/sein*, nämlich dann, wenn nicht klar ist,
worauf sich das Possessivpronomen bezieht:

> Silke geht mit ihrer Freundin und ihrer Schwester ins Schwimmbad.
> (Mit wessen Schwester? Mit Silkes oder der Schwester der Freundin?)

Deutlich:

> Silke geht mit ihrer Freundin und deren Schwester ins Schwimmbad.

> Benjamin trifft sich heute mit Thomas und seinem (wessen?) Vater auf
> dem Fußballplatz.

Deutlich:

> Benjamin trifft sich heute mit Thomas und dessen Vater auf dem Fuß-
> ballplatz.

●●

Nach *deren* und *dessen* wird stark dekliniert. Als attributive Genitive haben sie
keinen Einfluß auf die Deklination nachfolgender Adjektive:

> Ich bin heute mit meiner Schwester, meiner Kusine und deren nettem
> Freund verabredet.
> Ich fahre nicht gern mit Willis Freund und dessen schnellem Auto.

●●

Indefinit-
pronomen

112   Indefinitpronomen als Artikelwörter sind:
alle, sämtliche, mehrere, manche, einige, etliche, kein; irgendein,
welch, irgendwelch, was für ein; alles, etwas, nichts

Die Indefinitpronomen lassen den gemeinten Gegenstand unbestimmt, sie greifen nicht bestimmte Gegenstände heraus. Sie haben aber noch andere Bedeutungszüge, zum Beispiel sagen *alle*, *einige*, *kein* usw. etwas über die Menge
der Gegenstände; *welch*, *was für ein* sind fragend.

alles, *etwas*, *nichts* stehen nur vor substantivierten Adjektiven im Neutrum
(diese werden groß geschrieben!):
alles Gute, etwas Neues, nichts Schönes

etwas steht auch vor Massesubstantiven (*alles* nur selten):
etwas Schnee, etwas Geld, alles Geld
Aller Fleiß half nichts.

Artikel oder
nicht?

113   Die Zuordnung der Artikelwörter ist oft schwierig. Viele gehören zu
mehreren Wortarten oder haben mehrere Funktionen. Zum Beispiel *solch*:
mit solcher Geschwindigkeit   (als Artikelwort)
mit einer solchen Geschwindigkeit   (als Adjektiv)
mit solch einer Geschwindigkeit   (unflektiert vor dem Artikel)

Unflektiert gibt es auch *all*, *manch*, *welch*, *solch*:
Welch ein Glück!
All die Jahre.
Manch guter Bissen.

alleinstehende
Artikelwörter

114   Oft stehen die Artikelwörter ohne Substantiv:
Diesen mag ich, jenen nicht.
Die gefallen mir, die nicht.
Meine liebe ich, deine nicht.

Hier ist aber immer ein Substantiv mitgedacht. Das Artikelwort hat auch noch
das Genus des Substantivs (und natürlich Kasus und Numerus). Darum taucht
in dieser Verwendung auch die sonst fehlende Endung wieder auf:
. . . mein Geld. Das ist meines.

●●

Substantivierungen liegen in folgenden Beispielen vor:
Die Seinigen waren da.
Jedem das Seine!

●●

5 Die Pronomen

5.1 Abgrenzung und Arten von Pronomen

115   Pronomen (auch Fürwörter genannt) sind die hervorgehobenen Wörter   Beispiele
in folgenden Beispielen:

Sie sitzt auf der Stange. **Wer** sitzt auf der Stange?
Man wundert **sich**. **Dieser** Wagen ärgert **unsere** Eltern.

Pronomen bilden eine überschaubare Wortart, es kommen keine neuen hinzu.

116   Pronomen sind Wörter mit recht allgemeiner Bedeutung: Eigenschaften

– Sie geben keine festen Merkmale des Bezeichneten, sondern charakterisieren aus der Sprechsituation heraus. Sie benennen nicht, sondern verweisen.

– Sie können erst in der jeweiligen Situation oder im Text vollständig gedeutet werden.

– Sie stehen öfter für Nominalphrasen oder Präpositionalphrasen (daher Für-
  wort). So ergeben sich Stellvertreterketten:

  wer – das Mädchen – sie
  was – etwas – ein lauer Wind
  wo – hier – auf der Platte
  wann – an diesem Tag – heute
  wie – so – auf geheimnisvolle Weise

Einige Pronomen stehen vorwiegend als Artikelwörter und kaum als Stellver-
treter:

dieser grüne Tennisball, **mein** grüner Tennisball, **welcher** Tennisball

Fast alle Pronomen sind deklinierbar.

117   Pronomen sind eine bunte Familie. Nach ihrer Grundfunktion unter-   Arten von
scheidet man folgende Arten: Pronomen

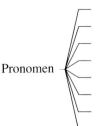

Personalpronomen:	*ich, du, sie, er, wir*
Reflexivpronomen:	*sich*
Interrogativpronomen:	*wer?, wo?, welche?, wie?, was?*
Indefinitpronomen:	*man, irgendwo, irgendein, jemand*
Adverbialpronomen:	*dort, heute, dadurch, darüber*
Relativpronomen:	*der, welcher, was, wo*
Demonstrativpronomen:	*dies, das, jener, jenes*
Possessivpronomen:	*mein, dein, sein, euer, unser*

Pronomen

●●

Die gleiche Form kann zu verschiedenen Wortarten gehören.

	Artikelwort:	*das* Haus
das	Relativpronomen:	ein Haus, *das* ich kenne
	Demonstrativpronomen:	Wer ist *das*?
wo	Interrogativpronomen:	*Wo* steht das Haus?
	Relativpronomen:	das Haus, *wo* ich wohne

●●

5.2 Personalpronomen und Reflexivpronomen

Bedeutung | 118 | Personalpronomen (auch persönliche Fürwörter genannt) bezeichnen Rollen im Gespräch.

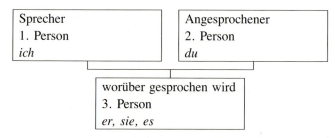

Wer jeweils mit *ich* gemeint ist, wird erst in der Sprechsituation deutlich. Wenn Jutta und Klaus miteinander sprechen, kann mit *ich* einmal Jutta gemeint sein, dann aber auch Klaus, je nachdem, wer gerade spricht.

Deklination | 119 | Personalpronomen gibt es im Singular und im Plural. In der 3. Person Singular wird auch das Genus unterschieden: *er* maskulin, *sie* feminin, *es* neutral. Außerdem wird jedes Personalpronomen dekliniert nach den vier Kasus. So gibt es folgende Paradigmen:

1. Person	Singular	Plural
Nominativ	ich	wir
Genitiv	meiner	unser
Dativ	mir	uns
Akkusativ	mich	uns

2. Person	Singular	Plural
Nominativ	du	ihr
Genitiv	deiner	euer
Dativ	dir	euch
Akkusativ	dich	euch

3. Person	Singular			Plural
	Maskulinum	Femininum	Neutrum	
Nominativ	er	sie	es	sie
Genitiv	seiner	ihrer	seiner	ihrer
Dativ	ihm	ihr	ihm	ihnen
Akkusativ	ihn	sie	es	sie

Die drei Personen sind auch bestimmend für die Konjugation des Verbs (→ 21).

120 Die Personalpronomen der 1. und 2. Person deuten wir in der Sprech-   Anrede
situation, sie vertreten keine ausführlichen Nominalphrasen.
du ist die vertrauliche Anrede
– unter Leuten, die sich gut kennen,
– von Kindern untereinander,
– von Erwachsenen an Kinder.

Die Gewohnheiten des Duzens ändern sich, aber immer müssen die Beteiligten
beide die vertrauliche Anrede billigen. Sonst kann Duzen sogar eine Beleidi-
gung sein.

Die distanzierte Anrede ist *Sie* (groß geschrieben!). Mit dem Personalpronomen *Sie* spricht man zwar jemanden an, es ist aber trotzdem 3. Person, und
zwar stets Plural, egal, ob man eine oder mehrere Personen anspricht. (Man
merkt das an der Verbform.)

Mit *wir* ist der Sprecher gemeint und mindestens ein anderer, der nicht angesprochen ist. Aber einige Verwendungen weichen hiervon ab:

– Das pädagogische *wir* tut nur so, als sei der Sprecher eingeschlossen:
    Wir schreiben jetzt ein Diktat.
    Da schreibt der sprechende Lehrer eben nicht mit. Gemeint seid ihr!

– Das majestätische *wir* meint den Sprecher allein, keine Gruppe:
    Wir, Kaiser von China, verkünden hiermit ...
    Es ist also strenggenommen keine Mehrzahl.

– Das auktoriale *wir* finden wir öfter, wenn der Autor eines Textes seine Leser mit einschließt:
    Wir haben schon erfahren, wie Zwerg Nase ...
    Dieses *wir* soll eine Gemeinschaft stiften.

Verweis | 121 | Personalpronomen der 3. Person deuten wir meistens im Text. Sie sind die eigentlichen Stellvertreter. Sie stehen dann für eine ausführliche Nominalphrase, die vorher im Text gebraucht wurde, und verweisen nun in aller Kürze auf die gleiche Person oder Sache:
    Da steht ein grünes Glas. Es ist halb voll.
Sie dienen also der Kürze, vermeiden die Wiederholung der ganzen Nominalphrase.

Die ausführliche Nominalphrase heißt auch Vorgänger oder Bezugswort des Pronomens. Um rückverweisende Pronomen richtig zu deuten, muß man stets das richtige Bezugswort finden (→ | 427 |). Dazu ist wichtig:

– Bezugswort und Pronomen sollten nicht zu weit voneinander entfernt stehen:
    Unsere Schule liegt mitten in der Stadt. Sie ist ziemlich häßlich.
    (Was? Die Schule oder die Stadt?)

– Bezugswort und Pronomen sollten in Genus und Numerus übereinstimmen (Kongruenz) (→ | 428 |):
    Unsere Schule liegt mitten im Dorf. Sie (oder: Es) ist ziemlich häßlich.

Reflexiv- | 122 | Das Reflexivpronomen (auch rückbezügliches Fürwort) *sich* ist eine
pronomen   Sonderform des Personalpronomens. Es existiert nur in der 3. Person und nur in einer Form:

3. Person	Singular	Plural
Dativ	sich	sich
Akkusativ	sich	sich

Das Reflexivpronomen zeigt den Rückverweis auf das Subjekt an:

  Nina kämmt sich (= Nina).

  Nina kämmt sie (= eine andere).

Diesen Unterschied kann es nur in der 3. Person geben. Mit *mich* oder *dich* ist ja immer der Sprecher oder der Angesprochene gemeint, egal was als Subjekt steht. Trotzdem sagt man auch *mich, dich, uns, euch* seien reflexiv, wenn das Subjekt *ich, du, wir, ihr* ist:

  Ich wundere mich. Du wunderst dich.

  Wir wundern uns. Ihr wundert euch.

● ●

Das Reflexivpronomen bezieht sich auch auf versteckte Subjekte. So entstehen Mehrdeutigkeiten:

  Die Eltern lassen die Kinder für sich arbeiten.

  (Für die Eltern oder für die Kinder?)

Man versucht, solche Mehrdeutigkeiten durch Hinzufügen von *selbst* zu vermeiden:

  Die Eltern lassen die Kinder für sich selbst arbeiten.

Das ist aber meistens keine Lösung! Nur mit einer andern Formulierung kann man deutlicher werden:

  Die Eltern veranlassen, daß die Kinder für sich (selbst) arbeiten.

  Die Eltern veranlassen, daß die Kinder für sie arbeiten.

Manchmal wird irrtümlich *sich* statt *uns* verwendet:

  Meine Frau und ich (= wir) würden uns (nicht: *sich*) freuen.

  Du und ich (= wir) haben uns (nicht: *sich*) gut unterhalten.

● ●

Steht das Bezugswort im Plural, so kann das Reflexivpronomen reziprok (wechselbezüglich) zu verstehen sein:

  Sie kämmten sich. ———< jeder sich selbst (= reflexiv)

                         jeder den andern (= reziprok)

Das reziproke Verständnis wird verdeutlicht durch *einander* oder *sich gegenseitig*:

  Sie kämmten einander.

  Sie kämmten sich gegenseitig.

5.3 Interrogativpronomen

Beispiele | 123 | Interrogativpronomen (auch fragende Fürwörter genannt) sind die hervorgehobenen Wörter in folgenden Beispielen:

Wer ist gekommen?   **Was** ist geschehen?
Wie geht es?   **Welche** Pfanne sollen wir nehmen?

Kennzeichen | 124 | Kennzeichen der Interrogativpronomen ist, daß alle mit *w-* anlauten und daß sie in Ergänzungsfragen die Stelle markieren, wo der Fragende die ergänzende Antwort wünscht.

Grammatisch gesehen, können die Interrogativpronomen nominal gebraucht werden, etwa *wer, was, wo, wann, wieso, wohin, woher* usw. Oder sie können als Artikelwort gebraucht werden wie *welcher/welche/welches, was für ein*:

Nominal:
Wen   siehst du?
Lisa
Die kleine Dogge (sehe ich.)

Wieso   hast du gefehlt?
Wegen einer Krankheit (habe ich gefehlt.)

Artikelwort:
Welche   Kappe willst du?
Diese   (Kappe will ich.)

●●●

Verwende nicht das Interrogativpronomen *wer* in Entscheidungsfragen.
Also nicht: *Ist dort wer?* Sondern: *Ist dort jemand?*

●●●

Deklination | 125 | Das Interrogativpronomen *wer* fragt nach Personen, hat aber kein Genus. Es wird dekliniert:

Nominativ	Genitiv	Dativ	Akkussativ
wer	wessen	wem	wen

Das Interrogativpronomen *was* ist unveränderlich, es steht aber sowohl für den Nominativ als auch für den Akkusativ und nach Präpositionen. Es fragt nach Sachen und Sachverhalten.

Weder *wer* noch *was* haben einen Plural. Das wäre nicht sinnvoll, weil der Fragende ja meistens nicht weiß, ob die Antwort sich auf mehrere bezieht. Trotzdem kann die Antwort pluralisch sein:

Wer war da? Zehn Leute waren da.

126 Die Interrogativpronomen *wo, wann, wie, warum, wohin, woher* usw. **undeklinierte** sind unveränderlich. Sie verlangen als Antworten Präpositionalphrasen oder **Interrogativ-** Adverbialpronomen. Einige dieser Interrogativpronomen sind zusammenge- **pronomen** setzt aus einem einfachen Interrogativpronomen und einer Präposition: *wovon, wodurch, womit, wobei; weshalb, weswegen.* Wenn die Präposition mit einem Vokal beginnt, ist als Übergang ein *r* eingeschoben: *worüber, worin, worauf.*

Die zusammengesetzten Interrogativpronomen verwendet man nicht für Personen. Da muß es heißen:

An wen (nicht: *Woran*) denkst du? Bei wem (nicht: *Wobei*) wohnst du?

Sonst gibt es öfter beide Möglichkeiten:

Woran/An was denkst du? Worüber/Über was sprichst du?

Das zusammengesetzte Interrogativpronomen wird stilistisch besser bewertet.

127 Nur als Artikelwort werden die Interrogativpronomen *welch-, was für* **Funktion** *(ein)* gebraucht:

Welche Mädchen werden Schlosser?

Was für Limo schmeckt dir am besten?

welch- wird nach Kasus, Genus, Numerus dekliniert wie ein Artikelwort. Auch wenn es ohne Substantiv steht, ist es Artikelwort. Ein Substantiv ist dann mitgedacht:

Welches (Glas, Kleid usw.) willst du?

Ich habe schöne Gläser, hast du auch welche?

Nicht immer stimmt *welches* mit dem Substantiv in Genus und Numerus überein:

Welches ist die beste Route/sind die besten Routen?

Wer mit *welcher* fragt, möchte eine Antwort, die den Gegenstand oder die Person identifiziert:

Welchen Hut willst du? Diesen/Den gelben.

Wer mit *was für ein* fragt, möchte eine weitere Eigenschaft des Gegenstandes oder der Person:

Was für einen Hut willst du? Einen gelben.

Das Interrogativpronomen *was für ein* ist eigentlich ein mehrwortiger Ausdruck, wo *ein* der indefinite Artikel ist. Er kann im Plural und bei Massesubstantiven wegbleiben:

Was für Limo? Was für Leute?

Das Fragewort *wieviel* gibt es undekliniert und dekliniert (dann immer getrennt geschrieben!):

Wieviel Kinder waren da?   Wie viele Kinder waren da?

5.4 Indefinitpronomen

Beispiele | 128 | Indefinitpronomen (auch unbestimmte Fürwörter genannt) sind die hervorgehobenen Wörter in folgenden Beispielen:

> **Jemand** hat etwas gestohlen.
> **Manch einer** nimmt alles leicht.
> Hast du **irgendwelche** Freunde getroffen?
> **Ein paar** Freunde waren da.

Die Vorsilbe *irgend-* zeigt Unbestimmtheit an und ist darum für viele Indefinitpronomen typisch.

Funktion | 129 | Eine Reihe von Indefinitpronomen wird nur nominal gebraucht:

> man, jedermann, jemand, niemand, irgendwo(hin), irgendwie, (et)was

Diese Pronomen haben keinen Plural.
Andere werden nur oder überwiegend als Artikelwörter gebraucht:

> irgendwelche, einige, etliche

Manche haben beide Verwendungen:

> Ich sehe nichts. (= nominal)
> Ich sehe nichts Grünes. (= Artikelwort)

Die nominale Verwendung von *manch einer*, *keiner*, *einer* usw. ist zwar formal maskulin, gilt aber für beide Geschlechter.

Deklination | 130 | Die Indefinitpronomen *jemand*, *niemand*, *jedermann*, *keiner* usw. werden dekliniert. Öfter vermeidet man aber den Genitiv.

Nominativ	jemand	niemand	jedermann	keiner
Genitiv	jemandes	niemandes	jedermanns	keines
Dativ	jemand(em)	niemand(em)	jedermann	keinem
Akkusativ	jemand(en)	niemand(en)	jedermann	keinen

●●●

Schwierig ist *jemand anderes*, *jemandes andern Frau*, *jemandem anderen*; aber: *von jemand anderem*.

●●●

Die Indefinitpronomen *etwas*, *irgendetwas*, *nichts*, *man* sind unveränderlich. Aber die Formen *etwas* und *nichts* stehen für Nominativ, Akkusativ und nach Präpositionen *(von nichts)*. Bei *man* treten als Ersatz die deklinierten Formen von *einer* ein:

> **Man** kann hier kaum atmen. Da wird **einem** ja schlecht.

131 Die Indefinitpronomen *jemand*, *niemand* stehen für Personen, *etwas* Bedeutung und *nichts* stehen für Sachen und Sachverhalte, ähnlich wie die Interrogativpronomen *wer* und *was*.

5.5 Adverbialpronomen

132 Adverbialpronomen sind die hervorgehobenen Wörter in folgenden Beispielen:

Hier stehe ich.
Wer kommt **jetzt**?
Der Bleistift **da** gehört mir.
Darum bleibt es schön.

Viele Adverbialpronomen lauten mit *d-* an, sie haben hinweisende Bedeutung. Adverbialpronomen stehen nur nominal, und zwar für Präpositionalphrasen:

Das Buch liegt $\begin{cases} \text{dort.} \\ \text{auf dem Tisch.} \end{cases}$

Leg es $\begin{cases} \text{dorthin.} \\ \text{auf den Tisch.} \end{cases}$

Sie stehen dabei oft als Adverbial (daher ihr Name); können aber auch Präpositionalobjekt oder Attribut sein:

Wir schlafen dort.   (Adverbial)
Ich wohne hier.   (Präpositionalobjekt)
Das Haus dort.   (Attribut)

Adverbialpronomen sind undeklinierbar (sie stehen ja für ganze Präpositionalphrasen), sie können aber mit Präpositionen verbunden werden: *von dort*, *ab heute*. Einige Adverbialpronomen (die öfter auch Pronominaladverbien heißen) enthalten ausdrücklich eine Präposition. Sie sind zusammengesetzt aus einem einfachen Pronomen und einer Präposition: *davon*, *dadurch*, *damit* (Achtung: *damit* kann auch Subjunktion sein), *deshalb*, *deswegen*. Wenn die Präposition mit einem Vokal beginnt, ist als Übergang ein *r* eingeschoben: *darüber*, *darin*, *darauf*.

●●

dabei, *dafür*, *davon* bleiben in der Standardsprache beieinander. Also nicht:
🔥   Da kann ich nichts für.
🔥   Da war ich nicht bei.
🔥   Da weiß ich nichts von.

●●

Kurzformen   133   In der Sprechsprache gibt es Kurzformen, die das unbetonte *a* weglassen: *drüber*, *drin*, *dadrin*, *drauf*, *dran*, *drunter* usw. In der Schriftsprache bevorzugt man die Langformen. Aber in bestimmten Redensarten gibt es nur die Kurzform:

> drunter und drüber, drauf und dran

Es heißt auch nicht: *Da steckst du nicht darin,* sondern:

> Da steckst du nicht drin.
> Da wird keiner schlau draus.

● ●

Zum Verweis auf Personen werden die zusammengesetzten Adverbialpronomen nicht verwendet. Verwende also nicht *darüber* statt *über sie/über ihn*:

> Sie foppte Adam und lachte über ihn.

Etwas ganz anderes bedeutet:

> Sie foppte ihn und lachte darüber.

Das würde heißen, sie lachte darüber, daß sie ihn foppte.

● ●

Als Verweis auf Sachen gehen beide Varianten:

> Auf dem Tisch eine Vase! Neben ihr/Daneben das Etui.

Die zweiteiligen Formen sind besser, wenn es um einen eindeutigen Verweis geht:

> Wir kauften eine Katze und einen Hund. Darüber (über den Kauf)/Über sie (die Katze)/Über ihn (den Hund) haben wir uns oft geärgert.

Bezugsrichtung   134   Wie alle Pronomen sind die Adverbialpronomen erst in der Sprechsituation zu deuten. Räumlicher Bezugspunkt ist häufig der Sprecher:

> Komm hierher!   (zum Sprecher hin)
> Geh dorthin!   (vom Sprecher weg)
>
> Komm herab!   (zum Sprecher hin, der unten steht)
> Geh hinauf!   (vom Sprecher weg, der unten steht)
>
> Komm herauf!   (zum Sprecher hin, der oben steht)
> Geh hinab!   (vom Sprecher weg, der oben steht)

Die Kurzformen *rein*, *rüber*, *runter* halten sich aber nicht an diese Regeln: *Spring rein* kann auch soviel heißen wie *Spring hinein*.

135   Pronomen sind Verweiswörter. Um ihre Verweise genau zu verstehen,   Verweise
brauchen wir ein bestimmtes Wissen. Wenn jemand *hier* sagt, müssen wir in
etwa wissen, wo er steht, damit wir den Verweis verstehen. Wir entnehmen
das notwendige Wissen aus der Sprechsituation. Ähnlich bei Zeitangaben:
Wenn jemand *vorhin* sagt, so verstehen wir, daß eine Zeit vor dem Jetzt
gemeint ist. Was *jetzt* heißt, wissen wir aber aus der Sprechsituation. Eine
andere Quelle unseres Wissens ist der Text. Wenn es da heißt *vorher*, dann
verstehen wir das nur, wenn im Text ausdrücklich eine Zeit angegeben ist, auf
die man sich bezieht. So gibt es Pronomen, die situationell verweisen, und
andere, die textuell verweisen. Viele Pronomen leisten aber beides.

situationell verweisend	textuell verweisend
Wir reisen **bald** ab.	Erst packen wir, **dann** reisen wir ab.
(von jetzt aus gesehen)	(nach dem Packen)
Komm mal **rüber**!	Es schlug zwölf. **Deshalb** fuhr er ab.
Ich komme.	Da kam Resi. **Sie** hatte etwas.
Kommst du **jetzt**?	Es schlug zwölf. **Jetzt** hatte ich meinen Einsatz.

136   Neben der Einteilung nach Grundfunktionen kann man bei einigen   Bedeutung der
Arten von Pronomen noch inhaltliche Untergruppen sehen. Diese Gruppen   Pronomen
entsprechen sich:

	Interrogativpronomen	Indefinitpronomen	Adverbialpronomen
lokal	wo, wohin, woher	irgendwo	hier, dort, da, drin, draußen; hierhin, dorthin, raus; dorther
temporal	wann	irgendwann	jetzt, gestern, heute, danach, dann
modal	wie, womit	irgendwie	so, damit, dadurch
kausal	warum	(aus irgendeinem Grund)	darum, deswegen, deshalb, daher

5.6 Demonstrativpronomen

Beispiele | 137 | Demonstrativpronomen (auch hinweisende Fürwörter genannt) sind die hervorgehobenen Wörter in folgenden Beispielen:

Dieses Buch gefällt mir, **jenes** weniger.
Den mag ich nicht.
Wir vertreten **diejenigen**, die fehlen.
Dies ist wirklich ungewöhnlich.

Demonstrativpronomen werden fast alle als Artikelwörter verwendet. Wenn sie allein stehen, ist fast immer ein Substantiv mitgedacht:

Hier sind zwei Eimer. Du nimmst diesen, ich den andern.

Der betonte definite Artikel wird gewöhnlich als Demonstrativpronomen angesehen. Steht er allein, ist meistens auch ein Substantiv mitgedacht. Kann man dieses Substantiv nicht aus dem Zusammenhang entnehmen, so wird man im Singular *Frau* bei *die* ergänzen, *Mann* bei *der* und im Plural *Leute* bei *die*:

Die war schon da. (eine Frau)
Die waren schon da. (Leute)

Die Neutra *dies* und *das* werden alleinstehend und nominal verwendet.

Deklination | 138 | Alle Demonstrativpronomen sind dekliniert nach Genus, Kasus, Numerus – soweit das sinnvoll ist. (Von *jeder* gibt es keinen Plural.) Sie haben die Deklination der Artikelwörter. Eine Ausnahme bildet das Demonstrativpronomen *der/die/das*. Es unterscheidet sich vom definiten Artikel im Genitiv (*dessen – des*, *deren – der*) und im Dativ Plural (*denen – den*).

Kasus	Singular			Plural
	Maskulinum	Femininum	Neutrum	
Nominativ	der	die	das	die
Genitiv	dessen	deren	dessen	deren
Dativ	dem	der	dem	denen
Akkusativ	den	die	das	die

●●

derer ist Demonstrativpronomen, es weist voraus auf etwas:

Das sind die Fußballschuhe derer, die jetzt spielen sollen.

deren ist dagegen Relativpronomen. Es bezieht sich auf etwas, was schon genannt wurde (Rückverweis):

Die Spieler, deren Schuhe hier stehen, . . .

●●

Das Demonstrativpronomen *derselbe* ist zusammengewachsen aus *der selbe*. Es kann sich aber trennen, wenn der Artikel mit einer Präposition verschmilzt: *im selben Jahr*.

139   Die Demonstrativpronomen sind stark hinweisend (ähnlich wie Zeige-   Funktion
gesten).

dieser verweist auf das dem Sprecher Nähere, *jener* auf das Fernere. Im Text bezieht sich *dies-* auf das nähere Bezugswort.

derjenige/diejenige/dasjenige ist stark verweisend, es kündigt meistens einen ergänzenden Relativsatz an:

Diejenige (Frau), die die Brieftasche gefunden hat, . . .

Verallgemeinernd und eher indefinit werden die Formeln *dieser und jener*, *dies und das*, *der und der* gebraucht:

Wir sprachen von diesem und jenem (von allem möglichen).

derselbe und *der gleiche* bedeuten nicht ganz dasselbe: Derselbe X ist eben der X, von dem schon die Rede war. Der gleiche X ist ein anderer, aber von der gleichen Art. Wer das nicht beachtet, erzielt öfter komische Wirkungen:

Ich trinke jeden Morgen denselben Kaffee.

Aber oft weiß der Leser auch, was eigentlich nur gemeint sein kann:

Alle Gäste tranken denselben Kaffee.

5.7 Relativpronomen

Abgrenzung | 140 | Relativpronomen (auch bezügliche Fürwörter genannt) sind die hervorgehobenen Wörter in folgenden Beispielen:

> Hier ist die Katze, **die** wir mögen.
> Der Tempel, **dessen** Ausgrabung solches Aufsehen erregt hat, ...
> Verlierer, **welche** die Niederlage wegstecken, ...
> Klaus sammelt alles, **was** er findet.

Relativpronomen werden nur nominal gebraucht. Sie leiten einen Relativsatz ein und haben immer ein Bezugswort im übergeordneten Satz:

> Keiner kennt alle, die ihn kennen.

> Keiner sieht alles, was passiert.

wer ist in folgendem Satz Indefinitpronomen, nicht Relativpronomen:

> Wer schläft, sündigt nicht.

Hier gibt es nämlich kein Bezugswort. Allerdings kann man den Satz in einen Relativsatz umformulieren:

> Einer/Derjenige, der schläft, sündigt nicht.

Das Relativpronomen kann im Relativsatz Satzglied oder Attribut sein:

> Das Haus, das (Subjekt) da steht, ...
> Das Haus, in dem (Adverbial) ich schlafe, ...
> Das Haus, dessen (Attribut) Dach wir erneuern, ...

Das Relativpronomen *welch-* kann aber nicht als attributiver Genitiv stehen.

Deklination | 141 | Die Relativpronomen *der*, *die*, *das* und *welcher*, *welche*, *welches* werden dekliniert nach Genus, Kasus, Numerus:

Kasus	Singular			Plural
	Maskulinum	Femininum	Neutrum	
Nominativ	der	die	das	die
Genitiv	dessen	deren	dessen	deren
Dativ	dem	der	dem	denen
Akkusativ	den	die	das	die

Für den Genitiv gibt es eine altertümliche Kurzform in der Dichtung:

> Wes Brot ich ess', des Lied ich sing'.

●●

Im Genitiv Plural heißt es immer *deren*, nicht *derer*, das eine Form des
vorverweisenden Demonstrativpronomens ist. Also:

Die Annahmen, aufgrund deren sie handelte, . . .

●●

Kasus	Singular			Plural
	Maskulinum	Femininum	Neutrum	
Nominativ	welcher	welche	welches	welche
Genitiv	–	welcher	–	welcher
Dativ	welchem	welcher	welchem	welchen
Akkusativ	welchen	welche	welches	welche

Im Singular hat *welcher* und *welches* keine Genitivform, statt dessen wird die
Form *dessen* von *der/das* verwendet. (Das gilt natürlich nicht für das Artikelwort!)

Das Relativpronomen *was* ist unveränderlich und kann nur als Nominativ, als
Akkusativ oder nach Präpositionen stehen. Auch das Relativpronomen *wo* ist
undeklinierbar. Es hat Ortsbezeichnungen als Bezugswort, seltener auch Zeitbezeichnungen:

Die Stelle, wo es passierte, . . .
Die Zeit, wo Milch und Honig floß, . . .

142   Das Relativpronomen *welcher/welche/welches* wird stilistisch mei-   Problemfälle
stens als schwerfällig angesehen und vermieden. Man verwendet es höchstens,
um Wiederholungen zu entgehen:

Ich kenne die, welche (statt: *die*) ständig Schabernack verrichten.
Hast du Schläger, welche (statt: *die*) die Bälle nicht verziehen?

●●

In Dialekten gibt es *wo* als Relativpronomen für alle Formen von *der/die/das*.
Schriftsprachlich ist dies ein grober Schnitzer:

Der Schlüssel, den (nicht: *wo*) du gefunden hast, paßt nicht.

Es heißt außerdem:

Jeder, der (nicht: *wer*) das weiß, . . .
Keine, die (nicht: *welche*) kann, . . .
Alles, was (nicht: *das*), . . .

●●

5.8 Possessivpronomen

Beispiele │143│ Possessivpronomen (auch besitzanzeigende Fürwörter genannt) sind die hervorgehobenen Wörter in folgenden Beispielen:

> Gib mir bitte **mein** Heft!
> Das ist also **euer** Garten.
> Das sind **ihre** Gärten.

Funktion │144│ Possessivpronomen werden fast ausschließlich als Artikelwörter gebraucht. Allerdings stehen sie manchmal allein; dann ist ein Substantiv mitgedacht:

> Hier liegt sein Hemd, da liegt dein(e)s.

Wenn das Possessivpronomen allein steht, taucht die Artikelendung wieder auf.

Außerdem steht in Dialekten und in älterem Sprachgebrauch das Possessivpronomen prädikativ beim Hilfsverb *sein*:

> Dies ist mein.

Es bleibt dann undekliniert. Dekliniert ist wieder ein Substantiv mitgedacht, nach dem das Possessivpronomen sich richtet:

> Dies ist nicht meines (Kleid z. B.).

Deklination │145│ Possessivpronomen werden wie Artikelwörter voll dekliniert nach Genus, Kasus, Numerus; die Deklinationsendungen richten sich nach dem jeweiligen Substantiv. Außerdem haben sie aber als Pronomen noch einen inhaltlichen Bezug; sie entsprechen den Personalpronomen:

> mein – ich   unser – wir
> dein – du   euer – ihr
> sein – er   ihr – sie
> ihr – sie
> sein – es

Es gibt auch Formen des Personalpronomens und des Possessivpronomens, die gleich lauten:

> Wer hat sich **ihrer** angenommen? (Personalpronomen)
> Sie waren sich **ihrer** Sache sicher. (Possessivpronomen)

meiner/seiner/ihrer ⎯⎯⎯ Personalpronomen / Possessivpronomen

5.9 Die Pronomen in stilistischer Sicht

Die Wahl der Personalpronomen (und Possessivpronomen) kann den Charakter eines Textes bestimmen:

> Ich bin fünf und aufgebrochen zu einer großen Reise. Ich habe ein Ziel, wie ich es von den Erwachsenen kenne, die verreisen und schon wissen, wo sie ankommen werden. Sonst, wenn ich mit dem Dreirad unterwegs bin, folge ich Geräuschen, entdecke Gärten, Wege und Höfe, lasse mich von einem streunenden Hund führen und vergesse manchmal mein Vehikel, zwänge mich durch eine Hecke oder klettere über einen Zaun, um einen Truthahn zu reizen oder ein angepflocktes Lamm im Kreis zu treiben. Jetzt weiß ich, wohin ich will: Mit dem Dreirad nach Burgstädt, auf der Straße, die an unserem Haus vorbeiführt und von Pappeln gesäumt ist, die, soweit ich sehen kann und sie schon ausprobiert habe, gerade wie ein Lineal auf Burgstädt zeigt, das bei klarem Wetter am Horizont sichtbar wird, vielleicht auch nur, weil ich weiß, daß es dort sein soll, wie ein Name, den Tante Ella, die sich überall auskennt, an den Himmelsrand gesteckt hat.
>
> Peter Härtling

ich und *du* in einem Text wirken persönlicher, man sieht den Sprecher, und man fühlt sich angesprochen. In privaten Texten wie Briefen, Erlebnisberichten, Gedichten und natürlich im persönlichen Gespräch herrschen *ich* und *du*. Ein *wir* kann Gemeinschaft stiften. Man muß nicht irgendwelche Umschreibungen wählen, um diese Pronomen zu vermeiden.

●●●

In persönlichen Schreiben verwende ruhig die persönlichen Personalpronomen. Sie schaffen eine menschliche Atmosphäre.

●●●

In Sachtexten findet man häufig unpersönliche Redeweisen:

> Wenn Knoblauch ein Mittel gegen Würmer ist, wie man allgemein hört, so ist dies eine einfache und appetitliche Speise für Kinder. Man röstet Brotscheiben auf beiden Seiten und reibt sie noch heiß mit einer Knoblauchzehe ab. Man würzt mit Salz, Öl, Essig und Zucker in angemessener Menge.

Ein *man* ist allgemein, es bezieht sich nicht auf eine bestimmte Person. Auch das *du* kann verallgemeinert werden:

Hast du was, bist du was.

Was du heute kannst besorgen, das verschiebe nicht auf morgen.

Ähnlich allgemein kann das pluralische *sie* zu verstehen sein:
> In Italien streiken sie wieder.

Aber auch hier muß man *ich*, *du*, *wir*, *ihr* nicht um jeden Preis vermeiden. Sprecher und Angesprochene muß man nicht in die 3. Person verdammen, vielleicht sogar ganz weglassen. Die unpersönliche Darstellung verwendet man nur, wo sie auch wirklich angebracht ist.

●●●

In Sachtexten treten Sprecher und Angesprochene in den Hintergrund. Unpersönliche und verallgemeinernde Pronomen herrschen vor. Aber auch in diesen Texten kann man den Leser ansprechen.

●●●

Pronomen der 3. Person verweisen meist im Text. Als Schreiber muß man dafür sorgen, daß der Leser ihren Bezug versteht. Sonst kommt es zu Mißverständnissen:

❀   Abends setzt unsere Mutter den Kleinen vor den Fernsehschirm und schaltet ihn ein. Das ist für ihn herrlich.

Mißverständliche Verweise sind der Nährboden vieler Stilblüten. Wie verweist man aber richtig? Sehen wir uns einen Text an, in dem die Verweispronomen der 3. Person hervorgehoben sind:

99   Als sie fünfzehn war, nahm der Ahn einen gleichaltrigen italienischen Bettelknaben ins Haus, den **sein** Hund halb erfroren im Schnee gefunden und wach gelECKT hatte. **Er** kam weit vom Süden und wußte **seinen** eigenen Namen nicht, denn er war als kleines Kind vor einem Kloster ausgesetzt worden, dem **er** später entlaufen war. So nannte der Alte **ihn** Salvatino; das hieß: der Gerettete. Im Dorf lachte und spottete man darüber, daß der alte Holdermatten, der kaum für sich selbst und seine Leute genug zu essen hatte, noch einen hungrigen Schnabel ins Nest nahm, aber **das** verdroß **ihn** nicht, denn der Knabe war munter und wohlgeartet und ging **ihm** bei jeder Arbeit tüchtig zur Hand. Zwischen **ihm** und der blinden Petra Maria hatte sich bald ein kindlich frohes Einverständnis ergeben. Sie halfen einander und waren einander gut.

Die Pronomen verweisen im Text. Da muß es einen Hinweis geben, worauf sich ein Pronomen bezieht. Worauf bezieht sich also das erste *er*? Es könnte sich beziehen auf *Ahn*, auf *Bettelknaben*, auf *Hund* oder auf *Schnee*. Alle vier sind maskulin, und *er* braucht ein maskulines Bezugswort.

●●●
Pronomen und Bezugswort stehen (fast immer) in Kongruenz, d. h., sie müssen in Genus und Numerus übereinstimmen.
●●●

Aber wie kommen wir auf die möglichen Bezugswörter? Nun, es gibt eine
allgemeine Regel:

●●●
Das Bezugswort geht dem Pronomen voran, und es steht nicht allzu fern von
ihm.
●●●

In unserem Text sind wir ziemlich sicher: Bezugswort zu *er* ist *Bettelknabe*.
Das fernere *Ahn* kommt für uns nicht in Frage. Aber wieso nicht *Schnee* oder
Hund, die stehen ja noch näher?

●●●
Bezugswort muß nicht das nächste Wort sein, das in Frage kommt. Wir
bevorzugen wichtigere Wörter.
●●●

Wir vermuten, daß es eine Geschichte von dem Jungen werden soll, er ist als
Thema des Ganzen eingeführt. Es wäre erstaunlich, wenn jetzt plötzlich etwas
vom Schnee erzählt werden sollte. Außerdem sind für uns Personen wichtiger
als Tiere und diese wichtiger als Dinge. Woher wissen wir aber, daß *sein* sich
auf *Ahn* bezieht und nicht auf *Bettelknaben*? Beide bezeichnen doch Personen?
Nun, auch hier ist *Ahn* Thema und zugleich Subjekt, darum erachten wir es für
wichtiger.

Im ersten Textteil verweisen *er* und *ihn* stets auf den Knaben. Auf einmal aber
heißt es: . . . *[der Knabe]* . . . *ging ihm* . . . *zur Hand*. Da ist der Alte mit *ihm*
gemeint. Wieso? Wenn ein Pronomen sich auf *Knabe* bezöge, müßte es *sich*
heißen. So wählen wir die zweite Person, die in Frage kommt, und wir
springen schon im nächsten Satz wieder zurück. Denn das *ihn* bezieht sich
wieder auf *Knabe*, weil das vorher Subjekt war. So schwierig scheint das und
doch so einfach, wenn man den wichtigsten Tip beachtet:

●●●
Schau, daß du Verweispronomen so beziehst, daß das Ganze Sinn ergibt!
●●●

6 Das Adverb

6.1 Abgrenzung und Arten von Adverbien

Beispiele | 146 | Adverbien (auch Umstandswörter genannt) sind die hervorgehobenen Wörter in folgenden Beispielen:

> **Vielleicht** wird morgen alles besser.
> Wir mögen Suppe **sehr gern**.
> **Immerhin** gewannen sie einiges.
> Der Kleine fiel **kopfüber** ins Wasser.

Die Adverbien bilden eine überschaubare Wortart, aber ihre Abgrenzung ist nicht eindeutig.

Funktion | 147 | Grammatisch spielen die Adverbien unterschiedliche Rollen:

– Sie können auf den ganzen Satz bezogen sein. Man erkennt das an einer Umformulierung:

> Ihr bleibt **wahrscheinlich** noch eine Woche.
> Es ist wahrscheinlich, daß ihr noch eine Woche bleibt.

Hier spricht man auch von Satzadverbien.

– Sie können auf das Prädikat bezogen sein und es modifizieren:

> Ich mache das **anders**.

Diese Adverbien spielen die Rolle des Adverbials im Satz.

– Sie können auf Adjektive oder Adverbien bezogen sein und diese graduieren:

> Die neue Rakete fliegt **ziemlich** schnell.
> Er kommt **sehr** wahrscheinlich.

Hier spricht man auch von Gradadverbien.

– Sie können das inhaltliche Verhältnis zu einem vorangehenden Satz angeben; so bezeichnet *indessen* einen Gegensatz:

> Jutta war recht stolz, Sabine schien **indessen** eher bescheiden.

Diese Adverbien sind eine Art Bindewörter, man kann sie Bindeadverbien nennen. Sie sind Satzglieder, die allein die erste Position im Satz besetzen können:

> **Indessen** schien Sabine eher bescheiden.

148   Adverbien werden nicht flektiert, sie sind unveränderlich. Es gibt darum   Kennzeichen
auch keinen Satz von Endungen, an denen man Adverbien erkennen könnte.

Einige Adverbien können gesteigert werden:
>   oft – öfter – am öftesten
>   gern – lieber – am liebsten

Aber die Steigerung ist selten vollständig, und manche Steigerungsformen sind
eher ungebräuchlich oder stilistisch unschön wie *am ungernsten, bälder*.
Allerdings gibt es einige typische Wortbildungen für Adverbien:

-weise: stückweise, scharenweise, möglicherweise, glücklicherweise,
          sinnigerweise

-s: vergebens, zweitens, abends, morgens, flugs, rückwärts,
      anders, notfalls

-entlich: hoffentlich, wissentlich, namentlich, versehentlich, ordentlich

Hier kann es auf den kleinsten Buchstaben ankommen:
  Rechts herzlichen Dank für Ihren Brief.

Den Adverbien *öfter, durchweg, durchgehend* wird öfter zu Unrecht ein *-s*
angehängt.

Die Zeitbezeichnungen *morgens, abends* usw. drücken eine Wiederholung aus:
Wir haben samstags frei heißt: jeden Samstag. *Wir haben am Samstag frei*
kann auch nur diesen Samstag meinen.

149   Die Bestimmung von Adverbien ist öfter schwierig,   Schwierig-
– weil sie keine typische Form haben,   keiten
– weil sie unterschiedliche grammatische Aufgaben wahrnehmen,
– weil viele Adverbien auch in andern Wortarten auftauchen,
– weil auch Adjektive die Rolle von Adverbien spielen,
– weil auch Partikeln ähnliche Aufgaben wie Adverbien erfüllen.

Das Adverb *sehr* kann sich auf das Prädikat beziehen, es kann aber auch ein
Adjektiv modifizieren:
  Sie haßt ihn sehr. – Sie ist sehr gefällig.

Adverbial können auch Adjektive gebraucht sein, also die Rolle von Adverbien spielen und das Prädikat modifizieren:
  Sie kamen langsam.

Dies ist für sehr viele Adjektive möglich, sie bleiben aber trotzdem Adjektive.
(In anderen Sprachen werden sie durch eine besondere Endung zu Adverbien
gemacht: englisch *bold* [Adjektiv] – *bold**ly*** [Adverb]; französisch *lent* [Adjek-
tiv] – *lente**ment*** [Adverb]).

6.2 Funktionen von Adverbien

Umschreibung | 150 | Die Satzadverbien beziehen sich auf den ganzen Satz und modifizieren so die Aussage. Man kann die Satzadverbien darum auch als Vorspann aus dem ganzen Satz herausholen:

Angeblich war er pünktlich.   – Es heißt, er war pünktlich.

Bekanntlich gibt es hier drei Geschäfte.   – Es ist bekannt, daß es hier drei Geschäfte gibt.

Zweifellos war sie Sieger.   – Es besteht kein Zweifel, daß sie Sieger war.

Die Satzadverbien kann man nicht direkt erfragen, sie sind sozusagen freiwillige Zugaben des Sprechers, mit denen er seine Einschätzung oder seine Haltung kundtut.

Abtönung | 151 | Satzadverbien sind für das genaue Verständnis wichtig. Sie erlauben dem Sprecher feine Nuancierungen und Abtönungen. Mit abtönenden Satzadverbien wie *sicherlich*, *zweifellos*, *wirklich*, *vielleicht* kann der Sprecher die Behauptungsstärke und die Gültigkeit seiner Aussage verändern.
Wer sagt:

    Ich komme gewiß.

verspricht mehr, als wer sagt:

    Ich komme vielleicht.

Nach ihrer Stärke kann man diese Satzadverbien so ordnen:

    sicher(lich) → gewiß → wahrscheinlich → vermutlich → vielleicht → möglicherweise → kaum

●●●

Unterscheide *anscheinend* und *scheinbar*. Mit *scheinbar* drückt man aus, daß etwas so scheint, aber gar nicht so ist. Mit *anscheinend* aber drückt man seine Vermutung aus, daß etwas so und so ist.

●●●

Negation | 152 | Das Negationsadverb *nicht* ist ein Satzadverb. Es verkehrt einen Satz in sein Gegenteil. Dies kann man verdeutlichen durch Umformulierung:

    Sie fahren heute nicht.   → Es ist nicht der Fall, daß sie heute fahren!

Verneint das *nicht* den ganzen Satz, liegt eine Satznegation vor. Es kann sich aber auch nur auf besondere Teile des Satzes beziehen. Dann ist es eine Sondernegation:

    Sie fahren nicht heute (aber sie fahren).

● ●

Nach Verben, die verneinende Bedeutung haben, darf der nachfolgende Satz nicht zusätzlich verneint werden. Also nicht:

🔥   Sie verbot ihm, nicht noch mehr zu rauchen.

Ebenso nach *verhindern*, *verhüten*, *abraten*, *leugnen*, *warnen*.

● ●

Es gibt noch weitere grammatische Möglichkeiten zu verneinen:

Satzwort:	*nein*
Adverb:	*nie*, *niemals*
Pronomen:	*nichts*, *keiner*, *kein*
Konjunktion:	*weder . . . noch*
Wortbildung:	**un**lösbar

| 153 | Mit Satzadverbien wie *hoffentlich*, *erstaunlicherweise*, *richtigerweise*   Einstellung
drückt der Sprecher seine Einstellung zum Satzinhalt oder ein Gefühl aus
(→ | 178 |). Man kann das auch als Verb in den Vorspann bringen:

Leider konnte ich nicht bleiben.   –   Ich bedaure, daß ich nicht bleiben konnte.

Vermutlich wird es regnen.   –   Ich vermute, daß es regnen wird.

Hoffentlich wird's bald hell.   –   Ich hoffe, daß es bald hell wird.

● ●

Manche Satzadverbien gibt es auch noch als Adjektiv. So können Mehrdeutigkeiten entstehen:

Sie bleibt sicher.   ⟨   Ich vermute, daß sie bleibt.
                            Sie ist sicher und wird sicher sein.

Er sitzt gerade.   ⟨   Er sitzt im Moment.
                        Er sitzt in gerader Form.

Sie geht natürlich.   ⟨   Es ist klar, daß sie geht.
                            Sie geht auf natürliche Weise.

● ●

Bedeutungen | 154 | Die prädikatbezogenen Adverbien haben dem Adverb seinen Namen gegeben: Adverb heißt „zum Verb". Man kann sie wie die Adverbiale nach ihrer Bedeutung einteilen.

Ort/lokal (räumlich):

> umher, her, hin, abseits, hinterrücks, obenan, nebenan, rückwärts, vorwärts

Zeit/temporal (zeitlich):

> zeitlebens, oft, dreimal, immer, niemals, nachmittags, schon, noch, wieder

Art und Weise/modal:

> eilends, umsonst, rücklings, blindlings

Hier gibt es allerdings Übergänge. So werden häufig Wörter wie *dort*, *heute* als Adverbien bezeichnet, weil sie als Adverbiale stehen können. Sie vertreten aber Nominalphrasen und sind eigentlich Pronomen, keine Adverbien. Ein gutes Kennzeichen ist, ob sie von Präpositionen regiert sein können. Dann sind sie nämlich Pronomen.

●●●

Achte darauf, daß du mit dem Adverb nicht nur etwas wiederholst, was das Verb schon in seiner Bedeutung enthält. Das wäre natürlich überflüssig:

🔥   Ich fange zuerst mit den Luftmaschen an.

🔥   Zuletzt beschloß er seinen Aufsatz mit einem Zitat.

🔥   Du mußt notwendigerweise noch etwas üben.

●●●

Graduierung | 155 | Gradadverbien wie *sehr*, *ziemlich*, *kaum*, *fast*, *beinahe*, *gar*, *überaus* dienen der feinen Abstufung und Graduierung. Meistens modifizieren sie Adjektive oder Adverbien:

> Sie blieb sehr/fast/recht/zu kühl.

In der gleichen Funktion kommen aber auch graduierende Adjektive vor:

> Sie blieb völlig/äußerst/wirklich kühl.

Stufen | 156 | Man kann die Gradadverbien nach ihrem Grad einteilen:

übertrieben	absolut	hoch	gemäßigt	schwach	niedrig
zu	völlig	überaus	ziemlich	etwas	kaum
allzu	gänzlich	sehr	einigermaßen	ein wenig	fast
übermäßig	höchst	gar	recht	eher	wenig

Wer graduiert, wertet und übertreibt manchmal gern. Er sucht extreme und gefühlsgeladene Gradwörter wie *ganz und gar*, *über und über*; *total*, *maximal*, *unsagbar, wahnsinnig, unglaublich, unendlich, maßlos.* Solche Wörter verlieren aber nicht selten schnell ihre Aussagekraft, darum entstehen oft neue Gradwörter. Es gibt richtige Moden (*echt, stark, voll*).

Nicht alle Adjektive (oder Verben) sind graduierbar. Wenn man sie dennoch graduiert, entstehen komische Sätze:
    überaus geschieden, sehr verheiratet, ziemlich tot

Man sollte darauf achten, daß die Graduierung paßt:
> wahnsinnig klug, riesig klein, schrecklich hübsch, furchtbar nett, mordsmäßig heiter, rasend ruhig, elend freundlich, echt doof, irre gut, super schwach, elend stark

Hier kann die Grundbedeutung wieder aufbrechen.

157   Bindeadverbien sind auf den vorangehenden Satz gerichtet. Sie drük-   **Verknüpfung**
ken das inhaltliche Verhältnis der beiden Sätze aus:

Ursache/kausal:	*nämlich, dennoch*
Folge/konsekutiv:	*folglich, so, dann, mithin*
Einräumung/konzessiv:	*immerhin, dennoch*
Einschränkung/restriktiv:	*allerdings, freilich*
Entgegensetzung/adversativ:	*indessen, hingegen, dagegen*

Diese Adverbien sind sehr wichtig (→ 442). Du kannst mit ihnen die gedankliche Struktur deiner Aussagen verdeutlichen:
> Es war sehr heiß. Fritz wurde krank.
> Es war sehr heiß. Deshalb wurde Fritz krank.
> Es war sehr heiß. Folglich wurde Fritz krank.
> Es war sehr heiß. Trotzdem wurde Fritz krank.

Ohne ein Bindeadverb muß man sich den richtigen Zusammenhang hinzudenken.

Bindeadverbien bilden Pärchen mit Subjunktionen. Da muß man aufpassen, wie sie zusammengehören. Es heißt:
> insofern ... als (nicht: *weil*)
> je ... desto (nicht: *je*)
> um so mehr ... als (nicht: *weil*)

Es gibt auch Pärchen von Bindeadverbien:
> zum einen ... zum andern; einerseits ... andererseits

6.3 Die Graduierung in stilistischer Sicht

Graduierung, Nuancierung und Abtönung prägen den Stil. Kleine Winke, feinste Anzeichen sind für das Verstehen oft entscheidend. Hier spielen die Adverbien ihre wichtige Rolle. Gradadverbien und Gradadjektive graduieren, wie uns ihr Name sagt. Aber auch Satzadverbien stufen ab, tönen ab.

Angenommen, wir wollen einen Satz graduieren:

Marion ist hungrig.

Welche Möglichkeiten haben wir da? Hier ein paar Beispiele:

Marion ist sehr hungrig.	(Gradadverb)
Marion ist echt hungrig.	(Gradadjektiv)
Marion ist wirklich hungrig.	(Satzadverb)
Marion ist nur hungrig.	(Gradpartikel)
Marion ist sauhungrig.	(Wortbildung)
Marion ist hungrig wie ein Bär.	(Vergleich)

In andern Fällen gibt es noch mehr Möglichkeiten:

– Steigerung, insbesondere der Superlativ:

Mein **höchstes** Glück sind Tiere.

Dies ist **strengstens** verboten.

– Substantive, die Mengenabstufungen angeben:

Da gab's **eine Fülle von** Problemen.

Man nehme **eine Idee** Salz.

Ebenso: *eine Unmenge, eine Unzahl, eine Überfülle, eine Unmasse, eine Inflation; ein Minimum an, ein Hauch, ein Tröpfchen.*

– Wortbildung: Neben Komposita wie *knallrot, saudumm, blitzschnell* gibt es besondere Präfixe zur Graduierung (→ 94):

hyperschlau, **super**schnell, **extra**stark, **über**groß, **aller**liebst, **aller**kleinst

– bildhafte Wendungen wie in

Der arbeitet wie die Sau/auf Deiwel komm raus.

Ebenso: *bis auf die Knochen* (völlig), *nicht zum Aushalten, bis zum Gehtnichtmehr, zum Davonlaufen, mit Pauken und Trompeten.*

– stehende Vergleiche: Zur Verstärkung gibt es übliche Vergleiche, die mit bestimmten Verben zusammengehen:

Er arbeitet wie ein Pferd, raucht wie ein Schlot, schimpft wie ein Rohrspatz und redet wie ein Buch.

●●●

Du solltest immer darauf achten, daß die Bilder auch passen. Witzig wirkt es, wenn das Bild kippt:

❀   Das Auto fuhr nach dem Unfall im schärfsten Galopp davon.

●●●

Die Mittel der Graduierung zielen in zwei Richtungen.
Meistens sind es Verstärker:

    viel, sehr, beträchtlich, ganz, höchst, völlig, gerade, ausschließlich, genug

Manchmal sind es aber auch Abschwächer:

    kaum, wenig, teilweise, ziemlich, nur, bloß

Dabei geht es in Stufen, die man berücksichtigen sollte (→ 94).

Vorsicht bei der Graduierung. Achte auf feine Abstufung und Abtönung!

> Hiermit bewerbe ich mich nachdrücklich um die Stelle als Programmierer.
>
> Ich bin für diese Stellung ausgezeichnet geeignet, weil ich mich seit meiner Jugend intensivst mit Elektronik befasse. Schon während meiner Schulzeit erwarb ich mir größte Erfahrungen als Programmierer, da ich sehr, sehr lange als Computerbeauftragter tätig war. Vor allem die äußerst fruchtbare Zusammenarbeit mit meinen Lehrern war für mich stets besonders förderlich. Auch in der späteren Ausbildung als Systemanalytiker war ich höchst erfolgreich. Hervorragend betreut wurde ich da vor allem von Herrn Cornelissen, der jetzt bei Ihnen tätig ist. Er könnte auch ein sehr fundiertes Zeugnis über meine Fähigkeiten ablegen, und insbesondere über mein großes Engagement in wirtschaftlichen Fragen. Insofern liegt mir die Stelle unheimlich am Herzen.

Wer würde diesem Bewerber schon die Stelle geben? Er lobt sich zu sehr und ist von sich eingenommen. Das kommt besonders in der Graduierung zum Ausdruck.

Übertreibe nicht! Lieber etwas weniger hochgreifen.

Beim Graduieren lauern noch andere Gefahren. Graduierungsmittel sind oft bildhaft und emotional. Da gilt es zu beachten, daß sie zum Stil des Textes passen. Unserem Bewerber liegt etwas „unheimlich am Herzen", das paßt nicht ins sachliche Schreiben. Dann muß man bedenken, daß jede Steigerung ein Ende hat. Über den höchsten Grad kommt man nicht hinaus:

    Es gab unzählige Mücken, ja noch mehr.

Ebenso wichtig ist, daß man nicht Angst vor der eigenen Courage bekommt. Wenn man kräftig aufstuft, sollte man dies nicht im gleichen Atemzug zurücknehmen. Sonst geht es einem wie dem Esel, der zwischen den zwei Strohwischen verhungert. Man macht sich lächerlich. Also nicht:

    Vielleicht müssen sie diese Gelegenheit unbedingt wahrnehmen.
    Ich kann mich irgendwie ganz genau erinnern.
    Ganz sicher verzeihe ich dem das vielleicht nie.
    Wahrscheinlich komme ich ganz bestimmt.

7   Die Präposition

7.1 Abgrenzung und Arten von Präpositionen

Beispiele   │158│   Präpositionen (auch Verhältniswörter genannt) sind die hervorgehobenen Wörter in folgenden Beispielen:
Der Sturm kam **von** Westen und blies **mit** großer Kraft.
Danach lebte man **in** guten Zeiten.
Auf ihrer Reise **nach** Amerika ging alles schief.
Sie blieben **bis** kurz **nach** acht.

Funktion   │159│   Die Präpositionen bilden eine überschaubare Liste von ungefähr hundert Wörtern. Als Verhältniswörter können Präpositionen nicht selbständig und allein stehen: Sie regieren eine Nominalphrase und verknüpfen sie mit einer andern Phrase. Ihre grammatische Leistung besteht darin, Phrasen zu verknüpfen.

– zwei Nominalphrasen:

[die Stadt]   **mit**   [den Befestigungsmauern]

– Verbalphrase und Nominalphrase:

Rolf [denkt]   **an**   [Himbeeren]

– Adjektivphrase und Nominalphrase:

[recht froh]   **über**   [den Sieg]

Nach ihrer Bedeutung bezeichnen die einzelnen Präpositionen speziellere Beziehungen zwischen Dingen, Personen, Sachverhalten:

lokal: *in, auf, unter, innerhalb, neben*
temporal: *seit, während, an, nach, um*
kausal: *wegen, aufgrund, vor, aus, kraft*
modal: *für, mit, bei, durch*

Kennzeichen   │160│   Präpositionen haben folgende Eigenschaften:

– Präpositionen sind unveränderlich, sie werden nicht flektiert.

– Jede Präposition verlangt einen bestimmten Kasus für das Substantiv oder Pronomen, das sie regiert (= Kasusrektion):
abseits der Straße, entlang des Weges (= Genitiv)
hinter ihnen, auf der Flucht (= Dativ)
in den Wald, für mich (= Akkusativ)

– Meistens stehen Präpositionen am Anfang der regierten Nominalphrase.
Einige Präpositionen stehen aber am Schluß der Nominalphrase, und einige
können vor- oder nachgestellt werden:
vor der Nominalphrase:
>   um [15 Uhr], nach [München]
nach der Nominalphrase:
>   [der Anweisung] zuwider, [des großen Spaßes] halber
vor oder nach:
>   wegen [des Unfalls auf der B12], [des Unfalls auf der B12] wegen

| 161 | Nach ihrem Bau sind zu unterscheiden: Formen

– einfache Präpositionen:
>   in, von, mit, an, auf, zu, um, für, bis, vor, durch, wegen, gegen,
>   hinter, seit, ohne, zwischen, außer, statt
Zu dieser Gruppe zählen auch seltenere Präpositionen:
>   **wider** den Zwang, **laut** dieser Grammatik, **ob** seiner Tat, **binnen** drei
>   Tagen
aus andern Wortarten geliehene:
>   **zeit** seines Lebens, **kraft** ihres Amtes, **dank** deiner Stärke, **trotz** solcher
>   Vorwürfe
aus andern Sprachen übernommene:
>   3 Mark **plus** Mehrwertsteuer, 10 Stück **à** 30 Pfennig, 15 Mark **pro**
>   Stück, Versand **per** Bahn

– komplexe Präpositionen:
>   innerhalb, mitsamt, entlang, gegenüber, unterhalb, außerhalb, abseits,
>   oberhalb, abzüglich, entgegen
Sie sind durch Wortbildung entstanden, aus andern Wörtern gebildet oder
abgeleitet:
>   mangels, mittels, zwecks, anstatt, anhand (aus Substantiven)
>   links, rechts, diesseits, einschließlich, hinsichtlich (aus Adverbien)
>   während, entsprechend, unbeschadet, ungeachtet, betreffend (aus Parti-
>   zipien)
Auch viele Präpositionen, die wir heute als einfache Präpositionen empfinden, sind so entstanden. So steckt in *wegen* das Substantiv *Weg* (*von Amts
wegen* aus *von den Wegen (der Seite) des Amtes*), in *während* steckt das
Verb *währen* ‚dauern‘.

– gespaltene Präpositionen:
>   **um** [der Leute] **willen**, **von** [12 Uhr] **an**, **von** [hier] **ab**, **vom** [Berg]
>   **aus**, **von** [Amts] **wegen**
Sie bestehen aus zwei Teilen, von denen der erste vor der Nominalphrase
steht, der zweite dahinter.

– modifizierte Präpositionen:

>**direkt neben** der Tür, **unmittelbar an** der Treppe, **genau um** drei Uhr, **fast vors** Haus, **ungefähr am** Fenster, **kurz vor** Weihnachten, **lange vor** der Zeit, **tief in** der Nacht, **sofort nach** dem Spiel, **mitten im** Winter, **nahe bei** mir

Sie sind durch Gradwörter präzisiert.

– präpositionale Fügungen:

>in bezug auf, mit Bezug auf, auf Grund von, an Stelle von, in Richtung auf, in Verbindung mit, im Hinblick auf, auf seiten, von seiten

Sie sind Verbindungen aus Präposition und Substantiv, die durch häufigen Gebrauch zusammengewachsen sind.

Manchmal kann man diese Verbindungen aufbrechen und etwas einfügen: *in enger Verbindung mit*; meistens kann man aber weder Teile einfügen noch austauschen. Die Fügungen werden oft als so fest empfunden, daß man sie auch zusammenschreibt: *infolge von, aufgrund, zufolge, zuungunsten, anhand von, anstelle von*.

7.2 Die Rektion der Präpositionen

Rektion |162| Die Präposition bestimmt den Kasus der abhängigen Nominalphrase. Das gilt insbesondere für das Substantiv oder Pronomen, das den Kern der Nominalphrase bildet. Diese Fähigkeit heißt Rektion. Präpositionen fordern unterschiedliche Kasus.

Präpositionen mit Akkusativ

um:	um die Stadt Ulm, um dich, um acht Uhr
für:	für den Fall, für eine Stunde, für das Kind
bis:	bis nächste Woche, bis kommenden Dienstag, bis München
durch:	durch die Bank, durch den Wald, durch den Auftrag
gegen:	gegen die Mauer, gegen mich, gegen den Baum
Ebenso:	à, betreffend, gen, je, ohne, per, pro, sonder, wider

Präpositionen mit Dativ

mit:	mit allen seinen Kindern, mit einem Hammer, mit dir
von:	von der Stadt, von dem Dach, von dir
zu:	zu einem Fest, zu dieser Stunde, zu (einem Stück) Gold
bei:	bei einem Freund, bei mir, bei den ersten Sonnenstrahlen
aus:	aus blankem Neid, aus purem Gold, aus dem Haus
seit:	seit diesem Ereignis, seit unserer Ankunft

Ebenso:	ab, mitsamt, nebst, nach, nächst, fern (nicht Genitiv!), binnen, entsprechend, gegenüber, gemäß (nicht Genitiv!), nahe, zunächst, zuwider, entgegen, nebst, (mit)samt, laut, vis-à-vis, zuliebe

163   Eine Reihe von Präpositionen regiert kontrastierend sowohl den Akkusativ als auch den Dativ. Mit Akkusativ haben sie direktionale Bedeutung (*wohin?*), mit Dativ hingegen positionale (*wo?*).

Rektion

Präpositionen mit Dativ und Akkusativ

in:	in der Schule (sein) – in die Schule (fahren)
an:	am richtigen Ort (stehen) – an den richtigen Ort (kommen)
auf:	auf dem laufenden (sein) – auf die Brücke (gehen)
Ebenso:	über, vor, unter, hinter, zwischen, neben

Welcher Kasus verwendet wird, hängt vom jeweiligen Zusammenhang, insbesondere auch vom Verb ab.

Präpositionen mit Genitiv

oberhalb:	oberhalb des Hauses, oberhalb der Kirche
innerhalb:	innerhalb des Gebietes, innerhalb einer Woche
unterhalb:	unterhalb des Flusses, unterhalb des Gipfels
abseits:	abseits der Stadt, abseits des Weges
Ebenso:	außerhalb, halber, binnen, anfangs, angesichts, anstelle, auf Grund, ausgangs, beiderseits, bezüglich, diesseits, eingangs, hinsichtlich, infolge, inmitten, jenseits, kraft, längsseits, seitens, um ... willen, ungeachtet, vermöge, von ... wegen, zeit, zuzüglich, zugunsten, unweit, abzüglich

●●●

Präpositionen mit Genitiv gehören oft der bürokratischen Sprache an: *seitens, behufs, betreffs, vorbehaltlich, mangels, unbeschadet, zwecks* u. a. Sie werden stilistisch als nicht gut bewertet.

Steht *abzüglich* vor einem Substantiv ohne Adjektiv im Singular, bleibt das Substantiv undekliniert: *abzüglich Rabatt*. Ohne Adjektiv im Plural steht es im Dativ: *abzüglich Getränken*.

●●●

schwankende
Rektion

164   Einige Präpositionen werden in der Schriftsprache mit dem Genitiv verbunden, in der Umgangssprache aber mit dem Dativ. Es handelt sich um stilistische Varianten ohne Bedeutungsunterschied:

mit Genitiv	mit Dativ
wegen des Geschäfts	wegen dem Regen
trotz der Unfälle	trotz den Gefahren
während des Winters	während dem Essen
statt eines Bildes	statt einem Wagen

Weitere schwankende Präpositionen sind: *laut*, *mangels*, *dank*, *fern*, *gemäß*.

In der Schriftsprache ist der Genitiv gefordert. Aber wenn die Präposition (*wegen*, *trotz*) ein Pronomen regiert, steht immer der Dativ: *wegen dir*, *trotz dir*, *statt euch*. Allerdings bevorzugt man aus stilistischen Gründen oft *meinetwegen*, *deinetwegen*, *seinetwegen*, *euretwegen* usw.

●●●

Wenn der Genitiv nicht besonders markiert ist, also gar nicht zu erkennen wäre, verwendet man immer den Dativ:

> mangels Krediten (statt: *mangels Kredite*)
> wegen Schneefällen (statt: *wegen Schneefälle*)

Hier würde die Genitivform genauso lauten wie die Nominativform. Steht aber ein Artikelwort oder Adjektiv vor dem Substantiv, so zeigt dies den Kasus deutlich an. Man wählt den Genitiv:

> mangels großer Kredite, wegen heftiger Schneefälle

●●●

Der Dativ steht auch öfter in festen Verbindungen: *trotz allem*, *trotzdem*, *trotz alledem* (aber: *statt dessen*, *meinetwegen*).

Einige Präpositionen haben aufgrund ihrer Bedeutung weder einen Artikel noch ein kasusanzeigendes Adjektiv nach sich:

> dreißig Mark pro Stück, einen halben Liter je Mannschaft

Unsicherheit gibt es auch bei *außer*:

> Wir nehmen alle außer dich/außer dir.
> Alle waren da außer mir/außer ich.

165   Der Genitiv kann nach einigen Präpositionen vermieden und ersetzt   Vermeidung
werden durch die Umschreibung mit *von*:   des Genitivs

     innerhalb einer Sekunde   –   innerhalb von einer Sekunde

     abseits der Straßen   –   abseits von den Straßen

     unterhalb des Flusses   –   unterhalb vom Fluß

Ebenso: *unweit, östlich, diesseits, seitlich, links, inmitten.*

In manchen Fällen wird diese Umschreibung als stilistisch schwerfällig emp-
funden, in andern Fällen ist sie bereits normal. Manchmal wird die Genitiv-
Endung einfach ausgelassen: *wegen Umbau, mangels Einkommen, abzüglich
Rabatt, östlich München.* Dies ist besonders üblich nach: *inklusive, minus,
plus, laut, gemäß.* In der Schriftsprache sollte man aber auf die Genitiv-
Endung nicht verzichten.

Der Genitiv wird durch den Dativ ersetzt, wenn vor dem Substantiv bereits ein
Genitivattribut steht:

     wegen Anjas letztem Unfall (statt: *wegen Anjas letzten Unfalls*)

     trotz der Kinder starkem Husten (statt: *trotz der Kinder starken Hustens*)

Ebenso: *bei, statt, während, längs, mittels.* Da solche Konstruktionen oft
gekünstelt wirken, sollte man sie ganz vermeiden.

166   Reihungen von Präpositionen, die durch *und* oder *oder* verbunden   Reihung von
sind, sind nur möglich, wenn sie den gleichen Kasus regieren: Präpositionen

     für oder gegen die neue Chefin

     vor und hinter der Schule

     neben und vor ihm

Ausnahme: Die verlangten Deklinationsformen lauten gleich:

     mit oder ohne Ausweis

Die Präposition *mit* regiert den Dativ, *ohne* den Akkusativ, aber beide Formen
lauten bei *Ausweis* gleich.

Bei unterschiedlicher Rektion und Endung muß das Substantiv wiederholt
werden, oder es bekommt die Endung, die die letzte Präposition fordert:

     neben dem Garten und oberhalb des Gartens / neben und oberhalb des
     Gartens

     mit meinen Freunden oder ohne meine Freunde / mit oder ohne meine
     Freunde

7.3 Bedeutung der Präpositionen

Gegensätze | 167 | Die Präpositionen grenzen sich in ihren Bedeutungen gegenseitig ab. Es gibt systematische Zuordnungen, aber kein klar geschnittenes System. Denn jede Präposition hat eine Vielfalt von Verwendungen.

Viele Pärchen haben gegensätzliche Bedeutung:

hinter dem/das Haus	–	vor dem/das Haus
über der/die Kiste	–	unter der/die Kiste
links vom Haus	–	rechts vom Haus
in die Stadt	–	aus der Stadt
innerhalb des Feldes	–	außerhalb des Feldes
diesseits der Berge	–	jenseits der Berge
westlich von Rom	–	östlich von Rom
mit Kraft	–	ohne Kraft

Weil Präpositionen typische Verbindungswörter sind, entfalten sie ihre Bedeutung erst im Kontext. Man muß beachten, welche Bedeutung das regierte Substantiv hat und ob die Präposition selbst ihre normale Bedeutung hat.

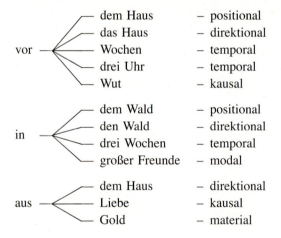

vor	dem Haus	– positional
	das Haus	– direktional
	Wochen	– temporal
	drei Uhr	– temporal
	Wut	– kausal

in	dem Wald	– positional
	den Wald	– direktional
	drei Wochen	– temporal
	großer Freunde	– modal

aus	dem Haus	– direktional
	Liebe	– kausal
	Gold	– material

positionale Präpositionen | 168 | Typische Präpositionen bezeichnen räumliche Verhältnisse. Eine erste Gruppe sind die positionalen. Sie antworten auf die Frage *wo?* und besagen, daß sich ein Gegenstand x an einer Stelle oder innerhalb eines Raumes befindet:

bei: bei meinen Freunden, beim Hafen
in: in Augsburg, in der Schule
an: an der Mauer, am Anfang
auf: auf der Brücke, auf dem Turm
zu: zu Regensburg, zu Hause

Man kann die Bedeutungen positionaler Präpositionen grob veranschaulichen. Manche setzen voraus, daß die Stelle eine Ausdehnung hat:

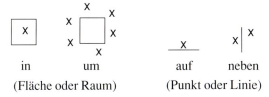

| in | um | auf | neben |

(Fläche oder Raum)   (Punkt oder Linie)

Bei andern Präpositionen bezeichnet die Nominalphrase nur eine Bezugsstelle, deren Ausdehnung keine Rolle spielt:

über   unter   neben   zwischen   vor   hinter

Weil *zwischen* aufgrund seiner Bedeutung mindestens zwei Bezugspunkte braucht, kann es nur pluralische oder gereihte Nominalphrasen regieren:

> Zwischen den Bäumen stand ein Haus.
> Zwischen dem Wald und dem Dorf verlief eine Straße.

169   Die zweite Gruppe lokaler Präpositionen sind die direktionalen. Sie antworten auf die Fragen *wohin*? oder *woher*? und besagen, daß ein Gegenstand sich bewegt in bezug auf einen andern. Öfter kommt die gleiche Präposition sowohl in positionaler als auch in direktionaler Bedeutung vor. Der Unterschied wird dann durch den regierten Kasus markiert.

direktionale Präpositionen

Direktionale Präpositionen sind:

in:	in die Stadt, ins Kino
auf:	auf das Dach, auf den Weg
an:	an die Wand, an die Pforte
bis:	bis Mailand, bis zur Schillerstraße
zu:	zu mir, zu meinen Kameradinnen
nach:	nach Hause, nach Italien
von:	von Landsberg, von meiner Tante

Das direktionale *nach* wird nicht mit Personen verbunden. Also nicht:
🔥 Ich fahre nach meiner Tante.
Sondern:
   Ich fahre zu meiner Tante.

Man kann die Bedeutung der direktionalen Präpositionen grob veranschaulichen:

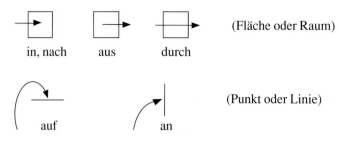

Bei folgenden Präpositionen bezeichnet die regierte Nominalphrase eine Bezugsstelle, deren Ausdehnung keine Rolle spielt:

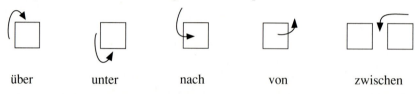

in antwortet auf die Frage *wo?* oder auf die Frage *wohin?* Vor Orts- und Ländernamen ohne Artikel kann das direktionale *in* nicht stehen. Hier heißt es *nach*:

> Ich wohne in der Stadt/in München/in der Türkei.
> Ich fahre in die Stadt/nach München/nach Italien.

Für andere Richtungsangaben (außer: *nach Hause*) darf *nach* nicht verwendet werden. Also nicht:

🔥   Ich gehe nach dem Bäcker.

Hier kann nur *zu* stehen.

Auch *bei* kann nicht als Richtungsangabe stehen. Also nicht:

🔥   Ich gehe bei meine Tante.

Für Behörden verwendet man häufig als Richtungsangabe die Präposition *auf*:

> Ich gehe auf die Post, aufs Rathaus, aufs Standesamt.

170   Temporale Präpositionen bezeichnen zeitliche Verhältnisse. Echte **temporale Präpositionen** temporale Präpositionen gibt es nur wenige:

    seit: seit vielen Jahren, seit meiner Geburt
    während: während der Nacht, während des Essens
    binnen: binnen einer Woche, binnen eines Jahres
    zeit: zeit deines Lebens

Die meisten temporalen Präpositionen sind aus räumlichen entstanden. Wir sehen ja Zeit immer räumlich ausgedehnt, sprechen von Zeitraum, von kurzer Zeit usw. Darum lassen sich die meisten lokalen Präpositionen auch temporal verwenden. Ob sie lokal oder temporal zu verstehen sind, entnehmen wir dem Kontext. Besonders bei zeitlichen Substantiven verstehen wir die Präposition temporal:

    in: in jenen Tagen, in dieser Stunde, in zehn Tagen
    an: an meinem Geburtstag, am 14. Mai, an Ostern
    zu: zu dieser Stunde, zur verabredeten Zeit
    auf: auf die Minute, auf den Abend
    bis: bis nächsten Freitag, bis morgen, bis Weihnachten
    von: von gestern, von letzter Woche, von heute an
    ab: ab Sonntag, ab dieser Woche, ab Februar

● ●

seit steht nur mit Verben, die ein andauerndes (duratives) Geschehen bezeichnen (→ 10). Ein in sich abgeschlossenes Geschehen darf also nicht mit *seit* verbunden werden:

    Wir sind am 1. Januar weggezogen (nicht: *seit dem 1. Januar*).
    Wir wohnen hier seit drei Jahren.

während bezeichnet nur die Gleichzeitigkeit, nicht die Zeitdauer:

    Ich warte seit einer halben Stunde auf den Bus (nicht: *während einer halben Stunde*).
    Ich strickte während des ganzen Vormittags.

● ●

kausale
Präpositionen

171   Kausale Präpositionen haben abstrakte Bedeutung, sie kennzeichnen Ursachen und Motive. Wie sie jeweils zu verstehen sind, entnehmen wir dem Kontext. Es gibt drei Verwendungsweisen:

– Bezeichnung der natürlichen Ursache:

wegen:	wegen des schlechten Wetters (gab es Überschwemmungen)
vor:	vor Schmerzen, vor lauter Angst, vor Sehnsucht, vor Hunger
aufgrund:	aufgrund des trockenen Sommers (fiel die Ernte schlecht aus), aufgrund dieser Tatsache, aufgrund der Tollwutgefahr

– Bezeichnung menschlicher Absichten, Motive und Intentionen:

aus:	aus Liebe, aus Sorge, aus Sehnsucht, aus Eifersucht, aus Stolz
zu:	zum Spaß, zur Erholung, zum Urlaubmachen, zum Spielen
zwecks:	zwecks Einsicht in die Bücher, zwecks Begutachtung
wegen:	wegen des Geldes (gingen sie ins Ausland)
laut:	laut Gesetz, laut Aussage des Zeugen

– Bezeichnung einer helfenden oder rechtfertigenden Instanz:

dank:	dank Gottes Hilfe, dank deiner Fähigkeiten
kraft:	kraft Gesetzes, kraft ihres Amtes, kraft seiner Befehlsgewalt

● ●

aufgrund darf nicht mit *durch* und *nach* verwechselt werden. Es bezeichnet den Grund eines Vorgangs, nicht das Mittel:

Aufgrund der neuesten Erkenntnisse essen wir keine Innereien mehr.

Durch seine Vermittlung bekam ich die Stelle (weniger passend: *aufgrund seiner Vermittlung*).

dank sollte man nur mit positiver Einschätzung verwenden, sonst wirkt es ironisch:

dank seiner Fehler, dank des Unfalls

laut (dem Wortlaut von etwas entsprechend) sollte nur mit Wörtern für Texte verwendet werden:

laut Paragraph 218

Nicht:

      laut Abbildung

Beachte bei der Deklination nach *laut*, daß Substantive ohne Adjektiv im Singular undekliniert stehen, im Plural aber nur im Dativ. Mit Adjektiv steht entweder Genitiv oder Dativ:

laut ärztlichen Gutachtens/laut ärztlichem Gutachten

● ●

172   Modale Präpositionen bilden eine gemischte Gruppe. Sie bezeichnen   modale
abstrakte Beziehungen, die näheren Umstände und Bedingungen, Grad und   Präpositionen
Maß. Einige Präpositionen haben die Bezeichnung modaler Beziehungen als
Hauptaufgabe, in andern Fällen werden lokale Präpositionen im jeweiligen
Kontext modal verstanden, bisweilen schimmert die lokale Grundbedeutung
durch. Man unterscheidet:

– Bezeichnung der Art und Weise:

in:	in großer Hast, in Seelenruhe
auf:	auf diese Weise, auf deutsch
mit:	mit Sorgfalt, mit großer Geschwindigkeit
ungeachtet:	ungeachtet der Tatsache, daß ...

– Bezeichnung des Mittels:

durch:	durch Feuer, durch einen Autounfall, durch Argumente
mit:	mit einem Hammer, mit ihrer Cleverness, mit Geld
mittels:	mittels eines Werkzeugs, mittels Bestechung
vermöge:	vermöge seines Reichtums, vermöge ihres Rufs

– Bezeichnung des Grades:

über:	über alle Maßen, über dem Durchschnitt
unter:	unter aller Kanone, unter seinem Niveau
für:	für deine Verhältnisse, für ihr Vermögen
mit:	mit Bravour, mit großem Erfolg

– Bezeichnung des Maßes:

abzüglich:	abzüglich aller Unkosten
bis auf:	bis auf den letzten Heller, bis auf seine Fehler
außer:	außer ihrem Geld, außer seiner Gesundheit

173   Mögliche Verhältnisse zwischen Gegenständen und Sachverhalten gibt   Sonderfälle
es unabsehbar viele. Darum sind die Bedeutungsgruppen der Präpositionen
nicht scharf abgegrenzt und sehr viele Präpositionen nicht in feste Gruppen
einzuordnen. Sie bezeichnen jeweils eigene Beziehungen:

– einen Gegensatz drücken aus:

entgegen:	entgegen unserer Meinung, entgegen der Vorhersage
zuwider:	dem Verbote zuwider, der Anordnung zuwider
statt:	statt eines Buches, statt Freude
trotz:	trotz des Verbots, trotz seiner Krankheit
unbeschadet:	unbeschadet ihrer Gesundheit

– eine Bedingung können ausdrücken:

    unter: unter diesen Bedingungen, unter Annahme von, unter Um-
                    ständen

    bei: bei schönem Wetter, bei Regen

– einen Bezug drücken aus:

    gemäß: ihrer Ansicht gemäß, seiner Herkunft gemäß

    zufolge: meiner Version zufolge, dem Gerichtsurteil zufolge

    betreffs: betreffs Ihrer Bitte, betreffs Ihres Briefs

    bezüglich: bezüglich des Verfahrens, bezüglich Ihres Gehalts

– eine Folge drücken aus:

    infolge: infolge des Streiks, infolge des Regens

    auf hin: auf meinen Einwand hin, auf die Sendung hin

●●●

infolge kann nur von einem Substantiv abhängen, das ein Geschehen bezeichnet. Es steht nicht mit Sachen oder Personen:

    Infolge des schlechten Wetters reisten wir ab.

    Der Kinder wegen fahren wir ans Meer (nicht: *Infolge der Kinder . . .*).

●●●

7.4 Die Präposition in stilistischer Sicht

Es gibt eine Geschichte vom Herrn Vielolog, einem Sprachabschneider, der einem Jungen seine Präpositionen abhandelt, so daß der Junge fortan ohne Präpositionen sprechen muß. Schaut man sich einen solchen Text an, dann erkennt man, wie wichtig Präpositionen für den Zusammenhang sind. Oder wird nicht der folgende Rätseltext ganz rätselhaft?

    „ Ich lebe Seele,
      Ich höre Ohren,
      Ich rede Mund,
      Werd der Luft geboren.

Bei diesen verstümmelten Sätzen (es fehlen *ohne* und *in*) wird keiner auf die Lösung „Echo" kommen.

Präpositionen stellen Beziehungen her zwischen Phrasen und verdeutlichen diese Beziehungen inhaltlich. Die gleiche Präposition kann allerdings verschiedene inhaltliche Verhältnisse ausdrücken, und außerdem kann das gleiche Verhältnis durch verschiedene Präpositionen ausgedrückt sein. So entstehen bei den Sprechern Unsicherheiten. Man muß nämlich achtgeben, daß man die passende Präposition wählt, und man sollte das inhaltliche Verhältnis möglichst genau angeben.

● ●

Beachte die feinen Bedeutungsnuancen der Präpositionen!

● ●

Die Allerweltspräposition *für* drängt sich gern in andere Reviere. Daß man eigentlich kein Mittel *für* Schnupfen braucht, sollte klar sein. Aber wer Fehler vermeiden will, kann zu weit gehen wie der Ausländer, der folgendes geschrieben hat:

❀   Senden Sie mir bitte Fachzeitschriften als Hilfsmittel gegen meine Berufstätigkeit.

durch wird häufig auch dann verwendet, wenn eigentlich eine andere Präposition stehen müßte, zum Beispiel bei Personen. Besonders für den Handelnden in Passivsätzen sollte man *von* verwenden.

falsches *durch*:	besser:
Der Rasen wird **durch** meinen Bruder gemäht.	Der Rasen wird **von** meinem Bruder gemäht.
Auch **durch** einen andern Vorteil unserer heutigen Technik profitiert die Wirtschaft: **Durch** die modernen Verkehrsmittel ist das Überbrücken von riesigen Entfernungen eine Kleinigkeit	Auch **von** einem andern Vorteil unserer heutigen Technik profitiert die Wirtschaft: **Mit** den modernen Verkehrsmitteln ist das Überbrücken von riesigen Entfernungen eine Kleinigkeit.
Durch die Zeitung wird uns eine vielseitige Freizeitgestaltung angeboten.	Die Zeitung bietet uns eine vielseitige Freizeitgestaltung an.
Die Luftverpestung verminderte man **durch** die verhältnismäßig begrenzte Zahl von Fahrzeugen.	Die Luftverpestung verminderte man, indem man die Zahl der Fahrzeuge begrenzte.

Öfter unterscheiden verschiedene Präpositionen inhaltliche oder stilistische Nuancen. Schreibt einer:

❀   Ich habe mich sehr mit Ihrem Brief gefreut.

dann macht er den Brief zum Menschen: *sich freuen mit jemandem.*
Etwas anderes heißt jeweils *sich freuen auf/über/an* usw.

Unterschiede gibt es auch in

> Ich habe eine Eisenbahn zu Weihnachten bekommen.
> Wir fahren jedes Jahr an Weihnachten/zu Weihnachten in Urlaub.

> Wir wohnen jetzt in der Hauptstraße.
> Auf der Hauptstraße muß der Mittelstreifen neu markiert werden.

> Ich habe mich für meine Vergeßlichkeit entschuldigt.
> Ich habe mich wegen meiner Vergeßlichkeit entschuldigt.

Manche Verben, Adjektive und Substantive haben feste Anschlüsse. Sie verlangen bestimmte Präpositionen. Hier muß man aufpassen.

Es heißt:	und nicht:	Es heißt:	und nicht:
retten vor	von	Feindschaft gegen	für oder zu
bewahren vor	von	Abneigung gegen	für
mitmachen bei	an	Liebe zu	für
sich entscheiden für	zu	Beitrag zu	für
sich entschließen zu	für	Rechenschaft von	über
reif für	zu	Erfolg über	gegen
gleichgültig gegen	für	Mitleid mit	für
empfindlich gegen	für	Betrag von 200	über 200
getrennt von	mit	Bedarf an	für
neugierig auf	nach	Dank für	wegen/um
begierig auf	nach	Mittel für	zu
stolz auf	nach	Absage an	gegen
ersichtlich aus	an		

Eine Reihe von Präpositionen bildet zusammen mit Substantiven Ausdrücke und Wendungen, die man vor allem in Behördentexten findet. Diese Schreibweise soll dazu dienen, einen Sachverhalt möglichst knapp wiederzugeben, möglichst neutral und unpersönlich. Den Wendungen *nach Maßgabe*, *mit Ausnahme*, *in Beantwortung*, *unter Weglassung* oder Präpositionen wie *anläßlich*, *betreffs*, *vorbehaltlich*, *infolge*, *nebst*, *hinsichtlich*, *seitens*, *unbeschadet*, *zwecks* merkt jeder den Kanzleigeruch an. Wer sie in Alltagstexten verwendet, erzielt komische Wirkungen.

Vermeide bürokratische und altertümelnde Präpositionen, wenn du nicht die stilistische Wirkung willst!

Amtsdeutsch

Nach Art. 6 Abs. 2 GG sind Pflege und Erziehung der Kinder das natürliche Recht der Eltern und die zuvörderst ihnen obliegende Pflicht. Über ihre Betätigung wacht die staatliche Gemeinschaft. Damit ist das *Elternrecht* hinsichtlich Pflege und Erziehung gesichert und eine staatliche Gemeinschaftserziehung abgelehnt. Nach dem fortgeltenden Reichsgesetz über die *religiöse Kindererziehung* vom 15. 7. 1921 (RGBl. 939) entscheidet über diese die freie Einigung der *Eltern*. Mangels einer solchen greift das BGB ein [. . .]

O. Model/C. Creifelds

Nachgeahmtes Amtsdeutsch

Nach Beendigung der Hausaufgaben ist zuvörderst der Einkauf für unseren Bedarf an Lebensmitteln zu tätigen. Hinsichtlich der Tatsache, daß ich nach Erledigung solcher Tätigkeiten über ein Recht auf Freiheit verfüge, ist mir von seiten meiner Eltern kein Widerspruch bekannt. Über eine festgelegte Grenze hinaus bin ich zu meinem Bedauern mangels Alters nicht imstande, mich außerhalb des Hauses zu bewegen.

8   Die Partikeln

8.1 Abgrenzung und Arten von Partikeln

Beispiele   │174│   Partikeln (auch Füllwörter genannt) sind die hervorgehobenen Wörter in folgenden Beispielen:

> Wer war das **nur**?
> Wo er **wohl** hingeht?
> Friedl war es sicherlich **nicht**.
> **Nicht** Friedl war es, sondern Frieda.
> **Gerade** du solltest **doch** wissen, wer es war.

Die Anzahl der Partikeln ist überschaubar.

Kennzeichen   │175│   Partikeln sind kurze Wörter mit folgenden Eigenschaften:
– Sie sind unveränderlich.
– Sie können keine Satzglieder bilden.
– Sie regieren keine andern Wörter.
– Sie sind nicht mit Fragewörtern erfragbar.

Viele Wörter gehören zu den Partikeln und zu andern Wortarten. Darum ist die Abgrenzung schwierig.

> Du wirst **doch** kommen!   (Partikel)
> **Doch** wir kommen nicht.   (Konjunktion)
> Kommst du nicht? **Doch**.   (Satzwort)

Als Partikeln sind sie meistens nicht betont.

Bedeutung   │176│   Nach ihrer Bedeutung (und zum Teil nach ihrem grammatischen Verhalten) sind folgende Arten von Partikeln zu unterscheiden:

– abtönende Partikeln wie *wohl*, *doch*, *eben*, *halt*, *denn*. Sie tönen den Wahrheitsanspruch ab und appellieren an den Partner:

> Er kommt **wohl** nicht.   (Vermutung)
> Er kommt **doch** nicht.   (Zurückweisung)
> Komm **doch** her!   (Bitte)
> Komm **schon** her!   (Befehl)

– gliedernde Partikeln wie *ja*, *nämlich*, *also*, *aber*. Sie stellen einen inhaltlichen Bezug zu einem vorangehenden Satz her und gliedern so Texte:

> Wir froren. Es war **nämlich** bitterkalt.   (Begründungsverhältnis)
> Wir froren. Es war **aber** nicht kalt.   (Unzutreffende Erwartung)

– graduierende Partikeln wie *nur*, *sogar*, *bloß*, *allein*, *auch*. Sie wählen und werten in einem Bereich etwa nach der Menge oder Qualität:

Bloß Kaffee gab es da (und leider keinen Saft, Kakao usw.).

Sogar Kaffee gab es da (und andere, üblichere Dinge).

Nicht doppelt moppeln. Also nicht:

Sie will bloß nur ein Eis.

8.2 Funktionen von Partikeln

177   Partikeln sind gesprächs- und partnerbezogen. Sie appellieren an den Partner und machen starken Gebrauch von seinem Wissen. Die Gradpartikeln sind oft geladen mit stillen Voraussetzungen:

Nur Fritz war da (die andern nicht).

Nicht Fritz war da (aber ein anderer).

Auch Fritz war da (neben andern).

Gradpartikeln haben ein Bezugswort, das in der gesprochenen Sprache betont wird.

Bezugswort

Das richtige Bezugswort ist entscheidend. Je nach Bezugswort ändert sich die Betonung:

Petra wollte nicht **die** grünen Socken (sondern jene).

Petra wollte nicht die **grünen** Socken (sondern die blauen).

Petra wollte nicht die grünen **Socken** (sondern die grünen Hemden).

In der Schriftsprache kann man diesen Bezug nicht durch Betonung deutlich machen. Darum muß man den Zusatz ausdrücklich formulieren.

178   Abtönungspartikeln beziehen sich nicht auf einzelne Wörter, sondern auf den ganzen Satz. Sie sind verwandt mit Modalverben und Satzadverbien:

Abtönung

Er war **wohl** weg.   (Partikel)

Er **muß** weggewesen sein.   (Modalverb)

Er war **vermutlich** weg.   (Satzadverb)

In allen Fällen wird der Wahrheitsanspruch gemindert, es wird nur eine Vermutung ausgesprochen. Diese Abtönungspartikeln verdeutlichen deshalb auch die sprachliche Handlung. Sie kennzeichnen,

– daß man nur an etwas erinnert, was bekannt ist (*ja*, *doch*);
– daß man etwas nur vermutet (*wohl*);
– daß man etwas rechtfertigt (*ja*, *nämlich*);
– daß man etwas als gegeben hinnimmt (*halt*, *eben*).

8.3 Die Partikeln in stilistischer Sicht

 179   Partikeln sind häufig in gesprochener Sprache. Sie halten den Gesprächskontakt aufrecht, zeigen dem Partner, daß man auf ihn, seine Argumente, sein Wissen eingehen will. Der folgende Text ist eine Aufzeichnung eines Gesprächs. Er erscheint vielleicht etwas ungewöhnlich, weil man so kaum schreibt.

A: Sie haben auch eigene Vorstellungen von der Zeichensetzung. Und ich persönlich . . .

B: Hm.

A: bin der Meinung, daß es **eigentlich** n bißchen problematisch is, wenn man immer von dichterischer Freiheit liest. Was is **überhaupt** dichterische Freiheit?

B: Hm.

A: Und wenn man zum Beispiel sagt – äh – der Dichter, der kann mit der Sprache praktisch machen, was er will . . .

B: Hm.

A: Also ich glaube, die Sprache ist nich – äh – wie für den Bildhauer vielleich ein Stück Gips oder so, das sie an die Wand werfen können. Die Sprache is eher ne Formelsprache. So muß man sich **auch** gewissen Gesetzen meiner Meinung nach fügen und kann nich **sozusagen** die Sprache willkürlich verändern nach eigenen Vorstellungen, nach eigenen Gefühlen.

C: Dem möchte ich entgegnen, äh – die Sprache is **doch** immer ein Ausdruck der Kultur und des Volkes in einer bestimmten Zeit. Und deshalb kann sich die Sprache **doch aber auch** wandeln.

A: **Also** – äh –

C: Und wenn wir **eben nun** in ein neues Stadium einer andern Kultur eintreten, dann – äh – muß die Sprache **nun auch** das mitmachen. Und vielleicht is die Sprache das erste Anzeichen – äh.

A: Ein Schriftsteller is aber nich gleich ne ganze Kultur. Das mußt du **doch** sagen, ja?

C: Aber er is **doch** ein Vertreter davon.

D: Die Kultur trägt ihn **aber auch**.

C: Außerdem steht er schließlich nich allein da, nich?

A: Ja, **aber** mit gewissen Eigenheiten **doch**, es gibt **doch** viele Schriftsteller, die haben keine eigene Vorstellung von Zeichensetzung. Die gibts **ja** auch.

E: Bitte!

F: Ja, **aber** Sie sollten uns jetzt mal die Frage beantworten . . .

Die Beteiligten schaffen mit den Partikeln *doch*, *eigentlich*, *überhaupt*, *sozusagen*, *ja* usw. Partnerkontakt und eine gute Atmosphäre. Partikeln erscheinen manchem als Würze wie das Salz in der Suppe, es kommt sogar zu Partikelhäufungen: *doch aber auch*, *eben nun*. Beim Schreiben verfahren wir jedoch anders.

••

Beim Schreiben streiche überflüssige Partikeln weg! Du mußt aber überlegen, welche tatsächlich überflüssig sind, und darauf achten, daß dein Text nicht zu kühl wirkt.

••

Überflüssig sind meistens Häufungen von Partikeln wie *aber eben auch*, *ja auch nur mal*, *doch halt irgendwie*.

••

Manche Partikeln sind stilistisch sehr wirksam. Darum verwende sie gezielt!

••

Einzelne Partikeln können auch im geschriebenen Text wichtig sein. Dazu gehören fast immer die Gradpartikeln wie *nur*, *lediglich*, *sogar*. Dazu können aber auch Abtönungspartikeln gehören wie im folgenden Dramenausschnitt:

CRESCENCE: . . ., wenn man durchgemacht hat, was du durchgemacht hast, und sich dabei benommen hat, als wenn es nichts wäre –
HANS KARL *geniert*: Das hat **doch** jeder getan!
CRESCENCE: Ah, pardon, jeder nicht. Aber da hätte ich **doch** geglaubt, daß man seine Hypochondrien überwunden haben könnte!
HANS KARL: Die vor den Leuten in einem Salon hab ich **halt** noch immer. Eine Soiree ist mir ein Graus, ich kann mir **halt** nicht helfen. Ich begreife noch allenfalls, daß sich Leute finden, die ein Haus machen, aber nicht, daß es welche gibt, die hingehen.
CRESCENCE: Also wovor fürchtest du dich? Das muß sich **doch** diskutieren lassen. Langweilen dich die alten Leut?
HANS KARL: Ah, die sind **ja** charmant, die sind so artig.

Hugo v. Hofmannsthal

Die Partikeln *doch*, *halt* gehören zum sanften Umgang der beiden Partner. Man gibt sich aufgeschlossen und rücksichtsvoll. Man berücksichtigt die Meinung des Partners und bringt die eigene Meinung verbindlich und abgetönt vor.

9   Die Konjunktion und die Subjunktion

9.1 Abgrenzung und Arten

Beispiele | 180 | Konjunktionen (auch nebenordnende Konjunktionen oder Bindewörter genannt) sind die hervorgehobenen Wörter in folgenden Beispielen:

Die Gäste kommen **und** gehen.

Rennfahrer rasen, **aber** andere rasen auch.

Die Gäste blieben. **Denn** es regnete.

Subjunktionen (auch unterordnende Konjunktionen oder Bindewörter genannt) sind die hervorgehobenen Wörter in folgenden Beispielen:

Die Medien bestätigten, **daß** der Dollar fällt.

Wenn es geht, verkaufen wir.

Die Gäste blieben, **weil** es regnete.

Die Anzahl von Konjunktionen und Subjunktionen ist überschaubar.

Kennzeichen | 181 | Konjunktionen und Subjunktionen sind Bindewörter, die ihre volle Bedeutung erst im Zusammenhang gewinnen. Ihre Kennzeichen sind:

– Sie sind unveränderlich.

– Sie bilden keine Phrasen.

– Sie füllen keine Satzgliedstelle.

– Sie bleiben außerhalb des Satzverbands.

– Sie stehen am Anfang des Satzes.

●●●

Wenngleich Konjunktionen und Bindeadverbien ähnliche Funktion haben, muß man sie doch auseinanderhalten. Bindeadverbien füllen eine Satzgliedstelle. Stehen sie am Satzanfang, tritt das Subjekt hinters finite Verb (Inversion):

Er war so froh, **denn** er hatte gewonnen.   (Konjunktion)

Er hatte gewonnen, **deshalb** war er so froh.   (Bindeadverb)

Es gab Kaffee, **und** es gab Tee.   (Konjunktion)

Es gab Kaffee, **außerdem** gab es Tee.   (Bindeadverb)

●●●

Einige dieser Wörter gehören auch in andere Wortarten:

Sie geht, **doch** ich bleibe.   (Konjunktion)

Ich bleibe **doch**.   (Partikel/Adverb)

Alle waren da, **aber** er kam nicht.   (Konjunktion)

Alle waren da, er **aber** kam nicht.   (Partikel)

Man sieht, daß dies in der Bedeutung keinen großen Unterschied macht.

Manche Subjunktionen kommen auch als Präposition vor:

     Ich warte, **bis** du kommst.   (Subjunktion)

     Ich warte **bis** Sonnenaufgang.   (Präposition)

Es findet ein Austausch statt zwischen Konjunktion, Subjunktion und Binde-adverb.

trotzdem wird häufig als Subjunktion verwendet. Das gilt vielen als unge-bildet:

     Ich mußte bleiben, trotzdem (= obwohl) ich nicht wollte.

weil wird in der gesprochenen Sprache oft wie eine Konjunktion verwendet:

     Ich muß gehen, weil ich kann das nicht mit ansehen.

So sollte man nicht schreiben.

[182]   Nach ihrem Bau kann man folgende Arten von Konjunktionen und   **Arten** Subjunktionen unterscheiden:

– einfache Konjunktionen:

     und, aber, sondern, denn, oder, sowie, allein, nur, doch

– einfache Subjunktionen:

     ob, daß, wenn, weil, als

– zusammengesetzte Subjunktionen:

     damit, indem, nachdem, seitdem, obgleich, obwohl, sowie, insofern

– zweiteilige Subjunktionen:

     so daß, auf daß, (an)statt daß, als ob

– korrespondierende Konjunktionen:

     entweder . . . oder, weder . . . noch, sowohl . . . als auch, je . . . desto,

     zwar . . . aber, nicht nur . . . sondern auch

– korrespondierende Subjunktionen:

     dadurch . . . daß, insofern . . . als

Bei den korrespondierenden verteilen sich die beiden Teile auf die verbunde-nen Ausdrücke:

     Entweder du bist krank, **oder** du spielst Fußball.

Die beiden Teile sind oft unzertrennliche Pärchen (→ [157]). Man darf sie nicht verwechseln:

     Sie hatte **weder** Strümpfe **noch** (nicht: *aber*) Schuhe an.

     Wir wollten **sowohl** Sträuße **als auch** (nicht: *aber auch*) Topfpflanzen.

     Die Idee ist **insofern** gut, **als** (nicht: *daß*) sie keinem schadet.

     Es ist mir **insofern** recht, **als** (nicht: *weil*) ich dann mitkommen kann.

9.2 Funktionen der Konjunktionen und Subjunktionen

Funktion | 183 | Grammatisch gesehen sind Konjunktionen und Subjunktionen Binde-wörter: Sie verbinden Wörter oder Phrasen oder Sätze.

Konjunktionen verbinden:

– gleichstufige Sätze, z. B. Hauptsätze untereinander oder Nebensätze unter-einander:

>   Er lobte nicht, **sondern** er tadelte dauernd.
>   Es war bekannt, daß er nicht lobte, **sondern** dauernd tadelte.
>   Dies leisten *und*, *aber*, *oder*, *weder . . . noch*, *sondern*, *denn*, *entweder . . . oder* (nicht *sowie* und *sowohl . . . als auch*).

– Phrasen:

>   Es war ein Kommen **und** ein Gehen.
>   Die Leute lagen **und** saßen in der Sonne.
>   Dies leisten *und*, *aber*, *oder*, *weder . . . noch*, *sondern*, *sowohl . . . als auch*, *entweder . . . oder*, *sowie* (nicht *denn*).

– Wörter:

>   Ein schönes **und** zartes Steak lag auf dem Teller.
>   Sie akzeptierten alles **und** jedes.
>   Dies leisten *und*, *aber*, *oder*, *weder . . . noch*, *sondern*, *sowohl . . . als auch*, *entweder . . . oder*, *sowie* (nicht *denn*).

Funktion | 184 | Subjunktionen leiten untergeordnete Sätze ein, sie verbinden ungleich-stufige Sätze, z. B. Hauptsätze mit Nebensätzen, aber auch Nebensätze mit untergeordneten Nebensätzen:

>   Es war ein Jammer, **daß** alles so endete.
>   Uns war klar, **daß** es ein Jammer war, **daß** alles so endete.

Die sogenannten Infinitivsubjunktionen *um*, *ohne*, *anstatt* leiten verkürzte Nebensätze ein, sogenannte satzwertige Infinitive:

>   Einige waren schon zu abgeklärt, **um** sich an dem Streit zu beteiligen.
>   **Anstatt** sich zu fügen, muckten sie auf.

185   Inhaltlich gesehen drücken Konjunktion und Subjunktion Beziehungen   Bedeutung
aus zwischen den Ausdrücken, die sie verbinden (→ 448). Danach kann man
sie einteilen.

Konjunktionen haben folgende Bedeutungen:

– anreihend (kopulativ): *und, weder ... noch, auch, sowohl ... als auch*
     Heike **und** Andrea sind Freundinnen.
     In diesem Haus wohnen **sowohl** Türken **als auch** Deutsche.

– ausschließend (alternativ): *oder*
     Gehst du mit, **oder** bleibst du lieber hier?

– entgegensetzend (adversativ): *aber, sondern, doch, jedoch*
     Nicht Herr Klein, **sondern** Frau Groß hat heute Geburtstag.
     Sie ist nett, **aber** aufregend.
     Ich hätte sie gern eingeladen, **doch** ich hatte kein Geld dabei.

– einschränkend (restriktiv): *nur, bloß*
     Ich käme ja auch, **nur** ich habe keine Zeit.

– begründend (kausal): *denn*
     Wir müssen hier tanken, **denn** wer weiß, wann die nächste Tankstelle
     kommt.

186   Subjunktionen für Inhaltssätze stellen den Inhalt dar   Bedeutung

– als neutral oder tatsächlich: *daß*
     Ich weiß, **daß** er kommt.

– als fraglich: *ob*
     Ich zweifle, **ob** er kommt.

Diese Subjunktionen haben kaum eigene Bedeutung, sie gewinnen ihre Bedeutung erst durch das regierende Verb.

Subjunktionen für Adverbialsätze haben folgende Bedeutungen:

– begründend (kausal): *weil, da, dadurch daß*
     Weil es regnet, fällt der Ausflug ins Wasser.
     Der *weil*-Satz nennt den Grund.

– bedingend (konditional): *wenn, sofern, falls, sobald, bevor nicht*
     Wenn wir etwas Neues erfahren, rufen wir an.
     Der *wenn*-Satz nennt die Bedingung.

– einräumend (konzessiv): *obwohl, obgleich, wenngleich, obschon, obzwar*
    Ich gehe nicht mit zum Jogging, **obwohl** ich es nötig habe.
Der *obwohl*-Satz nennt den Grund, der nicht greift.

– zeitlich (temporal): *als, bevor, nachdem, sobald, während, seit*
    Als er sich erholt hatte, kam man besser mit ihm aus.
Der *als*-Satz nennt den Zeitpunkt.

– vergleichend (komparativ): *wie, wie wenn, als ob, je . . . (desto)*
    Mir kommt es so vor, **als ob** wir uns verlaufen hätten.
Der *als-ob*-Satz nennt den Vergleich.

– beabsichtigend (final): *damit, daß, um . . . zu*
    Fahr mit dem Auto, **damit** es schneller geht!
Der *damit*-Satz nennt die Absicht, den Zweck.

– entgegensetzend (adversativ): *während*
    Während sie auf Reisen sind, sitzen wir zu Hause.
Der *während*-Satz nennt den Gegenpol.

10   Die Interjektion

10.1 Abgrenzung und Arten von Interjektionen

Beispiele

187   Interjektionen (auch Ausrufewörter oder Empfindungswörter genannt) sind die hervorgehobenen Wörter in folgenden Beispielen:

Pfui! Das schmeckt ja wie Käse.

Ach Klaus, mir ist es so schlecht ergangen.

Und das arme Kätzchen schrie ständig: **Miau, miauuu**.

mit einem lauten **Aha**

„**Ächz! Würg! Kotz!**"

Es gibt eine überschaubare Anzahl etablierter und häufiger Interjektionen; es können aber auch neue gebildet werden.

Kennzeichen

188   Interjektionen sind Wörter, die nicht immer ganz durch die Sprache festgelegt sind. Sie erscheinen öfter wie vorsprachliche Naturlaute, obwohl sie das nicht sind. Sie haben folgende typischen Eigenschaften:

– Sie sind kurz und ungegliedert.

– Sie sind unveränderlich und nicht flektierbar.

– Sie werden grammatisch nur locker in Sätze eingebaut (in ihrem direkten Gebrauch).

Einige Interjektionen haben Abwandlungen, die jeweils unterschiedlich verwendet werden, z. B. *hm, hmm, mh, mhm*.

Man kann Interjektionen oft lautmalend verändern: *huuu, quaaak, phuh, hoho*; oder durch Wiederholung verstärken: *oi/ojoi – ojojoi, ha – haha – hahaha*.

Auch die Schreibung ist nicht immer festgelegt: *o/oh, ohje/oje, peng/päng*.

Formen

189   Nach ihrer Bildungsweise sind zu unterscheiden:

– gebräuchliche Interjektionen wie

     oh, hm, he, au, ach, ah, aha, ha, ei, ätsch, pfui

  Sie sind fester Bestandteil der Sprache.

– lautnachahmende Interjektionen wie

     haha, hihi, bumm, peng, rums, ticktack, piff-paff, hatschi, mäh, muh, wau, gackgack

  Sie ahmen Laute von Menschen, Tieren, Maschinen usw. sprachlich nach.

  Man kann darum – neben bereits üblichen – auch neue bilden.

– rückgebildete Interjektionen wie

     klatsch, klirr, zisch, ächz, heul, bibber-bibber, kicher

  Sie sind zurückgebildet aus Verben. Häufig sind sie in Comics und in der Jugendsprache. Stilistisch gelten sie als primitiv.

10.2 Funktionen von Interjektionen

Funktion |190| Grammatisch bleiben Interjektionen isoliert. Es ist nicht vorgesehen, sie in Sätze einzubauen; sie regieren keine andern Wörter und werden nicht regiert. Dennoch sind fünf grammatische Gebrauchsweisen zu unterscheiden:

– selbständiger, alleinstehender Ausruf:
    Au! Aha!
Hier bildet die Interjektion einen Kurzsatz.

– Verbindung mit einem selbständigen Nominativ:
    Oh, diese Schönheit!
    Ach, der Fritz!
Auch hier liegen Kurzsätze vor.

– Wiedergabe direkter Rede:
    „Ah!" rief der Portier erstaunt.
Hier scheint die Interjektion in den Satz eingebaut, sie ist zitiert, wie vieles an dieser Stelle zitiert sein kann.

– Substantivierung:
    Das ständige Ach und Weh sollte sich legen.
Hier wurde die Interjektion zum Substantiv gemacht und als solches in den Satz eingebaut. Dieser Gebrauch ist für andere Ausdrücke genauso möglich wie für Interjektionen.

– Einschub im Satz:
    Da kam – flatsch, flatsch – die Ente angewackelt.
Hierfür sind hauptsächlich die Rückbildungen geeignet.

Bedeutung |191| Interjektionen sind typisch für die lebendige, gesprochene Sprache. Sie wenden sich oft spontan und emotional an den Partner, sind sozusagen der direkte Draht des Sprechers zum Hörer. Wir unterscheiden vier Verwendungsweisen:

– Ausdruck einer Empfindung. Dies ist die häufigste Verwendung; die Möglichkeiten sind recht differenziert:
    ach, oje, o weh (Klage); au, aua, autsch, ach (Schmerz); oh, oi, aha, ei, nanu (Staunen); och (Enttäuschung); ätsch, bäh (Spott); pfui, igitt-igitt, puh, bäh (Ekel); heißa, juchhe, hurra, ah, hei (Freude)

– Appell an den Partner. Der Sprecher richtet sich an einen Partner:
    he, heda, hallo, na (Anrede); pfui, pst, hü, brr (Aufforderung)

– Gesprächssteuerung. Interjektionen werden benutzt als Hinweise für den Gesprächspartner:

  hm, mh, jaja (Zeichen, daß man noch zuhört, z. B. am Telefon);
  äh (Zeichen, daß man weitersprechen möchte)

– direkte Wiedergabe lautlicher Ereignisse. Der Sprecher versucht, seinem Partner einen lebendigen Eindruck von lautlichen Vorgängen zu vermitteln:

  miau, zack, flatsch

10.3 Die Interjektion in stilistischer Sicht

Die kurzen Interjektionen bedeuten oft viel.

" Urworte
  ohlala, hallo, heh, na, aha, ah, m, ach, au, ih, pfui, ba, tja

Interjektionen sind typisch für gesprochene Sprache. Sie klingen spontan und natürlich, fast vorsprachlich. Auf kleinstem Raum drücken sie unsere Empfindungen und Gefühle aus. In sachlichen Texten sind sie deshalb nicht am Platze.

" „Bei drei loslassen", sagt der andre Totengräber; zählt „Eins –, zwei –"
  „Moment", sagt der Pfarrer und zieht sein Bein aus der Grube; „so."
  „Drei!"
  Klang, als wär 'n Sack ins Wasser geplumpst.
  „Sauerei", sagt der Kittelmann und wischt sich's Gesicht ab.
  Die Heimkehrer ziehn die Mützen vom Kopf. Der Pfarrer faltet die Hände.
  „Na ja." Der eine Totengräber spuckt aus und wickelt den Strick auf
  [. . .]
  Der Pfarrer hat fertig gebetet. Er hebt nen Lehmbatzen auf und wirft ihn ins Loch.
  „Bumms", macht es. Auch ich bück' mich.
  „Bumms."
  Der Kittelmann schubst seine Portion mit 'm Fuß rein.
  „Bumms."
  'n Augenblick ist es still; man hört nur das Rattern und Stampfen der Maschinen aus der Stickstoff-Fabrik. [. . .]
  „Fertig – ?" fragt der Kittelmann.
  „Fertig", sagt die Inspektorin. „Haut das Kreuz weit genug rein."
  Der Pfarrer putzt sich die Hände ab. „Liebe Anwesende", sagt er.
  „He!" schreit draußen der Kutscher.

„Ja doch!" brüllt der Kittelmann. Tippt an die Mütze: „'n Abend aller-
seits."

„'n Abend", sagen die Heimkehrer und gehn auch. Die Inspektorin folgt
ihnen. Sieht aus wie ne Steckrübe mit ihrem geschürzten Rock.

Die Totengräber fangen an zu schippen.

„Rumms", macht es; „rumms, rumms." [. . .]

Der Pfarrer starrt die Rückwand von WALDEMARS BALLSÄLEN an.

„Noch nich nachgesehn", sagt der erste Totengräber; „gleich mal vorbei-
gehn."

„Hü!" schreit der Kutscher draußen.

„'n Abend", sag ich.

Der Pfarrer rührt sich nicht.

[. . .]

Wolfdietrich Schnurre

Der Text ahmt gesprochene Sprache nach. Die kurzen Sätze bewirken einen
Rhythmuswechsel, der die Aufmerksamkeit des Lesers erhält. Den Eindruck
des Gesprochenen vermitteln auch die Kürzungen der Artikel und die Interjektionen. Dadurch wirkt der Text natürlich und lebendig. Die Interjektionen
haben unterschiedliche Bedeutung. Der Ruf „he" richtet sich an die beteiligten
Menschen, der spätere Ruf „hü" an die Pferde, er markiert also die Abfahrt.

● ●

Interjektionen in direkter Rede wirken lebendig und unmittelbar. Sie beschreiben nicht, sondern drücken unvermittelt aus, ahmen nach. So machen sie den
Text spannender und anschaulicher.

● ●

11   Wortbildung

11.1 Grundlagen und Grundmuster

192   Jeder Sprecher des Deutschen kann neue Wörter bilden, und ständig   Möglichkeiten
werden welche gebildet:

Lesepflicht, Leselust, buchfreundlich, lesegewandt, vorlesbar

Auch viele existierende und übliche Wörter sind durch Wortbildung entstanden:

vorlesen, ablesen, unleserlich, Vorlesung, Leser, Leserbefragung

Es gibt für diese Zwecke besondere Regeln und besondere Zeichen. Zwei
Arten der Wortbildung sind zu unterscheiden:

– Die Zusammensetzung. Dabei werden zwei Wörter zu einem neuen Wort
  zusammengefügt:

  [Mutter][sprache], [Muttersprach][erwerb]

  Man nennt solche Wörter auch Komposita (ein Kompositum).

– Die Ableitung. Dabei wird von einem Wort mit Hilfe von kurzen Zeichen
  ein neues Wort abgeleitet:

  [sprach]**lich**, **be**[sprechen]

193   Zusammensetzungen haben ein Grundwort, das ist jenes Wort, das   Zusammen-
ganz rechts steht. Vor ihm steht das Bestimmungswort (die Bestimmungs-   setzung
wörter):

Sommer + fahr   +   plan

Bestimmungswörter   Grundwort

Jedes Kompositum gehört zur Wortart des Grundworts. Das Grundwort
bestimmt auch die Verwendung im Satz und die Flexion. Für das Verstehen
der Bedeutung ist das Grundwort der Ausgangspunkt: Ein *Zeitungsleser* ist ein
Leser, der Zeitung liest. Darum ist auch *Faßbier* etwas ganz anderes als
Bierfaß, und *Jahreswechsel* hat wenig mit *Wechseljahren* zu tun.

Ableitung   194   Ableitungszeichen können vor das Wort treten, sie heißen dann Präfixe:
bestehen, **Ant**wort, **un**gewiß

Andere Ableitungszeichen treten hinter das Wort, sie heißen Suffixe:
Klar**heit**, grün**lich**, fest**igen**

Manchmal wird in einer Ableitung auch der Stamm verändert, z. B. durch Ablaut oder Umlaut:
t**ri**nk(en) – bet**ru**nk(en) – Tr**a**nk
Gef**a**hr – gef**ä**hrlich

Ableitungen können entsprechend der Wortart flektiert werden. So kann eine Wortform folgende Komponenten haben:

be	+	fest	+	ig	+	te
Präfix		Stamm		Suffix		Flexionsendung

Anders als bei der Zusammensetzung verändert die Ableitung öfter die Wortart des Stammes: *fest* ist ein Adjektiv, mit *ig* + *te* wird daraus eine Verbform.

Verbmuster   195   Wortbildung ist verbreitet bei den Hauptwortarten Verb, Substantiv, Adjektiv. Die Regeln der Wortbildung beruhen auf bestimmten Mustern.

– Zusammensetzung:

ADJEKTIV	VERB	*stillsitzen*
SUBSTANTIV	VERB	*haushalten*
VERB	VERB	*kennenlernen*
PRÄPOSITION	VERB	*vorkommen*

– Ableitung:

[VERB]	VERB	*entstehen*
[ADJEKTIV]	VERB	*weißeln*
[SUBSTANTIV]	VERB	*kreuzigen*

196   Substantiv-
                                                                                       muster
– Zusammensetzung:

| SUBSTANTIV | SUBSTANTIV | *Straßenlärm*

| ADJEKTIV | SUBSTANTIV | *Hochhaus*

| VERB | SUBSTANTIV | *Schlagstock*

| PRÄPOSITION | SUBSTANTIV | *Zwischenstation*

– Ableitung:

| [VERB] | SUBSTANTIV | *Vorgang*

| [ADJEKTIV] | SUBSTANTIV | *Hohlheit*

| [SUBSTANTIV] | SUBSTANTIV | *Zicklein*

197   Adjektivmuster

– Zusammensetzung:

| ADJEKTIV | ADJEKTIV | *bitterkalt*

| SUBSTANTIV | ADJEKTIV | *schneeweiß*

| VERB | ADJEKTIV | *röstfrisch*

– Ableitung:

| [ADJEKTIV] | ADJEKTIV | *grünlich*

| [SUBSTANTIV] | ADJEKTIV | *heldenhaft*

| [VERB] | ADJEKTIV | *tragbar*

| [ADVERB] | ADJEKTIV | *heutig*

komplexe | 198 | Die Regeln können mehrfach angewendet werden. Ein komplexes
Wörter   Wort kann weiter zu Wortbildungen benutzt werden.

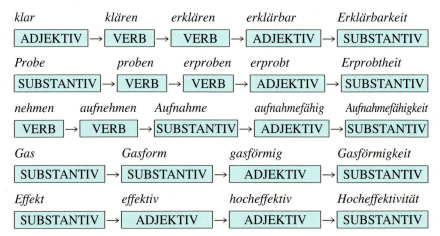

klar   *klären*   *erklären*   *erklärbar*   *Erklärbarkeit*
ADJEKTIV → VERB → VERB → ADJEKTIV → SUBSTANTIV

Probe   *proben*   *erproben*   *erprobt*   *Erprobtheit*
SUBSTANTIV → VERB → VERB → ADJEKTIV → SUBSTANTIV

nehmen   *aufnehmen*   *Aufnahme*   *aufnahmefähig*   *Aufnahmefähigkeit*
VERB → VERB → SUBSTANTIV → ADJEKTIV → SUBSTANTIV

Gas   *Gasform*   *gasförmig*   *Gasförmigkeit*
SUBSTANTIV → SUBSTANTIV → ADJEKTIV → SUBSTANTIV

Effekt   *effektiv*   *hocheffektiv*   *Hocheffektivität*
SUBSTANTIV → ADJEKTIV → ADJEKTIV → SUBSTANTIV

11.2 Die Bildung neuer Verben

Verb mit | 199 | Zusammensetzungen aus Adjektiv und Verb sind nicht selten:
Adjektiv   hochhalten, tieffliegen, großziehen, kleinhalten

Adjektiv und Verb sind ursprünglich im Satz zusammengewachsen. Darum
sind diese Zusammensetzungen auch unterschiedlich zu verstehen, je nach der
grammatischen Funktion des Adjektivs:

– prädikativ: *übrigbleiben*
     Drei Mark blieben übrig.
     Das Adjektiv bezieht sich inhaltlich auf das Subjekt: Die drei Mark waren
     übrig.

– adverbial (selten): *falschspielen*
     Er wollte immer falschspielen.
     Hier wird das Wie angegeben.

– adverbal: *weißwaschen*, *breittreten*, *totbeißen*
     Der Hund beißt X tot.
     Hier wird also das Ergebnis der Handlung ausgedrückt: X ist tot.

●●

Die Verb-Zusammensetzungen sind recht locker. Man ist manchmal unsicher, ob eine Zusammensetzung vorliegt – die man zusammenschreibt – oder ob eine grammatische Fügung vorliegt – die man getrennt schreibt:

     kurzarbeiten – kurz arbeiten

     leichtfallen – leicht fallen

     festbinden – fest binden

Die grammatische Fügung hat fast immer eine etwas andere Bedeutung als die Zusammensetzung:

     Man hat uns fünf Mark gutgeschrieben.

     Wir haben meistens gut geschrieben.

●●

200   Zusammensetzungen aus Substantiv und Verb gibt es nicht sehr viele: **Verb mit**
haushalten, maßregeln, preisgeben, teilnehmen, teilhaben, standhalten,   **Substantiv**
sandstrahlen, gummihüpfen, notlanden, bausparen

Einige sind ursprünglich im Satz zusammengewachsen, das Substantiv war das Akkusativobjekt: *achtgeben*, *danksagen*. Viele trennen im Satz ihre Teile auch wieder voneinander, gerade so, als läge ein Akkusativobjekt vor:

     Sie hielten nicht haus.

     Wir sagen dank.

Neu gebildet werden auch häufig Zusammensetzungen, in denen das Substantiv so zu verstehen ist, als sei es mit einer Präposition angeschlossen: *radfahren* (mit dem Rad), *maschineschreiben* (mit der Maschine), *kopfstehen* (auf dem Kopf).

Oft gibt es Zweifel, ob tatsächlich eine Zusammensetzung aus Substantiv und Verb vorliegt oder ob nicht das Verb abgeleitet ist von einem Substantivkompositum:

Ballspiel	→ ballspielen		Staubsauger	→ staubsaugen
Schiedsrichter	→ schiedsrichtern		Schriftsteller	→ schriftstellern
Frühstück	→ frühstücken		Wetteifer	→ wetteifern

●●

Viele dieser Zusammensetzungen verwendet man vorwiegend im Infinitiv. Als finites Verb klingen sie ulkig:

     Wir werden sie schutzimpfen.

Kaum: Wir impfen sie schutz/schutzimpfen sie.

Ebenso: *bergsteigen*, *bausparen*, *hitzebehandeln*.

●●

Verb mit Verb

| 201 | Zusammensetzungen aus zwei Verben sind sehr selten:

      lobpreisen, trennschleifen, spritzlöten, mähdreschen

Sie gehören alle einer Fachsprache an.

Es gibt aber einige Fälle, wo ein Infinitiv mit einem Verb im Satz zusammenwächst:

      kennenlernen, spazierengehen, sitzenbleiben (daneben: *sitzen bleiben*)

Dies empfinden wir oft als Zusammensetzung. Wir schreiben beide Wörter zusammen und geben ihnen auch eine besondere Bedeutung.

Verb mit Präposition oder Adverbialpronomen

| 202 | Zusammensetzungen von Verben mit Präpositionen oder Adverbialpronomen sind sehr häufig:

      eintreten, draufkommen, übersetzen, aufgehen, dableiben

Man kann ständig neue bilden, und fast jedes Verb steht in einem Stern von Zusammensetzungen:

```
        auf-                          her-
  an-         aus-           drauf-          hin-
ab-              bei-        dran-               rauf-
     stehen                      kommen
zu-              ein-        zusammen-           rüber-
  vor-        nach-           zurück-         runter-
        unter-                        vorbei-
```

Auch feste Präpositionalverbindungen bilden Zusammensetzungen mit Verben: *instand setzen*, *zugrunde legen*, obwohl sie oft auseinandergeschrieben werden.

Doppelformen

| 203 | Bestimmungswörter wie *durch*, *über*, *hinter* usw. haben für sich schon eine unselbständige Bedeutung. So können sie leicht ihre Selbständigkeit verlieren und Präfixe werden. Es gibt dann öfter gleichlautende Wörter, die als Kompositum oder als Ableitung zu verstehen sind. Den Unterschied erkennt man an der Betonung:

Präfix	Bestimmungswort
wieder**ho**len	**wie**derholen
über**se**tzen	**ü**bersetzen
um**fah**ren	**um**fahren
durch**bre**chen	**durch**brechen

Das macht natürlich einen Bedeutungsunterschied:

übersetzen: Das Schiff hatte schon ans andere Ufer übergesetzt.

über**se**tzen: Du hast den Text gut übersetzt.

wiederholen: Sie haben sich die geborgten Eier wiedergeholt.

wieder**ho**len: Großvater hat sich dauernd wiederholt.

Präfixe erkennt man daran, daß sie nicht betont sind.

● ●

Aber Vorsicht! Im geschriebenen Text erkennt man die Betonung nicht:
Wer beim Linksabbiegen den Polizisten nicht umfährt, verstößt gegen
die StVO.

● ●

204   Die überwiegende Zahl der Verbkomposita ist nicht fest verwachsen. | *trennbar oder*
Je nach der Verwendung im Satz kann sich das Vorderglied abspalten: | *nicht?*

Wir wollen herumlaufen. – Wir laufen herum.

Es können auch Zeichen zwischen die beiden Teile treten: *herum**ge**laufen*,
*herum**zu**laufen*.

● ●

Das Bestimmungswort kann die Bedeutung des Grundverbs stark verändern:

treffen – eintreffen, teilen – mitteilen, gehen – eingehen

Man sieht oft nicht mehr, was die beiden Verben miteinander zu tun haben.
Hier kann die Abtrennung den Leser in eine Falle locken:
Er fing endlich einen Teddybären, der ihm schon lange in der Nase
steckte, zu basteln an.

● ●

205   Verben werden aus Verben abgeleitet mit den Präfixen *be-*, *ent-*, *er-*, | *Verb*
um-, *ver-* und *zer-*: | *aus Verb*

bestehen, entstehen, erstehen, umgehen, verstehen, zergliedern

Seltener sind die Präfixe *miß-*, *in-*, *ge-* und in Fremdwörtern *re-*, *de-*:

mißachten, inhaftieren, geleiten; reproduzieren, demaskieren

Sehr selten sind Verbableitungen mit Suffixen: *lachen – lächeln*, *spotten –
spötteln*.

Die Präfixe können das Grundverb verändern
– in seinen grammatischen Eigenschaften. Insbesondere können sie die
  Valenz des Grundverbs verändern:

Keiner geht nach Hause. – Die Zeit vergeht.   Valenzminderung

Klaus trödelt. – Klaus vertrödelt die Zeit.   Valenzerhöhung

Man drohte mir. – Man bedrohte mich.   Akkusativierung

Wer liefert ihr Brot? – Wer beliefert sie mit Brot? Präpositionalisierung

– in seiner Bedeutung. Die Präfixe zeigen dabei unterschiedliche Wirkung je nach Verbbedeutung:

ver-	verblühen, verklingen, verarmen	perfektiv
	verreisen, verjagen, verkaufen	Trennung
	verbinden, verquirlen, vernähen	Verbindung
	verdrehen, sich vertun, sich verschlucken	Fehlhandlung
ent-	entführen, entkommen, entschweben	Trennung
	entladen, entwarnen, entsäuern	Gegenteil
	entbrennen, entzünden	ingressiv
er-	erblühen, erröten, ertönen	ingressiv
	erschießen, erfrieren, erschaffen	perfektiv

Verb aus Substantiv

| 206 | Verben kann man aus Substantiven ableiten, indem man einfach die Flexionsendungen anhängt. Sie machen die Verwendung als Verb deutlich:

testen, proben, nerven, hexen, hausen, mauern; löchern, gliedern (aus dem Plural)

Zusätzlich können noch Präfixe auftreten:

belüften, entlüften, zerhämmern, ertönen

Manchmal auch Suffixe:

kreuzigen, charmieren

Die Bedeutung dieser Verben ergibt sich als Mischung: Einerseits sind sie Verben und bezeichnen Handlungen oder Vorgänge, andererseits haben diese Handlungen oder Vorgänge in typischer Weise etwas zu tun mit dem, was das Substantiv bezeichnet:

– typische Handlung oder Bewegung:

Er kellnert. (als Kellner)

Einer ferkelt. (wie ein Ferkel)

Ebenso: *hechten, krebsen, ochsen; pilgern, schwäbeln, spionieren, eiern, schaukeln, schrauben.*

– typisches Ergebnis der Handlung oder des Vorgangs:

Das Glas splittert. (Ergebnis: Splitter)

Die Stute fohlt. (Ergebnis: Fohlen)

Es hagelt. (Ergebnis: Hagel)

Ebenso: *dampfen, krümeln, filmen, texten, rosten, bluten, eitern, fluchen, ängstigen, zweifeln, freveln, häufen/häufeln, knechten, falten, versteinern.*

– typische Verwendung als Instrument oder Mittel:
> Mutter hämmert ständig. (mit dem Hammer)

Ebenso: *fesseln, geigen, fönen, regeln, dämpfen* (Kochmethode), *filtern, rudern, vergiften*.

– Ausstattung mit oder Befreiung von:
> Wer kachelt das Bad?

> Große Fische soll man schuppen.

Ebenso: *krönen, pudern, lüften, kalken, fetten, ehren, bepflanzen, beschriften, bewaffnen, bezuschussen, beglücken, bewässern; häuten, schälen, entkalken, absahnen*.

Um diese Verbableitungen zu verstehen, muß man also darauf kommen, was im jeweiligen Zusammenhang typisch ist.
> Klaus ferkelt. – Die Sau ferkelt.

> Es stürmt. – Borussia stürmt. – Die Soldaten stürmen die Burg.

| 207 | Verben kann man aus Adjektiven ableiten, indem man einfach das Flexionsmorphem anhängt: |

Verb aus Adjektiv

> stil**len**, gleich**en**, bang**en**, faul**en**, sicher**n**, schmäler**n**

Außerdem können die Suffixe *-l-, -ig-, -ier-* eingesetzt werden:
> weiß**el**n, kränk**el**n, fest**ig**en, stolz**ier**en

Auch Präfixe können zusätzlich auftreten:
> **zer**kleinern, **ver**faulen, **ab**magern, **ver**fremden

Das einfache Verb braucht dann gar nicht zu existieren, z. B. gibt es nicht *kleinern, fremden*.

Für die Deutung dieser Verben hat man zwei Möglichkeiten:

– Sie bezeichnen den Vorgang oder die Handlung, deren Ergebnis das Adjektiv nennt:
> Die Äpfel reifen. (Ergebnis: Sie sind reif.)

> Vater wärmt die Suppe. (Ergebnis: Die Suppe ist warm.)

Das Adjektiv kann also auf das Subjekt oder auf das Akkusativobjekt zu beziehen sein.

– Sie bezeichnen den Zustand, den das Adjektiv nennt:
> Mama wacht. (. . . bleibt wach)

> Des Menschen Seele gleicht dem Wasser. (. . . ist ihm gleich)

11.3 Die Bildung neuer Substantive

Substantiv
mit Substantiv

<u>208</u>   Die Zusammensetzung aus Substantiven ist die häufigste Wortbildung:
Teerstraße, Autobahn, Taschenuhr, Fensterkreuz, Buchhülle

Jeder Sprecher kann auf diese Weise beliebig neue Substantive bilden. Er muß
nur sehen, daß sie im Kontext verständlich sind. Solche Gelegenheitskomposita sind:

> Buchtour, Atomspatzen, Milchei, Stapelbuch, Informationsmüll,
> Hustenhund, Lattenkracher

Die Regel für neue Substantive ist so offen, daß man auch aus Zusammensetzungen wieder Zusammensetzungen bilden kann:

> [Autobahn]fahrt, Urlaubs[bahnfahrt]

So können wahre Wortmonster entstehen, die man lieber zerlegen sollte:

> Donaudampfschiffahrtsgesellschaft, Hauptstraßenbebauungsplan

Bedeutung

<u>209</u>   Die Bedeutung der Komposita ergibt sich aus der Bedeutung der Teile
und dem Kontext. Folgende Möglichkeiten sind uns zur Routine geworden:

Beispiel	Umschreibung	Verbindung
Madeirawein	Wein aus Madeira	Ort
Englandfahrt	Fahrt nach England	Richtung
Wolljacke	Jacke aus Wolle	Material
Apriltag	Tag im April	Zeit
Lustmord	Mord aus Lust	Grund
Bergschuhe	Schuhe für die Berge	Zweck
Bastelbuch	Buch übers Basteln	Thema
Puderzucker	Zucker wie Puder	Beschaffenheit
Bildentstehung	Bild entsteht	Subjekt
Fiebermessung	Jemand mißt Fieber	Objekt

Bei Neubildungen kann es je nach Kontext unterschiedliche Deutungen geben:

Schuhdackel
- Dackel mit Schuhen
- Dackel, der einem die Schuhe bringt
- Dackel, der für die Schuhwerbung erfunden wurde
- jemand, der wie verrückt mit der Schuhmode geht

Eine Reihe von Bestimmungswörtern dient der Steigerung und Verstärkung:

> Bombenspiel, Bombenform, Bombenerfolg; Höllentempo, Höllenlärm,
> Höllendurst; Mordskerl, Mordshunger, Mordsgeheul; Topgeschäft,
> Toplage, Topmanager

●●

Es gibt Komposita, in denen Grund- und Bestimmungswort gleichberechtigt sind: Während ein *Seidenrock* ein Rock ist, der aus Seide besteht, ist ein *Hosenrock* Hose und Rock, eine *Hemdbluse* Hemd und Bluse, ein *Strichpunkt* Strich und Punkt; *Schleswig-Holstein* ist Schleswig und Holstein.

●●

| 210 | In die Fuge zwischen den Substantiven wird öfter eine Art Mörtel eingefügt. Solche Fugenzeichen sind hervorgehoben in folgenden Beispielen: | Fugenzeichen oder nicht? |

Kalb**s**braten, Kind**er**geschrei; Christ**en**tum, Krank**en**haus, Ehr**en**wort; Hund**e**kuchen, Weg**e**bau, Schwein**e**futter

Die Fugenzeichen sollte man nicht für Flexionsendungen halten: *Rinderbraten* ist nicht von mehreren Rindern (obwohl äußerlich die Pluralform vorliegt); bei *Kalbsbraten* könnte das *-s-* eine Genitiv-Endung sein, bei *Versicherungsnehmer* aber nicht.

Meistens werden die Substantive ohne Fugenzeichen zusammengesetzt. Aber das Fugen-s wird immer beliebter. Heute setzen wir es in vielen Fällen, wo es vor einiger Zeit noch unmöglich war:

Inhaltsbezug, Rindsleber, Vertragsbruch, Gesteinsmassen, Vaterlandsliebe, Landsmann (dagegen *Landmann* mit anderer Bedeutung)

So verdeutlichen wir die Verbindung, sogar wenn schon Fugenzeichen da sind: *Frauensperson.*

●●

Meide das Fugen-s, wenn schwierige Lautfolgen entstehen!

Nach *t* steht das Fugen-s sehr häufig:

Gelegenheitsarbeiter, Halbwertszeit

Manchmal sind Fugenzeichen nur im gehobenen Stil üblich: *Festesfreude* statt *Festfreude*, *Mondenschein* statt *Mondschein*.

Kein Fugen-s haben z. B.:

Verbandmull, Ansprechpartner, Geschenkartikel, Gesangverein, Ausweglosigkeit, Mehrwertsteuer

●●

| 211 | Zusammensetzungen aus Adjektiv und Substantiv sind häufig und leicht möglich. Das Adjektiv wird dabei nicht dekliniert: | Substantiv mit Adjektiv |

Grünfutter, Großraum, Heißluft, Spezialanfertigung, Geheimsprache, Alleinbesitz, Normalbenzin, Erstkommunion, Drittwagen

Das Adjektiv kann auch gesteigert sein:

Höchstleistung, Billigstpreise, Besserstellung, Weiterführung

Die Bedeutung ergibt sich fast immer durch Auflösung in ein attributives Adjektiv:

> Grünfutter → grünes Futter, Großflugzeug → großes Flugzeug, Feingebäck → feines Gebäck, Drittwagen → dritter Wagen

Aber im Kompositum liegt eine engere Verbindung vor, die anzeigt, daß das Adjektiv eine wesentliche Eigenschaft angibt. Mein dritter Wagen muß ja nicht mein Drittwagen sein. Manche Adjektivkomposita kann man eigentlich gar nicht mehr auflösen: *Weißwein, Engpaß, Kleinmut*.

Bei einigen Adjektivkomposita muß man sich noch etwas hinzudenken, um sie zu verstehen: Eine Feinbäckerei ist nicht eine feine Bäckerei, sondern eine, wo Feines gebacken wird. Ähnlich: *Leergewicht, Einzelhandel, Superpreis*.

Substantiv mit Verb

212   Zusammensetzungen aus Verb und Substantiv sind häufig. Man verwendet den reinen Stamm des Verbs, manchmal mit eingeschobenem *-e-*:

> Spülmaschine, Drehbank, Zündkerze, Lernerfolg, Trinkgeld, Schleifstein, Meldepflicht, Lesebuch, Liegestuhl, Zeigefinger, Werdegang

Die Bedeutung dieser Komposita ist geprägt durch das Verb. Um sie zu verstehen, muß man bedenken, welche Rolle das Substantiv bei dem Verb spielen könnte.

Beispiel	Umschreibung	Rolle
Nagetier	Tier, das nagt	Handelnder (Subjekt)
Dörrobst	Obst, das man gedörrt hat	Betroffenes (Objekt)
Rasierklinge	Klinge zum Rasieren	Zweck
Sammelplatz	Platz, wo man sich sammelt	Ort
Polterabend	Abend, an dem man poltert	Zeit
Lachfalten	Falten vom Lachen	Ursache

Substantiv mit Präposition

213   Komposita aus Präposition und Substantiv sind nicht unüblich, ihre Anzahl ist aber beschränkt, auch durch die geringe Zahl von Präpositionen:

> Nachmittag, Hintertreppe, Vorsaison, Überstunde, Unterdeck, Oberdeck, Zwischendeck, Überrock, Unterrock

Zum Verständnis dieser Komposita müßte man eigentlich ein weiteres Substantiv erschließen, das die Präposition regiert. Man vermutet hier aber meistens das gleiche Wort:

> Vorstadt: die Stadt vor der Stadt
> Hinterhaus: das Haus hinter dem Haus

Es gibt auch Beispiele, die nicht so zu verstehen sind:

> Hintertür, Vorabend, Hinterrad, Nachname

über und *unter* dienen auch der Graduierung:
Überangebot, Unterangebot, Übergröße, Unterbelegung

<table><tr><td>214</td><td>

Substantive aus Verben abzuleiten ist oft nötig. Es gibt dazu die Suffixe *-ung*, *-er*, *-ling*, *-nis*, *-erei*, *-e* (in länger bestehenden Wörtern auch die Suffixe *-st*, *-t*) und das Präfix *ge-*:</td><td>Substantiv
aus Verb</td></tr></table>

214 | Substantive aus Verben abzuleiten ist oft nötig. Es gibt dazu die Suffixe *-ung*, *-er*, *-ling*, *-nis*, *-erei*, *-e* (in länger bestehenden Wörtern auch die Suffixe *-st*, *-t*) und das Präfix *ge-*: | Substantiv aus Verb
Mahnung, Reifung, Bohrer, Heizer, Prüfling, Eindringling, Erlaubnis, Hetzerei, Lacherei, Lehre, Schreibe; Gehetze, Gehuste

In Fremdwörtern *-ierung*, *-(at)ion*:
Legierung, Stagnation

Solche Ableitungen aus Verben sind Substantivierungen. Außer diesen Ableitungen kann man den Infinitiv des Verbs als Substantiv verwenden:
das Essen, das Trinken, das Gehen

Außerdem gibt es Ableitungen ohne Suffixe, die meistens durch Ablaut gekennzeichnet sind:
Sprung, Gang, Ritt

Grammatisch braucht man sie, um über den jeweiligen Vorgang etwas aussagen zu können, wozu man oft das Verb als Subjekt und damit in Substantivform verwenden muß:
Sie ritten dreimal. Der erste Ritt war besonders eindrucksvoll.
Wir haben dich oft gemahnt. Aber du hast die Mahnungen mißachtet.

Inhaltlich wirken besonders die Bedeutungen der Suffixe. Häufig sind folgende Bedeutungsmerkmale:

Beispiel	Umschreibung	Merkmal
Gliederung	Handlung des Gliederns	Handlung
Gliederung	Ergebnis des Gliederns	Ergebnis der Handlung
Anleger	einer, der etwas anlegt	Handelnder
Schreiber	etwas, womit man schreibt	Instrument
Hopser	was man beim Hopsen produziert	Produkt
Eindringling	einer, der eindringt	Handelnder
Prüfling	einer, den man prüft	Betroffener
Rennerei	ständiges Rennen	Wiederholung, abwertend
Gehopse	ständiges und störendes Hopsen	Wiederholung, abwertend

Mehrdeutigkeiten sind hier üblich. Beispielsweise kann *Hopser* oder *Schreiber* auch einen Handelnden bezeichnen.

Substantiv aus Adjektiv

215 Substantive werden aus Adjektiven abgeleitet mit den Suffixen *-heit*, *-keit*, *-igkeit*, *-e*, *-nis*, *-sal*, *-ling*:

Gesundheit, Heiterkeit, Müdigkeit, Größe, Fäulnis, Trübsal, Fremdling

Außerdem gibt es in Fremdwörtern die Suffixe *-ität*, *-ie*, *-ismus*, *-ik*, *-iker*:

Nervosität, Apathie, Zynismus, Komik, Zyniker

• •

Die Suffixe *-heit* und *-tum* treten sowohl an Substantive wie an Adjektive:

Gottheit, Steilheit
Kaisertum, Reichtum

• •

Grammatisch gesehen dienen diese Substantivierungen dazu, eine adjektivische Aussage wieder aufzunehmen und sie zum Gegenstand einer neuen Aussage zu machen:

Nini war sehr aufmerksam. Ihre Aufmerksamkeit sollte sich noch auszahlen.
Das Erdbeben war stark. Seine Stärke übertrifft die früherer Beben.

Inhaltlich bezeichnen diese Ableitungen meist Eigenschaften oder Personen, die die Eigenschaft haben. Häufig sind folgende Bedeutungsmerkmale:

Beispiel	Verwendung	Merkmal
Schönheit	Schönheit ist eine Gottesgabe.	Eigenschaft
Schönheit	Sie war eine Schönheit.	Eigenschaftsträger
Genauigkeit	Die Genauigkeit ist unübertroffen.	Eigenschaft
Heiligkeit	Seine Heiligkeit war zugegen.	Eigenschaftsträger
Höhe	Die Höhe war beträchtlich.	Eigenschaft
Höhle	Sie schliefen in Höhlen.	Eigenschaftsträger
Finsternis	Die Erde lag in Finsternis.	Zustand
Fiesling	Der Fiesling log.	Eigenschaftsträger

Öfter gibt es Dubletten mit Bedeutungsnuancen: *Heiligtum/Heiligkeit*, *Eigentum/Eigenschaft*.

216   Substantive werden aus Substantiven abgeleitet mit den Suffixen   Substantiv
-chen, *-lein*, *-le*, *-schaft*, *-tum*, *-heit*, *-er*, *-in*, *-ner*, *-ler*, *-ist* und den Präfixen   aus Substantiv
ge-, *un-*, *miß-*:

> Bäumchen, Äuglein, Häusle; Freundschaft, Brauchtum, Kindheit, Schüler, Ärztin, Redner, Tischler, Hornist; Gebüsch, Unsitte, Mißgunst

Grammatisch wird mit dieser Ableitung nichts bewirkt, ihre Wirkung liegt im Inhalt:

Suffix/Präfix	Beispiel	Merkmal
-chen, -lein	Häuschen, Fläschlein	Verkleinerung
-chen, -lein	Bierchen, Kindlein	Koseform
-tum, -schaft	Bürgertum, Bürgerschaft	kollektiv
-tum	Schülertum	Zustand
-in	Kätzin	weiblich
-er	Apotheker	Beruf
-ner, -ler, -ist	Pförtner, Sportler, Pianist	Handelnder
Ge-	Gewölk	kollektiv
Un-, Miß-	Unlust, Mißstimmung	Negation
Ur-	Urbayer	Steigerung

Koseformen werden jetzt auch häufig mit *-i* gebildet:

> Mutti, Vati, Schatzi, Mausi, Mamili, Hausis (Hausaufgaben)

Sie wirken zärtlich oder kindlich, weil sie in der Kindersprache entstanden sind.

●●●

Nicht doppelt moppeln: *ein kleines Häuschen*, *ein winziges Würmchen* muß nicht unbedingt sein.

●●●

11.4 Die Bildung neuer Adjektive

217   Zusammensetzungen aus zwei Adjektiven sind häufig: Adjektiv
> festverzinslich, hochsensibel, leichtverständlich, gutartig   mit Adjektiv

Besonders bei adjektivischen Partizipien ist diese Zusammensetzung gängig:

> leichtbekleidet, schwerbeladen, hartgekocht, weitgehend

Ursprünglich sind sie wohl im Satz zusammengewachsen, das Vorderglied modifizierte das jeweilige Adjektiv:

Das Buch ist schwer verständlich – ein schwerverständliches Buch...

Dieses Verhältnis hat sich in der Bedeutung erhalten.

Häufig liegen Graduierungen vor:

hellgrün, blaßgrün, dunkelgrün, tiefgrün, sattgrün;
hochelastisch, vollelastisch, halbelastisch

●●●

Es gibt Komposita, in denen beide Adjektive inhaltlich gleichberechtigt sind: *graublau* heißt grau und blau, *taubstumm* heißt taub und stumm.

●●●

Adjektiv mit Verb

218   In Zusammensetzungen von Adjektiven mit Verben steht immer der reine Verbalstamm; Fugenzeichen treten nicht auf:

spielbereit, rührfähig, sitzbequem, bettelarm

Die Bedeutung ist gut zu erschließen, es gibt im wesentlichen drei Muster:

Beispiel	Umschreibung	Verbindung
bettelarm	arm zum Betteln	Folge
sitzmüde	müde vom Sitzen	Ursache
lerneifrig	eifrig beim Lernen	Bezug

Einige Adjektive verlieren ihre volle Bedeutung, sie werden Halbsuffixe. So bleiben sie auch in der Umschreibung nicht erhalten:

spaltfähig – kann gespalten werden, lauffreudig – läuft gern,
gehfähig – kann gehen

Ebenso: *drehfreudig, erbfähig, saugfähig, flugtauglich, glaubwürdig.*

Bildungen mit diesen Halbsuffixen finden wir besonders in Fachsprachen. Sie werden häufig als unschön kritisiert.

Adjektiv mit Substantiv

219   Zusammensetzungen von Adjektiven mit Substantiven sind sehr häufig:

butterweich, daunenweich, schneeweiß, strohgelb, schulebildend, augenzwinkernd; eisgekühlt, hitzeversiegelt

Man kann leicht neue Zusammensetzungen bilden:

wolkenweiß, wolkenweich, wolkenmüde, wolkenfrei

Öfter wird ein Fugen-*s*, selten *-en-* verwendet:

hilfsbereit, lebensmüde, reaktionsfrei; narrensicher, insektenfrei

220   Die Bedeutung der Komposita ergibt sich aus den Bedeutungen der   Bedeutung
Teile und aus dem Kontext. Oft legt das Adjektiv durch seinen Anschluß (die
verlangte Präposition oder den Kasus) schon eine Deutung nahe:

> hilfsbereit – bereit zur Hilfe
> hilfsbedürftig – der Hilfe bedürftig
> widerspruchsfrei – frei von Widerspruch

Dies ist besonders deutlich bei adjektivischen Partizipien:

> eierbeladen – beladen mit Eiern, sturmzerzaust – vom Sturm zerzaust,
> gramgebeugt – von Gram gebeugt, friedliebend – liebt den Frieden

Einige Deutungsmuster sind Routine geworden:

Beispiel	Umschreibung	Verbindung
steinalt	alt wie ein Stein	Vergleich
krankheitsbedingt	bedingt durch Krankheit	Ursache
stadtberühmt	berühmt in der Stadt	Ort
gutherzig	mit gutem Herzen	Merkmal

Besonders häufig ist der Vergleich. Für die Pilzbestimmung z. B. unterscheidet
man folgende Farben:

> milchweiß, fliederfarben, rostfarben, fleischfarben, rostbraun, kasta-
> nienbraun, semmelgelb, dottergelb usw.

In Adjektiv-Komposita mit *tod-* erscheint das Substantiv *Tod*:

> todernst, todkrank, todsicher, todschick

In Verb-Komposita erscheint dagegen das Adjektiv *tot*:

> totfahren, sich totlachen, totmachen, totsagen

221   Adjektivableitungen aus Adjektiven werden vorwiegend mit dem Suf-   Adjektiv
fix *-lich* und dem Präfix *un-* gebildet: aus Adjektiv

> grünlich, dicklich, dümmlich; unfrei, unschön, unverzichtbar

Die Bedeutung dieser Ableitungen ist deutlich:

Beispiel	Umschreibung	Merkmal
bläulich	leicht blau	Abschwächung
unschön	nicht schön	Negation

Nicht ganz regelmäßig sind Bildungen wie *öffentlich, geflissentlich, flehentlich*.

Adjektive wie *unschön* sind milder als das strenge Gegenteil *häßlich*. Negiert können sie zum dezenten Lob verwendet werden: *ein nicht unelegantes Kleid*.

Adjektiv aus Substantiv

| 222 | Adjektivableitungen aus Substantiven sind sehr zahlreich. Sie werden mit den Suffixen *-isch*, *-lich*, *-ig*, *-haft*, *-en*, *-ern*; *-al*, *-alisch*, *-ell* gebildet:

römisch, ärztlich, bauchig, fehlerhaft, golden, hölzern; normal; physikalisch, oppositionell

Die häufigsten Suffixe sind *-isch*, *-lich*, *-ig*. Als Grundbedeutung geben sie die Zugehörigkeit an. Ihre Deutung im einzelnen ist unterschiedlich, man kann sie nur im Kontext umschreiben:

eine diebische Elster – die sich als Dieb/wie ein Dieb verhält
die afrikanische Steppe – in Afrika
eine afrikanische Frau – aus Afrika
eine politische Partei – zur Politik gehörig

Bei den übrigen Suffixen ist die Bedeutung klarer:

Beispiel	Umschreibung	Merkmal
heldenhaft	als Held/wie ein Held	typische Eigenschaft
seiden	aus Seide	Material
bleiern	aus Blei	Material
sakral	aus dem Sakralen (Religiösen)	Zugehörigkeit
moralisch	entsprechend der Moral	Übereinstimmung
farblich	bezüglich der Farbe	Bezug
vierzehntägig	vierzehn Tage lang	Dauer
vierzehntäglich	alle vierzehn Tage	Wiederholung

Unterscheide:

wunderlich – wunderbar   fremdsprachig – fremdsprachlich
kindlich – kindisch   geschäftig – geschäftlich
verständlich – verständig   rationell – rational
stündlich – dreistündig   elektrisch – elektronisch
halbjährlich – halbjährig   mündlich – mündig
formell – formal   sozial – sozialistisch
reell – real   farbig – farblich

Nicht ganz einfach sind die Adjektive bei fremden Ländernamen:

Madagaskar – madagassisch   Zaire – zairisch
Guatemala – guatemaltekisch   Senegal – senegalesisch
Kongo – kongolesisch   Malta – maltesisch

223   Adjektive werden aus Verben mit den Suffixen *-bar*, *-lich*, *-ig*, *-sam*,   Adjektiv
-abel abgeleitet: aus Verb

tragbar, erträglich, bröcklig, sparsam, akzeptabel

Die Bedeutungen dieser Ableitungen sind recht klar:

Beispiel	Umschreibung	Merkmal
tragbar	kann getragen werden (passivisch)	Möglichkeit
haltbar	hält sich	Möglichkeit
erträglich	kann ertragen werden (passivisch)	Möglichkeit
nützlich	nützt	Eigenschaft
durchlässig	läßt durch	Fähigkeit
bedeutsam	bedeutet etwas	Eigenschaft
akzeptabel	kann akzeptiert werden (passivisch)	Möglichkeit

Bei Adjektiven kommt es auf das Suffix an. Unterscheide:

beliebt – beliebig   unglaublich – ungläubig
scheinbar – anscheinend   gemäßigt – mäßig
wunderbar – wunderlich   bestechend – bestechlich

11.5 Besondere Wortbildungen

224   Die Sprache funktioniert nach dem Prinzip der Sparsamkeit. Wenn die   Kopfwörter
Wörter – durch Wortbildung etwa – zu lang werden, kürzen wir sie. Häufig
sind die sogenannten Kopfwörter, bei denen wir den Anfang eines Wortes
erhalten, den Rest aber wegkürzen:

Auto(mobil), Kilo(gramm), Labor(atorium), Alu(minium), Krimi(nalro-
man), Ober(kellner), Photo(graphie), Piano(forte), Steno(graphie);
Alex(ander), Hilde(gard), Inge(borg)

Neuere Bildungen sind:

Mathe(matik), Bio(logie), Uni(versität), Deo(dorant), Frust(ration),
Schoko(lade), Akku(mulator), Tele(objektiv), Super(benzin), Abi(tur),
Abo(nnement), Limo(nade), Demo(nstration), Tacho(meter), Kombi(na-
tionsauto)

Mit neuen Suffixen:

Profi, Sponti, Realo (realistisch), Fundi (fundamentalistisch), Razo
(rationalistisch)

Die Kopfwörter sind selbständige Wörter, sie können auch in Zusammensetzungen verwendet werden: *Tachowelle*, *Bio-Laden*, *Mathe-Aufgaben*.

Schwanzwörter **225**   Bei der Kürzung von Wörtern können wir das Vorderteil weglassen, der Rest bleibt dann als eigenes Wort erhalten:

(Omni)Bus, (Fahr)Rad, (Friede)Rike, (Char)Lotte

Solche Schwanzwörter sind recht selten. Häufig werden aber Bestimmungswörter weggekürzt, weil im Kontext sowieso klar ist, was gemeint ist:

(Eisen)Bahn, (Schall)Platte

Schachtel- **226**   Schachtelwörter sind Gelegenheitsbildungen. Sie sind aufeinandergewörter klappte Wörter, der Schluß eines Wortes ist gleich dem Beginn des andern:

| Kamel | Telegramm | Lakritz |
| Elefant | Grammatik | Kritzelei |

| Kamelefant | Telegrammatik | Lakritzelei |

Weitere Schachtelwörter sind:

Kurlaub, Promillionär, Stiefmuttersöhnchen, Pädagongschlag, Ehrgeizhals, Blitzschlagzeug, Müllionär, Vagabündel; heuschrecklich, schuhverlässig, famillionär, wildschön, kotzequent

Manchmal werden auch nur der Anfang und der Schluß zweier Wörter zusammengeklammert. Die Mittelteile müssen dann nicht gleich sein:

| Mo[tor] | Tom[ate] |
| [Ho]tel | [Kart]offel |

| Motel | Tomoffel |

Schachtelwörter sind oft witzig, kritisch oder polemisch. Sie erzielen einen Aha-Effekt, weil sie Unterschiedliches zusammenbringen:

Reaktionärrin, Demokratur, Formularifari, Bilanzknecht, Faustrechtstaat, Kirschkernreaktor; akadämlich

Kurzwörter **227**   Kurzwörter sind Abkürzungen, die wie andere Wörter verwendet und gesprochen werden:

EDV, CDU, SPD, DGB, PKW, SOS, BRT; Kripo, Mofa, Schiri, Trafo, UNO, NATO

●●

Bloße Schreibabkürzungen wie *Dr.* (Doktor), *S.* (Seite), *kg* (Kilogramm) usw. sind keine Kurzwörter.

●●

Kurzwörter können gebildet werden mit den Anfangsbuchstaben sinntragender Teile:

LKW = **L**ast**k**raft**w**agen, UKW = **U**ltra**k**urz**w**elle

Sie werden dann nach den Buchstaben ausgesprochen: Ellkawe, Ukawe.

Kurzwörter können gebildet werden mit den Silbenanfängen der Sinnteile. Man kann sie dann lesen und aussprechen wie andere Wörter:

   Azubi = **Auszubi**lende/r

Die Kurzwörter erhalten meistens keine Deklinationsendung: *des PKW*. Den Plural bilden sie mit *-s*: *die Mofas*, *drei Azubis*.

Kurzwörter können selbst wieder in Zusammensetzungen und sogar in Ableitungen stehen:

   S-Bahn, U-Bahn, LKW-Anhänger, UKW-Empfang, Kripo-Chefin, Mofa-Unfall; SPDler, kripomäßig

11.6 Die Wortbildung in stilistischer Sicht

Wortbildungen entspringen der kreativen Kraft der Sprache und der Sprecher. Neue, kreative Bildungen haben stilistische Wirkung. Darum gehört eine gewisse Kühnheit zur Wortschöpfung. Aber kühn war auch die Schöpfung all der komplexen Wörter, die uns heute selbstverständlich sind.

Wie wirken Wortschöpfungen?

Alltäglich ist die Neubildung von Substantiven für neue Dinge und neue Sachverhalte. Wenn ein neues Dienstfahrrad im Amt angeschafft wird, gibt's auch bald eine Dienstfahrradvorschrift und darin die Dienstfahrradbenutzungserlaubnis und das Dienstfahrrad-Fahrtenbuch. Das ist ganz normal und nicht besonders kreativ. Wenn neue Pflanzen gezüchtet werden, die unten Kartoffeln tragen und oben Tomaten, dann sind das eben Tomoffeln (ein Schachtelwort also). Und man kommt schnell auf die Idee, auch Erdbeersellerie, Kohlkarotten und Tabakmöhren zu züchten. Das ist schon kreativer.

Dichter sind natürlich Meister der Wortschöpfung:

" Rege dich, du Schilfgeflüster!
Hauche leise, Rohrgeschwister,
Säuselt, leichte Weidensträuche,
Lispelt, Pappelzitterzweige,
Unterbrochnen Träumen zu!
Weckt mich doch ein grauslich Wittern,
Heimlich-allbewegend Zittern
Aus dem Wallestrom und Ruh.
                    J. W. von Goethe

Neue Bildungen, der Natur vorgeschlagen:

Der Ochsenspatz
Die Kamelente
Der Regenlöwe
Die Turtelunke
Die Schoßeule
Der Walfischvogel
Die Quallenwanze
Der Gürtelstier
Der Pfauenochs
Der Werfuchs
Die Tagtigall
Der Sägeschwan
Der Süßwassermops
Der Weinpinscher
Das Sturmspiel
Der Eulenwurm
Der Giraffenigel
Das Rhinozepony
Die Gänseschmalzblume
Der Menschenbrotbaum.
   Christian Morgenstern

So wimpelt wohl vom Schiff das Fähnchen her,
Kehrts heimathafenfroh aus weitem Meer.
         Richard Dehmel

Dichter-Schöpfungen bringen oft unterschiedliche Bereiche zusammen, schaffen neue Bilder und verdichten sie auf engem Raum. Weil Wortschöpfungen oft ungewöhnlich und gesucht wirken, kann der Dichter sie auch ironisch nützen:

Wenns mitternächtigt und nicht Mond
noch Stern das Himmelshaus bewohnt,
läuft zwölfmal durch das Himmelshaus
   die Mitternachtsmaus.
        Christian Morgenstern

Wortbildungen regen uns an, sie sind in ihrer Deutung offen und bringen unsere Phantasie in Schwung:

,, Der Hustenhund

Wenn es in Ihnen kläfft
und bellt und krächzt,
und etwas wie ein bitterböser Hund
auf Ihren Lungen und Bronchien sitzt,
dann mildert und besänftigt
Husten-Tee.

Ein Hustenhund. Was ist das? Ein Hund, der Husten aufspürt, der ihn verursacht oder überträgt? Die Werbeleute machen sich die Offenheit zunutze. Sie geben uns mit der Bildung *Hustenhund* ein Rätsel, auf dessen Lösung wir hoffen – und so lesen wir weiter. Ähnlich geht es uns mit Zusammensetzungen wie *Finanzkarussell, Meinungsmüll, Medienhimmel*.

Anregend sind auch witzige, spielerische Verwendungen von Neuschöpfungen oder spielerische, spaßhafte Deutungen alter Schöpfungen:

,, Wie gewinnt man Eisen? Man sammelt einen Sack voll Ameisen und streicht *am* ab. Dann erhält man Eisen.

Welches Tier hat's am kältesten? Die Ameise, sie ist immer am Eise. Kälter hat's aber der Zeisig. Der ist hinten eisig.

Welche Tiere haben mit der Kälte kein Problem? Die Bienen, sie singen ständig: Im Bienenschwarm ist's hinten warm.

nach F. Fühmann

Auch folgende Ketten stecken uns ein Licht auf:
Kalbsschnitzel – Schweineschnitzel – Kinderschnitzel
Bausäge – Eisensäge – Laubsäge
Muttermilch – Buttermilch – Magermilch – Büchsenmilch

Überraschend sind wohl auch die folgenden Deutungen:
Tauwerk – Werk, das Seile herstellt
Dramatisch – Tisch, auf dem ein Drama verfaßt wird
Barhocker – ausdauernder Besucher von Bars
Trampelpfad – Abkürzung für geistig Minderbemittelte
Mädchen – kleiner Wurm

Was wir Dichtern zugestehen, lassen wir nicht für alle gelten. Ausländer in Bezeichnungsnot bilden oft neue Wörter. Sie nehmen sich übliche Wörter zum Vorbild und denken sich, warum nicht auch so:

- Ich bin ein Faulschreiber. (ein Ägypter)
- Ich studiere mit der Hoffe, davon mehr Erfahre zu bekommen. (ein Inder)
- Herzliche Grüße von Ihrem Vorbei-Student. (ein Sierra Leonenser)
- Das Werkzeug ist sehr vielverzwecklich. (ein Nigerianer)
- Vielen Dank für die informationsreichliche Literatur. (ein Brasilianer)

Solche Bildungen entsprechen unseren Wortbildungsregeln. Nur sind sie verblüffend neu, und weil wir annehmen, der Ausländer könne nicht richtig Deutsch, finden wir sie verdächtig. Sicherlich sind sie manchmal für uns überflüssig, aber oft sind sie auch anregend, manchmal sogar treffend und schön.

Wie findet und wie beurteilt man neue Wörter?

Die Wortbildung bietet uns Spielraum und Freiheit. Vorbilder können uns inspirieren, und sie können unsere Leser im Verstehen leiten: *Tiefgefühl* kann man zu *Hochgefühl* bilden, *Vormorgen* zu *Vorabend*, *Unterstrumpf* zu *Überstrumpf*, *Verfrühung* zu *Verspätung*, *Mitlehrer* zu *Mitschüler*, *entreichern* zu *bereichern*.

●●●

Mit solchen Analogien kann man schöne Wirkungen erzielen:
    Ich habe keinen Überschuß, eher einen Unterschuß.

Aber es lauern auch Gefahren, wenn ein Wort schon anders besetzt ist:
✽   Bei Erwärmung steigt das Thermometer, bei Erkältung sinkt es.

●●●

geigen ist ein Verb aus dem Substantiv *Geige*. Es bezeichnet das Musizieren mit dem Instrument. Genauso können wir weitere Handlungsverben bilden: *harfen*, *orgeln*, *flöten*, *trommeln*.

Aber stets sollten wir die Wirkung neuer Bildungen bedenken. Kühne Wortschöpfungen erregen bei manch einem Anstoß; doch manch anderer hat auch Freude dran. Der überlegte Schreiber sollte also die Möglichkeiten der Wortbildung nutzen, die Eleganz der Konstruktion, die Anregung zur Deutung, den Vorteil der Kürze. Er braucht aber ein Gespür für die Nebenwirkungen: Wirkt die Neubildung ironisch, abwertend, distanziert, provozierend? Wie wird man es auffassen, wenn einer sagt:
✽   Wenn ich recht schmutzige Hände habe, tränke ich sie mit Wasser und entschmutze sie also; dann sind sie pflegeleicht.

Also Vorsicht! Wenn deine Freundin geigt und du möchtest gern klavieren, dann solltest du vorher einiges bedenken.

Hier sind ein paar Tips für Wortschöpfer:

Von *Laute* könnte man *lauten* bilden, aber das Verb gibt es schon von *Laut*, es bedeutet etwas anderes. Von *Zither* kann man *zithern* bilden, aber da ist man nahe bei *zittern* und bei einem Kalauer. Ebenso *pauken* von *Pauke*. Damit sind diese Bildungen nicht verboten, aber man muß die Wirkung bedenken. Im richtigen Kontext können sie durchaus am Platze sein.

Als Wortschöpfer kann man in Konflikt kommen mit andern, schon bestehenden Wörtern. Das neugebildete Wort gibt es vielleicht schon in anderer Bedeutung, oder der inhaltliche Platz für die Neubildung ist schon besetzt. Das kann Neubildungen blockieren.

Von *Tuba* kann man das Verb schwer bilden: *tubaen* geht kaum, *tuben* ist zu nahe bei der Tube. Gleiches gilt für *Cello*, *Piano*, *Oboe*. Und gitarrst du? Das klingt sehr ungewöhnlich.

Die Neubildung muß man auch aussprechen können. Sie sollte keine ungewöhnlichen Lautfolgen enthalten, sie sollte nicht zu lang oder komplex sein.

Auch komplexe Wörter oder Fremdwörter sperren sich leicht gegen Ableitung: *Ich blockflöte und sackpfeife* erscheint so ungewöhnlich wie *fagotten*, *klarinetten* oder *schalmeien*. Doch warum nicht *pianieren*? Möglich ist vieles.

Ein seltenes Instrument oder eine vieldeutige Bezeichnung eignet sich oft schlecht: *Kannst du hornen*? Beachte aber, daß Kontext und Zusammenhang hier Klarheit schaffen können. Wenn etwa dem Partner die Analogie vorgeführt wird:

Er geigt besser, als ich flöte.
Wir vertrieben uns die Zeit, indem wir geigten und harften.

Die Neubildung muß durchsichtig und im Zusammenhang verstehbar sein.

trompeten, *flöten*, *leiern*, *posaunen* werden verwendet zur Charakterisierung von Sprechweisen, und so kann man analog auch andere Bildungen verstehen: *schalmeien*.

Oft ist die Bedeutung der Neubildung nicht neutral und oft sogar leicht abwertend. Manchmal klingen Neuwörter ironisch, weil der Schreiber sich von ihnen distanziert.

Übrigens, auch übliche Bildungen haben oft schon einen Beigeschmack. Ein großer, gefeierter Geiger geigt nicht mehr, aber er violiniert auch noch nicht.

Zweites Kapitel: Die Phrasen

Beispiele | 228 | Phrasen (auch Wortgruppen genannt) sind Gruppen von Wörtern, die nach grammatischen Regeln verbunden sind, so daß sie eine Sinneinheit bilden. Phrasen sind die eingeklammerten Satzteile in folgenden Beispielen:

[Der kleine Muck] kam.
Er [soll bleiben dürfen].
Die Eisen waren [wirklich schön gebogen].

Kennzeichen | 229 | Die Phrasen sind die Zwischenglieder zwischen Wort und Satz, sie sind sozusagen Fertigbauteile für das Satzgebäude. Sie sind durch folgende Eigenschaften gekennzeichnet:

– Phrasen bestehen (meistens) aus mehreren Wörtern.

– Phrasen sind Bedeutungseinheiten. Beim Sprechen kann man zwischen den Phrasen Luft holen, beim Lesen kann man im Geiste verharren.

– Phrasen lagern sich um einen Kern, dem die übrigen Wörter der Phrase untergeordnet sind.

– Phrasen sind gewöhnlich zusammenhängende Ausschnitte aus Sätzen, d. h., die Wörter einer Phrase stehen eng beieinander. Nur selten kann man Phrasen auseinanderreißen.

– Phrasen haben feste Baupläne; die Grammatik gibt Regeln dafür, wie Phrasen aufgebaut sein können.

Arten | 230 | Jede Phrase hat einen Kern. Der Kern gehört einer der Hauptwortarten an. So gibt es

– Verbalphrasen mit einem Verb als Kern:
[**ist** gegangen], [bleiben **wollen**]

– Nominalphrasen mit einem Nomen (Substantiv oder Pronomen) als Kern:
[der letzte **Mohikaner**], [**wir** in Kiel]

– Adjektivphrasen mit einem Adjektiv als Kern:
[ganz **herzlich**], [dreißig Meter **hoch**]

Die grammatischen Regeln bestimmen, welche Arten von Wörtern sich um die Kerne herum lagern können. Außerdem ist die Reihenfolge der Wörter ziemlich festgelegt. Man kann sie meistens nicht umstellen. So heißt es:

[der letzte Mohikaner]

Aber nicht:

🔥   [letzte Mohikaner der]

🔥   [Mohikaner letzte der]

Solche Abfolgen sind unzulässig.

Funktionen im
Satz

| 231 | Der Hörer oder der Leser konstruiert die Satzbedeutung in Einzelschritten aus den Phrasen. Dazu muß er bestimmen, wie die Phrasen aufeinander bezogen sind, wie sie zusammengehören. Und er muß verstehen, welche Rolle eine Phrase im Satz spielt. Die gleiche Phrase könnte nämlich unterschiedliche Rollen übernehmen. Die Nominalphrase *die kleine Laute* kann im Satz entweder Subjekt oder Objekt sein:

[Die kleine Laute] spielte wunderschön.

  Subjekt

Wir alle liebten [die kleine Laute].

     Objekt

Phrasen werden als inhaltliche Einheiten aufgebaut, ihre Bedeutung ergibt sich aus der Bedeutung der Teile. Dabei können sich die Wortbedeutungen auch gegenseitig beeinflussen, ein Wort kann in verschiedenen Phrasen Verschiedenes bedeuten. So leisten die Adjektive unterschiedliche Beiträge in den gegenübergestellten Phrasen:

  ein leichter Stein – ein leichter Wind

  dieser leuchtende Stern – dieses leuchtende Beispiel

  ein mildes Lächeln – eine milde Gabe

Aus den einzelnen Phrasen baut sich die Satzbedeutung auf. Im Satzzusammenhang müssen Phrasen öfter abgewandelt werden:

[Dieser kleine Kerl] war ganz schön schlau.

  Subjekt

Ich mag [diesen kleinen Kerl].

    Objekt

Trotzdem handelt es sich um die gleiche Nominalphrase, nur in abgewandelter Form.

Erweiterung | 232 | Es gibt kürzere und erweiterte Formen einer Phrase:
Muck
der Muck
der kleine Muck
der sehr kleine Muck
der sehr kleine Muck aus dem ersten Kapitel

Grammatisch können all diese Formen die gleiche Rolle spielen; man kann sie gegeneinander austauschen, ohne daß grammatische Fehler entstehen müssen.

Außerdem können Phrasen auch als Teile anderer Phrasen auftreten:
Das ist [ein [wirklich schön gebogenes] Eisen].

Das Ganze ist eine Nominalphrase, die eine Adjektivphrase als Teil enthält.

Reihung | 233 | Phrasen können noch auf andere Weise erweitert sein. Man kann sie sozusagen verdoppeln, indem man gleichartige Phrasen gleichgeordnet verbindet:
[der kleine Muck und dieser riesige Kerl]
Sie [tanzten und sprangen].

So entsteht eine neue Phrase als Reihung zweier gleichartiger Phrasen. Die gereihten Phrasen sind meistens durch Konjunktionen verbunden wie *und*, *oder*.

Reihungen können mehrfach ausgeführt sein. So entstehen Häufungen:
[der letzte Mohikaner, der kleine Muck, der winzige Kerl und wir aus Kiel] ...
Er [kam, sah und siegte].

Die verbindende Konjunktion muß man sich dabei zwischen allen Paaren denken. Sie ist nur der Sparsamkeit halber nicht wiederholt.

1 Verbalphrasen

1.1 Arten und Muster von Verbalphrasen

234 Verbalphrasen sind die eingeklammerten Teile in folgenden Bei- Beispiele
spielen:

$$
\text{Wir}
\left\{
\begin{array}{l}
\textbf{akzeptieren,} \\
\textbf{haben } \text{akzeptiert,} \\
\textbf{werden } \text{akzeptieren,}
\end{array}
\right\}
\text{was vorgeschlagen wird.}
$$

$$
\text{Der Vorschlag}
\left\{
\begin{array}{l}
\textbf{wird } \text{akzeptiert.} \\
\textbf{wird } \text{akzeptiert werden.} \\
\textbf{kann } \text{akzeptiert worden sein.}
\end{array}
\right\}
$$

Die Verbalphrase hat ein Verb als Kern, der hier hervorgehoben ist. Sie
besteht mindestens aus einem Verb. Oft enthält sie aber mehrere Wörter, zum
Beispiel ein Kernverb mit weiteren Verbformen.

235 Nach der Flexionsform des Kernverbs kann man finite (gebeugte) und Arten
infinite (ungebeugte) Verbalphrasen unterscheiden (→ 11): Finit sind etwa [*ist
gesprungen*], [*wollte bleiben*], sie haben ein finites Verb als Kern; infinit sind
[*gesprungen sein*], [*bleiben wollen*], sie haben ein infinites Verb als Kern. In
Verbalphrasen mit mehreren verbalen Teilen regieren die Kernverben unterschiedliche Verbformen. Man teilt die Verbalphrasen entsprechend ein:

– Partizipialphrasen, das sind Verbalphrasen, in denen das Kernverb ein Partizip II regiert:
   [hat gesehen], [wurde gesehen], [kommst gelaufen]
   Kernverben dieser Gruppe sind: die Hilfsverben *haben*, *sein*, *werden* und
   bekommen; die Verben *kommen*, *gehören* können ebenfalls Partizipien
   regieren.

– Infinitivphrasen, das sind Verbalphrasen, in denen das Kernverb einen
Infinitiv regiert:
   [wird sehen], [können sehen], [sehen lassen]
   Kernverben dieser Gruppe sind: das Hilfsverb *werden*; die Modalverben
   müssen, *sollen*, *können*, *dürfen*, *mögen*; die Wahrnehmungsverben *sehen*,
   hören, *spüren*, *riechen*; die Verben *helfen*, *lernen*, *lehren*.

– *zu*-Phrasen, das sind Verbalphrasen, in denen das Kernverb einen Infinitiv
mit *zu* regiert:
   [ist zu sehen], [habe zu tun], [scheint zu schlafen]
   Kernverben dieser Gruppe sind: *sein*, *haben*, *scheinen*, *beginnen*, *drohen*,
   versprechen usw.

•••

Manchmal finden wir auch bei *lehren*, *lernen*, *helfen zu*-Phrasen:
> Man hilft ihr(,) den Tisch ins Haus (zu) tragen.

•••

Außerdem gibt es noch
– Streckformen, das sind Verbalphrasen, die meist ein einfaches Verb ersetzen und aus einem bedeutungsarmen Verb mit einem Verbalabstraktum
  bestehen:
> [Fortschritte machen], [in Serie gehen], [zum Stehen kommen]

Regierende Verben sind hier oft die Funktionsverben *kommen*, *bringen*, *sein*
und *setzen*, *erheben*, *machen* usw.

Erweiterung |236| Verbalphrasen müssen nicht aus zwei Gliedern bestehen, sie können
komplexer sein. Dann sind sie stufenweise aufgebaut:

> sehen
> sehen lassen
> sehen lassen wollen
>
> akzeptieren
> akzeptiert werden
> akzeptiert worden sein
> akzeptiert worden sein müssen

Schrittweise wird immer ein neues Kernverb draufgesetzt. Das Kernverb steht
am Ende, das regierte Verb direkt vor ihm. Wichtig ist die innere Abstimmung; das Kernverb bestimmt die Form des regierten Verbs: *werden* verlangt
ein Partizip II (*akzeptiert*), *müssen* einen Infinitiv *sein*, *brauchen* würde einen
Infinitiv mit *zu* verlangen.

•••

Bei den Modalverben und den Verben *brauchen*, *heißen*, *sehen*, *lassen*, oft
auch bei *hören*, *helfen*, *fühlen*, steht nicht das Partizip II mit dem Hilfsverb
haben, sondern der sogenannte Ersatzinfinitiv:
> habe kommen wollen (nicht: *gewollt*)
> hat sich sehen lassen (nicht: *gelassen*)

In diesen Fällen steht das Kernverb *haben* am Anfang, nicht am Ende!
Als Vollverben haben diese Verben aber das Partizip:
> Ich habe ihn nicht gemocht (nicht: *mögen*).

•••

| 237 | Verbalphrasen spielen verschiedene grammatische Rollen. Finite Ver- | Funktion |

237 Verbalphrasen spielen verschiedene grammatische Rollen. Finite Verbalphrasen sind immer Prädikat:

Funktion

> Wer [weiß], was sie [tun wollen].

Infinite Verbalphrasen können

– satzwertige Infinitive bilden:
> Wir fordern Sie auf, dies [bleiben zu lassen].

– satzwertige Partizipien bilden:
> [Völlig ermüdet] fällt er auf die Bank.

– Subjekt sein:
> [Leben lassen] ist wichtig.

– Objekt sein:
> Sie liebt [zu siegen].

– Teil einer Verbalphrase sein:
> Er muß alle [leben lassen].

238 Bei den finiten Verbalphrasen kann das Kernverb sich von der Verbalphrase lösen und wandern:

> Wenn er von allen [akzeptiert worden ist], . . .
> Er [ist] von allen [akzeptiert worden].

Solche zerrissenen Verbalphrasen bilden eine Satzklammer (→ 368).

1.2 Tempusphrasen

239 Das Deutsche hat sechs Tempora (→ 24). Nur zwei davon werden durch Verbformen gebildet, die übrigen vier sind komplexe Verbalphrasen (zusammengesetzte Zeiten). Es gibt zwei Arten:

zusammengesetzte Tempora

– Partizipialphrasen für das Perfekt und das Plusquamperfekt:
> [hat geforscht], [hatten sich verbrüdert], [marschiert sein]

– Infinitivphrasen für das Futur I und das Futur II:
> [wirst bleiben], [werdet vorbeikommen], [wird marschiert sein]

● ●

werden mit Infinitiv drückt nicht immer Futur aus. Es kann auch eine Vermutung vorliegen:

> Wo ist Nina? – Sie wird im Bett sein.

Was gemeint ist, wird oft erst im Kontext klar. Ein Hinweis auf Vermutung findet sich in Partikeln wie *wohl*, *vermutlich* usw.

● ●

haben oder | 240 | Tempusphrasen können grundsätzlich zu jedem Verb gebildet werden.
sein?   Bei den Partizipialphrasen gibt es aber eine Arbeitsteilung: Manche Verben
verlangen als Hilfsverb *haben*, andere verlangen *sein*. Das Perfekt mit *haben*
bilden

– transitive Verben, die auch ein Passiv bilden:
  gesehen haben, untersucht haben, versucht haben

– Modalverben und das Hilfsverb *haben* selbst:
  gekonnt haben, gewußt haben, gewollt haben, gehabt haben

– reflexive Verben:
  sich geschämt haben, sich gewundert haben, sich geweigert haben

In vielen Fällen kommt es auf die Bedeutung des Verbs an. Bezeichnet das
Verb eine Dauer (→ | 10 |), wird das Perfekt meistens mit *haben* gebildet:

durativ	perfektiv
geblutet haben	verblutet sein
geblüht haben	erblüht sein
getreten haben	ausgetreten sein
gezogen haben	ausgezogen sein

Unterscheiden muß man auch das Zustandspassiv vom Perfekt (→ | 246 |):

Perfekt	Zustandspassiv
Das Auto ist abgebogen.	Die Antenne ist abgebogen (worden).
Das Auto ist abgefahren.	Der Reifen ist abgefahren (worden).

Manchmal ist sowohl *haben* als auch *sein* möglich, allerdings mit Bedeutungsnuancen:

Hast du die hundert Meter gekrault?
Ich bin schon 100 m gekrault.

Friedel hat auf die Blumen getreten.
Friedel ist auf die Blumen getreten (ohne Absicht).

● ●

Landschaftlich wird manchmal das Perfekt mit *sein* gebildet, wo standard-
sprachlich *haben* zu verwenden ist. Also:

Der Baum hat (nicht: *ist*) schon immer da gestanden.
Wer hat (nicht: *ist*) auf diesem Stuhl gesessen?
Wo hast du (nicht: *bist du*) gesteckt?

● ●

241   Die Tempusbildung ist voll grammatikalisiert. Das bedeutet: Man   Erweiterungen
kann auch auf komplexe Verbalphrasen noch ein Hilfsverb draufsetzen. So
entsteht etwa aus dem Perfekt stufenweise das Futur II:

> ... weil ich [sehe].
> ... weil ich [gesehen habe].
> ... weil ich [gesehen haben werde].

> Dies [ist zu sehen].
> Dies [ist zu sehen gewesen].
> Dies [wird zu sehen gewesen sein].

Ebenso entstehen zusammengesetzte Tempora zu Modalphrasen:

> gehen können – gehen gekonnt haben
> konnte gehen – hat gehen gekonnt/können
> kann kommen – wird kommen können

Dabei kommt es entscheidend auf die Reihenfolge an:

> Es kann passieren.
> Es hat passieren können.
> Es kann passiert sein.

Zeitliche Bedeutungszüge gibt es auch bei Verben, die *zu*-Phrasen regieren:

> Die Mauern drohen einzustürzen.   Zukunft
> Das verspricht ein schönes Fest zu werden.   Zukunft
> Jetzt beginnt es zu donnern.   Beginn

Voraussetzung für diese Verwendung sind unpersönliche Subjekte, bei persön-
lichem Subjekt (*jemand verspricht*, *droht*) liegt eine Handlung vor.

1.3 Passivphrasen

242   Die üblichen, unmarkierten Verbformen sind Aktivformen (→ 13).   Beispiele
Im Kontrast zum Aktiv steht das Passiv, das mit komplexen Passivphrasen
ausgedrückt wird. Passivphrasen sind die hervorgehobenen Verbalphrasen in
folgenden Beispielen:

> Eine Kirche **wird gebaut**.
> Die Reisen **werden verschoben**.
> Das Abkommen **soll getroffen werden**, sobald ...
> Erst **wird gegessen**.

Passivphrasen werden gebildet mit einer Form des Hilfsverbs *werden* +
Partizip II.

● ●

Passiv sollte man nicht mit Futur verwechseln. Im Futur regiert *werden* keine Partizipialphrase, sondern eine Infinitivphrase:

> wird gebaut, werden verschoben (Passiv)
> (sie) wird bauen, (wir) werden verschieben (Futur)

● ●

Formen | 243 | Das Passiv hat ganz wie das Aktiv eigene Tempora:

Präsens	Präteritum	Perfekt
wird gebaut	wurde gebaut	ist gebaut worden

Plusquamperfekt	Futur I	Futur II
war gebaut worden	wird gebaut werden	wird gebaut worden sein

Das finite Verb einer Passivphrase kann auch im Konjunktiv stehen:

> Es hieß, es **werde** gebaut.
> Sie sagten, die Häuser **würden** gebaut.

Funktion | 244 | Passivphrasen haben gegenüber Aktivphrasen eine besondere Funktion. Sie verkürzen den Satz um das handelnde Subjekt:

> Jemand   repariert   meinen Wagen.
> Subjekt   Objekt

> Mein Wagen   wird repariert.

Da der Passivsatz aber wie jeder gegliederte Satz ein Subjekt braucht, wird ein Objekt zum Subjekt erhoben. Ist kein Objekt da, so kann nur ein unpersönliches Passiv (ohne eigentliches Subjekt) gebildet werden:

> Wir tanzen heute. – Heute wird getanzt. / Es wird heute getanzt.

Den Täter nicht zu nennen und das Betroffene in den Mittelpunkt zu stellen ist die Funktion des Passivs in Texten. Aber selbstverständlich kann der Täter (das Aktivsubjekt) auch im Passiv genannt werden, wenn er wichtig ist:

> Mein Wagen wird **von einem Lehrling** repariert.
> Das Gelände wurde **durch die Polizei** abgeriegelt.

• •

Vorsicht mit *durch*-Anschlüssen. Sie nennen eigentlich eher die Ursache als den Täter. Darum wirken sie bei Menschen manchmal entpersönlichend.

Vermeiden sollte man das Passiv, wenn kein Täter im Hintergrund ist. Also nicht:

Beim Flugzeugabsturz wurden 30 Menschen getötet.

Man könnte ja meinen, jemand hätte sie getötet.

• •

| 245 | Passivphrasen kann man zu transitiven Verben bilden. Kein Passiv haben üblicherweise:

passivfähige Verben

– intransitive Verben, die im Perfekt *sein* verlangen wie *gehen*, *bleiben*. Sie haben öfter ein unpersönliches Passiv:

Jetzt wird marschiert.

– Verben ohne Täter wie *bekommen*, *erhalten*, *besitzen*, *haben*, *kriegen*, *kennen*, *enthalten*, *kosten*, *umfassen*, *wiegen*, *altern*, *blühen*:

Die meisten Häuser gehören Ausländern (nicht: *werden von Ausländern besessen*).

– reflexive Verben wie *sich schämen*, *sich wundern*, *sich unterhalten*, *sich scheuen*, *sich entschuldigen*. Als Aufforderung kommt öfter ein unpersönliches Passiv vor:

Jetzt wird sich entschuldigt.

– Verben in festen oder übertragenen Verbindungen wie *die Besinnung verlieren*, *Ruhe bewahren*, *die Lust verlieren*.

Verbindungen, die klar eine Handlung bezeichnen, bilden aber ein Passiv:

Die Behörde traf diese Anordnung.

Diese Anordnung wurde (von der Behörde) getroffen.

• •

Manch ein Passiv wirkt sehr steif:

🔥   Es wird erst sehr spät zum Thema gekommen.

🔥   Grammatische Regeln werden nicht gut erinnert.

🔥   Das wird jetzt gemerkt.

So etwas solltest du vermeiden.

• •

Zustandspassiv 246   Das *werden*-Passiv ist ein Vorgangspassiv. Außerdem gibt es ein *sein*-Passiv, das eher einen Zustand bezeichnet:

Vorgangspassiv	Zustandspassiv
Der Krug **wurde** gestern **zerbrochen**. Jetzt **wird** der Wagen **repariert**.	Der Krug **ist zerbrochen**. Jetzt **ist** der Wagen **repariert**.

Das *sein*-Passiv bezeichnet das Ergebnis des Vorgangs oder der Handlung. Darum ist es oft auch als Perfekt-Form des *werden*-Passivs zu verstehen, bei dem allerdings das Partizip II ausgelassen ist:

> Der Krug ist zerbrochen (worden).

Hier werden die Zeitangaben besonders wichtig:

> Das Buch ist gestern gebunden worden. Es war gestern gebunden.
> Das Buch ist heute gebunden worden. Es ist heute gebunden.

Beim *werden*-Passiv ist meistens ein Täter im Hintergrund. Das *sein*-Passiv ist täterferner. Darum geht es auch nicht immer auf ein Vorgangspassiv zurück:

> Der Garten ist von Bäumen umgeben.

Da muß nicht jemand den Garten mit Bäumen umgeben haben. Eher geht dieses Zustandspassiv zurück auf:

> Bäume umgeben den Garten.

Die Täterferne des *sein*-Passivs zeigt sich auch daran, daß es selten die Täternennung hat oder zuläßt.

●●●

Vermeide das Zustandspassiv, wenn du eigentlich den Vorgang meinst:
🔥   Damals war daran erinnert.

●●●

Dativpassiv 247   Das Dativpassiv wird mit einer Form von *bekommen*, *erhalten*, (umgangssprachlich auch *kriegen*) und dem Partizip II gebildet:

> Ich bekomme selten einen Brief geschrieben.
> Du kriegst ein Eis gekauft.

Auch hier ist das Aktivsubjekt ausgespart; auch hier wird ein Objekt des Aktivs zum Subjekt erhoben. Aber das Passivsubjekt entstammt nicht – wie beim häufigeren und üblicheren *werden*-Passiv – einem Akkusativobjekt, sondern einem Dativobjekt. Es nennt also den Empfänger. Darum ist dieses Passiv nur möglich mit Dativverben wie *befehlen*, *beibringen*, *borgen*, *bringen*, *entziehen*, *erzählen*, *genehmigen*, *raten*, *unterstellen* usw.

Bei einigen Dativverben wirkt das *bekommen*-Passiv aber steif. Also:

Der Polizei wurde die Sache nie gestanden.

statt:

Die Polizei bekam die Sache nie gestanden.

Ebenso sollte das *bekommen*-Passiv vermieden werden bei Verben wie *absagen*, *danken*, *dreinreden*, *verzeihen*.

●●

Vorsicht ist geboten bei Verben, die ein Wegnehmen bezeichnen. Da kann manchmal die Grundbedeutung von *bekommen* wieder aufleben:

Er bekam den Führerschein entzogen.

●●

1.4 Modalphrasen

248   Modalphrasen werden mit den Modalverben *müssen*, *sollen*, *können*, *wollen*, *dürfen*, *mögen* gebildet: Beispiele

Wir [müssen gehen].

[Reisen können] ist eine feine Sache.

Alle Modalverben regieren den Infinitiv. Das Verb *brauchen* gehört nach seiner Bedeutung zu den Modalverben, es verlangt aber eine *zu*-Phrase:

Du brauchst nicht zu kommen.

●●

In der Umgangssprache und in manchen Gegenden wird *brauchen* auch ohne *zu* gebraucht. Das sollte man aber in der Schriftsprache nicht tun.

●●

249   Modalphrasen können mit Hilfsverben erweitert werden. So entstehen zusammengesetzte Tempora: Erweiterung

Er hätte es tun sollen.

Er wird es tun müssen.

Aber ein Passiv dieser Phrasen gibt es nicht.

●●

brauchen in Modalphrasen wird immer im Zusammenhang mit einer Verneinung (*nicht*, *niemand*, *kein* usw.) oder einer Einschränkung (*nur*, *kaum*) gebraucht. Ohne eine solche Beschränkung sollte man *müssen* verwenden:

Mußt du wegfahren?

Nicht:

🔥   Brauchst du wegzufahren?

●●

Bedeutung   250   Bei Modalverben ist das versteckte Subjekt des Infinitivs auch das Subjekt der ganzen Verbalphrase. Bei *ich will gehen* ist gesagt: Ich will, daß ich gehe und nicht ein anderer.

Anders beim Verb *lassen*, bei dem das versteckte Subjekt des Infinitivs als Akkusativobjekt erscheint: *Ich lasse ihn gehen*. Dies heißt, daß er geht, nicht ich selbst.

Die Verbalphrase mit *lassen* kann außerdem zwei Deutungen haben; sie kann eine Veranlassung bezeichnen oder eine Erlaubnis:

> Der Hausherr ließ den Kellner servieren. (= veranlaßte ihn)
> Der Besitzer ließ den Hund frei laufen. (= erlaubte es)

●●●

Reflexives *lassen* hat oft auch passivische Bedeutung:

> Das läßt sich machen. (= kann gemacht **werden**)

Außerdem erscheint hier noch ein modaler Bedeutungszug:

> All diese Probleme lassen sich lösen. (= **können** gelöst werden)

●●●

Gültigkeit   251   Die Modalverben *können*, *sollen*, *müssen*, *dürfen* drücken aus, wie der Sprecher zum Sachverhalt oder zur Verbindlichkeit der Aussage steht:

Beispiel	Bedeutung
So etwas kann vorkommen.	Möglichkeit
Die Fahrer sollen vorsichtig sein.	Verbindlichkeit
Die Reise muß jetzt enden.	Notwendigkeit
Sie dürfen noch bleiben.	Erlaubnis

Außerdem drücken Modalverben (besonders in Verbindung mit Perfektphrasen) aus, daß etwas nur berichtet oder vermutet ist:

Beispiel	Bedeutung
Sie soll gekommen sein.	Bericht
Sie dürfte/muß gekommen sein.	Vermutung
Sie will gekommen sein.	Anspruch

• •

Sieh dich vor, daß du nichts doppelt ausdrückst.

Nicht:	Sondern:
Es ist unmöglich, kommen zu können.	Es ist unmöglich zu kommen.
Ich war gezwungen, kommen zu müssen.	Ich war gezwungen zu kommen.
Erlauben Sie mir, kommen zu dürfen!	Erlauben Sie mir zu kommen!
Er soll angeblich gekommen sein.	Er soll gekommen sein.
Er wurde aufgefordert, kommen zu sollen.	Er wurde aufgefordert zu kommen.
Sie öffnet das Fenster, damit Luft herein-kommen soll.	Sie öffnet das Fenster, um Luft hereinzulassen.

Umständliche Umschreibungen für Modalverben sollte man meiden, wenn es einem nicht gerade auf Umständlichkeit ankommt.

Nicht:	Besser:
in der Lage/fähig sein	können
die Verpflichtung haben	müssen
die Erlaubnis haben	dürfen
die Absicht haben	wollen

• •

|252| Es gibt eine Anzahl von Verben mit modaler Bedeutung, die *zu*-   *zu*-Phrasen
Phrasen regieren. Die modale Bedeutung wird in Umschreibungen deutlich:

Beispiel	modale Umschreibung
Er hat wenig zu tun.	Er **muß** wenig tun.
Er hat etwas zu bieten.	Er **kann** etwas bieten.
Sie versteht es, ihre Sachen zu ordnen.	Sie **kann** ihre Sachen ordnen.
Er weiß/vermag zu gefallen.	Er **kann** gefallen.
Wir gedachten abzureisen.	Wir **wollten** abreisen.
Diese Leute verdienen eingesperrt zu werden.	Sie **sollten** eingesperrt werden.
Dies scheint zu funktionieren.	Ich **vermute/glaube**, daß dies funktioniert.

• •

scheinen zu gebraucht man nur im Präsens und im Präteritum. Im Perfekt etwa ist es ganz ungewöhnlich. Also nicht:

    Das hat zu funktionieren geschienen.

• •

Funktion | 253 | Modal und passivisch sind die *zu*-Phrasen mit *sein* (und *bleiben*). Es können dabei unterschiedliche modale Deutungen vorkommen:

Beispiel	modale Umschreibung
Das ist kaum zu entdecken.	Das **kann** kaum entdeckt werden. (Das kann man kaum entdecken.)
Da ist/bleibt noch viel zu tun.	Da **muß** noch viel getan werden. (Da muß man noch viel tun.)

Nicht immer ist klar, welche Deutung jeweils gelten soll:

Wer ist verantwortlich zu machen? $<$ Wer **kann** verantwortlich gemacht werden?
Wer **muß** verantwortlich gemacht werden?

●●●

Eher umgangssprachlich ist die modale Verbalphrase mit *gehören*:

Der Anzug gehört gereinigt (statt: *muß gereinigt werden*).

Schriftsprachlich verpönt wäre:

  🔥 Die Hose geht nicht zu flicken.

●●●

1.5 Streckformen

Arten | 254 | Streckformen sind Verbalphrasen, die nicht nur verbale Teile enthalten. Zwar ist ihr Kern ein Verb, aber daneben enthalten sie noch verbale Inhalte in nominaler Form:

Wir müssen dies [in Rechnung **stellen**].
Wer kann [Hilfe **leisten**]?
Wer kann [Auskunft **geben**]?

Das Kernverb hat eine recht allgemeine Bedeutung und kann nur zusammen mit dem nominalen Teil richtig verstanden werden.

Es gibt zwei Arten von Streckformen: Einerseits einzelne umschreibende Gefüge wie *recht haben*, *Beistand leisten*, *zunichte machen*, *imstande sein*, andererseits sogenannte Funktionsverbgefüge, die zu sehr vielen Verben gebildet werden können. Aufgrund ihrer unterschiedlichen Formen gibt es insgesamt vier Typen:

– akkusativische Verbalgefüge wie in

Da kann man kaum **Schritt halten**.
Diese Mannschaft wird **keine Rolle spielen**.
Es wurde gleich **Anzeige erstattet**.

Ebenso: *Gehorsam leisten, Abschied nehmen, Bericht erstatten, Dank sagen, Einhalt gebieten, Folge leisten, Hilfe leisten, Nutzen bringen, Sorge tragen, Anteil nehmen.*

– präpositionale Verbalgefüge wie in

Das Rote Kreuz **kam** sofort **zu Hilfe.**

Stellt eure Bereitschaft **unter Beweis**!

Das Auto **geht in Serie.**

Ebenso: *beiseite legen, zum Vorwurf machen, zutage fördern, in Angst versetzen, zunichte machen.*

– akkusativische Funktionsverbgefüge wie in

Sie **nahmen keine Notiz** davon.

Wer soll hier **Anklage erheben**?

Die Epidemie **nahm ihren Ausgang** in Java.

Ebenso: *Kenntnis nehmen, Kenntnis haben, Ausdruck geben, seinen Fortgang nehmen, Zustimmung finden.*

– präpositionale Funktionsverbgefüge wie in

Sie **brachten** ihr Bedauern **zum Ausdruck.**

Das Wasser **kommt** jetzt **zum Kochen.**

Der ganze Verkehr **geriet ins Stocken.**

Ebenso: *zur Debatte stehen, in die Debatte kommen/bringen, ins Rollen kommen/bringen, in Gang sein/in Gang kommen, in Angriff nehmen.*

| 255 | Streckformen werden stilistisch oft gerügt. Es heißt – nicht zu Ersetzung
Unrecht –, daß sie den Satz aufblasen und besonders umständlich sind. Dabei wird aber übersehen, daß sie inhaltliche Leistungen vollbringen:

Oft haben sie eine selbständige Bedeutung, die das entsprechende Verb nicht hat:

Streckform	Verb mit anderer Bedeutung
Widerspruch einlegen (bei Gericht)	widersprechen
Kenntnis nehmen von	kennen
seinen Abschied nehmen	sich verabschieden

Oft existiert gar kein einfaches Verb, etwa bei

Stellung nehmen, Gewalt antun, Schritt halten, Maßnahmen treffen, recht haben, Einspruch erheben, Rechenschaft ablegen, eine Rolle spielen, Auskunft geben, sich den Kopf zerbrechen, sein Bestes tun

Streckformen wirken oft gewichtiger als das einfache Verb. Das kann vor allem in der offiziellen Sprache erwünscht (wenngleich nicht unbedingt nötig) sein, wenn es um höflichere Formen geht. Denn Höflichkeit besteht oft darin, mehr Worte zu machen:

Alle brachten ihr Beileid zum Ausdruck.

Hier erscheint *zum Ausdruck bringen* angebrachter als das einfachere *ausdrükken*. Oft sind aber die einfachen Verben vorzuziehen, besonders wenn die Streckform keine besondere Wirkung erzielt. Doch hier entscheidet letztlich das Stilgefühl!

Leistung   256   Funktionsverbgefüge sind weitgehend grammatische Mittel. Sie können von vielen Verben wie grammatische Formen gebildet werden. Außerdem erbringen Funktionsverbgefüge verschiedene grammatische Leistungen:

Sie ändern den zeitlichen Verlauf:

Beispiel	Wirkung
Alle kommen ins Schwitzen.	Beginn
Alle waren am Schwitzen.	Dauer

Sie ändern die Sichtweise:

Beispiel	Wirkung
Sie brachten ihr Bedauern zum Ausdruck.	Aktiv
Ihr Bedauern kam zum Ausdruck.	Passiv

Sie ändern die Valenz:

Beispiel	Wirkung
Man bringt die Suppe zum Kochen.	Valenzerhöhung
Die Sache kommt zur Entscheidung.	Valenzminderung

257 Wo Streckformen keine besondere Wirkung haben, sollte man sie   Vermeidung
vermeiden:

Streckform	einfaches Verb
das Gebot, Verletzten Hilfe zu leisten	das Gebot, Verletzten zu helfen
Jeder muß Sorge tragen dafür, daß es für so etwas keine Wiederholung gibt.	Jeder muß dafür sorgen, daß sich so etwas nicht wiederholt.
Steuern werden vom Gehalt in Abzug gebracht.	Steuern werden vom Gehalt abgezogen.
Wir treffen folgende Anordnung: ...	Wir ordnen folgendes an: ...
Ihr Zuschuß erfährt eine Erhöhung.	Ihr Zuschuß wird erhöht.
Die Sterblichkeit verzeichnet eine Zunahme.	Die Sterblichkeit nimmt zu.

Einfache Verben können auch die folgenden Streckformen ersetzen:

Streckform	einfaches Verb
in Rechnung stellen	berechnen
in Auftrag geben	bestellen
zu Gehör bringen	vortragen
in Augenschein nehmen	besichtigen

1.6 Das Passiv in stilistischer Sicht

Meistens verwenden wir Verben im Aktiv. Passivphrasen kommen viel seltener und besonders in geschriebener Sprache vor.
Wir sagen lieber:

> Nachher hole ich David vom Zug ab.
> Der Sportverein richtet eine Feier aus.
> Uns beliefern Ökobauern.

statt:

> Nachher wird David von mir vom Zug abgeholt.
> Eine Feier wird vom Sportverein ausgerichtet.
> Wir werden von Ökobauern beliefert.

Der Passivsatz klingt steif und umständlich. Durch die zusammengesetzte Verbform wird er auch grammatisch komplizierter.

Das Passiv kann aber auch seinen Sinn haben. Man braucht es etwa in satzwertigen Infinitiven, um das versteckte Subjekt richtig zu verstehen:

> Es gelang ihm, befreit zu werden.
> Es gelang ihm, einen zu befreien.

Im Passivsatz kann ein Beteiligter hervorgehoben werden, der im Aktivsatz vorliebnehmen muß mit der untergeordneten Rolle des Objekts:

> Der neue Lehrer wird auch zur Klassenfete eingeladen.

Deutlicher als im Aktivsatz wird dem Leser hier bewußt, daß über den neuen Lehrer etwas ausgesagt werden soll. Der Lehrer wird als Thema und Subjekt in den Vordergrund gestellt. So kann man auch ein Thema über mehrere Sätze erhalten, indem man einen Passivsatz verwendet.

> **Er** war rasch in Entschlüssen, voll kalter Willenskraft. In seiner frühesten Jugend schon hatte **er** behauptet, **er** wäre eine Kraft. **Er wurde ausgelacht**, wenn **er** im Eifer mitteilsam wurde und seinen Lieblingssatz „Ich bin eine Kraft" wiederholte.
>
> Émile Zola

Das Passiv solltest du nur dann dem Aktiv vorziehen, wenn es begründet ist.

In Sachtexten sind Passivphrasen häufig. Sie werden Aktivphrasen vorgezogen,

– wenn ein Sachverhalt definiert wird, wie z. B. in Gesetzestexten:

Die Freiheitsrechte

bestehen in den folgenden Grundrechten:

1. Freie Entfaltung der Persönlichkeit und *persönliche Freiheit*. [...] *Schranken* sind jedoch dort, wo Rechte anderer verletzt werden oder wo gegen die verfassungsmäßige Ordnung oder das Sittengesetz verstoßen wird. Hier kann das Grundrecht durch einfache Bundesgesetze eingeschränkt werden.
Die *persönliche Freiheit* kann nur auf Grund eines förmlichen Gesetzes und unter Beachtung der darin vorgeschriebenen Formen beschränkt werden. Festgehaltene dürfen weder seelisch noch körperlich mißhandelt werden. [...]

O. Model/C. Creifelds

Hier stehen Sachverhalte im Vordergrund. Es kommt nicht auf die einzelne handelnde Person an, die Rechte und die Einschränkungen gelten allgemein.

– wenn Anleitungen formuliert werden, wie z. B. Gebrauchsanweisungen, Regeln, Vorschriften:

Bei schwerer Schilddrüsenüberfunktion und bei Bluthochdruck sollte R. nicht verabreicht werden. Bei schweren Nierenerkrankungen ist möglichst niedrig zu dosieren. Gelegentlich sind – vermutlich aufgrund erhöhter Dosierung – Kältegefühl sowie Muskelverspannungen beobachtet worden. O. und E. sollten nicht gleichzeitig verabreicht werden. Eine Tagesdosis von 75 Tropfen darf insbesondere bei längerer Anwendung nicht überschritten werden. Alkoholgenuß sollte bei der Einnahme des Medikaments vermieden werden.

Hier ist unerheblich, für wen die Empfehlungen formuliert sind. Sie gelten allgemein. Ist der Täter (das Aktivsubjekt) selbstverständlich oder unbedeutend, dann wirkt es oft sogar komisch, ihn trotzdem zu nennen:
Dieser Eingang wird um 17 Uhr vom Hausmeister geschlossen.

In längeren Sachtexten reiht sich öfter eine *werden*-Phrase an die andere. Das wirkt monoton und langweilt den Leser.

Verwende das Passiv nicht zu häufig – und vor allem nicht monoton!

Es gibt viele Möglichkeiten, das Passiv zu umschreiben:

– reflexiv gebrauchte Verben:
> Das läßt sich nicht vorhersagen.
> (statt: kann nicht vorhergesagt werden)

– unpersönliche Formulierung (aktivisch) mit *man*:
> Man verwendet das Produkt immer häufiger.
> (statt: wird verwendet)

– Funktionsverbgefüge:
> Dieses Verfahren kommt zur Anwendung.
> (statt: wird angewendet)

– *sein* + *zu* + Infinitiv:
> Eine leichte Veränderung ist zu beobachten.
> (statt: kann beobachtet werden)

– Wortbildung
> Die chemische Reaktion ist erkennbar.
> (statt: kann erkannt werden)

> Die Fortschritte sind bemerkenswert.
> (statt: sollten bemerkt werden)

> Die Ware ist lagerfähig.
> (statt: kann gelagert werden)

> Die Beschreibungen sind schwer verständlich.
> (statt: können schwer verstanden werden)

Aber alle unpersönlichen Redeweisen haben auch ihre Tücken. In der Behördensprache geht es oft sehr unpersönlich zu:

99 Hausordnung

> 1. Die Hauseingänge, Treppenaufgänge und Kellerflure werden im Rahmen der großen Kehrwoche gereinigt.
> 2. Der Kehrwochendienst wird nach erfolgter Reinigung übergeben.
> 3. Verunreinigungen, die durch Anlieferung von Waren und dergleichen entstehen, sind sofort zu beseitigen.

4. Kehricht, Glas, Scherben und dgl. dürfen nicht in die Klosetts, sondern nur in die Mülleimer geworfen werden.

5. Schäden am Gebäude sind sofort anzuzeigen.

6. Haustiere aller Art dürfen nur mit ausdrücklicher Genehmigung gehalten werden.

7. In den Treppenaufgängen und Eingangshallen darf nicht gespielt werden.

8. Fahrräder und dgl. dürfen nicht in Wohnräumen, Kellern oder in der Eingangshalle abgestellt werden.

Hier kommen keine handelnden Personen vor. Man weiß gar nicht, wer all dies verlangt, und man muß auch überlegen, wer es jeweils tun soll. Manchmal kann das durchaus angebracht sein, weil man als Leser sowieso Bescheid weiß (wie in der Hausordnung) oder weil es selbstverständlich ist wie in der folgenden Schlagzeile:

Am vergangenen Montag sind die Friedensverhandlungen in Genf wieder aufgenommen worden.

Hier ist die Tatsache (Friedensverhandlungen) wichtiger als die Namen der Verhandlungspartner. Wir akzeptieren also, daß sie nicht eigens genannt sind. Wie ist es aber in folgender Schlagzeile?

Bei den Unruhen am vergangenen Sonntag in Kapstadt wurden fünfzehn farbige Jugendliche erschossen.

Hier könnte das Verschweigen der Personen geschicktes Versteckspiel sein. Denn es ist zur Beurteilung der Nachricht notwendig zu wissen, wer die Täter waren. Sind es z. B. andere farbige Jugendliche gewesen, bewaffnete Weiße oder Mitglieder der Polizei? Der Verfasser der Nachricht gibt darüber keine Auskunft. Entweder weiß auch er nicht mehr als das, was er berichtet, oder er verschweigt sein Wissen absichtlich und macht sich verdächtig, dem Leser wichtige Informationen vorenthalten zu wollen.

• •

Achte in unpersönlicher Redeweise darauf, ob der Leser weiß, wer die Handelnden sind, oder ob es unerheblich ist. Fehlen Informationen, die zur Beurteilung des Sachverhalts notwendig wären?

• •

2   Nominalphrasen

2.1 Formen und Funktionen

Beispiele | 258 | Nominalphrasen sind die eingeklammerten Phrasen in folgenden Beispielen:

[**Wir** alle] lieben [die eiskalten **Stürme**].
[Ein schöner roter **Ball**] lag [vor **jedem** von ihnen].
[Die **Fremden** aus dieser Gegend] fallen besonders auf.
[Die **Besucher**] wünschten [alles **Gute**].

Der Kern der Nominalphrase ist jeweils hervorgehoben.

Aufbau | 259 | Nominalphrasen haben ein Nomen (d. h. ein Substantiv oder Pronomen) als Kern. Es gibt aber verschiedene Ausbaustufen:

Stufe 1:   [Fritz] fällt auf.
             [Keiner] fällt auf.

Stufe 2:   [Dieser Junge] fällt auf.

Stufe 3:   [Dieser pfiffige Junge] fällt auf.

Stufe 4:   [Dieser pfiffige Junge von nebenan] fällt auf.
             [Keiner von nebenan] fällt auf.

Eine allgemeine Form der Nominalphrase sieht so aus:

die	vielen	Fremden	jener Gegend
Artikel	Adjektiv	Substantiv	Attribute

Die Reihenfolge dieser Elemente ist so gut wie fest. Es müssen aber nicht alle realisiert sein.

● ●

In Reihungen kommt es darauf an, welche Teile gereiht sind:
    mein Freund und Kollege
Hier sind die Substantive gereiht, das Artikelwort bezieht sich auf beide. Es handelt sich um die gleiche Person.

    mein Freund und mein Kollege
Hier sind Nominalphrasen gereiht. Es handelt sich um zwei Personen. Ebenso:
    ein kleiner, grüner Ball
    ein kleiner und ein grüner Ball

● ●

260 Jede Nominalphrase ist fallbestimmt (→ 72), ihr Kasus kann vari-   Formen
ieren:

Nominativ	Genitiv	Dativ	Akkusativ
ein schöner Ball	eines schönen Balls	einem schönen Ball	einen schönen Ball

Der Kasus bereitet die Nominalphrase für ihre Verwendung im Satz vor.

261 Nominalphrasen spielen unterschiedliche Rollen im Satz. Sie dienen   Funktion

– als Subjekt:
  [Die schönen Tage] haben ihr gut getan.
– als Objekt:
  Am besten vergessen sie [diese Tage].
– als Prädikativ:
  Dies war [der schönste Tag in meinem Leben].
– als Adverbial:
  Schaut doch [diese Tage] mal vorbei!
– als Attribut:
  Der Gewinn [dieser Tage] war groß.

Für die verschiedenen Rollen muß eine Nominalphrase allerdings abgewandelt
werden. Im Nominativ z. B. kann sie nur Subjekt oder Prädikativ sein.

262 Je nach ihrem Kasus oder der präpositionalen Einleitung ist die gram-   Überblick über
matische Rolle einer Nominalphrase eingeschränkt; bevorzugte Rollen sind   die Funktionen
hier fettgedruckt:

Nominativphrase
  Subjekt   [Der Mann] zögert.
  Prädikativ   Dies ist [der Mann].

Genitivphrase
  Attribut   die Frau [des Mannes]
  Objekt (selten)   Man gedenkt [des Mannes].
  Adverbial (selten)   Sie kommt [des Weges].

Dativphrase
  Objekt   Gib's [dem Mann]!
  Adverbial (selten)   Du bist [mir] aber geschickt!

Akkusativphrase
  Objekt   Wer sieht [den Mann]?
  Adverbial   Er läuft [den Weg].

Präpositionalphrase
  Adverbial   [Mit dem Mann] fühlt man sich wohl.
  Attribut   das Kind [mit dem Mann]
  Objekt   Sie handeln [mit dem Mann].
  Prädikativ   Sie sind [über den Berg].

2.2 Der Vorbereich von Nominalphrasen

Grundstruktur   **263**   Artikel und Substantiv sind die Pfeiler der Nominalphrase. Sie bilden einen Rahmen, in den freie Elemente eintreten können:

– Zwischen Artikel und Substantiv stehen attributive Adjektive:

> rote
> wunde
> springende
> entscheidende

> der . . . . Punkt

– Hinter dem Substantiv folgen verschiedene Attribute:

> der Punkt
> $\begin{cases} \text{von gestern} \\ \text{der Tagesordnung} \\ \text{, den wir sehen, } \dots \\ \text{dort} \end{cases}$

Artikel   **264**   Das Artikelwort lebt in enger Gemeinschaft mit dem Substantiv. Es bereitet das Substantiv für die Verwendung vor:

– Das Artikelwort macht erst deutlich, von welchem Gegenstand und von wie vielen Gegenständen der jeweiligen Art die Rede sein soll. So brauchen die meisten Substantive einen Artikel, damit man auf Gegenstände der Welt Bezug nehmen kann.

– Das Artikelwort markiert den Kasus oft besser als das Substantiv. Denn viele Substantive haben eine ärmliche Deklination. Erst Artikel und Substantiv zusammen zeigen den Kasus deutlich. *Uhus* kann Genitiv Singular oder irgendein Kasus des Plurals sein. Aber zusammen mit dem Artikel *eines Uhus* haben wir einen eindeutigen Genitiv.

– Das Artikelwort macht das Genus des Substantivs offenbar. Zwar gehört das Genus fest zum Substantiv, aber man sieht es ihm in den seltensten Fällen an. Will man das Genus verdeutlichen, so braucht man den Artikel. Die Doppeldeutigkeit von *Leiter* erkennen wir gut am Artikel: *der Leiter/die Leiter*.

● ●

Normalerweise eröffnet das Artikelwort die Nominalphrase. Es gibt aber auch Artikelwörter, die wandern können:

> Bücher gibt's **viele**.   Geld hat er **wenig**.

Dabei können sich die Artikel verdoppeln:

> **Die** Leute kenne ich **alle**.   **Die** Damen kommen **beide**.

Durch diese Stellung wird das fernstehende Artikelwort hervorgehoben.

● ●

265 Es gibt Tendenzen, die Deklination des Substantivs nicht immer aus-   Deklinations-
zuführen. Dies kann unschädlich sein, weil der Artikel den Kasus anzeigt; es scheu
kann sogar nützlich sein, weil Mehrdeutigkeiten vermieden werden. Es kann
aber auch fehlerhaft sein.

Bei Substantivierungen kann der Artikel die Kasusanzeige allein leisten:
> Er brüstete sich seines gepflegten Deutsch.
> Ich habe noch immer den Klang deines Wenn und Aber im Ohr.
> Sie melden einen Anstieg des amerikanischen Dollar.

Möglich ist auch, daß die Genitivendung in Paaren nur einmal erscheint:
> Trotz Sturm und Regens

●●

Bei Fremdwörtern wie *Dativ* muß man die Deklinationsscheu überwinden. Es
heißt *des Dativs, des Dromedars, des Kongos*.

●●

In artikellosen Nominalphrasen wird öfter nicht dekliniert (besonders bei der
n-Deklination):
> Das Verhältnis zwischen Arzt und Patient war gut.

Die korrekte Form nach der Präposition *zwischen* wäre der Dativ *Patienten*.
Das klingt aber wie ein Plural. Mit dem Artikelwort wird der Unterschied
deutlich:
> Das Verhältnis zwischen Arzt und seinem Patienten/seinen Patienten
> war gut.

Bei Massesubstantiven ohne Artikel kann die Deklination auch unterbleiben:
> wegen Lärm, wegen Zucker, wegen Husten
Aber: *wegen des Zuckers, wegen raffinierten Zuckers*.

266 Der offene Rahmen zwischen Artikel und Substantiv ist der Bereich   Adjektive
des attributiven Adjektivs. Dabei muß es sich nicht um einzelne Adjektive
handeln. Es stehen auch komplexere Adjektivphrasen:

– modifizierte und graduierte Adjektive:
> der [wunderbar rote] Punkt ...

– Reihen von Adjektiven:
> die [schönen, grünen] Auen ...

– erweiterte Adjektivphrasen:
> die [heute für jeden erreichbaren] Güter ...

Alle drei Möglichkeiten können miteinander kombiniert werden:
> die [sehr wichtigen, heute für jeden erreichbaren] Güter ...

undeklinierte
Adjektive

267   Attributive Adjektive werden dekliniert. Es gibt aber einige Möglichkeiten, das Adjektiv undekliniert zu lassen (meistens bei Neutra). Sie klingen
altertümelnd:

– in Gedichten und Liedern:
   Lieb Vaterland magst ruhig sein
   Kein schöner Land (= kein schöneres Land) in dieser Zeit

– in festen Verbindungen und vor Namen:
   Gut Ding will Weile haben.
   Laßt uns ruhig Blut bewahren.
   Klein Lieschen war auch da.

Ebenso:
   auf gut Glück, lieb Kind, ein gut Stück, klein Doofi, halb England, ein
   garstig Lied, ein einig Volk von Brüdern

● ●

Der feste Platz des attributiven Adjektivs ist vor dem Substantiv. Es gibt aber
auch nachgestellte Adjektive. Sie bleiben undekliniert und klingen altertümelnd:

– in Volksliedern:
   Hänschen klein, Röslein rot, bei einem Wirte wundermild, o Täler weit

– in Fachsprachen, besonders der Werbesprache:
   Forelle blau, Whisky pur, Joghurt natur, Hering gepökelt und eingelegt,
   Fußball total, Mode international

● ●

ausgelassenes
Substantiv

268   Das attributive Adjektiv kann scheinbar Kern einer Nominalphrase
sein, besonders in Vergleichen und Gegenüberstellungen:
   Die Kunden kommen wegen [der roten Äpfel], nicht wegen [der
   grünen].
   [Diese Äpfel] sind [die besten].
   Nimm du [den roten], ich [den grünen Ball].
Dies täuscht aber, das Kernsubstantiv ist hier nur ausgelassen und wird mitver-
standen.

269   Die inhaltliche Beziehung des Adjektivs zum Substantiv ist unterschiedlich. Sie wird mitbestimmt durch die Bedeutung des Substantivs und die Bedeutung des Adjektivs. Allgemein schränkt ein attributives Adjektiv das Substantiv ein. Im einzelnen kann sich das so auswirken:

Bedeutungs-verhältnisse

Beispiel	Inhaltsbeziehung
ein runder Spiegel	Form
eine italienische Orange	Herkunft
eine hohe Dichte	Grad
die neueren Grammatiken	Zeit
die hinteren Kapitel	Ort
ein mikroskopischer Test	Instrument
eine grammatische Erscheinung	Zugehörigkeit
ein historischer Roman	Thema
schlechtes Benehmen	Art und Weise

In zusammengesetzten Substantiven ist das Bestimmungswort für Adjektive unzugänglich. Attributive Adjektive dürfen sich nur auf das Grundwort beziehen. Nicht korrekt sind deshalb:

🔥   eine schlechte Wetterperiode, der russische Eierteller, ein vierköpfiger Familienvater, ein rechter Armbruch, ein großes Vertrauensverhältnis

Man muß diese Formulierungen auflösen, z. B. *der Teller russische Eier*, oder weiter verdichten, z. B. *eine Schlechtwetterperiode*.

2.3 Kongruenz in Nominalphrasen

270   Im Vorbereich von Nominalphrasen herrscht strenge Kongruenz:

Kongruenz

– Artikel und Adjektive müssen das Genus des Substantivs annehmen, denn sie haben ja selbst kein eigenes Genus:
       die grüne Decke, **das** weiche Bett

Das Genus ist eine innere Eigenschaft des Substantivs, die man ihm selten ansieht. Deshalb wird das Genus erst am Artikel richtig deutlich.

– Artikel, Adjektiv und Substantiv haben stets den gleichen Numerus:
       mein dick**es** Buch – mein**e** dick**en** Büch**er**

– Artikel, Adjektiv und Substantiv zeigen den gleichen Kasus (der manchmal erst durch ihr Zusammenwirken deutlich wird):
       jed**er** klein**e** Hinweis – jed**es** klein**en** Hinweis**es**

Die Kongruenzen sichern den Zusammenhalt der Nominalphrase.

271   Adjektive (und manchmal auch Artikelwörter) können stark oder schwach dekliniert sein (→ 95). Die starke Deklination zeigt deutlicher, wie eine Nominalphrase im Satz eingebaut ist. So ist die Endung -*m* ein deutliches Dativzeichen:

Wir danken de**m** klein**en** Uhu.

Darum gilt im Deutschen, daß jede Nominalphrase möglichst an einer Stelle die deutliche, starke Deklination zeigen sollte. Da der Artikel als erstes gehört und gelesen wird, gibt man in der Regel dem Artikel die deutliche, also die starke Deklinationsendung. So trägt er die Hauptlast für die Kasusmarkierung:

d**er** Uhu, d**es** Uhus, d**em** Uhu, d**en** Uhu

Die Grundregel für die Abstimmung des Adjektivs lautet nun: Wenn ein Artikel die starke Endung hat, wird das Adjektiv schwach dekliniert:

ein**es** klein**en** Stiftes, kein**es** groß**en** Lichtes, dein**en** von Mama geschenkt**en** Fußball, ihr**en** ins Dorf entlaufen**en** Hund, mein**es** mit Namen bedruckt**en** Papiers

● ●

Steckt die Artikelendung in der Präposition, wird das Adjektiv auch schwach dekliniert:

i**m** hell**en** Licht, in**s** offene Meer, vo**m** früh**en** Morgen an

Gereihte Artikelwörter haben alle die starke Deklination:

Dies**e** dein**e** Worte klingen mir noch im Ohr.

● ●

272   Fehlt der Artikel oder ist er undekliniert, so kann auch das Substantiv den Kasus ausreichend markieren, wenn es eine deutliche Endung hat. In diesem Fall wird das Adjektiv schwach dekliniert:

gut**en** Mutes, leicht**en** Herzens, manch groß**en** Mannes

Ist die Substantivendung undeutlich, wird das Adjektiv stark dekliniert:

gut**er** Mut, gut**er** Dinge

In selteneren Fällen kann sich sogar das Artikelwort mit der schwachen Endung begnügen, weil die Substantivendung deutlich ist:

all**en** Ernst**es**, aufgrund welch**en** Gesetz**es**, am Ersten jed**en** Monat**s**

Üblicher ist aber, hier die starke Endung zweimal zu bringen:

aufgrund welch**es** Fest**es**, am Ersten jed**es** Monat**s**

Ist die Substantivendung undeutlich, muß hier aber der starke Artikel stehen:

aufgrund welch**er** Gesetze, die Mahnung so manch**es** Kollegen

273   Wenn weder Artikel noch Substantiv eine deutliche Deklinations-   starkes
endung haben, nimmt das Adjektiv die starke Deklination an. Dies gilt: Adjektiv

– wenn das Artikelwort endungslos ist:
      ein klein**er** Stift, kein groß**es** Licht, dein von Mama geschenkt**er** Fuß-
      ball, ihr ins Dorf entlaufen**er** Hund, mein mit Namen bedruckt**es** Papier

– wenn kein Artikel da ist:
      klein**er** Stifte
      ins Dorf entlaufen**e** Hunde
      in wogend**er** See

– wenn der Artikel undekliniert ist:
      welch groß**es** Licht
      manch ein entlaufen**er** Hund

● ●

unser und *euer* sind endungslose Formen. Das *-er* ist keine Deklinationsendung, und es folgt darum ein starkes Adjektiv:
      unser von allen akzeptiert**er** Plan
      euer trotz seiner Strenge vielgeliebt**er** Vater

Dagegen heißt es nach starkem Artikel:
      dies**er** von uns allen akzeptiert**e** Plan
      jen**er** trotz seiner Strenge vielgeliebt**e** Vater

● ●

274   Bei einigen Wörtern erscheint zweifelhaft, ob sie Artikelwörter sind   Zweifelsfälle
oder nicht. Manche wie *alle*, *manche* werden überwiegend als Artikelwort
gebraucht, andere wie *andere*, *derartige*, *einige*, *etliche*, *folgende*, *mehrere*
werden überwiegend als Adjektive gebraucht.

Beispiel	Kommentar
alle groß**en** Bäume	Artikelwort, Adjektiv schwach
alle diese Bäume	zwei parallele Artikelwörter
manch groß**e** Bäume	Artikelwort unflektiert, Adjektiv stark
ander**es** hochwertig**es** Material	zwei Adjektive, stark
mit ander**em** hochwertig**en** Material	Ausnahme: Dativ Singular schwach
trotz folgend**er** gut**er** Vorschläge	zwei Adjektive, stark
mit folgend**em** bekannt**en** Lied	Ausnahme: im Singular oft ein Adjektiv schwach

Schwankungen | 275 | Schwankungen und Zweifel gibt es besonders bei *beide*, *solche*, *viele*, *wenige*:

Beispiel	Kommentar
bei**de** gro**ßen** Maler	Artikelwort, Adjektiv schwach
die bei**den** gro**ßen** Maler	Adjektive parallel, schwach
sol**che** gro**ßen** Maler	Artikelwort, Adjektiv schwach
mit ein**er** sol**chen** Geschwindigkeit	Adjektiv, schwach
mit sol**cher** Geschwindigkeit	Artikelwort, stark
wegen vie**ler** klein**er** Kinder	Adjektive parallel, stark
mit wenig**en** klein**en** Kindern	Adjektive parallel, stark

viel und *wenig* im Singular werden überwiegend endungslos gebraucht. Das wirkt wie bei allen endungslosen Artikeln so, als ob kein Artikel da sei.

Mengen-angaben | 276 | Die Mengenangaben *etwas*, *ein wenig*, *ein bißchen*, *ein paar* bleiben undekliniert. Nach ihnen wird also das Adjektiv stark dekliniert:

> etwas trocken**es** Brot, mit ein wenig süß**er** Sahne, mit ein bißchen gut**em** Willen, wegen ein paar dumm**er** Fehler

• •

Steht bei *paar* ein dekliniertes Artikelwort, wird das Adjektiv schwach dekliniert:

> deine paar dummen Fehler
> wegen der paar dummen Fehler

• •

Pronomen als Kern | 277 | Personalpronomen als Kern von Nominalphrasen werden manchmal wie Artikelwörter behandelt. Sie ziehen dann auch schwache Deklination nach sich, obwohl sie selbst nicht die starken Endungen haben:

> **wir** jungen Leute, **wir** armen Verwandten
> **mir** jungen Frau, **uns** armen Verwandten

Oft ist aber beides möglich:

> **dir** altem/alten Esel
> **mir** großem/großen Kamel
> **wir** Deutsche/Deutschen

Im Akkusativ Plural wird aber stark dekliniert, um den Unterschied zum Dativ hervorzuheben:

> für euch junge Frauen

2.4 Attribute in Nominalphrasen

278   Die Attribute (auch Beifügungen genannt) in Nominalphrasen sind dem Kern untergeordnet. Häufig sind Nominalphrasen als Attribute; man unterscheidet sie nach ihrem Anschluß: **Formen**

- Genitivattribut:
      die Anschaffung [einer Maschine]; die Beachtung [dessen]

- Präpositionalattribut:
      die Hütte [auf dem Berg]; die Frau [von gestern]

- Apposition:
      meine Schwester, [eine außergewöhnliche Zeichnerin]; der Wal [als Säugetier]

Die Anschlußmittel sind hier der Kasus, eine Präposition oder Kasusgleichheit.

Seltener sind Adverbien als Attribute:

- adverbiales Attribut:
      das Konzert [gestern]

Außerdem gibt es satzförmige Attribute (in Form von Nebensätzen also) und satzwertige (in Form von satzwertigen Infinitiven):

- Relativsatz:
      die Anschaffung, [die wir vorhaben]

- Attributsatz:
      die Tatsache, [daß es regnet]

- satzwertiger Infinitiv:
      die Gefahr, [dich zu verlieren]

279   Die nominalen Attribute haben in der Regel ihren Platz rechts vom Kernwort. Ihre Reihenfolge ist normalerweise Genitivattribut vor Präpositionalattribut vor Apposition. Unter bestimmten Bedingungen können sich aber die Attribute von diesem Platz entfernen: **Stellung der Attribute**

- Genitivattribute können voranstehen, wenn sie Eigennamen oder Eigennamen ähnlich sind:
      [Doktor Simmlers] Praxis, [Inge Altvaters] Geheimnis,
      [Mutters] Geburtstag, [Großvaters] Krankheit

Diese Attribute ersetzen den Artikel, sie geben die Zugehörigkeit oder den Besitz an. Die Voranstellung wirkt stilistisch gehoben.

Auch pronominale Genitivattribute stehen oft voran:
dessen Einführung, **wessen** Einführung

•••

Das vorangestellte Demonstrativpronomen heißt im Plural *deren*:
deren Kinder, **deren** Angelegenheiten

Nachgestellt heißt es immer *derer*:
die Kinder **derer**, die hier wohnen

•••

— Präpositionalattribute können voranstehen (oft an der Satzspitze):

Von Goethe habe ich schon ein wichtiges Buch gelesen.
 Attribut   Nominalphrase

An der Ecke der kleine Laden macht jetzt zu.
 Attribut   Nominalphrase

Sie sind dann besonders betont.

— Appositionen und Relativsätze können vom Kernwort abrücken:

Ich habe einen Pullover gekauft, ein wunderbares Stück.
       Nominalphrase   Apposition

Ich habe einen Pullover gekauft, der mir gut gefällt.
       Nominalphrase   Relativsatz

Genitivattribut | 280 | Genitivattribute sind Nominalphrasen, die mit Genitiv angeschlossen sind:

der Schiedsrichter [dieser Partie], die Haare [seiner Mutter];
die Vernehmung [aller]

Inhaltlich erfüllt das Genitivattribut verschiedene Funktionen:

Beispiel	Funktion
die Kinder dieser Familie	Zugehörigkeit
das Haus dieser Familie	Besitz
der Begriff der Freiheit	Erklärung
der Besuch der Mutter	Subjekt
(die Mutter besucht jemanden)	
die Untersuchung des Vaters	Objekt
(jemand untersucht den Vater)	

●●●

Die Funktion muß nicht eindeutig zu erkennen sein:

der Besuch der Mutter ⎯⎯⎯ ⟨ Jemand besucht die Mutter.
                          Die Mutter besucht jemanden.

Das Genitivattribut kann also ein Objektsgenitiv oder ein Subjektsgenitiv sein.

●●●

| 281 | Präpositionale Attribute sind Nominalphrasen, die durch eine Präposition angeschlossen sind: | Präpositional-attribut |

unsere Hoffnung [auf Besserung], der Garten [hinter dem Haus]; das Buch [von ihr]

Je nach der Präposition können die Präpositionalattribute verschiedene Rollen spielen. Häufig und typisch sind folgende Rollen:

Beispiel	Rolle
der Kuß von Vera	Handelnder
der Brief an Dich/für Dich	Empfänger
eine Tat aus Eifersucht	Motiv
die Verschmutzung durch Abfälle	Ursache
Aufschließen mit Schlüssel	Instrument
der Stuhl zwischen uns	Ort
das Spiel am Samstag	Zeit

Die jeweilige Rolle ergibt sich aus dem Zusammenwirken der Präposition und der Bedeutung des Substantivs.

| 282 | Präpositionalattribute können deutlicher sein als Genitivattribute. Deshalb zieht man sie diesen öfter vor, | Funktion |

– wenn der inhaltliche Bezug verdeutlicht werden soll:

das Päckchen des Bruders ⎯⟨ das Päckchen vom Bruder
                            das Päckchen an den Bruder

– wenn der Anschluß verdeutlicht werden soll:

das Aussterben von Vögeln

Der artikellose Genitiv ist unmöglich (*das Aussterben Vögel*). Etwas anderes bedeutet aber *das Aussterben der Vögel*.

Will man sich die Bedeutung der Präpositionalattribute klarmachen, so kann man sie umformulieren:

der Zug aus Bern – der Zug, der aus Bern kommt
die Uhr aus Gold – die Uhr, die aus Gold besteht
die Tat aus Eifersucht – die Tat, die aus Eifersucht begangen wurde

Man muß sich dabei das richtige Verb hinzudenken.

Genitiversatz | 283 | *von*-Phrasen werden oft als Genitiversatz verwendet. Das kann der Deutlichkeit dienen, es wirkt aber öfter unbeholfen.

Genitiv	Umschreibung
Peters Brief	der Brief von Peter (umgangssprachlich)
Hans' Brief	der Brief von Hans (deutlicher)
rechts der Straße	rechts von der Straße
inmitten Fremder	inmitten von Fremden (deutlicher)
das Auto meiner Mutter	das Auto von meiner Mutter (umgangssprachlich)
Vater dreier Kinder	Vater von drei Kindern
die Meldung eines Boten	die Meldung von einem Boten (undeutlich)

Bei artikellosen Substantiven ist *von* aber angebracht:
> die Folgen von AIDS

Bei Pronomen empfiehlt sich das Possessivpronomen:
> ihr Brief (nicht: *der Brief von ihr*)
> seine Untersuchung (nicht: *die Untersuchung von ihm*)

Apposition | 284 | Appositionen (auch Zusätze genannt) sind Nominalphrasen, die nicht mit festen Kasus angeschlossen sind, sich aber doch als Attribut auf ein Nomen beziehen. Meistens kommt der Bezug dadurch zum Ausdruck, daß die Apposition den gleichen Kasus hat wie die gesamte Nominalphrase:
> Man erkennt **den** Baum, ein**en** alt**en** Birnbaum. (Apposition im Akkusativ)
> **Der** Baum, ein alt**er** Birnbaum, steht vor uns. (Apposition im Nominativ)

Es gibt drei Formen der Apposition:

– unverbundene Apposition:
> Paul, **der einzige Stürmer**, war kaltgestellt.

Die Apposition ist hier durch die Kasusgleichheit (und Kommas!) gekennzeichnet. Man kann diese Appositionen als verkürzte Sätze ansehen und so ihre Bedeutung erklären:
> Paul – er war der einzige Stürmer – war kaltgestellt.

Die Apposition wirkt also wie ein verkürzter Beisatz.

– verbundene Apposition:
> Die Spieler **als beste Kenner** sollten auch gefragt werden.
> Ich **als Fachmann** muß es doch wissen.

Verbundene Appositionen sind mit *als* oder *wie* in die Nominalphrase eingebettet und zeigen meistens auch Kasusgleichheit:
> Mir als einzig**em** Fachmann mußte das passieren.
> Menschen **wie du und ich** lesen diese Bücher.

– enge Apposition:

> im Monat **Mai**, eine Gruppe **Leute**, der Fall **Redel**,
> der Hut [des Grafen **Curnonsky**]

Hier handelt es sich in der Regel nicht um vollständige Nominalphrasen, sondern um zusammenstehende Substantive, die eine enge Einheit bilden. Das appositionelle Substantiv ist artikellos und kann meistens nicht dekliniert werden.

Üblich ist bei Appositionen die Kasuskongruenz mit dem Kernwort. Es gibt aber auch Ausnahmen und Zweifelsfälle.

● ●

Appositionen in Nominalphrasen mit pronominalem Kern werden als enge Appositionen empfunden:

> du kleiner Dicker, mich kleinen Dicken; du treuer Freund, dir treuem Freund; für euch junge Frauen

Sie werden nicht durch Kommas abgetrennt, aber sie gehorchen der Kongruenzregel.

● ●

| 285 | Unverbundene Appositionen ändern ihren Kasus mit dem Kernwort: | Kongruenz |

> Die Meinung seines Lehrers, ein**es** Fachmann**s** auf diesem Gebiet, sollte eingeholt werden. – Mit seinem Lehrer, ein**em** Fachmann auf diesem Gebiet, wäre Kontakt aufzunehmen.
> Katharina **die** Große siedelte deutsche Bauern an der Wolga an. – Rußland verdankt die Festigung seiner Großmachtstellung Katharina **der** Groß**en**.

Man kann aber die Apposition auch loslösen und im Nominativ bringen. Sie klingt dann eher wie ein Zusatz oder wie ein Einschub:

> Die Stimme gehört Herrn Heizer, **einer** der beiden Schiedsrichter.
> Die Meinung seines Lehrers – **ein Fachmann** auf diesem Gebiet – war uns wichtig.

So zum Beispiel vermeidet man die vielen Genitive.

In einzelnen Fällen steht die unverbundene Apposition im Dativ. Dies ist besonders häufig, wenn das Bezugssubstantiv im Genitiv steht oder eine Präposition bei sich hat:

> Worin wird die Schönheit dieser Landschaft, **einem** der schönsten Gebiete, gesehen?
> In den Alpen, **dem schönsten Gebirge**, ist der Urlaub eine Freude.

In der Standardsprache vermeidet man solche Abweichungen.

●●●

Meide mißverständliche Konstruktionen mit unklarem Bezugswort:

Der Bruder seines Lehrers, **ein Fachmann** auf diesem Gebiet, . . .

Hier ist wohl *Bruder* als Bezugswort zu verstehen.

Der Bruder seines Lehrers, **eines Fachmanns** auf diesem Gebiet, . . .

Hier ist eindeutig *Lehrers* als Bezugswort zu verstehen. Für das Verständnis hilft also nur die Kongruenz!

●●●

Kongruenz | 286 | Verbundene Appositionen ändern ihren Kasus mit dem Kernwort:

Die Meinung seines Lehrers als **eines Fachmannes** . . .

Mit seinem Lehrer als **einem Fachmann** . . .

Der Anbau von Reis als **dem wichtigsten Nahrungsmittel** . . .

Hier unterbleibt die Deklination aber, wenn die Apposition kein Artikelwort enthält:

Die Meinung des Lehrers **als Fachmann** . . .

Außerdem findet man häufig Dativ statt Genitiv, wenn die Apposition nur ein Adjektiv und keinen Artikel enthält:

Die Meinung des Lehrers **als großem Fachmann** . . .

Dies wird in der Standardsprache vermieden.

●●

Vermeide Mißverständnisse durch unklaren Bezug:

Er wurde von seinem Bruder **als großem Fachmann** vorgeschlagen.

Er wurde von seinem Bruder **als großer Fachmann** vorgeschlagen.

●●

Kongruenz | 287 | Enge Appositionen, besonders Mengen- und Maßangaben (*Gramm*, *Pfund*, *Prozent*, *Paar*, *Liter*, *Meter*), ändern ihren Kasus mit dem Kernwort:

ein Glas **kaltes Wasser** – mit einem Glas **kaltem Wasser**

über zwei Kilo **neue Kartoffeln** – mit über zwei Kilo **neuen Kartoffeln**

Hier neigt man öfter dazu, die Deklination zu unterlassen. Dies gilt als korrekt im Genitiv:

Der Kauf eines Korbs **frische Eier**

Beim Dativ ist es aber falsch:

🔥 Sie kommen mit einem Korb **frische Eier**.

Ausweichen kann man nach Maß- und Mengenangaben auf ein Genitivattribut:

ein Korb frischer Eier, mit einem Korb frischer Eier, eine Reihe wichtiger Gespräche, ein Karton Fränkischen Wein(e)s, ein Meter indischer Seide, von einem Pfund türkischer Feigen

Dies klingt oft gehoben.

●●

Einige Appositionen können so dominieren, daß nur die Apposition die Kasus-
endung übernimmt:

    der Wert eines Blatt Papiers

Es dürfen aber nicht beide Substantive dekliniert werden. Also nicht: *wegen
eines Liters Weins*.

●●

| 288 | Eigennamen nach Titeln und Berufsbezeichnungen sind enge Apposi-   Eigennamen
tionen: und Titel

    Doktor [Zahn] ist im Urlaub.
    Schreinermeister [Wilhelm Weyer] spielt verrückt.

Beide Teile gehören aber so eng zusammen, daß nicht ganz klar ist, ob der
erste oder der zweite Teil die Apposition ist. Der Name ist klar Apposition,
wenn der Titel mit Artikel steht. Der Eigenname wird dann nicht dekliniert:

    die Dienstreise des [Direktor**s** Müller]
    die Pläne des [Architekt**en** Bruchhaus]
    die Kriege des [König**s** Heinrich]

Steht der Titel oder die Berufsbezeichnung ohne Artikel, dann wird nur der
Eigenname dekliniert:

    [Direktor Müller**s**] Dienstreisen
    [Architekt Karl Bruchhaus**ens**] Pläne
    das Reich [König Heinrich**s** IV.] (= des Vierten)

●●

Die Anrede *Herr* wird immer dekliniert, also auch wenn der Artikel fehlt:

    Herr**n** Müller**s** Wohnung
    Sie gab Herr**n** Müller die Wohnung.
    Herr**n** Professor Müller**s** Wohnung

Fräulein bleibt in Verbindung mit *Tochter*, *Schwester*, *Braut* undekliniert:

    die Prüfung Ihres Fräulein Tochter

Auch wenn ein Artikel vorausgeht, wird nicht dekliniert:

    die Prüfung des Fräulein Maier

Ohne Artikel hingegen wird der Name dekliniert:

    Fräulein Maier**s** Prüfung

●●

Folgen mehrere Titel aufeinander, so wird nur der erste dekliniert:

    der Vortrag des Dozent**en** Professor Redlich
    die Klinik des Chefarzt**s** Dr. Zahn.

Aber: das Reich des König**s** Heinrich IV. (= des Vierten)

Bei mehreren Eigennamen wird jedoch nur der letzte, der Familienname dekliniert: [Fritz Müller**s**] Wohnung

Attribut-
häufung

289   Die Grammatik verbietet es nicht, mehrere Attribute zu einem Nomen zu stellen:

die Einladung unserer Freunde nach Rendsburg
                    Genitivattribut   Präpositionalattribut

die Wirren dieser schweren Zeit, große Wirren in der Tat, ...
                    Genitivattribut   Apposition

●●

Zwei Genitivattribute zu einem Bezugsnomen gehen nicht:
Der Erwerb der Fremdsprache der Gastarbeiterkinder ...

Hier wird man das Attribut nur auf das direkt vorangehende Substantiv beziehen.

●●

Attribut-
Treppen

290   Attributhäufungen sollte man vermeiden. Sie sind oft unklar oder schwer verständlich. Entscheidend ist dabei, ob die Attribute gleichberechtigt sind oder ob sie Treppen bilden:

– Gleichberechtigte Attribute wären:
        die Reise [Klärchens] [in die Türkei]
        der Bericht [von Klärchen] [über die Reise]

– Attribut-Treppen wären:

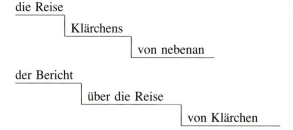

Oft weiß man nicht genau, wie solche Konstruktionen gemeint sind. Ist in *der Bericht über die Reise von Klärchen* Klärchens Bericht oder Klärchens Reise gemeint?

291   Attribute sind Erweiterungen der einfachen Nominalphrase. Sie sind   Funktion
nähere Bestimmungen und dienen vor allem der Genauigkeit. Zu beachten sind
drei Funktionen:

– Einschränkung. Die Attribute beschränken den Bereich in Frage kommender
  Gegenstände, indem sie mehr Merkmale nennen. Dadurch wird man den
  gemeinten Gegenstand leichter identifizieren können:
     der Brief
     der Brief meiner Schwester
     der Brief meiner Schwester an mich
     der Brief meiner Schwester an mich aus Frankreich

– Einordnung. Die Attribute dienen vor allem der Untergliederung eines
  Bereichs. Das ist oft die Voraussetzung, um zu verstehen, welcher Gegenstand gemeint ist:
     Wein
     Wein aus Italien/Frankreich/Kalifornien usw.
     Wein in Flaschen/in Fässern/in Kartons usw.

– Erläuterung. Die Attribute geben zusätzliche, erklärende Hinweise:
     mein Freund, ein wirklich guter Freund, . . .
     diese Gruppe von hungrigen Vögeln
     der Vorzug guter Verträglichkeit
     das Problem der Umweltverschmutzung

2.5 Präpositionalphrasen

292   Präpositionalphrasen bestehen aus einer Präposition als Kern und einer   Beispiele
Nominalphrase:
     Wir erinnern uns gern [**an** diese Reise/daran].
     Sie denkt nicht mehr [**an** ihn].
     Die Leute [**aus** dem schönen Pommern] waren dabei.

Die Präpositionen sind so etwas wie Gelenke der Nominalphrasen zu anderen
Phrasen. Sie verbinden die Phrasen und bezeichnen ihre Beziehung.

Auch in folgenden Beispielen regiert die Präposition eine Nominalphrase:
     [**Bei** Grün] kannst du vorsichtig gehen.
     [**Für** die] würde ich keinen Finger rühren.
     Sie blieben [**bei** weitem] unter ihren Möglichkeiten.

Es liegt eine Substantivierung vor (*Grün*) oder die Auslassung des Substantivs
(*für die*) oder eine versteinerte Wendung, in der das Substantiv klein geschrieben wird, weil manche es als Adverb ansehen.

Stellung   │293│   Die meisten Präpositionen stehen direkt vor der regierten Nominalphrase, also meistens vor dem Artikel (→ │160│). Drei Präpositionen stehen
aber am Ende der regierten Nominalphrase:

des großen Spaßes **halber**, der Anweisung **zuwider**, seinen Kindern
zuliebe

Regiert die Präposition ein Pronomen, so bleibt die Abfolge erhalten: *zugun-*
sten aller, *von keinem*, *über sich*. Bei den Adverbialpronomen aber ist die
Reihenfolge umgekehrt, sie werden darum auch als enge Einheit empfunden:
davon, *wovor*, *deswegen*, *hiermit*.

Einige Präpositionen können vor oder nach der Nominalphrase stehen:

wegen seiner Treue/seiner Treue wegen, gemäß dem Befehl/dem Befehl
gemäß, entgegen dem Befehl/dem Befehl entgegen, ungeachtet dieser
Tatsache/dieser Tatsache ungeachtet, gegenüber mir/mir gegenüber

●●

Einige Präpositionen regieren bei Voranstellung den Genitiv oder Dativ, bei
Nachstellung aber nur den Dativ:

vor + Genitiv/Dativ	nach + Dativ
zufolge seines Briefes	seinem Brief zufolge
entsprechend dem Beschluß	dem Beschluß entsprechend
entlang des Flusses	dem Fluß entlang

●●

Die Präposition *nach* steht in lokaler und temporaler Bedeutung vor der Nominalphrase. Sie kann nur in abstrakter Bedeutung nachgestellt werden:

nach meiner Meinung/meiner Meinung nach

Bei den seltenen zweiteiligen Präpositionen steht ein Teil vor, ein Teil hinter
der Nominalphrase:

um ihrer Freunde **willen**, **von** Amts **wegen**

Verschmelzung   │294│   Die Endung des definiten Artikels kann mit der Präposition verschmelzen. Der Artikel selbst wird dann ausgelassen:

an dem/am Ufer, an das/ans Tor; aufs Land, beim Wort, im Sommer,
durchs Zimmer, vom Tisch, zum Wohl, zur Stelle, ins Freie, fürs Essen;
hinterm Berg, hinters Haus, übers Herz, ums Leben, untern Teppich

Die Verschmelzung ist nur möglich, wenn sie einigermaßen leicht aussprech-
bar ist und wenn der Artikel unbetont ist. Verschmolzen werden deshalb am
leichtesten die Endungen *-m* (Dativ Singular Maskulinum), *-r* (Dativ Singular
Femininum) und *-s* (Akkusativ Singular Neutrum).

Einige Verschmelzungen klingen noch umgangssprachlich (*aufs*, *durchs*, *fürs*, *hinterm*, *hintern*, *überm* u. a.), einige sind nur in der Sprechsprache üblich (*auf'n*, *auf'm*, *an'n*, *durch'n* u. a.).

● ●

Schriftsprachlich wird verlangt, daß bei koordinierten Substantiven nur verschmolzen wird, wenn beide Artikel die gleiche Endung haben:

> im Kino und Theater

aber: im Kino und in der Schule

● ●

295   Präpositionale Fügungen können inhaltlich zusammenwachsen und wie Präpositionen wirken. Auf diese Weise entstehen umständlichere, aber oft auch genauere Phrasen: *präpositionale Fügungen*

> im Fall eines Sieges/bei einem Sieg, im Sinne des Gesetzes/gemäß dem Gesetz, im Verlauf des Prozesses/während des Prozesses, unter der Voraussetzung des Gelingens/beim Gelingen, zur Zeit des Dreißigjährigen Krieges/im Dreißigjährigen Krieg, für die Dauer seiner Krankheit/während seiner Krankheit

Die präpositionalen Fügungen sind häufig in der öffentlichen Sprache. Viele sind nicht mehr ersetzbar:

> in Form von, auf der Grundlage, auf Kosten, im Rahmen, zu Schaden, im Verhältnis zu, zum Zweck

296   Häufungen von Präpositionen sind möglich bei *bis*, seltener bei *von*:   *Häufungen*

> Sie kamen **bis an** den Rand.
> Man blieb **bis kurz vor** neun Uhr.
> Das ist Ware **von vor** dem Krieg.

Hier regiert aber *bis* nicht den Kasus.

Die Kombination *bis auf* kennzeichnet eine Ausnahme:

> Alle waren da **bis auf** den Gastgeber.

Andere Häufungen sind umgangssprachlich üblich, aber in der Standardsprache verpönt:

🔥   Es kam von unter dem Teppich hervor.

🔥   Das ist für zum Kaffee/für nach dem Essen.

● ●

In folgenden Beispielen sind *über* und *unter* keine Präpositionen, sondern Gradwörter:

> Das kostete über dreitausend Mark. Die Temperatur lag unter dreißig Grad.

Darum gehen sie auch gut mit Präpositionen zusammen:

> Kosten von über dreitausend Mark, Temperaturen von unter dreißig Grad

● ●

Adverbial-
pronomen

297   Einige Adverbialpronomen leisten das gleiche wie Präpositionalphrasen, so als hätten sie eine eingebaute Präposition:

– als Präpositionalobjekt:

Ich wohne { in Düsseldorf. / **dort**. }

– als Adverbial:

Wir kommen { an diesem Tag. / **heute**. }

– als Attribut:

die Bank { vor dem Haus / vor dir / **dort** }

Diese Adverbialpronomen können sich zusätzlich mit einer Präposition verbinden: *von dort*, *nach hier*, *bis heute*. So entstehen direktionale Präpositionalphrasen.

2.6 Die Nominalphrasen in stilistischer Sicht: der Nominalstil

Viele Verben im Text gilt allgemein als guter Stil. Verben machen den Text lebendig, als Prädikate geben sie dem Satz eine klare Gliederung. Dagegen gilt es als Stil-Krankheit, wenn man zu viele Substantive verwendet, besonders wenn man Verben zu Substantiven macht. Das geschieht auf drei Arten:

– durch Streckformen:

Anschließend nahmen wir die Knochen in Bearbeitung.	(nominal)
Anschließend bearbeiteten wir die Knochen.	(verbal)
Die Verwendung brachte allen Nutzen	(nominal)
Die Verwendung nutzte allen.	(verbal)

– durch Funktionsverbgefüge:

Die Knochen fanden auch Verwendung.	(nominal)
Die Knochen wurden auch verwendet.	(verbal)

– durch Nominalisierungen:

Die Verwendung der Knochen sollte untersagt werden.	(nominal)
Es sollte untersagt werden, die Knochen zu verwenden.	(verbal)

Ob jemand Nominalstil oder Verbalstil schreibt, hängt aber auch mit der Textsorte, mit den Adressaten und den Absichten zusammen. Der Nominalstil ist besonders häufig in der öffentlichen Sprache, in der Sprache der Wissenschaft, der Gesetze, der Bürokratie.

Einige Basketballregeln:

> **Nach der Übertretung einer Regel durch einen Spieler** wird der Ball **durch Einwurf von außen** wieder ins Spiel gebracht. **Behinderung des Gegners durch Körperkontakte** ist grundsätzlich untersagt. **Solche Kontakte gegen ballführende Spieler** sind persönliche Fouls. **Eine Regelverletzung durch unsportliches Verhalten gegenüber Gegenspielern oder Schiedsrichtern** ist ein technisches Foul. Fouls werden **durch Anschreiben im Spielberichtsbogen** festgehalten.

Nominalisierungen formulieren Sachverhalte nicht in Satzform, sondern als Nominalphrase. Das setzt voraus, daß ein Verb substantiviert wird

– als Infinitiv:
    ... [durch Anschreiben im Spielberichtsbogen] ...
    [Das Auffinden verletzter Tiere] muß angezeigt werden.

– als Ableitung aus Verben oder Adjektiven:
    [Die Anwendung dieser Medikamente durch den Arzt] ist gefährlich.
    [Die Dokumentation der Verletzungen] ist geboten.
    [Die Zufuhr frischer Waren] stockte.
    [Meine Aufmerksamkeit gegenüber Abweichungen] wuchs ständig.

Die Nominalisierung ist eine Verdichtung, sie bringt Nebensätze oder satzwertige Infinitive in der kompakten Form einer Nominalphrase:
    Wenn ein Spieler eine Regel übertreten hat, wird der Ball ...
    Nach der Übertretung einer Regel durch einen Spieler wird der Ball ...

In der Nominalisierung wird das Prädikat des Nebensatzes (*übertreten hat*) zum substantivischen Kern der Nominalphrase, das Objekt (*die Regel*) und das Subjekt (*ein Spieler*) werden zu Attributen (*einer Regel*, *durch einen Spieler*). Entsprechend kann man die Nominalisierung vermeiden: Man macht die Nominalisierung zum Nebensatz oder zum satzwertigen Infinitiv und bringt die Attribute als Subjekt oder Objekt und das Verb als Prädikat:
    Eine Überprüfung der Noten durch den Lehrer wird verlangt.
    Es wird verlangt, daß der Lehrer die Noten überprüft.
    Das Töten verletzter Tiere ist verboten.
    Es ist verboten, verletzte Tiere zu töten.

●●

Nominalisierungen kann man umformulieren in Nebensätze oder in satzwertige Infinitive.

●●

Die Umformulierung ist besonders dann zu empfehlen, wenn die Nominalisierung nur den Satz aufbläht und gar keinen Nebensatz abkürzt. Man erkennt diese Fälle gut an dem Allerweltsverb *erfolgen*:

> Die Verlegung der Straße erfolgt nächstes Jahr.
> Zahlungen erfolgten in bar.

Hier ist die Umformulierung in einen einzigen Hauptsatz möglich:

> Die Straße wird nächstes Jahr verlegt.
> Es wurde bar bezahlt.

Umformulierungen sollte man vorziehen, wenn die Nominalisierung ungenau ist:

> Der Ball wird durch Einwurf von außen ins Spiel gebracht.
> Die Tiere sind auf Verlangen abzugeben.
> Ohne das Stoppen vor der Brücke wäre der Wagen in die Schlucht gestürzt.

Hier weiß man nicht, wer den Ball ins Spiel bringt, wer die Abgabe verlangen darf oder muß. Klarer könnte es sein, in einem Nebensatz zu sagen, wer dieses Recht hat:

> Die Tiere sind abzugeben, wenn der Förster/die Behörde es verlangt.

Eine Umformulierung ist auch vorzuziehen, wenn die Nominalisierung umständlich erscheint; etwa wenn sie ein schwieriges Kompositum oder mehrere Attribute oder gar Attribut-Treppen enthält:

> Das Verderbenlassen von Nahrungsmitteln sollte verboten werden.
> Es sollte verboten werden, Nahrungsmittel verderben zu lassen.
>
> Durch die Außerachtlassung der Vorschriften macht man sich strafbar.
> Wer die Vorschriften außer acht läßt, macht sich strafbar.
>
> Die Beachtung dieser Regeln fördert besseres Schreiben.
> Wenn man diese Regeln beachtet, schreibt man besser.
>
> Wissenschaftler haben die Unabhängigkeit des Durchlaufs von Neutronen von der Wärme nachgewiesen.
> Wissenschaftler haben nachgewiesen, daß der Neutronendurchlauf unabhängig von der Wärme ist.

●●●

Vermeide ungenaue oder unverständliche Nominalisierungen.

●●●

Ein Satz mit Nebensatz ist natürlich nicht so einfach wie einer mit Nominalisierung. Man kann also Nominalisierungen verwenden, um Nebensätze zu vermeiden. Das ist zu empfehlen, wenn der ausführliche Satz unübersichtlich wäre oder wenn man im Nebensatz überflüssige Satzteile braucht.

Verbalstil	Nominalstil
Das Kind wird davor geschützt, daß es vernachlässigt, ausgenutzt und grausam behandelt wird. Erst wenn das Kind ein Mindestalter erreicht hat, wird es zur Arbeit zugelassen. Es wird nie dazu gezwungen, einen Beruf oder eine Tätigkeit auszuüben, die ihm schaden könnte. Wenn ein Kind körperlich oder geistig behindert ist, erhält es die Behandlung, Erziehung und Fürsorge, die sein Zustand und seine Lage erfordern.	Das Kind wird vor Vernachlässigung, Ausnutzung und Grausamkeit geschützt. Erst nach Erreichen eines Mindestalters wird es zur Arbeit zugelassen. Es wird nie zu einem schädlichen Beruf oder einer schädlichen Tätigkeit gezwungen. Ein geistig oder körperlich behindertes Kind erhält die erforderliche Behandlung, Erziehung und Fürsorge.

Der rechte Text ist – trotz der Nominalisierungen – prägnanter, klarer und kürzer. So klingen auch folgende Forderungen eindringlicher in nominaler Form als die Entsprechungen in Nebensätzen:

 Wir fordern:
  – eine gerechte Steuerreform,
  – die Humanisierung der Arbeitswelt,
  – die Verbesserung des Umweltschutzes.

3   Adjektivphrasen

3.1 Formen und Funktionen

Beispiele `298`   Adjektivphrasen sind die eingeklammerten Teile in folgenden Beispielen:

ein [extrem **schneller** und **genauer**] Sprecher
Es war doch [ausgesprochen **warm**].
Wer möchte nicht [**lange, blonde, lockige**] Haare haben?
die [heute kaum noch zu **entdeckenden**] Spuren
Ihre [**graugrünen**, von allen **gefürchteten**] Augen strahlten.

Adjektivphrasen haben ein Adjektiv als Kern, der hier hervorgehoben ist. Oft
bestehen sie nur aus diesem Kern, aber grundsätzlich sind unterschiedliche
Erweiterungen möglich.

Erweiterung `299`   Komplexe Adjektivphrasen entstehen durch drei Erscheinungen:

– Graduierung, bei der ein Adjektiv modifiziert wird durch Adverbien oder
  unflektierte Adjektive:
  Sie war [recht einfach].
  Er wurde [ganz schön rot].

– Reihung, bei der mehrere gleichberechtigte Adjektive verbunden oder
  unverbunden aufeinander folgen:
  die [ausgestellten griechischen] Vasen
  meine [früheren und jetzigen] Sammlerstücke

– Erweiterung, bei der das Kernadjektiv um ganze Phrasen erweitert ist:
  eine [[in jener Zeit] [von allen] geschätzte] Künstlerin

Graduierung `300`   Bei der Graduierung (→ `94`) sind Adjektive modifiziert durch andere
Adjektive oder Adverbien:
  Sie trug ein **recht/sehr** flottes Kleid.

Das modifizierende Adjektiv oder Adverb geht voran und bleibt unflektiert.
Stufenweise sind mehrere Modifikationen möglich:
  ihr **erstaunlich** früher Besuch
  ihr **ganz erstaunlich** früher Besuch

● ●

Unterscheide modifizierende, unflektierte Adjektive von parallelen, flektierten:

      die unerwartet hohe Niederlage

      die unerwartete, hohe Niederlage

Im ersten Fall ist die Niederlage vielleicht nicht unerwartet, nur daß sie so hoch ausfiel; im zweiten Fall war die Niederlage auch unerwartet. Ebenso:

      ein selten häßlicher Hund

      ein seltener, häßlicher Hund

● ●

301   Gereihte Adjektive halten eine Ordnung ein. Sind sie in ihrer Bedeutung eher Artikelwörtern verwandt, stehen sie näher beim Artikel; sind sie eher Substantiven verwandt, stehen sie näher beim Substantiv. Es gibt drei Zonen:

Stellung der Adjektive

	Zone 1	Zone 2	Zone 3	
	Anzahl/ Verweis	Beschreibung/ Wertung	Beschaffenheit/ Herkunft	
die	drei	leckeren	Wiener	Würstchen
alle	genannten	roten	indischen	Blumen
		feiner	schwarzer	Tee
	solche	dicken	wollenen	Strümpfe
die	vorderen	mangelhaften	plastischen	Zähne

Wenn man sich nicht an diese Reihenfolge hält, erzielt man besondere Wirkungen:

– Man ändert die Funktion eines Adjektivs:

      die ersten beiden Läufer   –   die beiden ersten Läufer

      das riesige russische Gebiet   –   das russische riesige Gebiet

      schöne, runde Bälle   –   runde, schöne Bälle

  In der ungewöhnlichen Abfolge erhält das zweite Adjektiv mehr Eigenwert.

– Man bekommt ungewöhnliche oder steife Abfolgen:

      schulische, erhebliche Probleme

      sprachliche, unbekannte Tatsachen

Unterordnung | 302 | Die Reihenfolge der Adjektive entspricht auch ihrer inhaltlichen Bindung ans Substantiv. Je näher ein Adjektiv dem Substantiv steht, um so enger ist seine inhaltliche Bindung an das Substantiv, um so stärker die Einheit mit dem Substantiv. Entsprechend ordnen sich die Adjektive der vorderen Zonen denen der hinteren unter: Ein dicker indonesischer Tiger ist von Natur aus indonesisch und erst in zweiter Linie dick, er könnte auch ohne weiteres dünn sein. Wegen dieser Unterordnung stehen auch keine Konjunktionen zwischen Adjektiven verschiedener Zonen. Also nicht:

> die folgenden und spannenden Kapitel
> die beiden und politischen Parteien

Öfter ändert sich durch eine Konjunktion auch die Bedeutung: *leckere und Wiener Würstchen* meint zwei Sorten Würstchen und wohl auch, daß die Wiener nicht zu den leckeren gehören.

Bei parallelen Adjektiven dient die Abfolge oft der Steigerung:

> der vierschrötige, ja brutale Kerl
> die wenigen, vielleicht einzigen Funde

Erweiterung | 303 | Adjektiverweiterungen enthalten ganze Phrasen vor dem Adjektiv:

> die [stets] [allen] vorweglaufende Jutta
> die [ihren Rivalen] [an Kraft] überlegene Siegerin

Im Grunde handelt es sich bei den erweiternden Phrasen um degradierte Satzglieder. Umformulierungen machen das deutlich:

> die Siegerin, die [ihren Rivalen] [an Kraft] überlegen ist

In der Erweiterung können so alle möglichen Satzglieder (außer dem Subjekt!) auftauchen. Aber sie können nicht durch Nebensätze realisiert sein.

●●●

Es können Zweifel auftreten, ob eine Graduierung oder eine Adjektiverweiterung vorliegt:

> ein selten treuer Mensch
> ein selten gewissenhafter Schüler

Eindeutig dagegen:

> ein selten schönes Paar (Graduierung)
> ein selten anwesender Pfarrer (Adjektiverweiterung)

●●●

304   Adjektiverweiterungen sind besonders üblich bei Partizipien als attributiven Adjektiven. Die Erweiterungen entsprechen den Satzgliedern:

– Das Partizip I ist aktivisch zu verstehen:

> der nächsten Monat beginnende Frühling
> der Frühling, der nächsten Monat beginnt

– Das Partizip I mit *zu* ist passivisch und modal zu verstehen:

> die in aller Kürze zu treffenden Entscheidungen
> die Entscheidungen, die in aller Kürze getroffen werden müssen

Diese Konstruktion ist nicht aktivisch zu gebrauchen. Also nicht:
🔥 der in diesem Jahr abzutretende Minister
Sondern:

> der Minister, der in diesem Jahr abtreten muß

– Das Partizip II ist passivisch und vorzeitig:

> die letztens getroffenen Entscheidungen
> die Entscheidungen, die letztens getroffen wurden

Also können hier nur passivfähige Verben verwendet werden und nicht:

> die stattgefundene Diskussion
> der gelebte Pfarrer

● ●

Auch Verben wie *beginnen*, die eigentlich zwei Möglichkeiten haben (*etwas beginnt* und *ich beginne etwas*) lassen nur passivisches Partizip II zu:

> der gerade begonnene Marsch

Aber nicht:

> der gerade begonnene Wetterumschwung

Stell dir also die Passivfrage: Wurde der Wetterumschwung begonnen? Gab es jemanden, der ihn begonnen hat? – Nein, also kein Partizip II!

● ●

3.2 Die Adjektiverweiterung in stilistischer Sicht

Erweiterte Adjektivphrasen können als vorangestellte Attribute in Nominalphrasen stehen. Dadurch werden die Nominalphrasen stark erweitert, und das
kann sich so anhören:

> Der [unter dem Titel „Textkritik" formulierte] methodische Vorsatz der
> Philologie, immer auf die authentischen Überlieferungszeugnisse
> zurückzugehen, ist nicht mit dem Argument zu begründen, auf diese
> Weise einen [dem Willen des Autors entsprechenden oder ihm zumin-
> dest näherungsweise entsprechenden] Text darzustellen. Denn wenn gel-
> ten soll, daß der [dem Autorwillen entsprechende] Text der „authenti-
> sche" Text ist, so müßte auch umgekehrt gelten, daß derjenige Text als
> „authentisch" anzusehen ist, der vom Autor als das erklärt wurde, was
> er hat schreiben wollen, d. h. als Verwirklichung des [von ihm erstreb-
> ten] sprachlichen Leistungsziels.   G.Martens/H.Zeller

Dieser Text bietet viele Schwierigkeiten. Eine sind die hervorgehobenen
Adjektiverweiterungen. Adjektiverweiterungen sind Verdichtungen. Ihr Kern
sind meistens Partizipien, aber auch einfache Adjektive. Sie packen Sachverhalte in gedrängter Form vor das Substantiv. Man erkennt das gut, wenn man
sie in Relativsätze umformuliert:

> Der unter dem Titel „Textkritik" formulierte methodische Vorsatz der
> Philologie . . . – Der methodische Vorsatz der Philologie, den man unter
> dem Titel „Textkritik" formuliert hat, . . .

Der Relativsatz enthält eine vollständige Aussage, die in der Adjektiverweiterung verkürzt wiedergegeben ist. Das macht es schwierig, die Adjektiverweiterung zu verstehen.

Besonders umständlich sind Adjektiverweiterungen aus Streckformen. Man
sollte sie wenigstens durch das einfache Verb ersetzen:

> die hier zum Ausdruck gebrachte Meinung/ausgedrückte Meinung
> die sich in Entwicklung befindenden Industrien/sich entwickelnden In-
> dustrien

Schwierig ist auch die Tatsache, daß hier eine Aussage die Nominalphrase
unterbricht, man wartet immer gespannt auf das Kernsubstantiv und muß
inzwischen eine ganze Aussage verdauen. Sind Adjektiverweiterungen im Satz
gehäuft, wird es besonders schlimm:

> An dem seiner unerwarteten Rückkehr folgenden Abend fand in dem
> von seinen rechtmäßigen Bewohnern lange verlassenen Schloß ein mit
> aller aus früheren Zeiten gewohnten Pracht gefeiertes Fest statt.

Erweiterte Adjektivphrasen sind nicht nur schwer zu verstehen, sie sind oft auch stilistisch nicht zu empfehlen. Durch die Einschachtelung können ungewöhnliche Wortfolgen entstehen:

– zwei Artikelwörter direkt nacheinander:
    die die Kinder betreuende Frau
    einer einem Affen ähnlich sehenden Person

– zwei Präpositionen direkt nacheinander:
    mit auf den alsbaldigen Sieg zielenden Anstrengungen
    zu zu schnell zu untersuchenden Patienten

●●

Hüte dich davor, zuviel in die Nominalphrase zu packen! Blase sie nicht auf mit Adjektiverweiterungen!

●●

Normalerweise wird man kaum Adjektiverweiterungen verwenden, weil sie schon schwierig zu bilden sind. In gewissen Textsorten kommen sie dennoch häufig vor. Es scheint, daß man sie in schriftlichen Texten gern noch bei der Überarbeitung einfügt. Wie kann man das vermeiden?

Es gibt zwei Möglichkeiten:

– Man wählt ein anderes Attribut, meistens einen Relativsatz:
    Die sich entwickelnden Industrien waren für die arbeitenden Menschen von großer Bedeutung.
    Die Industrien in Entwicklung waren für die arbeitenden Menschen von großer Bedeutung.

    Noch ist mir jene Nacht in Erinnerung, in der wir in die zu dieser Zeit von keinem Tageslicht erhellte Unterwasserwelt hinabtauchten.
    Noch ist mir jene Nacht in Erinnerung, in der wir in die Unterwasserwelt hinabtauchten, die zu dieser Zeit kein Tageslicht erhellte.

– Man spaltet den Satz in zwei Sätze auf:
    Ein über Süddeutschland liegendes Tief bestimmt unser Wetter.
    Über Süddeutschland liegt ein Tief. Es bestimmt unser Wetter.
    Ein Tief bestimmt unser Wetter. Es liegt über Süddeutschland.

    Mit den im Vergleich zu den Sowjets oder den Japanern relativ bescheidenen Mitteln haben die deutschen Heber Anschluß an die Weltelite gefunden.
    Im Vergleich zu den Sowjets und den Japanern sind die Mittel der Deutschen relativ bescheiden. Dennoch haben sie Anschluß an die Weltelite gefunden.

●●

Statt Adjektiverweiterungen verwende Relativsätze oder zwei Hauptsätze!

●●

Drittes Kapitel: Der einfache Satz

Kennzeichen   305   Was ist ein Satz? Und wie erkennt man ihn? Ein Satz ist eine Folge von Wörtern. Aber diese Folge muß nach grammatischen Regeln aufgebaut sein, und sie muß in der Verständigung eine Äußerung für sich sein können. Nur dann ist sie ein Satz. Der Satz ist definiert durch folgende Eigenschaften:

– Mit dem Aussprechen eines Satzes kann man eine vollständige sprachliche Handlung vollziehen: Man kann eine Frage stellen, eine Behauptung machen, jemanden grüßen, jemandem drohen, einen Vorwurf machen usw.

– Ein Satz ist ein einzelner Zug im Verständigungsspiel. Nur am Schluß eines Satzes wechselt im Dialog der Sprecher. Wenn der Partner im Gespräch das Wort ergreift, ohne daß der Sprecher seinen Satz vollendet hat, dann hat er ihn unterbrochen.

– Ein Satz ist in diesem Sinne abgeschlossen und relativ selbständig: Er kann oft allein stehen, man kann nach einem Satz meistens aufhören zu reden. Aber dennoch sind Sätze oft nur Teile von Texten und Gesprächen.

– Ein Satz wird durch die Intonation zusammengehalten. Es gibt feste Intonationskurven für bestimmte Satzarten, und am Ende eines Satzes ist ein Ruhepunkt erreicht. Dies versuchen wir auch orthographisch durch Satzschlußzeichen wiederzugeben.

– Ein Satz wird abgeschlossen durch Satzzeichen wie Punkt, Fragezeichen und Ausrufezeichen. Manchmal trennen auch ein Komma, ein Semikolon oder Gedankenstriche einen Satz ab.

Bau   306   Sätze sind nicht wie die Wörter als Vorrat einer Sprache vorgegeben. Vielmehr werden sie aus den vorrätigen Wörtern zusammengesetzt:

An der Ecke standen riesige Platanen.
Sie weiß, wohin die Reise geht.
Auf Wiedersehen!
Wie wird das Wetter morgen?

Zwar gibt es viele Sätze, die dauernd gebraucht werden, aber jeder Sprecher kann doch ganz neue Sätze bilden. Damit verändert er die Sprache nicht. Die Sprache stellt ihm nur die Baupläne zur Verfügung, an die er sich dabei zu halten hat. Neue Sätze wären vielleicht:

Der Vorrat der Wörter ist nicht unerschöpflich.
Neue Sätze bringen oft auch neue Erkenntnis.

Hält man sich nicht an die grammatischen Regeln, entstehen Unsinn und Fehler. So sind die folgenden Beispiele sicher keine Sätze, sondern Unsinn:
🔥   Wohin weiß die Reise er geht.   Ich teiß, was es bedarten teft.

Hingegen enthalten die folgenden Sätze nur kleinere Fehler, geringe Verstöße gegen die grammatischen Regeln, die wir im Geist korrigieren, so daß wir den Satz verstehen:
🔥   An der Ecke standen riesigen (statt: *riesige*) Platanen.
🔥   Sie kamen mit die Kinder (statt: *mit den Kindern*).

Natürlich kann auch ein grammatisch richtiger Satz noch inhaltliche Fehler enthalten.

| 307 | Sätze sind die eigentlichen Einheiten menschlicher Rede. Sie sind in erster Linie Verständigungseinheiten. Da es der oberste Grundsatz unserer Verständigung ist, daß wir nur sagen, was wirklich nötig ist, werden Sätze oft verkürzt. Darum genügen in bestimmten Zusammenhängen auch die verkürzten Formen, sie leisten hier das gleiche wie ausgeführte Sätze. Fragt jemand: *Kommst du morgen?,* so kann er verschiedene Antworten bekommen:

Ausbaustufen

| Ja.   Ich komme.
| Ich komme morgen.   Ja, ich komme morgen.
Alle diese Antworten leisten hier das gleiche.

| 308 | Nach ihrem Bau und ihrer Leistung sind verschiedene Typen von Sätzen zu unterscheiden:

Typen

– Kurzsätze wie
    Hoppla!   Entschuldigung.
    Kurzsätze sind sehr einfach. Kinder lernen sie als erstes.

– gegliederte Sätze wie
    Ich war es nicht.   Kleine Leute lieben große Worte.
    Gegliederte Sätze sind oft sehr kompliziert, mit ihnen kann man komplizierte Sachverhalte ausdrücken.

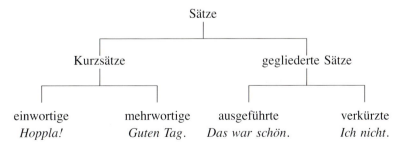

1 Satzformen und Satzarten

1.1 Kurzsätze

Einwortsatz   **309**   Kurzsätze können aus einem einzigen Wort bestehen. Entsprechend der Wortart kann man verschiedene Fälle mit verschiedener Leistung unterscheiden:

Kurzsatz	Leistung
Danke.	Antwort
Gell?	Vergewisserungsfrage
Hallo!	Gruß
Hoppla!	Entschuldigung
Psst!	Aufforderung
Au!	Ausdruck des Schmerzes

Solche Wörter, die allein einen Satz bilden können, sind Satzwörter. Satzwörter sind zum Beispiel alle Interjektionen.

Mehrwortsatz   **310**   Mehrwortige Kurzsätze können das gleiche leisten wie einwortige. Sie sind aber – da sie mehrere Wörter enthalten – nach grammatischen Regeln aufgebaut. So heißt der Gruß *Guten Morgen*, falsch wäre *Guter Morgen*.

Kurzsatz	Leistung
Na klar.	Antwort
Nicht wahr?	Vergewisserung
Guten Abend.	Gruß
Sehr geehrter Herr Thiel!	Anrede

Leistungen   **311**   Die Kurzsätze bringen ihre Leistung in ihrer normalen kurzen Form. Sie sind also vollständige Sätze. Oft kann man sie gar nicht verlängern. Wenn man sie verlängern kann, entsteht ein Satz ganz anderer Art. *Vorsicht!* ist beispielsweise eine Warnung, dagegen ist *Vorsicht ist geboten* eine Aussage, aus der vielleicht eine Art Warnung folgt, die aber auch noch ganz anders gebraucht sein kann. Die Aussage kann man bestreiten, eine Warnung aber nicht.

Hier eine Aufstellung von Kurzsatzleistungen mit Beispielen:

Grüßen:	*Tschüs, Hallo, Auf Wiedersehn, Guten Morgen*
Warnen:	*Achtung!, Vorsicht!, Aufpassen!*
Anreden:	*Liebe Luise, Meine Damen und Herren*
Rufen:	*Hallo!, Heda!, He!*
Zustimmen:	*Ja, Na klar, Natürlich, Topp, Mmm, Genau*
Ablehnen:	*Nein, Bloß nicht, Ach was*
Sich vergewissern:	*Gell?, Nicht wahr?, Woll?, Ja?, Oder?*
Thema nennen:	*Das Boot, Die unendliche Geschichte*
Auffordern:	*Pfui!, Psst!, Dalli!, Hauruck!, Hü!*
Fluchen:	*Sakra!, Verdammt!, Verflixt!, Mist!*

1.2 Gegliederte Sätze

312   Gegliederte Sätze bestehen aus mehreren Wörtern. Sie sind das   Leistung
eigentliche Thema der Grammatik. Denn die Grammatik untersucht ja, nach
welchen Regeln die Sprecher Wörter und Wortformen als Baumaterial benut-
zen, wie sie Sätze intuitiv und automatisch bilden. Gegliederte Sätze enthalten
Aussagen. Das heißt:
– Der Sprecher nimmt in dem Satz auf etwas Bezug (den Satzgegenstand).
– Der Sprecher sagt etwas von diesem Gegenstand, schreibt ihm zum Beispiel
  eine Eigenschaft zu.
Äußert jemand den gegliederten Satz: *Meine Schwester ist älter als ich*, so nimmt
er Bezug auf seine Schwester und sagt von ihr, daß sie älter ist als er selbst.

313   Gegliederte Sätze haben etwas mit Wahrheit zu tun: Wahrheits-
– Mit ihnen kann direkt behauptet werden, daß etwas wahr ist: bezug
      Du kamst heute um zwei Uhr.
– Mit ihnen kann gefragt werden, ob etwas wahr ist:
      Kommst du heute um zwei Uhr?
– Mit ihnen kann verlangt werden, daß etwas wahr gemacht wird:
      Komm heute um zwei Uhr!

Den möglichen drei Wahrheitsbezügen gegliederter Sätze sind jeweils unter-
schiedliche sprachliche Handlungen zugeordnet, die man mit einem Satz aus-
führen kann:
Aussage:
      behaupten, mitteilen, erzählen, berichten, zustimmen, informieren, ant-
      worten; verneinen, bestreiten, abstreiten, widersprechen
Frage:
      fragen, erfragen, ermitteln, ausfragen, sich erkundigen
Verlangen:
      befehlen, bitten, fordern, auffordern, gebieten; verbieten, untersagen

Teilung | 314 | Gegliederte Sätze sind in mehreren Stufen in Teile geteilt. Auf der zweiten Stufe ergeben sich Satzglieder. Die Satzglieder bestehen aus Phrasen (die möglicherweise auch Phrasen als Teile haben). Die Phrasen bestehen aus Wörtern, die Wörter bestehen möglicherweise aus Stamm und Endungen.

1. Satz	Meine kleine Tochter sieht ein Boot aus Holz in der Ferne.
2. Satzglieder	Meine kleine Tochter | sieht | ein Boot aus Holz | in der Ferne.
3. Phrasen	Meine kleine Tochter | sieht | ein Boot | aus Holz | in der Ferne.
4. Wörter	Meine | kleine | Tochter | sieht | ein | Boot | aus | Holz | in | der | Ferne.
5. Wortteile	Mein|e | klein|e | Tochter | sieh|t | ein | Boot | aus | Holz | in | de|r | Ferne.

Positionen | 315 | Für die einzelnen Satzglieder gibt es jeweils spezielle Fragen:
Wer sieht was wo?

Jedes Fragewort besetzt eine Position, in der ein Satzglied steht. Man kann das Satzglied auf unterschiedliche Weise realisieren:

wer?		**was?**		**wo?**
Meine kleine Tochter		ein kleines Boot		am Horizont.
Das Mädchen	sieht	etwas Weißes		weit hinten.
Tina		irgendetwas		entfernt.
Sie		es		dort.

Durch Ersetzen kann man jedes Satzglied abmagern auf ein einziges Wort. Es ist aber ein Sonderfall, daß ein Satzglied nur aus einem Wort besteht. Deshalb ist es wichtig, Satzglieder und Wörter nicht zu verwechseln.

• •

Satzglieder sind gekennzeichnet durch ihre Funktion im Satz. So wie die gleiche Frau sowohl Mutter als auch Großmutter sein kann, kann die gleiche Phrase in verschiedenen Sätzen verschiedene Rollen spielen. Eine Präpositionalphrase kann Objekt oder Adverbial oder auch Attribut sein:

Wir sitzen auf der Bank.
Objekt

Wir haben viel Geld auf der Bank.
Adverbial

Der Hund auf der Bank schläft.
Attribut

• •

316 Nach ihrer Funktion im Satz sind vier Arten Satzglieder zu unter-   Satzglieder
scheiden:

- Prädikat ist immer eine finite Verbalphrase.
- Subjekt kann eine Nominalphrase im Nominativ sein oder ein Nebensatz
  oder ein satzwertiger Infinitiv.
- Objekt kann eine Nominalphrase sein oder eine Präpositionalphrase oder ein
  Nebensatz oder ein satzwertiger Infinitiv.
- Adverbial kann eine Präpositionalphrase (selten eine einfache Nominal-
  phrase) sein oder eine Adjektivphrase oder ein Nebensatz oder ein satzwerti-
  ger Infinitiv.

●●●

Attribute sind keine Satzglieder. Sie sind ja nur Teile von Phrasen und stehen
eine Stufe tiefer als die Satzglieder.

●●●

317 Satzglieder kann man als Ganzes im Satz verschieben: Verschiebe-
probe

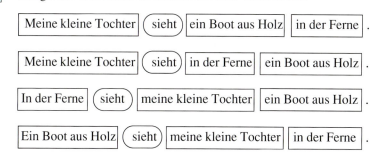

318 In verkürzten (auch elliptischen) Sätzen können Satzglieder ausgelas-   Verkürzungen
sen sein. Alles, was selbstverständlich ist, muß man ja nicht sagen. Dies gilt
etwa für Antwortsätze oder auch für Reihungen von Sätzen:

Wieviel Monate bleibst du? – Drei (Monate bleibe ich).

Kommst du? – Natürlich (komme ich).

Klärchen mag rote Grütze, und Philipp (mag) Pudding.

Oft hat man gar keine Zeit, ausführliche Sätze zu äußern. So sind verkürzte Sätze bei Zurufen häufig: *Hintermann! Langsam! Abseits!*

Die verkürzten Sätze sind nicht unvollständig in dem Sinn, daß sie ihre Aufgabe nicht erfüllen. Aber man muß sie, wenn man sie versteht, im Geiste zu einem ausführlicheren Satz ergänzen. Hingeschrieben wäre der ausführliche Satz allerdings stilistisch meistens schlechter.

●●●

Verkürzungen können zu Zweideutigkeiten und Mißverständnissen führen:

❀   Mein Vater macht jetzt eine Berufsumschulung mit. Er ist bereits im dritten Monat (der Umschulung).

Also Vorsicht!

●●●

Leistungen | 319 | Verkürzte Sätze sind in manchen Textsorten ganz üblich:

Telegramm: *Wieder Bein gebrochen*
Schlagzeile: *Der Kanzler nach Paris?*
Aufschrift: *Frisch gestrichen*
Notizen: *7 Uhr – Wecker – aufstehen*
Slogan: *Milch macht's!*

Zum Verständnis muß man bei diesen verkürzten Sätzen im Geist etwas hinzufügen. Aber darin haben wir Routine. Nur muß man als Schreiber diese Routine berücksichtigen. Bei einer Aufschrift etwa ist oft der Gegenstand, der die Aufschrift trägt, als ergänztes Subjekt zu deuten:

(Diese Bank ist) Frisch gestrichen

Darum kann man sich kurz fassen.

1.3 Satzarten

Satzarten | 320 | Sätze haben unterschiedliche Funktionen. Entsprechend den Handlungsarten gibt es auch drei Arten von Sätzen, die nach ihrer Form unterschieden sind:

– Aussagesatz (auch Behauptungssatz, Erzählsatz, Deklarativsatz genannt):
     Das Wetter ist heute sehr schlecht.

Im Aussagesatz steht das finite Verb an zweiter Stelle. Aussagesätze werden meistens mit fallender Intonation gesprochen (steigend-fallend oder nur fallend):

Das Wetter ist heute sehr schlecht.

Diese Intonation liegt meistens auf dem wichtigsten Ausschnitt des Satzes.

– Fragesatz (auch Interrogativsatz genannt):

  Bleibst du noch etwas da? (Entscheidungsfrage)

  Wer war gestern beim Spiel? (Ergänzungsfrage)

Mit der Entscheidungsfrage fragt man, ob etwas der Fall ist oder nicht. Die Antwort ist *ja* oder *nein* oder ausführlicher ein ganzer Aussagesatz. In der Entscheidungsfrage steht das finite Verb an der Spitze. Entscheidungsfragen werden meistens mit steigender Intonation gesprochen:

Bleibst du noch etwas da?

Die Ergänzungsfrage enthält ein Fragewort (*w*-Wort). Das Fragewort markiert eine offene Stelle, der Sprecher möchte dafür eine Füllung, so daß der geantwortete Satz wahr ist. Eine Ergänzungsfrage wird oft mit fallender Intonation gesprochen, in besonderen Fällen auch mit steigender Intonation:

Wer war gestern beim Spiel?

– Befehlssatz (auch Aufforderungssatz, Wunschsatz oder Imperativsatz genannt):

  Bleib noch etwas hier!

Im Befehlssatz steht das finite Verb an der Spitze und in der Imperativform; das Subjekt wird ausgelassen. Das ist möglich, weil es sich stets um den Angesprochenen (*du*) oder die Angesprochenen (*ihr*) handelt. In der Höflichkeitsform muß zur Unterscheidung das *Sie* aber stehenbleiben. Ebenso steht das Pronomen bei Kontrastierung:

  Bleib **du** hier, ich gehe!

Befehlssätze werden meistens mit steigend-fallender Intonation gesprochen:

Bleiben Sie hier!

●●

Außer den drei Grundarten gibt es noch Ausrufesätze. Sie haben wechselnde Form und werden in der Schrift durch Ausrufezeichen gekennzeichnet:

  Du mit deiner Raucherei!

  Kommt der doch in Jeans!

  Was der für Hosen trägt!

  Daß der sowas macht!

●●

Kennzeichen | 321 | Die drei Satzarten sind bestimmt durch die Stellung des finiten Verbs. Die Zuordnung der Satzarten zu den Sprechhandlungen ist nicht immer eindeutig.

Man kann einen Aussagesatz mit steigender Intonation auch als Frage äußern:

>   Er kommt wirklich?

Wir kennzeichnen das in der Schreibung auch durch das Fragezeichen, weil wir die Satzschlußzeichen nicht so sehr nach der Form als nach der Bedeutung der Sätze setzen.

Man kann einen Aussagesatz auch als Befehl äußern:

>   Du räumst die Küche auf!

Dazu müssen aber die normalen Befehlsbedingungen erfüllt sein. Insbesondere muß der Satz als Anrede gebraucht sein: Er sollte ein Anredepronomen als Subjekt enthalten (*du*, *ihr*, *Sie*) oder die Anrede in anderer Form verdeutlichen (Adressat als Subjekt des Satzes):

>   Sylvia verläßt den Raum! (Adressat: Sylvia)
>   Niemand verläßt den Raum! (Adressat: alle Anwesenden; gemeint: niemand von euch)

Zur Kennzeichnung der Satzart wirken viele grammatische Mittel zusammen. Eines allein ist nicht immer eindeutig:

– Verbstellung:
>   **Kommt** er nach Hause?
>   Er **kommt** nach Hause.

– Intonation:
>   Er kommt nach Hause.
>   Er kommt nach Hause?

– Verbmodus:
>   **Sind** Sie ehrlich?
>   **Seien** Sie ehrlich!

– Partikeln:
>   Kommen Sie **nur** nach Hause!
>   Kommen Sie **denn** nach Hause?

– Fragewörter:
>   Er kommt nach Hause.
>   **Wer** kommt nach Hause?

– Satzzeichen:
>   Kommt der um eins nach Hause?
>   Kommt der um eins nach Hause!

322 Man kann eine Sprechhandlung vollziehen in der Absicht, (indirekt) noch etwas anderes zu erreichen. In diesem Fall wird weder die Satzart noch die direkte Sprechhandlung verändert:

– Feststellung als Aufforderung:
  Ich habe Hunger (und ich will etwas zu essen haben).

– Feststellung als Ermunterung:
  Du kommst doch. (Nicht wahr?)

– Feststellung als Drohung:
  Ich habe einen Hund.

– Wunsch als Drohung:
  Gott sei dir gnädig!

– Frage als (höfliche) Aufforderung:
  Können Sie mir sagen, wo der Bahnhof ist?

– Frage als Ausruf (fallende Intonation):
  Was erlauben Sie sich!
  Ist das nicht toll!

– Frage als Tadel:
  Was machst du da?

– Frage als Antwortverweigerung:
  Wer weiß?

323 Fragen unterscheiden sich nach ihrer inhaltlichen Leistung:

– Geschlossene Fragen lassen dem Gefragten keine große Wahl. Er muß sich für ja oder nein entscheiden oder für eine vorgegebene Alternative:
  Kommst du? – Ja.
  Kommt Peter oder Franz? – Franz.
  Der Frager erhält zwar genaue Auskunft, erfährt aber wenig zu dem, was er schon weiß.

– Offene Fragen lassen dem Gefragten eine größere Wahl. Er kann in einer offenen Stelle seine Wahl treffen oder auch weiterführen:
  Wer wohnt bei München? – Peter, . . .
  Wohnen Sie irgendwo bei München? – Ja, in Gilching.
  Der Frager bekommt auf diese Weise viel Information.

– Rhetorische Fragen sollen eigentlich gar nicht beantwortet werden. Der Frager setzt schon eine klare Antwort voraus:

Kann man daran zweifeln? (Natürlich nicht.)

Was kann man da schon machen? (Gar nichts.)

– Tendenzfragen sind so formuliert, daß sie eine bestimmte Antwort nahelegen. Zumindest gibt der Frager zu erkennen, welche Antwort ihm lieber wäre:

War das nicht super? – Doch.

Du kommst doch? – Ja.

Kommst du etwa nicht? – Doch.

– Vergewisserungsfragen erheischen eine Bestätigung, daß etwas Behauptetes oder Vermutetes tatsächlich zutrifft:

Wir waren schon dran, nicht wahr? – Ja.

– Prüfungsfragen sind keine echten Fragen, weil der Frager schon die Antwort weiß. Er will nur herausbekommen, ob auch der Gefragte die Antwort kennt:

Wieviel ist zwei plus zwei?

– Abwehrende Fragen lassen schon in der Fragestellung erkennen, daß sie eher Aufforderungen sind:

Sie wollen doch nicht etwa zu uns kommen?

1.4 Die Satzformen in stilistischer Sicht

Das Deutsche kennt die unterschiedlichsten Sorten von Sätzen: Kurze und lange, verkürzte und ausführliche, Ausrufe, Fragen und Befehle. Alle haben ihren Sinn und ihre Verwendung. Als Schreiber hat man die Wahl. Man muß beachten, was die verschiedenen Formen leisten, welche stilistische Wirkung sie haben und welche Gefahren sie bergen.

Kurzsätze, Ausrufe usw. sind typisch für gesprochene Sprache. Oft sind sie nur Anregungen oder Hinweise, die man schnell lesen muß. So etwa auf einem Verkehrsschild *Licht?* oder *Licht!*. Sie leben aus der Situation, und man versteht sie richtig nur in der Situation. Trotzdem kann man sie auch beim Schreiben verwenden. Nur muß man sie richtig einpassen.

●●

In Erzählungen wirken Kurzsätze abwechslungsreich und lebendig, besonders als direkte Rede. Auch Fragen und Befehle schaffen Abwechslung.

●●

Verkürzte Sätze, zum Beispiel Nominalphrasen, können Sachverhalte kurz und übersichtlich darstellen. In Titeln, Stoffsammlungen und Gliederungen sind sie darum Alternativen zu ausführlichen Formulierungen.

gegliederter Satz	Nominalphrase als verkürzter Satz
A beschwört seine Leser, sie sollten verantwortlich handeln.	Ermahnung zur Verantwortlichkeit
Der Autor belegt seine Behauptungen am Beispiel der Wortes Brot.	Beleg: Das Wort Brot
Sprache kann man wie eine Waffe benutzen, um jemanden zu verletzen.	Sprache als verletzende Waffe
Der A wird nicht weiter verdächtigt.	Kein weiterer Verdacht gegen A

Auch Tagebucheintragungen bestehen oft aus Kurzsätzen und verkürzten Sätzen:

 Wieder nicht geschlafen.
Heinz nach Bochum.
Nichts gefangen.
Bei Rita.
Ein heller Morgen.

Verkürzte Sätze bergen allerdings die Gefahr des Mißverständnisses. Darum muß man bei ihnen besonders vorsichtig sein:

 Mit 90 bei Nebel auf Bürgersteig. (Kilometer oder Jahre?)
Schulleiter schlägt schwangere Mutter. (im Schach?)

Knappheit und Kürze sind eine Tugend. Sie können aber auch zur Masche werden. So, wenn man Sätze in einzelne Brocken zerschlägt und die Teile durch Satzschlußzeichen als eigene Sätze ausgibt:

 Die neue Philosophie: Einfach ist mehr.

Ein neuer Trend: klare Linien, klares Design.

Konzentriert auf das Wesentliche. Wie die FUN-Collection. Außergewöhnlich. Unverwechselbar. Und klassisch schön. Zugleich modern. Faszinierender Mittelpunkt: Der Diamant. Sein Feuer strahlt. Sein Zauber ist mächtig.

Die Präsentation in Portionen will unser Lesen verzögern. Wir sollen jede einzelne Aussage für sich lesen und auf uns wirken lassen. Das kann gelingen, aber es kann uns auch abstoßen, wenn wir über weite Strecken solche unvollständigen und abgehackten Sätze lesen müssen. Da kann ein langsam fließender Text mit längeren Sätzen angenehmer sein.

Beim Schreiben verwenden wir meistens ausgeführte Sätze. Sie sollten aber kurz und übersichtlich bleiben. Etwa neun bis fünfzehn Wörter pro Satz sind eine angenehme Länge für den Leser. Da sieht er die Gliederung noch durch die Satzzeichen, und die Schlußzeichen sind ihm angenehme Ruhepunkte. Dagegen spannen ihn lange Sätze auf die Folter und verwirren ihn.
Abwechslungsreich und angemessen, rhythmisch und flüssig ist der folgende Text, in dem längere und kürzere Sätze ausgewogen aufeinander folgen.

> Er wartete. Alles war still, leblos. Dann schlug die Uhr im Korridor: Drei. Er horchte. Leise hörte er von ferne das Ticken der Uhr. Irgendwo hupte ein Automobil, dann fuhr es vorüber. Leute von einer Bar. Einmal glaubte er, atmen zu hören, doch mußte er sich getäuscht haben. So stand er da, und irgendwo in seiner Wohnung stand der andere, und die Nacht war zwischen ihnen, diese geduldige, grausame Nacht, die unter ihrem schwarzen Mantel die tödliche Schlange barg, das Messer, das sein Herz suchte. Der Alte atmete kaum.
>
> Friedrich Dürrenmatt

●●●

Baue deine Sätze übersichtlich, nicht zu kurz und nicht zu lang! Dein Leser wird es dir danken. Ein Wechsel zwischen kürzeren und längeren Sätzen ist kurzweilig und schafft einen angenehmen Rhythmus.

●●●

2   Satzglieder

2.1 Das Prädikat und seine Valenz

324   Das verbale Satzglied ist das Prädikat. Prädikate sind die hervorgehobenen Teile in folgenden Beispielen:

Kennzeichen

Wir **schlafen** zu wenig.   Man **wollte** alles **sehen**.
Die Rose **ist gelb**.

Das Prädikat ist eine finite Verbalphrase. Es kann in seinem Aufbau einfach oder in unterschiedlicher Weise komplex sein (→ 234). In jedem Fall hat es einen verbalen Teil, der konjugiert ist, nämlich das finite Verb:

Die Blume **steht** vor dem Haus.
Uns **stand** ein Gewitter **bevor**.
Das Kind **hat** vor dem Haus **gestanden**.
Einer **soll** darunter **gestanden haben**.

Die finite Verbform bringt Tempus, Modus, Person und Numerus zum Ausdruck. Mit dem Aufbau des Prädikats wird außerdem die Sichtweise (Aktiv oder Passiv) ausgedrückt.

325   Prädikate können einteilig oder mehrteilig sein. Einteilige Prädikate bestehen nur aus dem finiten Verb:

Aufbau

Hier **sitzt** der Vogel.

Mehrteilige Prädikate können zusätzlich zum finiten Verb Infinitivphrasen oder Partizipialphrasen enthalten:

Hier **will** der Vogel **sitzen bleiben**.   Hier **hat** der Vogel **gesessen**.

Mehrteilige Prädikate können außer dem finiten Verb auch ein Prädikativ enthalten. Prädikative sind entweder Adjektivphrasen oder Nominalphrasen:

Der Ast **ist** [**sehr zerbrechlich**].   Der Vogel **ist** [**ein Papagei**].

326   Das Prädikat spielt die Hauptrolle im gegliederten Satz und hat kein eigenes Fragewort, weil es immer schon vorausgesetzt ist. Das Prädikat bestimmt die Satzstruktur. Die Verben verlangen nämlich gemäß ihrer Bedeutung bestimmte Ergänzungen. Es sind die Antworten auf die Fragen, die sich uns bei bloßer Nennung des Verbs stellen:

Leistung

sehen: Wer? Was?   **raten**: Wer? Wem? Was?
Diese Kraft des Verbs, Ergänzungen zu verlangen, nennt man seine Valenz. Die verlangten Ergänzungen sind das Subjekt und die Objekte.

Die Valenz des Verbs zeigt sich in unterschiedlichen Aspekten:
- relationale Valenz: Das Verb verlangt eine bestimmte Anzahl von Ergänzungen.

Einwertiges Verb verlangt eine Ergänzung, nämlich fast immer ein Subjekt:

Hänschen (schläft).

Zweiwertiges Verb verlangt zwei Ergänzungen, nämlich ein Subjekt und ein Objekt:

Die Leute (sehen) das Boot .

Dreiwertiges Verb verlangt drei Ergänzungen, nämlich ein Subjekt und zwei Objekte:

Opa (gibt) dem Kind einen Lutscher .

- kategoriale Valenz: Das Verb verlangt Ergänzungen mit bestimmter grammatischer Form: *sehen* verlangt z. B. ein Akkusativobjekt, *warten* ein Präpositionalobjekt:

Ich sehe ihn (nicht: *ihm*). Ich warte auf dich (nicht: *warte dich*).

Manche Verben haben mehrere Anschlußmöglichkeiten. So heißt es auch:

Ich sehe nach dir.

- semantische Valenz: Das Verb verlangt Ergänzungen mit bestimmten Bedeutungen. Nur mit solchen Ergänzungen ist die Verträglichkeit gegeben:

verträglich	unverträglich
Ein Unfall geschieht.	Ich geschehe.
Sie fristen ihr Dasein.	Sie fristen ihren Geburtstag.
Das Kind wiegt 10 kg.	Das Gewicht des Kindes wiegt 10 kg.
Der Brief kostet 1 DM.	Das Porto kostet 1 DM.

Die inhaltlichen Verträglichkeiten können überschritten werden. So entsteht ein übertragener (metaphorischer) Gebrauch oder Ironie:

Der Vater kochte (vor Wut). Sie tranken die kühle Nachtluft. Er war vom Pech begünstigt.

Es können aber auch Stilblüten entstehen:

❀ Das verletzte Bein muß sofort in Ruhestand versetzt werden.
❀ Robert Koch hat die Tuberkulose erfunden (statt: entdeckt).
❀ Der Förster zeichnet die Bäume, die er umbringen muß.
❀ Die Toten und Verletzten stiegen stark in letzter Zeit.
❀ Manche Autos halten mitten auf der Kreuzung und fragen den Polizisten, wo ihre Straße ist.

327   In mehrteiligen Prädikaten ergibt sich die Valenz aus dem Beitrag der Teile: mehrteilige Prädikate

zweiwertig: Kinder (spielen) Fangen .

dreiwertig: Die Eltern (lassen) die Kinder Fangen (spielen) .

Das Prädikat *spielen lassen* hat eine höhere Valenz als das einfache *spielen*.

Bei adjektivischen Prädikativen kann das Adjektiv die Valenz mitbestimmen:
Der Antragsteller ist wohnhaft in Berlin. (Amtsstil)
Die Wohnung war ihm genehm.
Die Adjektivphrasen *wohnhaft sein* und *genehm sein* haben die gleiche Valenz wie die Verben *wohnen* und *gefallen*.

328   Ergänzungen, die ein Prädikat eigentlich braucht, können weggelassen werden, wenn man sie im Kontext erschließen kann: Varianten
Der Mann bietet uns Saft an. Wir trinken (den Saft).

Manchmal entsteht dabei aber eine andere Bedeutung:
Mein Bruder lebt im Ausland. – Mein Bruder lebt.
Elke sieht den Baum nicht. – Elke sieht nicht.

Es gibt auch gleichlautende Verben mit unterschiedlicher Bedeutung:
Es gibt Hühner. – Ich gebe dir ein Huhn.
Der Sani verbindet die Wunde. – Die Brücke verbindet Buda mit Pest.
Die Gemeinde baut eine Turnhalle. – Die Gemeinde baut an einer Turnhalle.
Kläuschen besteht die Prüfung. – Kläuschen besteht auf seinem Recht.
Die Primel ist eingegangen. – Die Post ist eingegangen.
Sie eröffnete ein Geschäft. – Sie eröffnete uns, daß der Wagen defekt ist.

Hier muß man sich vorsehen, daß man keine Stilblüten produziert:
Ich habe mich sehr mit ihrem Brief gefreut (statt: *über ihren Brief*).
Mein Sohn studiert Mathematik und sitzt im zweiten Jahr.
In den USA müssen viele Männer sich selber die Strümpfe stopfen und kochen.

Prädikativ   **329**   Prädikative sind besondere Teile des Prädikats, die eigentlich nicht zur Verbalphrase gehören. Als Prädikative kommen vor:

– Adjektivphrasen:
> Die Suppe war [schön warm].
> Einige waren [katholisch].

– Nominalphrasen:
> Die Suppe war [eine Freude].
> Einige waren [Katholiken].

– Präpositionalphrasen:
> Die Suppe war [von feinster Qualität].

• •

Ganz selten kommen auch Nebensätze oder satzwertige Infinitive als Prädikative vor:
> Sie bleibt, was sie ist.
> Sein Ziel war, Lehrer zu werden.

• •

Nominalphrasen und Adjektivphrasen als Prädikative gibt es auch bei mehrwertigen Verben:
> Alle nannten den Jungen [einen Dummkopf/dumm].
>   Objekt   Prädikativ

> Alle hielten den Jungen [für einen Dummkopf/für dumm].
> Alle sahen den Jungen [als einen Dummkopf/als dumm] an.

Prädikative können sich auf das Subjekt beziehen oder auf ein Objekt:
> Sie war zur Tat fähig. (Subjektbezug)
> Er machte die Suppe warm. (Objektbezug)

Nominalphrasen als Prädikative können sich in ihrem Kasus nach dem Bezugsglied richten:
> Alle nannten ihn einen Dummkopf.
> Er wurde von allen ein Dummkopf genannt.

Stellungen   **330**   In der unmarkierten Wortstellung hat das finite Verb eine feste Stellung. Diese Stellung ist charakteristisch für die jeweilige Satzart:

– Zweitstellung (nach dem ersten Satzglied) im Aussagesatz:

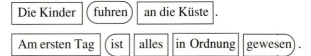

– Erststellung im Fragesatz (Entscheidungsfrage):

   (Ging) | alles | | gut | ?

   (Hat) | es | (geregnet) ?

– Erststellung im Befehlssatz:

   (Bleib) | noch | | etwas | | hier | !

   (Tu) | alles | | konzentriert | !

– feste Endstellung im Nebensatz:

   . . ., wenn | alles | (klappte).

   . . ., weil | es | (gutgegangen ist).

2.2 Das Subjekt und die Objekte

331   Typisch als Ergänzungen sind Nominalphrasen, deren Kern ein Sub-   **Ergänzungen**
stantiv oder ein Pronomen ist. Ergänzungen können aber auch Nebensätze oder
satzwertige Infinitive sein. In welche Leerstelle eine Ergänzung gehört, also
auf welche Frage sie antwortet, wird markiert durch den Kasus des nominalen
Kerns. Es gibt danach fünf Kategorien:

Fragewort	wer/was?	wessen?	wem?	wen/was?	worauf, wovon? usw.
Anschluß	Nominativ	Genitiv	Dativ	Akkusativ	Präposition
Satzfunktion	Subjekt	Objekt	Objekt	Objekt	Objekt
Beispiel	sie	ihrer	ihr	sie	über sie

In der Übersicht ist schon angegeben, daß jede Ergänzung eine bestimmte
Leistung im Satz erfüllt: Sie kann Subjekt oder Objekt sein. Außerdem charak-
terisieren die Ergänzungen auch, welche Rolle der jeweilige Mitspieler spielt,
ob er der Handelnde ist oder die Handlung erleidet usw. Diese inhaltlichen
Rollen der Ergänzungen sind aber nicht durch die Kategorie allein festgelegt:
Erst das Verb teilt den Ergänzungen ihre genaue inhaltliche Rolle zu.

Subjektformen | **332** | Das Subjekt ist die Ergänzung im Nominativ, die für belebte Mitspieler auf die Frage *wer?* antwortet und auf die Frage *was?* für unbelebte Dinge. Das Subjekt kann unterschiedliche Formen haben:

– Nominalphrase:
  Unsere Aufgabe ist eigentlich nicht schwierig.

– Pronominalphrase:
  Wir lösen sie leicht.

– Nebensatz:
  Daß so ein Unternehmen schiefgehen mußte, war klar.

– satzwertiger Infinitiv:
  Die Birne zu wechseln war nicht leicht.

Kennzeichen | **333** | Das Subjekt spielt so viele Rollen, weil es ganz allgemein das Thema nennt, über das im Satz etwas gesagt wird. Darum ist es auch so wichtig und fast in jedem Satz notwendig. Das Subjekt hat folgende Eigenschaften:

– Es steht im Nominativ, wenn es als Nominalphrase realisiert ist.
– Es nennt oft das Thema des ganzen Satzes.
– Es steht oft an erster Stelle im Satz.
– Es bezeichnet oft den Verursacher oder den Handelnden.

Rollen | **334** | Typischerweise bezeichnet das Subjekt bei Handlungsverben den Handelnden.

Handelnder (belebt): *Wir radeln.*
                      Der Mann schlägt den Hund.

Das Subjekt kann aber bei anderen Verben auch andere inhaltliche Rollen besetzen:

Ursache (unbelebt):   *Der Regen macht die Felder fruchtbar.*
Instrument (unbelebt): *Das Messer schneidet alles ab.*
Nutznießer (belebt):   *Die Leute bekommen Geld.*
Betroffenes: *Ich werde geschlagen.*
Ort: *Der Krug enthält Wein.*
Merkmalsträger: *Die Suppe ist heiß.*
Sachverhalt: *Diese Angelegenheit gefällt mir.*
Leeres Subjekt: *Es regnet.*

●●

es kann als Subjekt Unterschiedliches leisten:

– leeres Subjekt, bei dem die Frage *was?* keinen Sinn gibt:

Es regnet, hagelt und schneit.

– Personalpronomen als Verweis:

Da stand ein Auto. **Es** war über und über verbeult.

– Platzhalter, der bei Umstellung verschwindet:

Es ist angenehm, die Arbeit andere tun zu lassen.

Die Arbeit andere tun zu lassen ist angenehm.

●●

335   Subjekt und Prädikat stehen in Kongruenz. Das heißt: Beide müssen   Kongruenz
in Person und Numerus übereinstimmen. Darum muß insbesondere die Endung
des finiten Verbs zum Subjekt passen. Für die Person ergibt sich so ein
Paradigma mit klaren Zuordnungen.

	Subjekt	Verbform
1. Person Singular	ich	sage/sagte
2. Person Singular	du	sagst/sagtest
3. Person Singular	er/sie/es	sagt/sagte
1. Person Plural	wir	sagen/sagten
2. Person Plural	ihr	sagt/sagtet
3. Person Plural	sie	sagen/sagten

Alle Nominalphrasen zählen zur 3. Person (Singular oder Plural), alle Nebensätze zur 3. Person (Singular).

Bei Reihung verschiedener grammatischer Personen richtet sich das finite Verb
am liebsten nach der 1. Person:

Du und ich (wir) kommen. Mein Freund und ich kommen.

Wenn keine 1. Person da ist, bevorzugt das finite Verb die 2. Person:

Dein Freund und du (ihr) kommt doch?

Ihr und eure Freunde könnt ruhig noch bleiben.

●●

Dementsprechend sind auch die Reflexivpronomen zu wählen!

Wir und er haben uns (nicht: *sich*) gefreut.

Sie und ihr habt euch gefreut.

●●

Kongruenz-
regeln

336 Die Kongruenz im Numerus kann Schwierigkeiten machen. Die Grundregeln lauten: Subjekt im Singular verlangt finites Verb im Singular, Subjekt im Plural verlangt finites Verb im Plural:

> **Der Reiter** ritt durch die Wüste. (Singular)
> **Die Reiter** rit**ten** durch die Wüste. (Plural)

Bei Reihungen ist die Konjunktion zu beachten:

– Reihungen mit *und* zählen gewöhnlich als pluralisch, auch wenn die Glieder singularisch sind:

> **Eli und Eike** werd**en** kommen.
> Eli und ihre Freunde werden kommen.

● ●

Ausnahme sind Rechnungen:

> Drei und drei ist sechs.

Gemeint ist ja eigentlich *drei plus drei*.

Ausnahme sind auch Zwillingsformeln:

> **Groß und klein** tummelte sich auf dem Sportplatz.
> An ihm ist **Hopfen und Malz** verloren.

● ●

Ist die Reihung durch das Prädikat getrennt, so wirkt nur der erste Teil des Subjekts:

> Die Mutter steht da und ihre Kinder.
> Mein Bruder kam und wir.

Der zweite Teil wirkt dann wie eine Art Nachtrag. Auch bei nachgestellten Subjekten kann man so den ersten Teil in den Vordergrund stellen:

> Da steht die Mutter und ihre Kinder.

– Reihungen mit *oder*, *entweder ... oder*, *sowohl ... als auch* zählen gewöhnlich als singularisch, wenn die Glieder singularisch sind:

> **Eli oder Eike** wird kommen.
> **Ich oder du** mußt das machen.

Ist ein Glied Singular und eines Plural, so richtet sich das finite Verb gewöhnlich nach dem näheren Glied:

> Sowohl Eli als auch meine Freunde werden dasein.
> Sowohl meine Freunde als auch Eli wird dasein.

Ausnahme sind Mengenangaben mit einer Nominalphrase als enger Apposition, die aber inhaltlich als Subjekt empfunden wird:

> Eine Menge Leute waren/war da.
> Ein Paar Strümpfe kosteten/kostete 6 Mark.

Aber: Ein Paar dieser Strümpfe kostete 6 Mark.

Ähnliches gibt es auch bei andern Attributen:

> Zwanzig Prozent der Spieler zahlen/zahlt Steuern.
>
> Eine Gruppe von Leuten stand/standen da.
>
> Die Mehrheit der Schüler war/waren dabei.

Hier wird öfter nach dem Sinn entschieden. Strenge Lehrer verlangen aber strenge Kongruenz.

---

337   Das Akkusativobjekt ist die Ergänzung im Akkusativ, die für belebte   Akkusativ-
Mitspieler auf die Frage *wen?* antwortet oder auf die Frage *was?* für unbelebte   objekt
Dinge. Das Akkusativobjekt kann unterschiedliche Formen haben:

– Nominalphrase:

> Menschen erkennen **die erkennbare Natur**.

– Pronominalphrase:

> Wer mag **das**?

– Nebensatz:

> Man fragt sich, **ob das so weitergeht**.

– satzwertiger Infinitiv:

> Wir erlauben, **das Zimmer zu verlassen**.

●●

Oft lautet der Akkusativ mit dem Dativ gleich. Dann können Zweideutigkeiten entstehen:

> Wer tapeziert Rentner gegen geringes Entgelt?

Am besten verdeutlicht man den Kasus mit dem Artikel:

> Wer tapeziert einem Rentner gegen geringes Entgelt?

●●

---

338   Das Akkusativobjekt ist die zweithäufigste Ergänzung und das direk-   Rollen
teste Objekt. Es ist in seinen Rollen nicht festgelegt, sondern sehr vielseitig:

Betroffenes:	*Die Kinder verschmieren **das Bild**.*
Geschaffenes:	*Der Maler malt **das Bild**.*
Inhalt:	*Ich weiß, **was kommt**.*
Ziel:	*Keiner erreichte **die Stadt**.*
Ort:	*Löwen übersprangen **die Mauer**.*
Maß:	*Die Vorstellung dauerte **zwei Stunden**.*

Verben mit Akkusativobjekt sind etwa:

> werfen, bringen, sehen, wissen, lieben, riechen, beherrschen, besitzen,
> enthalten; sich wundern, sich täuschen; lehren, nennen, schelten

Dativobjekt | 339 | Das Dativobjekt ist die Ergänzung im Dativ, die auf die Frage *wem*? antwortet. Dativobjekte bezeichnen meistens Personen oder Belebtes. Darum gibt es auch das Fragewort *wem*? nur persönlich. Das Dativobjekt kann unterschiedliche Formen haben:

– Nominalphrase:
   Scharlatane machen **einem normalen Menschen** manches weis.

– Pronominalphrase:
   Kein Mensch begegnete **ihm**.

– Nebensatz:
   Ich gebe es, **wem ich will**.

● ●

Oft lautet der Dativ mit dem Akkusativ gleich. Dann können Zweideutigkeiten entstehen:
❀   Wir suchen zuverlässige Frau, die uns wöchentlich einmal putzt.

● ●

Rollen | 340 | Die Personen, die im Dativobjekt gebracht werden, sind nicht so direkt von der Verbhandlung betroffen wie beim Akkusativobjekt. Als Akkusativobjekt werden Personen oder Gegenstände etwa bewegt oder geschaffen:
   Er brachte **die Mutter** zum Bahnhof.
   Ich malte **ihn**.
   Die Polizei hindert **uns** an der Durchfahrt.

Als Dativobjekt sind sie weniger stark betroffen, zum Beispiel Empfänger oder Adressat:
   Er brachte **der Mutter** Gemüse.
   Ich malte **ihm** etwas.
   Die Polizei untersagte **uns** die Durchfahrt.

Das Dativobjekt ist in seinen Rollen verhältnismäßig eingeengt:

Empfänger/Verlierer:	*Sie gaben **ihr** das Tuch.*
Besitzer:	*Dies gehört **dem Clown** nicht.*
Nutznießer/Geschädigter:	*Zu viel Fleisch schadet **den Tieren**.*
Adressat:	*Wir erzählen **den Kindern** gern Geschichten.*
Empfindungsträger:	***Mir** ist angst geworden.*

Verben mit Dativobjekt sind etwa:
   gefallen, schaden, danken, ähneln, folgen, begegnen, entgegentreten, trotzen, zürnen, danken, drohen, helfen, schmeicheln, gehören; geben, überlassen, glauben, raten

341 Das Genitivobjekt ist die Ergänzung im Genitiv, die auf die Frage *wessen?* antwortet. Es kann unterschiedliche Formen haben: — Genitivobjekt

– Nominalphrase:
> Wir vergewissern uns **seiner Loyalität**.

– Pronominalphrase:
> Wir vergewissern uns **dessen**.

– Nebensatz:
> Wir gedenken, **wessen wir bedürfen**.

342 Das Genitivobjekt ist in seinen Rollen nicht festgelegt, es steht aber besonders bei einer Gruppe von Verben aus der Gerichtssprache. Bei diesen Verben bezeichnet es den Tatbestand: — Rollen

Tatbestand: *Er wurde **des Diebstahls** angeklagt.*
Betroffenes: *Sie nahm sich **der Notleidenden** an.*
Fehlendes: *Du bedarfst **der Pflege**.*

Im heutigen Deutsch ist das Genitivobjekt sehr selten, und es kommt nur bei wenigen Verben und in gehobener Sprache vor. Außerdem wird es immer seltener und durch Ersatzformen verdrängt:
> Wir erinnern uns seiner. – Wir erinnern uns an ihn.
> Sie spotten dein(er). – Sie spotten über dich.

Verben mit Genitivobjekt sind:
> bedürfen, entbehren, harren, gedenken, ermangeln; beschuldigen, anklagen, überführen, sich erwehren, sich annehmen, sich entwöhnen, sich bedienen, sich besinnen, sich enthalten, sich entledigen

343 Das Präpositionalobjekt ist die Ergänzung, die nicht durch einen Kasus markiert ist, sondern durch Präpositionen (die dann ihrerseits einen bestimmten Kasus verlangen). Präpositionalobjekte werden erfragt durch präpositionale Fragewörter wie *woran? worüber? worauf?* usw. Das Präpositionalobjekt kann unterschiedliche Formen haben: — Präpositional-objekt

– Präpositionalphrase:
> Das Unternehmen scheiterte **an der üblichen Unfähigkeit**.

– Pronominalphrase:
> Die Armen wohnen **dort unten**.

– Nebensatz:
> Ich freue mich (darauf), **daß du kommst**.

– satzwertiger Infinitiv:
> Sie zwangen uns (dazu), **der Veranstaltung fernzubleiben**.

Rollen |344| Es gibt Verben, die einen festen präpositionalen Anschluß verlangen, also eine bestimmte Präposition, die dann nicht ihre übliche Bedeutung hat. Die jeweilige inhaltliche Rolle ist hier durch das Verb bestimmt:

Thema: *Sie sprachen ständig über/von Geld.*
Partner: *Wir sprachen mit dem Lehrer.*
Adressat: *Sie schickten die Pakete an ihn.*
Ziel: *Alle streben nach Liebe.*
Betroffenes: *Wir arbeiten an den künftigen Büchern.*
Inhalt: *Junge Leute denken an ihre Zukunft.*
Ergebnis: *Eis wird zu Wasser.*
Material: *Eis besteht aus Wasser.*

Verben mit festem Präpositionalobjekt sind etwa:

> warten auf, folgen aus, stammen von/aus, scheitern an, abgrenzen von/gegen, orientieren an/auf, ringen mit, denken an, erzählen von, wetten um, zulassen zu, sich wundern über

veränderlicher Anschluß |345| Es gibt Verben mit veränderlichem präpositionalem Anschluß. Diese Verben verlangen nur Präpositionalphrasen, die schon selbst thematisch festgelegt sind, z. B. Ort oder Richtung bezeichnen. Das Verb selbst verändert die inhaltliche Rolle nicht:

Ort: *Die Geschichte spielt in der Stadt.*
Richtung: *Einige Zuschauer kommen in die Stadt.*
Zeit: *Eine Vorstellung findet am Samstag statt.*

Verben mit variablem Präpositionalobjekt sind *wohnen in/auf, gehen nach/in, stellen, bringen.*

Varianten |346| Es gibt Verben, die unterschiedliche Anschlüsse zulassen, ohne daß sie ihre Bedeutung ändern:

mit Genitiv	mit Präposition
sich einer Sache erinnern	sich an eine Sache erinnern
sich einer Sache entsinnen	sich an eine Sache entsinnen
sich seiner Kraft besinnen	sich auf seine Kraft besinnen
sich seiner Taten schämen	sich wegen seiner Taten schämen
der Entscheidung harren	auf die Entscheidung harren

mit Dativ	mit Präposition
jemandem eine Wohnung vermieten	etwas an jemanden vermieten
jemandem eine Wohnung verkaufen	etwas an jemanden verkaufen
jemandem etwas klauen	von jemandem etwas klauen
jemandem etwas stehlen	von jemandem etwas stehlen

Manchmal gibt es auch feine Bedeutungsunterschiede:

mit Dativ	mit Präposition
Das gehört mir.	Du gehörst zu mir.
Sie wandte sich ihm zu.	Sie wandte sich zu ihm.
Ich leihe ihm etwas.	Ich leihe etwas von ihm.

2.3 Adverbiale

347 Adverbiale (auch Umstandsbestimmungen genannt) sind die hervor-   Adverbial
gehobenen Satzglieder in folgenden Beispielen:

Am Montag bekommen die Leute Geld.

In Karlsruhe regnet es **oft**.

Der Maler malt das Bild **aus reiner Freude**.

Hier fahren die Autos **mit großer Geschwindigkeit**.

Adverbiale sind freie Satzglieder, die nicht durch andere Satzglieder bedingt oder bestimmt sind. Sie sind Erweiterungen, die grammatisch nicht notwendig sind, aber für die Verständigung sind sie genauso wichtig wie die andern Satzglieder. Ein Satz kann eine Reihe von Adverbialen enthalten:

Damals malte er **aus reiner Freude** das Bild **im Keller**.

348 Adverbiale haben unterschiedliche Formen: Formen

– Präpositionalphrasen sind die übliche Form der Adverbiale:

Bei Sonnenaufgang frühstückten wir **im Gebirge**.

– Pronominalphrasen:

Bei Sonnenaufgang frühstückten wir **dort**.

– Adjektivphrasen:

Wir liefen **sehr schnell**.

– Adverbien:

Sie kommen **wahrscheinlich**.

– kasuelle Nominalphrasen:

Dieser Tage machten wir eine Wanderung.

– Nebensätze:

Als es tagte, waren wir im Gebirge.

– satzwertige Infinitive:

Um nichts zu versäumen, gingen wir früh heim.

Bedeutung | 349 | Inhaltlich gibt es vier große Gruppen von Adverbialen:

– Lokale Adverbiale geben die räumlichen Umstände an:
Auf dem Berg war die Luft ganz gut.

– Temporale Adverbiale geben die zeitlichen Umstände an:
Am Morgen war die Luft ganz gut.

– Modale Adverbiale geben die Art und Weise an:
Sie kamen **in großer Eile**.

– Kausale Adverbiale geben ursächliche Zusammenhänge an:
Wegen der dünnen Luft mußten wir langsam gehen.

Diese Gruppen sind nur grob. Sie können alle genauer ausgefaltet werden.

lokal | 350 | Lokale Adverbiale erfüllen verschiedene inhaltliche Rollen:

Rolle	Frage	Beispiel	typische Präposition
Ort	wo?	Ich schlafe **unter der Decke**.	in, vor, hinter
Ziel	wohin?	Ich krieche **unter die Decke**.	nach, in, auf
Herkunft	woher?	Wir kommen **aus Berlin**.	aus, von
Weg	wo lang?	Wir kamen **über Berlin**.	durch, über

Oft unterscheidet der Kasus nach der Präposition, ob ein Ort oder eine Richtung angegeben ist:
Sie spielten in der Schweiz.   (Dativ/Ort)
Sie zogen in die Schweiz.   (Akkusativ/Ziel)

temporal | 351 | Temporale Adverbiale erfüllen verschiedene inhaltliche Rollen:

Rolle	Frage	Beispiel	typische Präposition
Zeitpunkt	wann?	Es geschah **an Ostern**.	an, vor, nach, während, um
Zeitraum	wie lange?	Wir blieben **drei Tage**.	für, zwischen, über
Beginn	seit wann?	**Seit Montag** regnet es.	seit, ab, von
Ende	bis wann?	**Bis morgen** bleibe ich.	bis
Häufigkeit	wie oft?	So handeln wir **immer**.	–

352   Modale Adverbiale erfüllen verschiedene inhaltliche Rollen: modal

Rolle	Frage	Beispiel	typische Präposition
Weise	wie?	Sie lernen **mit Eifer/eifrig**.	mit, durch
Umstand	wobei?	**Unter diesen Umständen** gehe ich.	unter, bei
Bedingung	–	**Bei Regen** bleib zu Hause!	bei, unter
Instrument	womit?	Versuch es **mit dem Hammer**!	mit, ohne, anhand, mittels
Maß	wieviel?	Die Mark stieg **um drei Prozent**.	um

353   Kausale Adverbiale erfüllen verschiedene inhaltliche Rollen: kausal

Rolle	Frage	Beispiel	typische Präposition
Ursache	warum?	**Durch den Regen** entstand großer Schaden.	wegen, durch, ob, aufgrund, dank
Motiv	wieso?	Alles tat er **aus Neugierde**.	aus, anläßlich, mangels
Folge	–	**Auf deinen Rat hin** bleiben wir weg.	auf, infolge
Zweck	wozu?	Der Clown stolperte **zur allgemeinen Belustigung**.	für, zwecks, um . . . willen
Hinderungsgrund	–	Sie kamen **trotz schlechten Wetters**.	trotz, entgegen, unbeschadet

freier Dativ | 354 | Ein Adverbial ist auch der sogenannte freie Dativ, der nicht durch die Valenz des Verbs gefordert ist. Es gibt drei Arten:

– Nutznießerdativ:

   Sie bastelten mir ein Vogelhäuschen.

   Mit diesem Dativ wird angegeben, zu wessen Nutzen oder Schaden etwas geschieht.

– ethischer Dativ:

   Du bist mir einer.

   Als ethischer Dativ stehen nur *dir* und *mir*. Der ethische Dativ drückt die Gefühlsbeteiligung des Sprechers aus.

– Verursacherdativ:

   Die Schüssel ist mir runtergefallen.

   Dieser Dativ nennt den, dem ohne Absicht ein Fehler unterläuft.

●●●

Als Adverbiale stehen auch freie Akkusative und freie Genitive. Oft sind sie temporal:

Diesen Monat komme ich nicht.

Dieser Tage war ich in Italien.

Das ist aber selten.

●●●

2.4 Satzmuster

Satzmuster | 355 | Ein Satz ist grammatisch vollständig, wenn alle vorgesehenen Rollen besetzt sind oder wenn man sich als Hörer hinzudenken kann, wie die Besetzung jeweils lautet. Die Muster für Sätze werden aber vom jeweiligen Prädikat bestimmt, meistens also von einem Verb und seiner Valenz, manchmal auch von einem Adjektiv. Alle Rollen, die das Prädikat vorsieht, müssen für den verstehenden Hörer oder Leser besetzbar sein.

Entsprechend gibt es einstellige, zweistellige und dreistellige Satzmuster. Durch die Kombination unterschiedlicher Objekte entstehen viele Spielarten.

   1. Der Frühling   naht.
      Subjekt   ⊂⎯⎯⎯⊃

Weitere Verben: *schimmeln, blühen, zufrieren, bluten, musizieren, verdampfen, lachen, erscheinen; regnen, hageln, schneien, gefrieren.*

2. Rita Regel erlernt einen einträglichen Beruf.
   Subjekt (   )   Akkusativobjekt

Weitere Verben: *schreiben, sagen, binden, bauen, heiraten, filtern, lieben, loben, vermuten, wissen, grüßen, enteignen.*

3. Die Leute warten auf den Beginn des Spiels.
   Subjekt (   )   Präpositionalobjekt

Weitere Verben: *anfangen mit, anknüpfen an, ausgehen auf, setzen auf, wetten um, lachen über, dürsten nach*; Adjektive: *begierig auf, besorgt um, böse auf, fähig zu, frei von, glücklich über, stolz auf, zufrieden mit.*

4. Die Geschichte gefällt mir und anderen.
   Subjekt (   )   Dativobjekt

Weitere Verben: *schaden, danken, vertrauen, genügen, fehlen, gelingen, helfen, gratulieren, dienen, kündigen*; Adjektive: *ähnlich, angemessen, eigen, ergeben, fremd, geläufig, geneigt, gleich, gram, nützlich, treu, überlegen.*

5. Wir harren der kommenden Dinge.
   Subjekt (   )   Genitivobjekt

Hier gibt es nur noch ganz wenige Verben: *bedürfen, ermangeln, entraten, gedenken*; aber einige Adjektive: *bewußt, eingedenk, froh, gewärtig, gewiß, habhaft, kundig, müde, schuldig, teilhaftig, überdrüssig, würdig.*

6. Der Staat gibt allen Bürgern Sicherheit
   Subjekt (   ) Dativobjekt Akkusativobjekt

Weitere Verben: *schenken, bieten, fehlen, bringen, erlauben, verbieten, bezahlen, zeigen, zumuten.*

7. Der Tester rät ihnen zum Kauf des Cabrios.
   Subjekt (   ) Dativobjekt Präpositionalobjekt

Weitere Verben: *verhelfen zu, fehlen an, danken für, gratulieren zu.*

8. Wir hängen die Kinderschaukel an die Zimmerdecke.
   Subjekt (   ) Akkusativobjekt Präpositionalobjekt

Weitere Verben: *verführen zu, zwingen zu, abhalten von, übertreffen an, verschieben, setzen, stellen, verbinden mit.*

9. Die Polizei verdächtigte seine verwirrte Nichte der Fahrerflucht.
   Subjekt   (   )   Akkusativobjekt   Genitivobjekt

Es gibt nur eine kleine Gruppe solcher Verben: *beschuldigen, bezichtigen, anklagen, zeihen, entheben, entbinden, berauben, entledigen*; Reflexiva: *sich erwehren, sich entledigen, sich bedienen, sich befleißigen*.

10. Die Assistentin   lehrt   unsere Anfänger   die englische Sprache.
    Subjekt   (   )   Akkusativobjekt   Akkusativobjekt

Es gibt nur ganz wenige solcher Verben: *lehren, abhören, fragen, kosten*.

11.   Wir   klagen   auf Schadenersatz   gegen die Versicherung.
   Subjekt (   )   Präpositionalobjekt   Präpositionalobjekt

Weitere Verben: *wetten mit . . . um, schließen von . . . auf*.

Weitaus am häufigsten kommen Sätze vor, die nach den Mustern 2 und 3 gebaut sind. Dagegen sind andere Muster sehr selten.

Varianten | 356 | Es gibt Verben, die in unterschiedlichen Satzmustern verwendet werden und dann auch unterschiedliche Bedeutung haben:

Dieser Hund folgt seinem Herrchen nicht.
Auf die Zehn folgt die Elf.

Das Kleid kostet einiges.
Dies kostet mich ein Vermögen.
Koste diesen Joghurt!

Ich versichere mein Gepäck.
Ich versichere dir, daß ich komme.
Ich versichere dich meiner Hilfe.

Sie lohnte mir meine Treue.
Es lohnt die Mühe nicht.
Es lohnt sich nicht der Mühe.

Der Portier schließt die Tür.
Was kann man aus diesem Sachverhalt schließen?
Der Detektiv schloß auf Selbstmord.

2.5 Die Satzmuster in stilistischer Sicht

Jeder Satz, den wir verwenden, entspricht einem Satzmuster. Es gibt einfache Satzmuster und kompliziertere. Außerdem kann jedes Satzmuster ausgebaut werden durch Adverbiale, durch Partikeln, Attribute und anderes mehr. Für den Stil ist es ganz entscheidend, welches Satzmuster man wählt. Der folgende Ausschnitt aus einer Rede enthält nur zwei Satzmuster:

> Ostern ist ein echtes Frühlingsfest. Der diesjährige Termin ist der Beginn des Frühlings. Die erwachende Natur erweckt Hoffnung. Unsere Belegschaft feiert die Auferstehung Christi. Unsere wirtschaftliche Situation rechtfertigt den Frühlingsoptimismus. Die Institute prophezeien ein schönes Wachstum. Die Auftragseingänge zeigen eine günstige Entwicklung. Wir erhalten den Aufschwung. Alle teilen die positiven Erwartungen. Unsere Freude ist ungetrübt.

Die beiden Satzmuster sehen so aus:

Ostern ist ein Frühlingsfest.
Subjekt — Prädikativ

Die Institute prophezeien ein schönes Wachstum.
Subjekt — Akkusativobjekt

Wer so wenige Satzmuster verwendet, wer sich mit diesen einfachen Mustern zufriedengibt, der schreibt wahrlich einen einfachen Stil.

● ●

Verwende nicht nur die einfachsten Satzmuster, eigne dir eine Palette von Mustern an! Dann kannst du abwechseln und das jeweils angemessene Muster wählen.

● ●

Der Text ist aber auch deshalb schlecht, weil er ganz monoton die gleichen Satzmuster verwendet und nicht einmal die Wortstellung verändert ist. Der Schreiber hätte manchen Satz anders formulieren können:

Der diesjährige Termin ist der Beginn des Frühlings.
Dieses Jahr fällt Ostern auch kalendarisch auf den Frühlingsbeginn.

Die erwachende Natur weckt Hoffnung.
Die erwachende Natur weckt Hoffnung in den Menschen.

Wir erhalten den Aufschwung.
Wir hoffen, daß wir den Aufschwung erhalten können.

Außerdem hätte der Schreiber auch die Wortfolge variieren können:
Unsere wirtschaftliche Situation rechtfertigt den Frühlingsoptimismus.
Die Auftragseingänge zeigen eine günstige Entwicklung. Ein schönes Wachstum prophezeien auch die Wirtschaftsinstitute.

●●

Schreibe nicht monoton in den gleichen Satzmustern! Wechsle die Muster, und variiere die Wortstellung!

●●

Zur Abwechslung kann man
– Prädikate verschiedener Valenz verwenden,
– die Wortfolge ändern,
– verbindende Konjunktionen und Adverbien einsetzen.

Es gibt aber auch Kunstkniffe, die sogar von ähnlichen Satzmustern leben.
Dazu gehört der parallele Satzbau:

> Unsere wirtschaftliche Situation rechtfertigt den Frühlingsoptimismus, die Institute prophezeien ein schönes Wachstum, die Auftragseingänge zeigen eine günstige Entwicklung. All das läßt uns hoffen, daß wir den Aufschwung erhalten können.

Der parallele Bau kann besonders zur Steigerung genutzt werden:

> Günstig ist die wirtschaftliche Lage, günstiger noch ist die politische Stimmung.

Oder als Gegensatz:

> Grau war der Himmel, bunt war das Treiben.
> Wahrheit besteht, Lüge vergeht.

Rechte Kunstgriffe sind noch die sogenannten Kreuzstellungen:

> Natur ist alles, alles ist Natur. (Goethe)
> Vorhersagen der Institute wecken Hoffnung, Hoffnung wecken auch unsere Auftragseingänge.

Damit sollte man allerdings sparsam umgehen.

3 Wortstellung

3.1 Die Dreifelderlehre

357 Die deutsche Wortstellung ist geprägt durch gebundene Freiheit: Innerhalb der Phrasen ist die Stellung gebunden, für ganze Phrasen ist die Stellung recht frei. In jedem gegliederten Satz sind unterschiedliche Abfolgen möglich:

Verschiebe-probe

> [Am 20. Jänner] ging [Lenz] [durchs Gebirg].
> [Durchs Gebirg] ging [Lenz] [am 20. Jänner].
> [Lenz] ging [am 20. Jänner] [durchs Gebirg].
> [Lenz] ging [durchs Gebirg] [am 20. Jänner].

Verschoben sind hier nicht einzelne Wörter, sie haben vielmehr eine recht feste Stellung in den Phrasen. Verschoben sind ganze Blöcke, nämlich Satzglieder. Es geht bei der Wortstellung also nicht so sehr um die Stellung der Wörter, sondern um die Abfolge der Satzglieder. Die Freiheit der Abfolge ist allerdings verbunden mit unterschiedlichen Wirkungen.

358 Der einfache gegliederte Satz zerfällt in drei Felder:

drei Felder

Satzklammer

Jeder von uns (soll | vor der eigenen Tür | kehren), und zwar immer.

| Vorfeld | Mittelfeld | Nachfeld |

Das finite Verb hat im Aussagesatz fast immer die Zweitstellung inne. Es eröffnet das Mittelfeld. Das Prädikat ist – falls es mehrteilig ist – auseinandergerissen. Sein zweiter Teil beschließt das Mittelfeld. Diese Umklammerung des Mittelfeldes heißt Satzklammer. Die Satzklammer ist typisch für die deutsche Wortstellung. Sie bringt oft Verstehensprobleme, wenn die eng zusammengehörenden Teile weit auseinander stehen.

359 Die drei Felder haben unterschiedliche Funktionen:

Funktion

– Das Vorfeld leistet die Orientierung für den restlichen Satz oder den Anschluß an vorher Gesagtes. Darum enthält es oft sprachlich verwirklichte Bindungen an Ausdrücke des vorangehenden Textes:
    Da stand ein schöner Baum. Er war aber kahl.
Mit dem Pronomen *er* in Erststellung wird direkt angeschlossen an *ein schöner Baum*.

– Das Mittelfeld trägt die Hauptlast der Information. Es enthält die eigentliche Aussage und darum oft mehrere Satzglieder:
    Sie hat sich letztes Jahr mit einer Säge in den Arm geschnitten.

– Das Nachfeld muß nicht immer besetzt sein, es ist Zusätzen und Nachträgen
  vorbehalten:

> Du hast ihn wohl nie gemocht, den Tanzlehrer?
>
> Der scharfe Frost hält an, auch im Gebirge.

Öfter bringt man auch Satzglieder, die einem zu lang oder zu gewichtig
erscheinen, ins Nachfeld:

> Und da kramten sie hervor die Nägel, die Schrauben, die Muttern und
> was sonst noch alles.

3.2 Die Grundfolge

Vorfeld   **360**   Es gibt eine normale Abfolge der Satzglieder. Diese Abfolge erscheint
uns als gewöhnlich, sie fällt uns nicht auf. Das Vorfeld ist fast immer durch
ein einziges Satzglied besetzt (Konjunktionen zählen nicht als Satzglied):

> Aber [ein Auto] muß kein Gebrauchsgegenstand sein.

Üblicherweise steht eines der folgenden Satzglieder im Vorfeld:

– Das Subjekt. Diese Stellung ist leserfreundlich, weil der Leser sehr schnell
  Subjekt und finites Verb bekommt und damit eine Grundaussage:

> [Die Riesen] standen eigentlich immer vorn und verdeckten die Sicht.

– Ein temporales Adverbial:

> [Am Montag] wurde der Einbruch in einer Grunewaldvilla entdeckt.

– Ein lokales Adverbial:

> [In Italien] trinkt man gewöhnlich Wein zum Mittagessen.

Bindewörter wie *folglich*, *daher* usw. stehen auch gern im Vorfeld, weil sie an
Vorangehendes anschließen.

Mittelfeld   **361**   Im Mittelfeld können viele Satzglieder gleichzeitig stehen. Am
Anfang des Mittelfelds – nach dem eröffnenden finiten Verb – stehen das
Subjekt, temporale, lokale und andere Adverbiale, sofern sie nicht im Vorfeld
stehen:

> Mit großer Freude haben wir Kinder   im letzten Winter   gerodelt.
>   **Subjekt**   **Temporaladverbial**
>
> Wir haben im vergangenen Winter   auf der Alm   gelebt.
>   **Temporaladverbial**   **Lokaladverbial**

Am Ende des Mittelfelds stehen die infiniten Teile des Prädikats, die Prädikative und die Richtungsadverbiale:

> Man soll sich nicht von jedem   in die Karten   gucken lassen.
>   **Richtungsadverbial**   **infinite Prädikatsteile**
>
> Die Reise war damals für uns alle sehr angenehm.
>   **Prädikativ**

Dazwischen stehen die Objekte in der Abfolge Dativobjekt vor Akkusativobjekt vor Präpositionalobjekt:

Wir wollten unserem Peter   ein neues Fahrrad schenken.
              Dativobjekt   Akkusativobjekt

Man muß   die armen Leute   auf alle ihre Chancen   hinweisen.
           Akkusativobjekt   Präpositionalobjekt

Der Zeuge antwortet der Richterin   auf alle ihre Fragen.
                      Dativobjekt   Präpositionalobjekt

●●

Wenn man das Subjekt nicht ins Vorfeld stellt, sollte man es nicht zu spät bringen. Sonst spannt man seine Leser allzulange auf die Folter. Also bitte nicht ständig so:

Im vergangenen Jahr ging bei uns durchs Haus jede Nacht ein fürchterliches Gequake.

Man kann aber auf diese Weise auch Spannung erzeugen, wie das Beispiel zeigt.

Ein langes Subjekt im Vorfeld ist meistens ungeschickt, weil das finite Verb so spät kommt:

[Die Reise meiner Tante, von der ich euch erzählt habe, gleich nachdem sie bekannt geworden ist,] erregt großes Aufsehen.

Allzu lange Subjekte gehören nicht ins Vorfeld!

●●●

| 362 | Im Nachfeld stehen: Nachfeld

– Präpositionalobjekte:
Wir waren ganz stolz [auf unsere Taten].
Wir haben uns gewundert [über viele andere Leute].

– Vergleichsphrasen:
Wir haben es genauso gemacht [wie unsere Vorgänger].

– lange Satzglieder:
Sie haben das geschrieben [für alle, die nicht dabei waren].

– Satzteile und Zusätze, die nicht im Satz eingebunden sind:
Sie waren wirklich alle da, [die Spieler des FC Bayern].

3.3 Die Wirkung von Umstellungen

Eindrucks-
stellen

│363│   Stellt man Satzglieder an Stellen, wo sie normalerweise nicht stehen, so entstehen besondere Wirkungen. Hervorgehobene Positionen, sogenannte Eindrucksstellen, sind das Vorfeld oder das Ende des Mittelfelds. In manchen Fällen ist es schon grammatische Routine, Satzglieder ins Vorfeld zu stellen:

– Finites Verb im Vorfeld kennzeichnet den Satz als Fragesatz oder Befehlssatz:
> **Warst** du schon in Italien?
> **Fahr** endlich nach Hause!

– Ein *w*-Wort im Vorfeld kennzeichnet den Satz als Ergänzungsfrage:
> **Welche** Hefte haben sie denn verloren?

– Ein *d*-Wort im Vorfeld kennzeichnet den Satz als Relativsatz:
> Einer, **den** man leicht erkennt, . . .

Bei Antworten auf Fragen steht das entscheidende Satzglied an der hinteren Eindrucksstelle:
> Wo kaufst du deine Bücher?
> Ich kaufe meine Bücher **bei Pastwa**.

Hervorhebung

│364│   Satzglieder kann man aus ihrer Grundstellung herausholen, um sie hervorzuheben. Dazu eignet sich besonders das Vorfeld. So ist in folgenden Beispielen jeweils das Satzglied im Vorfeld hervorgehoben:
> [**Dieses Buch**] lese ich noch einmal.
> [**Mir**] brauchst du das nicht zu sagen.
> [**Stolz**] bin ich auf diesen Sieg schon.
> [**Latscht**] der doch einfach über mein Rosenbeet!

Die starke Hervorhebung erscheint oft als gefühlsbetont.

Beim Prädikat kann man sogar die Phrase auseinanderreißen:
> **Aufgestanden** ist er, welcher lange schlief.

Für Nominalphrasen ist dies extrem, etwa wenn man ein Attribut in die Erststellung bringt:
> **Aus Seide** kann ich keine Kleider brauchen.

Außerdem kann man Satzglieder hervorheben, indem man sie aus der Grundstellung weiter nach rechts schiebt:
> Der Briefträger hat das Päckchen **mir** gegeben.

Hervorheben kann man auch das Adverbial, das man vor andere Adverbiale stellt, die ihm gewöhnlich vorangehen:
> Der Mann hat **aus Eifersucht** nach der Hochzeit das Weite gesucht.

365   Satzglieder kann man aus ihrer Grundstellung herausholen, um den **Anschluß** ans Vorangehende deutlich zu machen. Das Satzglied, mit dem man von Dingen spricht, die schon erwähnt wurden oder die dem Leser schon bekannt sind, bringt man möglichst weit vorn:

> Vor mir standen Eli und Ben. Diese beiden mochte ich besonders gern.

Definite Satzglieder stehen deshalb oft vor indefiniten. So treten Nominalphrasen mit definitem Artikel vor solche mit indefinitem Artikel, ebenso Personalpronomen, die ja auf bestimmte, bekannte Individuen Bezug nehmen:

Dativ vor Akkusativ	Akkusativ vor Dativ
Wir wollten [**dem Polizisten**] [**eine Ausrede**] auftischen.	Wir wollten [**die Sache**] [**einem Polizisten**] darlegen.
Wir wollten [**einem Freund**] [**ein Buch**] schenken.	Wir wollten [**es**] [**einem Freund**] schenken.

Ein Satzglied, das einen Kontrast zu einem vorhergehenden ausdrückt, bringt man möglichst weit vorn:

> Jetzt erfanden sie Methoden zur Bearbeitung von Eisen. **Bronze** konnten die Menschen schon vorher bearbeiten.
>
> Wir haben von dir noch nichts gehört. **Von all den andern** haben wir lange Bescheid.
>
> Sie hatte schon mit vielen zusammengearbeitet. **Mit Kurt** hat sie den Kurs entwickelt. **Mit Laura** hat sie ihn erprobt. **Mit Ingo** hat sie ihn durchgeführt.

366   Satzglieder kann man aus ihrer Grundstellung herausholen, um einen **Rhythmus** angenehmen Rhythmus zu erzeugen. So ist es besser, kurze Satzglieder vor längeren zu bringen. Dieses Gesetz der wachsenden Glieder gilt auch für die Glieder in Reihungen.

mögliche Abfolge	besserer Rhythmus
Sie überließen [den Mitgliedern der ersten Stunde] [eines].	Sie überließen [eines] [den Mitgliedern der ersten Stunde].
Der Mensch lernt [aus reiner Neugierde] [etwas].	Der Mensch lernt [etwas] [aus reiner Neugierde].
Wir arbeiten mit größter Sorgfalt und fleißig.	Wir arbeiten fleißig und mit größter Sorgfalt.
Sie verkaufte Südfrüchte, Obst und Gemüse.	Sie verkaufte Obst, Gemüse und Südfrüchte.

•••

Das unbetonte *es* kann nicht an Eindrucksstellen stehen; ebensowenig das unbetonte echte Reflexivpronomen *sich*. Im Vorfeld kann *sich* kaum stehen, im Mittelfeld sollte es möglichst weit nach vorn gebracht werden. Also:

    Da haben zwei Menschen sich unter Abertausenden gefunden.

Oder sogar:

    Da haben sich zwei Menschen unter Abertausenden gefunden.

Aber möglichst nicht:

🔥   Da haben zwei Menschen unter Abertausenden sich gefunden.

•••

Nachahmung | 367 | Satzglieder kann man aus der Grundstellung herausholen, um eine Abfolge zu erreichen, die dem realen Ablauf oder unserer gewohnten Wahrnehmung entspricht. So nennt man das Material vor dem Produkt, auch wenn damit das Präpositionalobjekt vor dem Akkusativobjekt steht:

    Jesus machte aus Wasser Wein.

In solchen Fällen kann auch das Subjekt sehr spät stehen:

    Auf diese Weise entstand aus den verschiedenen Zutaten ein Kuchen.

Bei zwei Adverbialen steht der Herkunftsort vor dem Ziel:

    Er führte sie [aus dem Dunkeln] [ins Helle].

Persönliche Objekte stellt man gern vor sachliche, weil die Personen unsere Aufmerksamkeit stärker beanspruchen:

    Sie hat [von ihrer Freundin] [das Kleid] geliehen.

Ja, sogar vor dem Subjekt machen sich persönliche Objekte gut:

    [Mir] ist [ein großer Wurf] gelungen.

3.4 Die Satzklammer

Beispiele | 368 | Große Probleme macht Ausländern und Inländern die Satzklammer. Die Satzklammer ist eine typische Erscheinung der deutschen Sprache. Prädikate werden auseinandergerissen, ihre Teile oft weit entfernt:

    Sie (haben | damit erneut einen Großeinsatz . . . . | ausgelöst).

Wenn das Mittelfeld sehr voll ist, dann hinkt der zweite Prädikatsteil weit hinterher; der Leser stellt sich auf den ersten Teil ein und geht in eine Verstehensfalle:

    Der alte Herr platzte nach dem Essen zu seinem 80. Geburtstag mit seiner Ansicht heraus.

    Man schlug den Sklaven aus dem fernen Afrika immer wieder die Flucht vor.

369 Die verbale Satzklammer kommt in Aussagesätzen, Fragesätzen und Befehlssätzen vor, nicht jedoch in Nebensätzen, denn da bleiben die Prädikatsteile zusammen:

Formen

> Aus Unlust an der Schule **sind** zwei zwölfjährige Buben bei eisigen Nachttemperaturen **ausgerissen** und **haben** damit erneut einen Großeinsatz von Polizei und Feuerwehr im Landkreis Schweinfurt **ausgelöst**. Die beiden **wurden** vier Stunden später, um Mitternacht, vier Kilometer von ihrem Wohnort entfernt, vor einem großen Lagerfeuer in einem offenen Schuppen unversehrt **gefunden**. Bei Temperaturen um minus 16 Grad **suchten** etwa 80 Polizisten und Helfer stundenlang die Ortschaft und die Umgebung **ab**. Während Diensthunde die Fährte aufnahmen, fuhr ein Streifenwagen zu einer Jagdhütte in der Nähe, wo die beiden Ausreißer in dem angrenzenden Schuppen entdeckt wurden. Den Beamten erzählten sie, daß sie wegen schlechter Noten und Langeweile nicht mehr in die Schule hatten gehen wollen. Erst am Mittwoch abend **hatte** die Abenteuerlust zweier neunjähriger Schüler im Landkreis – wie berichtet – für einen Großeinsatz **gesorgt**. Die beiden **hatten** zu Fuß über 20 Kilometer **zurückgelegt**, um den Opa des einen Buben zu besuchen. Sie **konnten** sieben Stunden später „gesund und munter" bei dem Großvater **abgeholt werden**.

Die Satzklammer tritt in verschiedenen Formen auf, nämlich bei allen teilbaren Prädikaten:

– bei zusammengesetzten Verbformen (Perfekt, Plusquamperfekt, Futur I, Futur II und Passivformen):

Die beiden (hatten | zu Fuß über 20 Kilometer | zurückgelegt).

– bei Modalverben mit Infinitiv:

Die beiden (wollten | zu Fuß über 20 Kilometer | zurücklegen).

– bei trennbaren Verben:

Die beiden (legten | zu Fuß über 20 Kilometer | zurück).

– bei Funktionsverbgefügen und Streckformen:

Die beiden (setzten | sich zu Fuß | in Bewegung).

– bei Kopulaverben mit Adjektiven:

Die beiden (sind | nach über 20 Kilometer zu Fuß | erschöpft).

– bei Wahrnehmungsverben mit Infinitiv:

Niemand (sah | die beiden 20 Kilometer zu Fuß | zurücklegen).

Vermeidung | 370 | Hüten sollte man sich vor allem, bei nachträglichen Korrekturen das Mittelfeld aufzublasen. Da es keine Regel gibt, die den Umfang der Satzklammer begrenzt, kann sie so vollgestopft werden, daß der Leser den Überblick verloren hat, bis der erklärende Prädikatsteil am Ende kommt. Mißverständnisse sind möglich, wenn trennbare Verben, Funktionsverbgefüge oder Streckformen die Satzklammer bilden. Der vorangeschickte Prädikatsteil kann nämlich allein einen ganz anderen Sinn ergeben als das vollständige Verb oder Prädikat. So lockt er den Leser auf eine Fährte, die sich erst am Satzende als falsch erweist.

Eine Möglichkeit, die Satzklammer zu vermeiden, ist es, ein anderes Prädikat zu wählen:

> 80 Polizisten suchten stundenlang die Ortschaft und die Umgebung ab.
> 80 Polizisten durchkämmten die Ortschaft und die Umgebung.

> Sie waren schon auf sorgfältige Prüfung des Antrags bedacht.
> Sie achteten schon auf sorgfältige Prüfung des Antrags.

> Bringen Sie mir bitte unvorhergesehene Abweichungen zur Kenntnis.
> Informieren Sie mich bitte über unvorhergesehene Abweichungen.

Eine zweite Möglichkeit ist die Entlastung des Mittelfelds. Oft müssen gar nicht alle Adverbiale und Attribute im Mittelfeld stehen. Man kann sie vielleicht weglassen oder in einen eigenen Satz bringen:

> Die Buben haben damit erneut einen Großeinsatz von Polizei und Feuerwehr im Landkreis Schweinfurt ausgelöst.
> Die Buben haben damit erneut einen Großeinsatz ausgelöst. Feuerwehr und Polizei durchsuchten vier Stunden lang die Umgebung.

Eine dritte Möglichkeit, ohne Satzklammer auszukommen, ist die Ausklammerung: Wo es geht, kann man Satzglieder ins Nachfeld bringen und sie so aus der Satzklammer herausnehmen.

Präpositionalphrasen und längere Aufzählungen lassen sich leicht ausklammern:

> Sie waren nicht eingerichtet auf solche kleinen Unfälle.
> Die Sache kam mir größer vor als vermutet.
> Die Abenteuerlust hat gesorgt für den Einsatz von 100 Polizisten, zehn Fahrzeugen und einem Hubschrauber.

Besonders Nebensätze kann man gut ausklammern:

> Sie konnten beim Großvater abgeholt werden, der sie strahlend und erleichtert empfing.
> Man soll, wenn alle Stricke reißen, doch lieber die Polizei rufen.
> Wenn alle Stricke reißen, soll man doch lieber die Polizei rufen.

3.5 Die Wortstellung in stilistischer Sicht

Die Wortstellung ist im Deutschen recht frei. Es gibt gewisse Grundstellun-
gen, aber von denen kann man abweichen, um bestimmte Wirkungen zu
erzielen.

man muß was tun.

muß man was tun

was muß man tun

tun muß man was

man hätte was getan

hätte man was getan

was hätte man getan

hätte man was getan

tun was man muß

was man tun muß

tun muß man was

was muß man tun

Franz Mon

Der Erzogene dankt seinem Erzieher

Du hast viel an mir getan.

Viel hast du an mir getan.

An mir hast du viel getan.

Getan hast du viel an mir.

Hast du viel an mir getan?

Hast du an mir viel getan?

Du hast mir viel angetan.

Harald Frommer

Hier wirkt sich die Umstellung erheblich aus. Sie kann die ganze Form und die
Art eines Satzes verändern: Aus einer Feststellung kann so eine Frage werden,
aus einem Hauptsatz ein Nebensatz.

●●●

Beachte, daß die Stellung der Satzglieder den Bau und auch die Bedeutung
eines Satzes mitbestimmt. Eine kleine Umstellung kann große Wirkungen
haben.

●●●

Oft bilden wir unbewußt Sätze, die mehrdeutig sind. Das kann man durch die
Wortstellung vermeiden. In folgenden Sätzen kann die Präpositionalphrase
Satzglied oder Attribut sein:

Ludger hat ein Buch von Riesel gekauft.

Ich habe mich um die Stelle als Elektriker beworben.

Es gab eine Debatte über Ordnungswidrigkeiten im Parlament.

Durch Umstellung kann man die Zuordnung eindeutig zeigen:

> Ludger hat von Riesel ein Buch gekauft.
> Von Riesel hat Ludger ein Buch gekauft.
> Ein Buch von Riesel hat Ludger gekauft.

> Als Elektriker habe ich mich um diese Stelle beworben.
> Ich habe mich als Elektriker um diese Stelle beworben.
> Ich als Elektriker habe mich um diese Stelle beworben.

> Im Parlament gab es eine Debatte über Ordnungswidrigkeiten.
> Es gab im Parlament eine Debatte über Ordnungswidrigkeiten.
> Über Ordnungswidrigkeiten im Parlament gab es eine Debatte.

Wichtig ist die Stellung der Partikeln, besonders der Negationspartikel *nicht*:

> Wir mußten sogar das letzte Geld verschenken.
> Wir mußten das letzte Geld sogar verschenken.

> Auch Kinder sind Zivilisten.
> Kinder sind auch Zivilisten.

> Wir wollen nicht unsere Leser über alle Details informieren.
> Wir wollen unsere Leser nicht über alle Details informieren.

> Der Schiedsrichter wollte drei Spieler nicht hinausstellen.
> Der Schiedsrichter wollte nicht drei Spieler hinausstellen.

Bei femininen Nominalphrasen ist öfter der Dativ nicht vom Genitiv zu unterscheiden. Auch hier bleibt undeutlich, ob ein Satzglied oder ein Attribut vorliegt:

> Jetzt erklärten die Freunde der Herzogin, daß das Bild mißlungen sei.

Auch dies wird durch Umstellung deutlicher:

> Die Freunde der Herzogin erklärten jetzt, daß ...
> Die Freunde erklärten der Herzogin jetzt, daß ...

●●

Oft ist undeutlich, wozu eine Phrase im Satz gehört. Durch die richtige Stellung kann man hier Klarheit schaffen.

●●

Beim Schreiben kann man nicht betonen wie beim Sprechen. Ein Ersatz ist die Betonung durch die Stellung. Man stellt Wörter an Eindrucksstellen und hebt sie so hervor. Eindrucksstellen sind der Satzanfang und der Satzschluß.

Als Betonung wirkt das besonders bei einer Phrase, die üblicherweise nicht an diesen Stellen steht:

unbetont	betont
Das war eine Überraschung.	**Eine Überraschung** war das.
Er hat zwei Hühner gegessen.	**Gegessen** hat er zwei Hühner.
Gestern habe ich ihn gesehen.	Gesehen habe ich gestern **ihn**. (nicht sie)
Der Freund erschien letztes Jahr wieder nach langer Abwesenheit.	Letztes Jahr erschien nach langer Abwesenheit wieder **der Freund**.
Ich möchte dir die Augen auskratzen!	**Die Augen** auskratzen möchte ich dir!
Es fällt auf, daß keiner einen Anspruch anmeldet.	**Auf fällt**, daß keiner einen Anspruch anmeldet.
Sie gehen mit den Hühnern ins Bett.	**Mit den Hühnern** gehen sie ins Bett.
Ich bin über den Lenker geflogen.	Bin **ich** über den Lenker geflogen!
Wer hat ihm das Buch gegeben?	Wer hat das Buch **ihm** gegeben?

Bringt man ein Satzglied erst später als vom Leser erwartet, so kann man Spannung erzeugen und dieses Satzglied besonders hervorheben.

●●●

Nutze die Wortstellung zur Betonung! Besonders betont sind Satzanfang und Satzende.

●●●

Auffällig starke Hervorhebung bewirken Herausstellungen, für die man den Satz aber umformulieren muß:

> Er hat zwei Hühner gegessen.
> Es waren zwei Hühner, die er gegessen hat.
> Was er gegessen hat, waren zwei Hühner.

Das klingt leicht nach gesprochener Sprache und kann nicht in jedem Text genutzt werden.

Eine ungeschickte Wortstellung kann Sätze fast unverständlich machen. So werden eingeschachtelte Nebensätze, Zwischenglieder und Einschübe dem Leser zur Qual. Schwierig wird es auch, wenn du unübliche Stellen für ein Satzglied wählst:

> Siegmund Hurtig hat am vergangenen Sonntag bei einem Spaziergang ein tollwütiges Reh gebissen.
> Der gute Schreiber achtet auf die Reihenfolge genau.

Wenn man keine besonderen Wirkungen erzielen will, sollte man die Satzglieder an ihren üblichen Stellen lassen.

●●●

Gestalte deine Sätze übersichtlich! Nebensätze und lange Satzglieder bringe nach hinten, soweit es geht.

●●●

Viertes Kapitel: Satzverbindungen

Arten $\boxed{371}$ Sätze können wir als vollständige und selbständige Einheiten der Verständigung verwenden. Meistens begnügen wir uns aber nicht mit einem einzelnen Satz. Wir äußern eher Folgen von Sätzen, Texte also. Den Übergang vom Satz zum Text schaffen Satzverbindungen, in denen Sätze meistens paarweise verbunden sind. Es gibt zwei Arten der Satzverbindung:

– Satzreihen (auch Parataxe genannt), in denen selbständige Sätze aneinandergereiht und miteinander verbunden sind:

   Meine Freundin fährt Ski, aber ich laufe Schlittschuh.
   Alles ging gut, wir waren also froh.

– Satzgefüge (auch Hypotaxe genannt), in denen unselbständige Sätze in einen anderen Satz eingebettet und so mit ihm verbunden sind:

   Meine Freundin fährt Ski, während ich Schlittschuh laufe.
   Alles ging gut, so daß wir froh waren.

Koordination $\boxed{372}$ In Satzreihen stehen grammatisch vollständige und selbständige Sätze gleichgeordnet nacheinander (Koordination). Sie werden öfter durch Konjunktionen verbunden, mit denen dann auch ihr inhaltliches Verhältnis ausgedrückt ist:

   Du hast Geburtstag, **und** ich habe Namenstag.
   Du hast Geburtstag, **aber** ich habe Namenstag.

Die Verbindung und das inhaltliche Verhältnis zwischen Hauptsätzen kann nicht nur durch Konjunktionen ausgedrückt werden. Es gibt die Verbindung durch Verweise in verschiedener Form:

   Morgen habe ich Namenstag. **Er** wird natürlich gefeiert.
   Morgen habe ich Namenstag. **Deshalb** wird gefeiert.

Das Pronomen *er* verweist inhaltlich auf *Namenstag*, es ist nur im Kontext der Satzreihe verständlich. Das Adverbialpronomen *deshalb* verweist auf den ganzen vorangehenden Satz und drückt die inhaltliche Verbindung aus. Die Verweise lassen die beide Sätze aber grammatisch selbständig.

Die Sätze einer Satzreihe können auch unverbunden nebeneinanderstehen, ohne Konjunktion oder Verweispronomen. Selbst in diesem Fall kann das inhaltliche Verhältnis verstanden werden, beispielsweise als Gegensatz:

   Du hast Geburtstag, ich habe Namenstag.

Wir denken uns den inhaltlichen Zusammenhang hinzu, weil die Folge nur dann einen Sinn ergibt. Als Schreiber muß man aufpassen, welche Zusammenhänge sich der Leser hinzudenken wird:

❧ Meine Eltern haben fünf Kinder, drei davon erfreuen sich bester Gesundheit; zwei sind verheiratet.

❧ Unser Hund ist sehr nett. Er frißt alles; besonders liebt er kleine Kinder.

| 373 | In Satzgefügen sind Nebensätze, unselbständige Sätze also, in einem Trägersatz eingebettet und ihm untergeordnet (Subordination). Der Trägersatz kann ein Hauptsatz sein oder auch selbst schon ein Nebensatz: Subordination

Wir wissen, [daß ihr kommt].
Wir wissen, [**daß ihr kommt,** [weil wir kommen]].

Im letzten Fall ist der *weil*-Satz dem *daß*-Satz untergeordnet, so entsteht eine Unterordnungstreppe:

Wir wissen,

    daß ihr kommt,

        weil wir kommen.

Nebensätze spielen eine grammatische Rolle im Trägersatz. Häufig sind sie Satzglieder (sogenannte Gliedsätze), manchmal auch Attribute:

Wer weiß { das? / , ob sie kommt? }
        Objekt

Wir kommen { euretwegen / , weil ihr kommt. }
        Adverbial

Die Tatsache { deiner Entlassung / , daß du entlassen wurdest, } trifft uns.
        Attribut

Nach ihrer grammatischen Rolle kann man also unterscheiden:

– Subjektsätze und Objektsätze:
Daß ihr kommt, freut uns.
Wir hoffen, **daß ihr kommt**.

– Adverbialsätze:
Wenn es geht, kommen wir.

– Attributsätze:
Die Reise, **die wir machen**, beginnt jetzt.

Kennzeichen
der Nebensätze

374   Nebensätze haben die folgenden Kennzeichen:

– Sie spielen ihre grammatische Rolle im Trägersatz als Satzglied oder als Phrasenteil. Darum stehen sie oft auch an den entsprechenden Stellen, zum Beispiel an der Stelle des Subjekts:

{ Jeder / **Wer will**, } kommt.

– Sie haben ein finites Verb in Endstellung, hinter dem nur selten das Nachfeld besetzt ist:

Ich denke, daß das **klappt**.

Ich denke, daß das heute **klappt**, hoffentlich.

– Sie sind oft durch Subjunktionen eingeleitet. Manchmal beginnen sie mit anderen Signalen, die sie als Nebensatz ausweisen, z. B. mit *w*-Wörtern:

Niemand weiß, **wie** das funktioniert.

– Sie sind unselbständig, da sie allein nicht als vollständige Äußerung vorkommen (es sei denn man ergänzt etwas). Trotzdem enthalten sie grammatisch vollständige Sätze:

Wir hoffen, daß [du kommst].

Verbindungs-
arten

375   Inhaltlich werden in Satzgefügen Aussagen in Beziehung gesetzt. Dabei gibt es verschiedene Möglichkeiten:

– Aussagen werden in gedankliche Verbindung gebracht, sie bleiben aber eigenständige Aussagen. Dies ist besonders bei Adverbialsätzen der Fall.

[Wir sind sehr glücklich], weil [du kommst].

– Über eine Aussage wird etwas gesagt, beispielsweise, daß jemand sie gemacht hat oder daß man hofft, sie gehe in Erfüllung. Dies ist bei Subjektsätzen und Objektsätzen der Fall:

[Daß du kommst], wurde uns verschiedentlich berichtet.

– Aussagen werden zur näheren Charakterisierung von Gegenständen verwendet, oder sie verdeutlichen einen Begriff. Dies ist besonders der Fall bei Attributsätzen, wo das jeweilige Bezugswort einen Gegenstand oder einen Begriff bezeichnet, der im Attributsatz näher bestimmt wird:

Der Satz, [der hier steht], ist wahr.

Parenthese

376   Außer der Gleichordnung (Koordination) und der Unterordnung (Subordination) von Sätzen gibt es Parenthesen (Schaltsätze, Beisätze). Parenthesen sind die hervorgehobenen Sätze in folgenden Beispielen:

Dann – **wir waren kaum da** – fing der Regen an.

Diese Krankheit – **das ist lange bekannt** – verläuft im allgemeinen schwer.

Der Unfall (**oder soll man sagen die Katastrophe**?) war nicht zu vermeiden.

Parenthesen können also verschiedene Hauptsatzarten sein, es gibt aber auch andere Formen:

Der Unfall – **um es genauer zu sagen: die Katastrophe** – war nicht zu vermeiden.

Eine Parenthese ist grammatisch nicht in den Satz eingebaut. Sie bleibt ein Einschub außerhalb des grammatischen Satzverbands und kann sich an verschiedenen Stellen einnisten:

Anteilnahme – das wissen Sie schon – weckt der kluge Schreiber durch Gefühlswörter.

Anteilnahme weckt der kluge Schreiber – das wissen Sie schon – durch Gefühlswörter.

An jenem Montag – das war ohne Zweifel unser größter Erfolg – schlugen wir den SV Lohberg mit zehn Punkten Unterschied.

An jenem Montag schlugen wir – das war ohne Zweifel unser größter Erfolg – den SV Lohberg mit zehn Punkten Unterschied.

An jenem Montag schlugen wir den SV Lohberg – das war ohne Zweifel unser größter Erfolg – mit zehn Punkten Unterschied.

Eingeschobene Redeeinleitungen in direkter Rede sind wie Parenthesen. Sie können darum auch an verschiedenen Stellen stehen:

Sie sagte: „Dies war ohne Zweifel unser größter Erfolg.“

„Dies war“, **sagte sie**, „ohne Zweifel unser größter Erfolg.“

„Dies war ohne Zweifel“, **sagte sie**, „unser größter Erfolg.“

„Dies war ohne Zweifel unser größter Erfolg“, **sagte sie**.

377 Parenthesen geben oft Zusatzinformationen und Kommentare. Man   Leistung
kann sie verwenden, um schwierige Satzgefüge zu vereinfachen:

Antibiotika, die bei bakteriell verursachten Krankheiten so gut helfen, können Viren, da die keine echten Lebewesen sind, nichts anhaben.

Antibiotika – bei bakteriell verursachten Krankheiten helfen sie doch so gut – können Viren nichts anhaben, weil die keine echten Lebewesen sind.

Lichtbündel eines Himmelskörpers, der nicht im Zenit steht, verlaufen auf gekrümmter Bahn zu einem Beobachter, der auf der Erdoberfläche steht.

Lichtbündel eines Himmelskörpers – sofern er nicht im Zenit steht – verlaufen auf gekrümmter Bahn zu einem Beobachter auf der Erde.

Mit den kommentierenden und erklärenden Parenthesen gibt man zu erkennen, daß man an seine Leser denkt und versucht, ihre Verstehensprobleme zu mildern.

satzwertiges   │378│   Außerhalb des Satzverbandes stehen auch satzwertige Partizipien. Sie
Partizip   haben als Kern eine Partizipialphrase mit verschiedenen Satzgliedern:

> Diese Aussage, aus einem alten Zitatenschatz stammend, ist sehr geläufig.

Satzwertige Partizipien sind verkürzt, sie haben kein finites Verb und kein Subjekt. Inhaltlich werden sie aber zu vollständigen Aussagen ergänzt. Wenngleich diese Aussagen ohne ausdrückliche Verbindung im Satz stehen, sind inhaltliche Bezüge zu erkennen.

– Bezug auf das Subjekt:

> Diese Reaktorart – oft schneller Brüter genannt – arbeitet nicht rentabel.

– Bezug auf ein Objekt:

> Wir lassen diese Ansprüche, auch in theoretischer Sprache formuliert, nicht gelten.

– Bezug auf einen Satz:

> Bei Licht besehen, sind alle diese Argumente nur Ausreden.

Darum sind satzwertige Partizipien oft auch in Nebensätze umzuformulieren:

> Strenggenommen war das alles Blabla.
> Wenn man es streng nimmt, war das alles Blabla.
>
> Wir glauben, daß es, theoretisch gesehen, unlösbar bleibt.
> Wir glauben, daß es unlösbar bleibt, wenn man es theoretisch sieht.
>
> Diese Reaktorart, oft schneller Brüter genannt, arbeitet nicht rentabel.
> Diese Reaktorart, die oft schneller Brüter genannt wird, arbeitet nicht rentabel.

● ●

Das fehlende Subjekt wird meistens aus dem ganzen Satz entnommen. Bedenke, was der Leser als Subjekt erschließt, und hüte dich vor Fehlern wie

❀   Auf dem Bahnsteig angekommen, fuhr der Zug ab.
❀   Fröhliche Lieder singend, fuhr unser Bus ab.
❀   Bis auf die Grundmauern niedergebrannt, betrachtete der Besitzer sein ehemaliges Heim.

● ●

1 Subjektsätze und Objektsätze

1.1 Abgrenzung und Formen

379   Subjektsätze und Objektsätze stehen anstelle der entsprechenden Satz- Bestimmung
glieder.

Subjekt:	*Wer das versteht*, weiß schon viel.
Akkusativobjekt:	Ich weiß, *daß es viele Sätze gibt*.
Dativobjekt:	Man dankt, *wem man sich verpflichtet fühlt*.
Genitivobjekt:	Sie erinnern sich, *wessen sie können*.
Präpositionalobjekt:	Sie erinnerten ihn (daran), *daß er bleiben wollte*.

Die Nebensätze haben weder Kasus noch Präposition, sie tragen ihren Namen
nach den entsprechenden nominalen Füllungen der Satzglieder, und sie antworten auf die entsprechenden Fragen: *wer* oder *was?*, *wen* oder *was?*, *wem?*,
wessen?, *an was?*, *zu was?* usw.

Diese Nebensätze sind bestimmt durch die Valenz des Prädikats im Trägersatz.
Sie füllen eine Leerstelle im Satzmuster, und der Trägersatz ist ohne den Neben-
satz unvollständig. Läßt man den Nebensatz weg, so bleibt nur ein abweichender
Satzrest, oder man muß sich aus dem Kontext etwas hinzudenken:

    ... weiß schon viel.   Ich weiß ...

380   Subjektsätze und Objektsätze können verschiedene Formen haben: Formen

– Inhaltssätze sind durch die Subjunktionen *daß* oder *ob* eingeleitet:
    Daß die Eisdecke zersprang, wundert mich nicht.
    Man fragt sich, **ob** das zu vermeiden wäre.
  Sie heißen Inhaltssätze, weil sie einen Sachverhalt ausdrücken, der zum
  Inhalt einer Überlegung, einer Rede oder einer Bewertung gemacht wird.

– *w*-Sätze sind Nebensätze, die durch ein pronominales *w*-Wort eingeleitet sind:
    Wer das macht, wird bestraft.   Ich verstehe, **was** ich lese.
  Sie nehmen unbestimmt Bezug auf Gegenstände, Personen und Sachverhalte.

Neben diesen Grundformen können auch satzwertige Infinitive als Subjekt und
Objekt stehen und sogar Sätze mit der Form von Hauptsätzen:

    Hier zu bleiben hat keinen Sinn.
      Subjekt

    Wir bemühen uns, alles zu berücksichtigen.
                  Objekt

    Man sagt, er ist nicht da.
      Objekt

1.2 Funktionen von Subjektsätzen und Objektsätzen

Funktion | 381 | Inhaltssätze stehen als Subjekt, als Akkusativobjekt oder als Präpositionalobjekt. Ihre Form ändern sie dabei nicht:

> Daß es so kommen mußte, erstaunt nicht.
> Ich bedaure, daß es so kommen mußte.
> Ich wundere mich (darüber), daß es so kommen mußte.

Sie füllen eine Leerstelle des Prädikats und müssen inhaltlich zum Prädikat passen, beispielsweise muß das Prädikat Sachverhalte in dieser Leerstelle zulassen.

Besonders üblich sind die Inhaltssätze bei der Redewiedergabe. Der Hauptsatz enthält hier die Redeeinleitung, der Objektsatz den Inhalt, also was gesagt wird:

> Mein Freund hat gesagt, daß alles in Butter sei.
> Sie haben mich gefragt, ob alles in Butter sei.

Die Subjunktionen *daß* und *ob* sind reine Bindewörter, sie spielen keine grammatische Rolle im Nebensatz. Allerdings zeigen sie an, ob der Inhaltssatz eher feststellend (*daß*) oder eher fragend (*ob*) im Sinne einer Entscheidungsfrage zu deuten ist.

w-Sätze | 382 | *w*-Sätze können als Subjekt stehen oder als irgendein Objekt:

> Wer will, kommt.
> Ich sehe, wen ich will.
> Man entsinnt sich, wessen man sich entsinnt.
> Wir bleiben, wo wir sind.

Die *w*-Wörter spielen eine grammatische Rolle im Nebensatz, und zwar muß diese Rolle übereinstimmen mit der Rolle des ganzen Nebensatzes. Also: *wer* im Subjektsatz, *wen* im Akkusativobjektsatz usw.

Die *w*-Sätze kann man oft umformulieren in eine Phrase, die aus einem Demonstrativpronomen mit angeschlossenem Relativsatz besteht:

> [Derjenige, der will,] kommt.
>   Subjekt

> Ich sehe [den, den ich sehen will].
>   Akkusativobjekt

Außerdem kann man sie durch ein rückverweisendes Pronomen im Hauptsatz aufnehmen. Das bringt oft mehr Deutlichkeit:

> Wer will, **der** kommt.
> Wo ich hingehe, **da** sollst auch du hingehen.

Eine zweite Gruppe von *w*-Sätzen sind eher Inhaltssätze. Sie stehen nur als Subjekt und Akkusativobjekt und nur bei Verben, die auch Inhaltssätze haben können:

> Ich weiß nicht, wo du bist.
>
> Wen es trifft, ist egal.

Hier gilt die Einschränkung nicht, daß das *w*-Wort die Rolle des Nebensatzes anzeigt. Diese *w*-Sätze heißen auch indirekte Fragesätze (im Sinn einer Ergänzungsfrage).

383   Uneingeleitete Objektsätze, die eigentlich die Form von Hauptsätzen haben, werden in die Nebensatzrolle gezwungen durch die Valenz des Prädikats: **indirekte Rede**

> Die Polizei beteuert, die Gefahr sei vorbei.

Ohne den Objektsatz wäre der Hauptsatz unvollständig. Die Unterordnung wird hier oft durch den Konjunktiv im Nebensatz angezeigt:

> Es hieß, er **sei** jetzt wieder gesund.
>
> Ute meinte, wir **kämen** bald.

Uneingeleitete Objektsätze dienen häufig der indirekten Wiedergabe dessen, was einer gesagt hat, der indirekten Rede also.

384   Satzwertige Infinitive stehen als Subjekt, als Akkusativobjekt oder als Präpositionalobjekt: **satzwertiger Infinitiv**

> **Dies zu tun** ist wichtig.
>
> Ich empfehle dir, **dies zu tun**.
>
> Wir bemühen uns (darum), **dies zu tun**.

Sie sind verkürzt und grammatisch keine Sätze: Ihnen fehlt das finite Verb und das Subjekt. Inhaltlich entsprechen sie aber Aussagen, und man kann sie meistens in *daß*-Sätze umformulieren:

> Die Offiziere befahlen ihm, { den Angriff einzuleiten. }
>   { daß er den Angriff einleitete. }

Das fehlende Subjekt und die Form des finiten Verbs muß man dabei erschließen. Das Subjekt steckt im Subjekt oder einem Objekt des Trägersatzes:

Subjekt aus Subjekt:

> **Ich** entschließe mich, gleich zu gehen.   (**Ich** will gehen.)

Subjekt aus Akkusativobjekt:

> Ich bitte **dich**, gleich zu gehen.   (**Du** sollst gehen.)

Subjekt aus Dativobjekt:

> Ich erlaube **ihm**, gleich zu gehen.   (**Er** darf gehen.)

Korrelate | 385 | Satzglieder können doppelt besetzt sein, einmal durch einen Nebensatz (oder satzwertigen Infinitiv) und dazu noch durch ein Pronomen als sogenanntes Korrelat:

> Wir haben **es** immer gewußt, **daß es so kommt**.
> Man wird sich **daran** kaum erinnern, **wer als erster da war**.
> Sie wurden **dazu** gezwungen, **die Straße zu verlassen**.
> **Wer das macht, der** ist in großer Gefahr.

Als Korrelate stehen Adverbialpronomen wie *darauf*, *darunter*, *damit* oder verweisende Pronomen wie *es*, *das*. Sie haben die passende Form für das jeweilige Satzglied (beispielsweise *es*, *das* für Subjekt und Akkusativobjekt, *darüber*, *damit* für Präpositionalobjekte) und stehen an seiner Stelle; von dort verweisen sie auf den Nebensatz. Korrelate dienen der Verdeutlichung. Sie leisten besonders dreierlei:

– Sie verdeutlichen die grammatische Rolle eines Nebensatzes. Das kann nötig sein, weil der Nebensatz kein Kennzeichen für seine grammatische Rolle hat:

> Wir haben **es** immer gewußt, **daß es so kommt**.
> Wir waren **darauf** vorbereitet, **daß es so kommt**.
> **Es** war uns bewußt, **daß es so kommt**.

Bei manchen Verben sind Korrelate immer erforderlich:

> Wer kümmert sich **darum**, daß alles läuft?
> Wir verzichten **darauf**, zu viel zu erklären.

– Sie zeigen durch ihren deutlichen Anschluß, in welcher Bedeutung das Prädikatsverb gebraucht ist. Das ist nötig bei Verben, die unterschiedliche Anschlüsse und damit unterschiedliche Bedeutungsvarianten haben:

> Wir denken, daß er ging.
> Wir denken **daran**, daß er ging.

– Sie erhalten die normale Wortstellung, indem sie als Platzhalter den üblichen Platz des Satzglieds besetzen:

> **Das** war leicht für ihn, den Fehler einzusehen.
> Ich ertrage **es** nicht, daß du mich ständig kritisierst.

Der Nebensatz wird dadurch in seiner Stellung freier und kann z. B. ins Nachfeld rücken, während das Korrelat als Subjekt die Spitzenstellung hält:

> **Es** ist kaum zu glauben, daß der Raum sauber bleibt.

Steht der Nebensatz an der üblichen Satzgliedstelle, kann das Korrelat entfallen:

> Daß der Raum sauber bleibt, ist kaum zu glauben.

●●

Ein überflüssiges Korrelat kann emotional und umgangssprachlich wirken:

> Daß er ging, **das** war mir unangenehm.

Aber auch solche Korrelate verdeutlichen den Satzbau.

●●

1.3 Indirekte Rede

Der gewöhnliche Fall in der menschlichen Verständigung ist, daß die Partner direkt miteinander in Verbindung treten, ein direktes Gespräch, ein Briefwechsel usw. Häufig – zum Beispiel in Berichten und Protokollen – kommt es aber auch vor, daß man wiedergibt, was andere gesagt haben. Für diese Redewiedergabe gibt es zwei Möglichkeiten:

– Man zitiert, was jemand gesagt hat. Dies ist die wörtliche oder direkte Rede(wiedergabe).

– Man sagt in eigenen Worten, was jemand gesagt hat. Dies ist die indirekte Rede(wiedergabe).

Sohn: Papa, Charly hat gesagt, sein Vater hat gesagt, man hat immer nur Ärger mit den Lehrern. Bist du nicht auch . . .

Vater: Bitte, was ist? Ich habe nicht ganz richtig . . .

Sohn: . . . man hat immer nur Ärger mit den Lehrern. Du bist doch auch . . .

Vater: So etwas solltest du nicht sagen. Du bist dir offensichtlich nicht im klaren darüber, was du den Lehrern alles verdankst.

Sohn: Aber ich hab' das doch gar nicht gesagt, ich sagte doch nur, Charly hat gesagt . . .

Vater: Auch dein Freund Charly sollte so etwas nicht . . .

Sohn: Hat er ja auch nicht. Er hat nur gesagt, sein Vater hat gesagt . . .

Vater: Also wer denn nun? Einmal sagst du du, dann dein Freund Charly und schließlich dessen Vater, der sich besser um seine eigenen Angelegenheiten kümmern würde.

Sohn: Aber du sagst doch immer, man ist verantwortlich für das, was um einen herum passiert.

Vater: So, sag' ich? Aber ich meine das anders. Man soll nicht über Dinge reden, von denen man nichts versteht.

Sohn: Charly sagt, sein Vater sagt, er hat drei Kinder in der Schule, und da gibt's jeden Tag irgendwo Stunk.

Vater: Was sind das wieder für Ausdrücke, die du da benutzt!

Sohn: Ich doch nicht! Charly sagt . . .

Vater: Dann soll sich dein Freund Charly eine andere Ausdrucksweise angewöhnen . . .

Sohn: Aber er doch nicht! Sein Vater sagt doch . . .

Vater: Also mir wird das jetzt zu viel. Wenn du dir darüber klargeworden bist, wer was sagt oder gesagt hat, dann können wir ja weiterreden . . .

Hier ist wörtlich ein Gespräch zwischen Vater und Sohn wiedergegeben. In dem Gespräch geht es darum, was Leute gesagt haben. Es endet in einem Wust von Mißverständnissen, weil der Vater nicht richtig versteht, wer was sagt.

Das Gespräch gibt in direkter Rede wieder, was Vater und Sohn zueinander sagen. Ausführlich sähe diese direkte Rede so aus:

Der Vater sagt: „Bitte, was ist?"
Redeeinleitung   direkte Rede

In dieser direkten Rede(wiedergabe) werden der Sprecher (der Vater also) genannt und das, was er tut (er sagt etwas). Letzteres kann man allerdings genauer angeben: Nicht nur, daß es sehr langweilig ist, wenn man jede direkte Rede einleitet mit *sagt* oder *sagte*. Oft braucht der Leser genauere Angaben, zum Beispiel, daß der Sprecher etwas verspricht oder dergleichen.

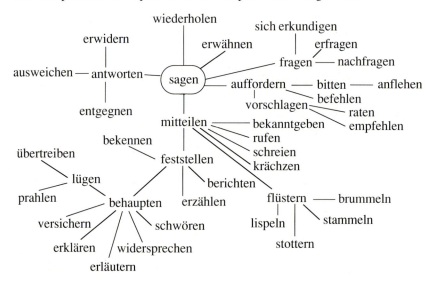

Verwende in Redewiedergaben treffende Sprechverben! Achte auf Nuancen und darauf, daß die Redeeinleitung stimmt!

Der Sohn könnte in dem Gespräch zu seinem Vater sagen:

 Charly hat gesagt: „Mein Vater hat etwas Interessantes zu mir gesagt."

Der Sohn verwendet aber die indirekte Rede. In der indirekten Rede gibt man nicht wörtlich wieder, sondern man formt um:

 Charly hat gesagt, daß sein Vater etwas Interessantes zu ihm gesagt hat.
  Redeeinleitung   Redeinhalt

Der Inhalt der direkten Rede erscheint als Nebensatz, als Inhaltssatz, der mit einer Subjunktion (*daß* oder *ob*) eingeleitet ist oder ohne Einleitung bleibt:

 Charly hat gesagt, sein Vater habe etwas Interessantes gesagt.

Beim Umformen in indirekte Rede muß man im Nebensatz Angaben verändern, die sich direkt auf die ursprüngliche Sprechsituation beziehen:

– Personal- und Possessivpronomen (besonders der 1. und 2. Person):

 Ina sagt: „**Ich** komme nicht."
 Ina sagt, **sie** komme nicht.

 Ina fragte mich: „War **deine** Mutter schon bei **uns**?"
 Ina fragte mich, ob **meine** Mutter schon bei **ihnen** war.

– Ortsangaben:

 Uli schreibt: „Es gefällt mir **hier** nicht mehr."
 Uli schreibt, daß es ihm **dort/auf Sizilien** nicht mehr gefällt.

– Zeitangaben:

 Damals sagte Großvater: „**In einem Jahr** geht es mir besser."
 Damals sagte Großvater, **ein Jahr später** werde es ihm bessergehen.

– Tempus:

 Katja hat versprochen: „Ich **komme** bestimmt."
 Katja hat versprochen, sie **werde** bestimmt **kommen**.

Außerdem kennzeichnet man die indirekte Rede meistens durch die Verwendung des Konjunktivs (→ 41). Man hält sich damit frei von eigenen Wertungen:

 Katja sagt: „Ich **weiß** davon nichts."
 Katja sagt, sie **wisse** davon nichts.

Bei eingeleiteten Inhaltssätzen genügt oft der Indikativ.

• •

Beachte bei der Umformung direkter Rede, daß Verweiswörter zu ändern sind, damit die Wiedergabe stimmt!

• •

Beim Umformen direkter Rede kann der Berichtende das Gesprochene neutral und objektiv wiedergeben. Das erwartet der Leser beispielsweise von Zeitungsmeldungen. Allerdings muß der Berichtende schon Farbe bekennen bei der Wahl der Redeeinleitung. Es macht ja einen großen Unterschied, ob er sagt, jemand habe etwas mitgeteilt oder er habe etwas eingestanden oder gelogen usw. Der Schreiber hat aber noch andere Möglichkeiten, seine Meinung einfließen zu lassen. In Erzähltexten etwa kann der Erzähler den Gesprächsverlauf kommentieren und die Personen charakterisieren. Wir sehen das am folgenden Gespräch und seinen verschiedenen Wiedergaben.

Mann: Elisabeth! – Ich hab doch Hunger, was is denn heute mit dem Hasenbraten?

Frau: Der ist noch nicht fertig, aber die Suppe steht schon auf dem Tisch.

Mann: (schlürft) Na, die Suppe ist heut wieder ungenießbar.

Frau: Wieso? Des is sogar heut eine ganz feine Suppn.

Mann: Das sagt ja auch niemand, daß die Suppn nicht fein ist, ich mein nur, sie ist ungenießbar, weil s' so heiß ist.

Frau: Eine Suppe muß heiß sein.

Mann: Gewiß! Aber nicht zu heiß!

Frau: Dddddd – alle Tag und alle Tag das gleiche Lied, entweder ist ihm d'Suppn zu heiß, oder sie ist ihm zu kalt; jetzt will ich dir amal was sagn: Wenn ich dir nicht gut genug koch, dann gehst ins Wirtshaus zum Essen.

Mann: Des is gar net notwendig, die Suppn is ja gut, nur zu heiß.

Frau: Dann wartest halt so lang, bis s' kalt is.

Mann: Eine kalte Suppn mag ich auch nicht.

Karl Valentin

Neutrale Wiedergabe:

Ein Ehepaar gerät am Mittagstisch in Streit. Der Ehemann wartet auf den Hasenbraten, der noch nicht fertig zubereitet ist. Seine Frau weist auf die Suppe hin, die schon auf dem Tisch steht. Der Ehemann probiert und findet sie ungenießbar, weil sie zu heiß sei. Seine Frau meint, eine Suppe müsse heiß sein, worauf er ihr entgegenhält, zu heiß dürfe sie jedoch nicht sein. Jeden Tag habe er etwas an der Suppe auszusetzen, klagt die Frau, entweder wäre sie ihm zu heiß oder zu kalt. Er könne ja ins Wirtshaus gehen, wenn ihm ihr Essen nicht gut genug sei. Das sei gar nicht notwendig, erwidert der Ehemann, denn die Suppe sei gut, aber zu heiß. Seine Frau schlägt vor, zu warten, bis die Suppe kalt sei. Kalt, entgegnet der Ehemann, wolle er seine Suppe auch nicht.

In der indirekten Rede kann man einen neutralen Standpunkt einnehmen. Man kann gefühlsbetonte Ausdrücke und Dialektspuren tilgen oder mildern.

Zusammenfassende, neutral gemeinte Wiedergabe:

„ Ein Ehepaar gerät am Mittagstisch in Streit. Anlaß ist die Suppe, die dem Ehemann zu heiß ist, was seine Frau als grundsätzliche Kritik an ihrem Essen mißversteht. Er könne ja ins Wirtshaus gehen, wenn ihm ihr Essen nicht schmecke. Der Ehemann betont jedoch, daß er sich nicht über den Geschmack der Suppe beklage, sondern lediglich darüber, daß sie zu heiß sei. Auf den Rat seiner Frau, abzuwarten, bis sie kalt sei, entgegnet er, eine kalte Suppe wolle er auch nicht.

Der Berichtende kann in indirekter Rede den Inhalt zusammenziehen und durchsichtiger darstellen. Dabei kann aber auch Interessantes verlorengehen.

Kommentierender Bericht in einem erzählenden Text:

„ Ein Ehepaar gerät am Mittagstisch in Streit. Der ungeduldige Ehemann beklagt sich darüber, daß der Hasenbraten nicht rechtzeitig auf dem Tisch sei. Schließlich habe er Hunger. Seine Frau weist zunächst noch ganz gelassen darauf hin, daß ja die Suppe schon auf dem Tisch stehe. Eine Kostprobe genügt dem Ehemann, um streitsüchtig anzumerken, die Suppe sei ungenießbar. Die Ehefrau will ganz versöhnlich einlenken mit dem freundlichen Hinweis, daß dies heute aber eine ganz feine Suppe sei. Gereizt beharrt der Ehemann auf seinem Urteil, die Suppe sei zu heiß und deshalb ungenießbar. Seine Frau unternimmt einen neuen Versuch, den Frieden zu retten, und gibt zu bedenken, daß eine gute Suppe heiß sein müsse. Doch jetzt treibt der Hausherr seine Nörgelei auf die Spitze mit der Behauptung, die Suppe sei nicht nur heiß, sondern zu heiß. Der alltäglichen Sticheleien müde schlägt die kluge Gattin schließlich vor, er möge doch im Wirtshaus sein Essen zu sich nehmen. Da es dem Ehemann jedoch nicht um die Lösung seines Problems, sondern um sein Recht geht, und er der Meinung ist, daß seine Frau nur vom Thema ablenkt, beharrt er darauf, die Suppe wäre ja gut, aber zu heiß. Auf den entwaffnenden Einfall der Frau, er solle eben warten, bis sie kalt sei, weiß er nur spitzfindig zu kontern, eine kalte Suppe wolle er auch nicht.

Das Beispiel zeigt, wie die Aussage eines Textes durch die Wahl der redeeinleitenden Verben und kommentierender Adverbien entstellt werden kann.

Merke dir, wie man den Inhalt eines Gesprächs oder einer Rede korrekt wiedergibt, ihn aber gleichzeitig durch Kommentare verdeutlichen kann! So kannst du in Erzählungen die Handelnden lebendig werden lassen, ihre Motive und Absichten verdeutlichen. Aber Vorsicht, mit Kommentaren kann auch gemogelt werden.

2   Adverbialsätze

2.1 Abgrenzung und Formen

Kennzeichen |386| Adverbialsätze sind Nebensätze an Stelle von Adverbialen:
Weil die Erde rund ist, kann sie sich gut drehen.
Hier ist der *weil*-Satz ein kausales Adverbial. Er könnte ersetzt sein durch *aus diesem Grund* oder *deshalb*.

Ein anderes Adverbial vertritt der Nebensatz in folgendem Beispiel:
Wenn es Taler regnet, bin ich dabei.
Hier ist der *wenn*-Satz ein konditionales Adverbial. Er könnte ersetzt sein durch *unter dieser Bedingung*.

Adverbialsätze sind nicht gefordert durch die Valenz oder durch das Satzmuster des Hauptsatzes. Sie sind freie Erweiterungen, die als Ganzes dem Hauptsatz als Ganzem gegenüberstehen.

Formen |387| Adverbialsätze können unterschiedliche Formen haben:

– Adverbialsätze, die durch Subjunktionen eingeleitet sind:
  Man befreit sich, **indem** man die Fesseln langsam lockert.
  Dies ist die typische Form von Adverbialsätzen. Die Subjunktionen erfüllen keine grammatische Rolle im Nebensatz.

– *w*-Sätze sind Nebensätze, die durch ein *w*-Wort eingeleitet sind:
  Wir machen das, **wie** wir es immer gemacht haben.
  Als Adverbial sind diese Sätze nicht notwendig und eher Weiterführungen mit einer gewissen Selbständigkeit. Die *w*-Wörter haben ihre grammatische Funktion im Nebensatz, sie muß identisch sein mit der Rolle des Adverbialsatzes im Trägersatz. (Hier: Im Adverbialsatz ist *wie* ein Vergleichswort, der ganze Adverbialsatz ist ein Vergleichssatz.)

Sonderformen |388| Neben den Grundformen gibt es Adverbialsätze mit der Form von Hauptsätzen, allerdings haben sie das finite Verb in Erststellung:
Kommt einer von rechts, hat er Vorfahrt.

Diese Satzgefüge sehen aus wie zwei Hauptsätze in Frageform. Der erste ist aber ein Bedingungssatz zum zweiten als Hauptsatz.

Als Adverbiale stehen auch satzwertige Infinitive. Diese Infinitive sind eingeleitet mit den Subjunktionen *um*, *ohne*, *(an)statt*:
Sie strauchelten, ohne zu fallen.

Diese satzwertigen Infinitive sind keine vollständigen Nebensätze, ihnen fehlt das Subjekt und das finite Verb. Inhaltlich enthalten sie aber Aussagen, und man kann sie zu Adverbialsätzen umformulieren. Dazu muß man das fehlende Subjekt und das finite Verb ergänzen. Oft gewinnt man das Subjekt aus dem Hauptsatz, oft bleibt es allgemein:

> Wir lassen euch gewinnen, um euch bei Laune zu halten.
> **Wir** lassen euch gewinnen, damit **wir** euch bei Laune halten.
>
> Hier ist Vorsicht empfohlen, um keine Gesetze zu übertreten.
> Hier ist Vorsicht empfohlen, damit **man** keine Gesetze übertritt.

●●●

Das Subjekt muß man im Kontext erkennen, vor allem bezeichnet es einen Handelnden. Darum vermeide Sätze wie

❋   Meine Eltern schickten mich ins Gymnasium, um etwas zu lernen.

●●●

| 389 | Die Adverbialsätze kann man inhaltlich einteilen. Es gibt acht Arten: Leistung

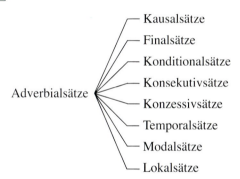

- Kausalsätze
- Finalsätze
- Konditionalsätze
- Konsekutivsätze

Adverbialsätze
- Konzessivsätze
- Temporalsätze
- Modalsätze
- Lokalsätze

2.2 Funktionen von Adverbialsätzen

Kausalsatz | 390 | Kausale Adverbialsätze werden durch die Subjunktionen *weil*, *da*, *zumal* eingeleitet. Die kausalen Adverbialsätze geben eine Ursache, eine Begründung oder ein Argument für etwas an (→ | 458 |). Der jeweilige Grund steckt dabei im Adverbialsatz:

> Die Tür steht offen, weil du sie nicht zugemacht hast.
>   Grund

Dieser Grund muß natürlich zutreffen, das heißt, der Adverbialsatz formuliert eine Tatsache. Allerdings können wir die Begründung nur akzeptieren, wenn wir hinter dem Kausalsatz eine allgemeine und gültige Regel erkennen. Plausibel wäre uns folgende Begründung:

> Ich esse, weil ich Hunger habe.

Nicht plausibel erschiene uns dagegen folgende Begründung:

> Ich esse, weil ich keinen Hunger habe.

Die allgemeine Regel lautet nämlich:

> Ich esse, wenn ich Hunger habe.

Als Begründung akzeptieren wir auch keine Selbstverständlichkeiten wie

> Ich lache, weil ich lache.
> Ich lache, weil ich Lust habe.

Weiterführende *w*-Sätze zeigen ihre Funktion in einem Begründungszusammenhang durch die einleitenden *w*-Wörter wie *weswegen*, *weshalb*:

> Ich hatte ganz schön Durst, weshalb ich viel Tee trank.

Hier steckt der Grund aber im Hauptsatz.

●●●

nachdem ist eine temporale Subjunktion. Man sollte sie nicht kausal gebrauchen. Also nicht:

🔥   Nachdem ihr nicht da wart, sind wir gegangen.

Sondern:

> Weil ihr nicht da wart, sind wir gegangen.

●●●

Finalsatz | 391 | Finale Adverbialsätze werden durch die Subjunktionen *damit*, *daß* eingeleitet:

> Mach schnell, damit du den Zug bekommst!
> Beeil dich, daß du nicht zu spät kommst!

●●●

Dieser *daß*-Satz darf nicht verwechselt werden mit einem Inhaltssatz, der durch die Valenz gefordert ist. Man erkennt den finalen *daß*-Satz daran, daß im Hauptsatz keine Leerstelle für ihn frei ist.

●●●

Die finalen Adverbialsätze nennen den Zweck oder das Motiv einer Handlung
(→ 459). Der jeweilige Zweck steckt dabei im Adverbialsatz:

Ronja hat genau gezielt, damit nichts vorbeiging.

Zweck

Der Zweck ist natürlich oft der Grund für eine Handlung. Darum kann man
Finalsätze auch in Kausalsätze umformulieren:

Ronja hat genau gezielt, weil sie wollte, daß nichts vorbeiging.

Man braucht dazu im Finalsatz aber ein Modalverb wie *wollen* oder *sollen*.
Denn der Zweck ist ja etwas, was der Handelnde erst erreichen will, und noch
keine Tatsache.

Weiterführende *w*-Sätze zur Angabe des Zweckes können mit *wodurch* eingeleitet werden:

Er schüttelte sich wie wahnsinnig, wodurch er sich zu befreien hoffte.

Finale Bedeutung haben die satzwertigen Infinitive, die mit *um* eingeleitet sind:

Sie taten alles, um das Spiel zu gewinnen.

392   Konditionale Adverbialsätze werden durch die Subjunktionen *wenn*,   Konditionalsatz
falls, *sofern* eingeleitet:

Wenn es kalt wird, schneit es.
Falls es kalt wird, fahren wir Schlitten.
Sofern es keine Formulare gibt, genügt ein formloser Antrag.

In verneinten Sätzen hat auch *bevor* konditionale Bedeutung:

Bevor es nicht kalt wird, schneit es nicht.

Die konditionalen Adverbialsätze geben eine Bedingung an (→ 460), der
Hauptsatz bezeichnet die mögliche Folge:

Ihr gewinnt nur, wenn ihr gut spielt.

Bedingung

Die Bedingung ist natürlich nur möglich; man darf sie nicht wie eine Tatsache
verstehen. Darum steht der Bedingungssatz auch meistens im Präsens oder im
Futur.

●●●

wenn-Sätze können auch temporal gemeint sein, besonders wenn sie im Präteritum oder Perfekt stehen:

(Immer) wenn er viel gegessen hatte, spielte er schlecht.

Dann nennt der *wenn*-Satz eine Tatsache, die sich wiederholt hat.

●●●

Bedingungsgefüge sind die Grundlage einer Argumentation. Sie formulieren
nämlich die Regel, die uns erlaubt, so oder so zu schließen:

Regel: *Wenn es regnet, wächst das Korn.*
Tatsache: *Es regnet.*
Schluß: *Also wächst das Korn.*

irrealer
Konditionalsatz

| 393 | Irreal heißen Konditionalsätze im Konjunktiv II oder im Konditional:
Wir hätten schon aufgepaßt, wenn wir nicht so müde gewesen wären.
Wir würden nie gehen, wenn wir nicht müßten.

Eine solche Bedingung kann sich nicht erfüllen, weil gerade vorausgesetzt ist,
daß das Gegenteil der Fall ist:
Wir wären doof, wenn wir aufhören würden. (Wir sind aber nicht doof,
und wir hören nicht auf.)

Uneingeleitete Konditionalsätze haben keine Subjunktion, sie haben die Form
eines Fragesatzes mit dem finiten Verb in Erststellung:
Hast du was, bist du was.
Konditionalsatz

Der Hauptsatz hat das finite Verb in Zweitstellung, denn der Konditionalsatz
füllt die erste Satzgliedstelle.

Konsekutivsatz

| 394 | Konsekutive Adverbialsätze werden durch die Subjunktionen *so daß*
und *daß* eingeleitet:
Das Wasser wurde immer weniger, so daß die Blumen die Köpfe hängen ließen.
Sie machten einen derartigen Lärm, daß alles zusammenlief.

Die konsekutiven Adverbialsätze geben eine tatsächliche Folge an (→ 461).
Die jeweilige Folge steckt im Adverbialsatz; der Hauptsatz gibt die Ursache
oder den Grund an:
Der Wind wehte heftig, so daß das Geld wegflog.
Folge

Darum sind konsekutive Satzgefüge auch verwandt mit finalen und mit kausa-
len. Der Zweck, den man verfolgt, ist ja oft die beabsichtigte Folge einer
Handlung:
Sie beeilte sich, daß/damit sie nicht zu spät kam.
Sie beeilte sich, so daß sie nicht zu spät kam.

In Kausalgefügen ist das Verhältnis zwischen Hauptsatz und Nebensatz jedoch
umgekehrt:
Sie verausgabten sich so, daß sie keine Chance hatten.
Sie hatten keine Chance, weil sie sich so verausgabten.

Konsekutivsätze mit reinem *daß* gehen oft mit einem Gradadverb im Hauptsatz
zusammen:
Der Topf war **so** voll, daß er überlief.

In dieser Verwendung kommen auch satzwertige Infinitive vor:
Der Topf war **zu** groß, um überzulaufen.

● ●

Hier muß man aufpassen, denn diese Sätze sind nicht gerade elegant. Ohne Graduierung wird es besonders schwierig. Vor allem verwende satzwertige Infinitive mit *um* nicht, um eine Folge anzugeben:

    Michael raste die Treppe hinauf, um sich gleich ein Bein zu brechen.

● ●

395   Konzessive Adverbialsätze werden durch die Subjunktionen *obwohl*, *obgleich*, *wenngleich* eingeleitet: Konzessivsatz

    Obwohl das Glas sprang, brach es nicht.
    Das Buch war teuer, obwohl es nicht besonders dick war.
    Unsere Reise war schön, wenngleich sie doch einige Unannehmlichkeiten brachte.

Die konzessiven Adverbialsätze formulieren eine Tatsache, die normalerweise dagegenspricht, daß der Hauptsatz wahr ist (→ 462). Der Hauptsatz ist also gegen die normale Erwartung wahr:

    Ich esse nichts, obwohl ich Hunger habe.

Auch Konditionalsätze können einen konzessiven Bedeutungszug haben. Hier gibt aber der Nebensatz eine Bedingung (die vielleicht erfüllbar ist):

    Selbst wenn du tausend Eide schwörst, glaub' ich dir nicht.

Ebenso können *w*-Sätze mit *auch* konzessive Bedeutung gewinnen:

    Welche Gründe du auch anführst, ich bleibe hier.

396   Temporale Adverbialsätze werden durch die Subjunktionen *als*, *ehe*, *nachdem* u. a. eingeleitet: Temporalsatz

    Als die Uhr zwölf schlug, kamen die Geister.
    Ehe es eins schlug, mußten sie von dannen.
    Wir gingen sofort los, nachdem wir uns getroffen hatten.

Der Adverbialsatz formuliert eine relative Zeitangabe für den Hauptsatz (→ 456). Er gibt eine Tatsache als Fixpunkt, an der sich der Hauptsatz orientiert:

    Er stand auf, als die Tür aufging.

Zeitangabe

Das genauere zeitliche Verhältnis zwischen Hauptsatz und Nebensatz wird durch die Subjunktion angegeben:

– Vorzeitigkeit des Hauptsatzes geben an *bevor*, *ehe*, *bis*:
    Wir warten, bis du kommst.

– Nachzeitigkeit des Hauptsatzes geben an *nachdem*, *seit(dem)*:
    Seit er ging, habe ich nichts mehr gehört.

– Gleichzeitigkeit geben an *während*, *als*, *indem*, *solange*:
    Sie lag ganz still, während sie schlief.

●●●

als geht nur mit der Vergangenheit zusammen. Auch wenn der Adverbialsatz ein Präsens enthält, ist er als vergangen zu verstehen:

> Als ich ankomme, sind alle schon da.

während kann auch adversativ zu verstehen sein, wenn in Haupt- und Nebensatz ein Gegensatz vorliegt:

> Während ich Rot bevorzuge, liebst du Grün.

●●●

Zeitenfolge | **397** Dem Zeitverhältnis von Hauptsatz und Nebensatz können auch die Tempora entsprechen. Ist der Hauptsatz nachzeitig, wird der Nebensatz eben vorzeitig sein und oft ein Tempus der Vorzeitigkeit (Perfekt, Plusquamperfekt, Futur II) enthalten.

Nebensatz: Perfekt	Hauptsatz: Präsens
Seit ich getankt habe,	fühle ich mich sicher.

Nebensatz: Plusquamperfekt	Hauptsatz: Präteritum
Nachdem er gegangen war,	wurde alles harmonisch.

Nebensatz: Futur II	Hauptsatz: Futur I
Sobald du abgenommen haben wirst,	wirst du schneller sein.

Weiterführende *w*-Sätze mit temporaler Bedeutung sind eingeleitet durch temporale Adverbialpronomen:

> Er ging, worauf alles harmonisch wurde.
> Ich habe getankt, wonach ich mich sicher fühle.

Modalsatz | **398** Modale Adverbialsätze werden durch die Subjunktionen *indem*, *ohne daß* eingeleitet:

> Wir begrüßen uns, indem wir uns anlächeln.
> Eva lächelte, ohne daß sie mit der Wimper zuckte.

Die modalen Adverbialsätze geben die Umstände oder die Art der Ausführung an. Der Umstand steht im Adverbialsatz:

> Es graupelte ständig, ohne daß es eigentlich kalt war.
> Umstand

Manchmal erscheint der Umstand auch wie eine Ursache:

Sie warf die Maschine an, indem sie den Schalter kippte.

Sie warf die Maschine dadurch an, daß sie den Schalter kippte.

●●●

so ... daß muß nicht immer konsekutiv zu verstehen sein, es kann auch modal gedeutet werden:

Er behandelte ihn so, daß er sich wohl fühlte.

●●●

Weiterführende *w*-Sätze mit modaler Bedeutung werden angeschlossen durch *wobei* und *wie*:

Sie lockerten sich, wobei sie jeden Muskel durchgingen.

Sie lockerten sich, wie sie es gelernt hatten.

Satzwertige Infinitive mit modaler Bedeutung werden eingeleitet durch *ohne* oder *anstatt*:

Sie verließ uns, ohne mit der Wimper zu zucken.

---

399   Lokale Adverbialsätze können nicht durch Subjunktionen eingeleitet sein. Sie beginnen fast immer mit *w*-Wörtern: Lokalsatz

Wo das Denkmal steht, ist ein schöner Platz.

So weit das Auge reicht, war nur Steppe zu sehen.

Der lokale Adverbialsatz drückt keinen Sachverhalt aus, sondern er gibt unbestimmt einen Ort an. Darum ist auch das einleitende *w*-Wort im Nebensatz ein lokales Adverbial.

---

400   Um die Funktion eines Adverbialsatzes zu verdeutlichen, werden im Hauptsatz öfter Korrelate eingesetzt. Solche Korrelate sind Adverbialpronomen, die die semantische Rolle anzeigen: Korrelate

Kausal: *Sie kamen* **deswegen/darum/deshalb**, *weil sie auf guten Kuchen hofften.*

Final: *Sie bemühte sich* **darum**, *daß der Hahn nicht mehr tropft.*

Konditional: *Liegt er vorn,* **dann** *läßt er sich den Sieg nicht nehmen.*

Konzessiv: *Obwohl er sich bemühte, bekam er* **trotzdem/doch** *keine Stelle.*

Temporal: *Als sie dort wohnte,* **da/damals** *fühlte sie sich wohl.*

Modal: *Er spielte* **so**, *wie er es gewohnt war.*

Lokal: *Wo ich lebe,* **da/dort** *bin ich zu Hause.*

2.3 Begründungen und Argumentationen

Adverbialsätze – besonders *weil*-Sätze und *wenn*-Sätze – brauchen wir in Begründungen und Argumentationen. Mit einer Argumentation will man etwas beweisen oder für etwas plädieren und letztlich einen Partner überzeugen. Dafür gibt man Begründungen. Die übliche Form ist ein Adverbialsatz mit *weil*:

        Rosi wird viel lernen,   weil sie viel Hausaufgaben macht.
           Behauptung   Begründung

Natürlich gibt es auch andere Formen, Begründungen zu geben:

    Rosi wird viel lernen. Denn sie macht viel Hausaufgaben.
    Rosi wird viel lernen. Sie macht ja viel Hausaufgaben.

Will man einen Partner überzeugen, ist es besonders wichtig, daß man haltbare und plausible Begründungen gibt. Eine solche Begründung heißt auch Argument. Eine Begründung ist ein Argument, wenn es für sie eine allgemein gültige oder plausible Regel, eine Stütze gibt:

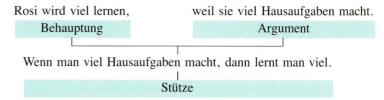

Die Stütze ist immer ein allgemeiner *wenn-dann*-Satz, aus dem folgt, daß das Argument sticht:

    Wenn man viel Hausaufgaben macht, dann lernt man viel.
    Rosi macht viel Hausaufgaben.
    Also wird Rosi viel lernen.

●●

Deine Argumente sind nur so gut wie deine Stützen. Darum verwende nur Argumente, deren Stützen plausibel sind oder plausibel gemacht werden können.

●●

Gegen Argumente kann man sich wehren. Man kann seinen Angriff dabei richten

– auf die Behauptung:
    Rosi wird gar nicht viel lernen.

– auf die Begründung:
    Rosi macht gar nicht viel Hausaufgaben.

– auf die Stütze:
>Es stimmt gar nicht, daß der viel lernt, der viel Hausaufgaben macht.

Bei jedem Angriff muß man aber selbst Argumente im Hintergrund haben. Denn der Partner hat ein Recht darauf, die Argumente zu hören.

●●●

Du kannst Argumente angreifen. Dafür brauchst du aber auch Gegenargumente.

●●●

Ein strenges Gegenargument muß das Argument ausschließen. Jemand behauptet:
>Rosi lernt viel, weil sie viel Hausaufgaben macht.

Hier wäre die folgende Behauptung kein strenges Gegenargument:
>Rosi lernt viel, weil sie klug ist.

Es kann ja beides zutreffen. Darum muß man annehmen: Wer die Klugheit als Gegenargument anführt, will die Stütze angreifen. Sein Angriff geht aber hier ins Leere.

In einer Argumentation zwischen Partnern ist etwas strittig, wofür man Argumente sucht. Auch wenn man für sich selbst abwägt oder seine Erwägungen einem anderen darlegen will, geht man von etwas Strittigem oder Unentschiedenem aus. Man kann dies in Form einer These formulieren. Zu einer These gibt es Argumente dafür (pro) und Argumente dagegen (kontra).

These: Schüler sollen viel Hausaufgaben machen.	
pro	kontra
Sie lernen selbständig arbeiten.	Sie kommen nicht zum Spielen.
So lernen sie viel.	Sie lernen nichts.
Der Lehrer wird entlastet.	Ohne Kontrolle machen sie zuviel Fehler.
Schüler lernen allein besser.	Die Eltern werden als Hilfslehrer mißbraucht.
Die Eltern erfahren, was die Kinder lernen.	Kinder sollen an die Luft.
	Die Schüler arbeiten viel zu lange.

Ein Gegenargument spricht gegen die These. Man erkennt das auch an der Formulierung der Stütze; sie enthält die Verneinung der These:
>Wenn Schüler ohne Kontrolle zuviel Fehler machen, dann sollen sie **nicht** viel Hausaufgaben machen.

Auch die Stützen können strittig sein und sich widersprechen:

> Wenn Schüler viel Hausaufgaben machen, so lernen sie viel.
>
> Wenn Schüler viel Hausaufgaben machen, so lernen sie nichts.

Darum muß man auch über die Stützen argumentieren. Sie sind dann nichts anderes als Behauptungen:

Behauptung:	Wenn Schüler viel Hausaufgaben machen, dann lernen sie nichts.
Argument:	Denn sie arbeiten dann so viel, daß nichts mehr hängenbleibt/ daß sie gesundheitlich gefährdet sind usw.

Ein Argument ist erst dann schlüssig, wenn die Stütze akzeptiert wird.

● ●

Gib auch Argumente für deine Stützen, wenn es notwendig ist!

● ●

Ein häufiger Fehler beim Argumentieren ist, daß eine Stütze nicht greift. Wenn man den *wenn-dann*-Satz formuliert, kann man das sehen:

> A: Kann mir jetzt jemand fünf Mark leihen?
>
> B: Der Udo hat immer Geld.
>
> A: Ja gut, wo ist der Udo?
>
> B: Der ist leider nicht da.

B bezieht sich offenbar auf folgende Stütze:

> Wenn Udo Geld hat, kann er A jetzt fünf Mark leihen.

Er sagt dann aber selbst, daß die Stütze nicht erfüllt ist, weil Udo nicht da ist und darum eben kein Geld leihen kann. Und so läuft auch kein Schluß.

Ein anderes Beispiel ist der folgende Witz:

> Ein Mann kommt in ein Café, nimmt sich einen Kuchen, ohne zu bezahlen, tauscht ihn gegen einen Kaffee, trinkt ihn und will gehen.
>
> Wirt: Sie müssen den Kaffee noch bezahlen.
>
> Kunde: Wieso, ich hab' Ihnen doch den Kuchen dafür gegeben.
>
> Wirt: Den haben Sie ja auch nicht bezahlt.
>
> Kunde: Den hab' ich ja auch gar nicht gegessen.

Der Kunde beruft sich auf die Stütze:

> Wenn ich den Kuchen nicht behalte, brauche ich ihn nicht zu bezahlen.

Diese Stütze greift hier aber nicht.

● ●

Sieh zu, daß deine Stützen greifen! Nur dann stützen sie das Argument.

● ●

Ein anderer Argumentationsfehler liegt vor, wenn man sich widerspricht:

 A: Wir waren zehn Mann, oder elf.
 B: Ja wieviel? Zehn oder elf?
 A: Elf auf keinen Fall.
 B: Also zehn.
 A: Nein, acht.

Es kommt sogar vor, daß einer sich in einem Atemzug widerspricht. Das nennt man paradox:

 Heute nacht bin ich zwölfmal aufgewacht und konnte kein einziges Mal wieder einschlafen.

 Ich bin froh, daß meine Mutter mich geboren hat und keine andere Frau.

Vermeide Widersprüche! Wer sich widerspricht, hat sein Spiel verloren.

Manche Argumentationen laufen im Kreis:

 Ich esse gern Bonbons.
 Warum?
 Weil ich stark werden will.
 Warum?
 Damit ich Geld verdiene.
 Warum?
 Weil ich mir Bonbons kaufen will.
 Warum?
 Weil ich gern Bonbons esse.

Da beißt sich die Katze in den Schwanz. Grund dafür ist aber ein Argumentationsfehler. Oft ist ein *wollen* oder ähnliches eingeschmuggelt. Manchmal liegt auch eine einfache Verdrehung vor.

Hüte dich vor kleinen Ungenauigkeiten! Sie können dich im Kreis herumführen.

3 Attributsätze

3.1 Relativsätze

Kennzeichen   **401**   Relativsätze sind die hervorgehobenen Nebensätze in folgenden Beispielen:

> Da lagen die Früchte, **die ich so gern mochte**.
> Leute, **welche Steuern zahlen**, stützen alle.
> Waldi saß in dem Korb, **in dem vorher Mufti gelegen hatte**.

Relativsätze sind gekennzeichnet
– durch die einleitenden Relativpronomen *der*, *die*, *das*, *welcher*, *welche*, *welches* im passenden Kasus,
– durch die Endstellung des finiten Verbs.

Relativsätze sind die häufigsten Nebensätze überhaupt.

Relativ-   **402**   Das Relativpronomen ist eindeutiges Kennzeichen des Relativsatzes.
pronomen   Es hat folgende Eigenschaften:

– Das Relativpronomen ist ein Satzglied im Relativsatz. Darum muß es unterschiedliche Formen annehmen:

Relativpronomen als	Beispiel
Subjekt	der Kasten, **der** fällt, ...
Akkusativobjekt	der Bogen, **den** ich sehe, ...
Dativobjekt	das Kind, **dem** ich danke, ...
Genitivobjekt	der Himmel, **dessen** ich gewahr werde, ...
Präpositionalobjekt	die Rübe, **von der** ich esse, ...
Adverbial	das Bett, **in dem** ich schlafe, ...
Prädikativ	der Mensch, **der** ich bin, ...

Aber auch als Attribut kann das Relativpronomen stehen:
> Der Junge, **dessen** Mütze ich gefunden habe, ...

• •

Das Relativpronomen als Attribut heißt im Plural und im Singular Femininum *deren*:
> Die Rüben, deren Schale uns nicht schmeckt, ...

Als Satzglied wird meistens *deren*, manchmal aber auch *derer* gebraucht. Dies gilt besonders beim Vorverweis:
> Wir erinnern uns derer, die entschieden haben.

• •

– Inhaltlich verweist das Relativpronomen auf sein Bezugswort. Das Bezugswort ist der Kern der Nominalphrase, in die der Relativsatz gehört:

   Der **Hut** meiner Schwester, **den** ich gefunden habe, . . .

   Keiner aus der Mannschaft, **der** nachdachte, . . .

●●

Man muß darauf achten, daß man das richtige Bezugswort wählt:

   Dieser Typ von Äpfeln, den ich besonders gern mag, . . .
   Er war einer der ersten, die das entdeckten.

Eher unverständlich wären die Formulierungen:
   🔥 Dieser Typ von Äpfeln, die ich besonders gern mag, . . .
   🔥 Er war einer der ersten, der das entdeckte.

●●

– Das Bezugswort bestimmt das Genus und den Numerus des Relativpronomens (Kongruenz):

   ein Mädchen, das . . .
   der Junge, der . . .

   Der Kasus des Relativpronomens ist hingegen bestimmt durch seine grammatische Rolle im Relativsatz:

   Das Mädchen, dem die Bälle gehören, . . .
   Der Junge, den man nicht versetzt hat, . . .

| 403 | Relativsätze sind Teile von Nominalphrasen. Ihr Bezugswort ist der   Funktionen
Kern der Nominalphrase, ein Substantiv oder ein Pronomen. Der Relativsatz
antwortet auf die Frage *welcher?*, *welche?* oder *was für ein?*, *was für?*:

   Welcher Krug? Der Krug, der in der Ecke steht.
   Was für ein Haus? Ein Haus, in dem es sich wohnen läßt.
   Was für Häuser? Häuser, in denen es sich wohnen läßt.

Ein Relativsatz kann näher bestimmen, welcher Gegenstand oder welche Per-
son mit dem Substantiv gemeint ist:
   Diejenigen Leute, die immer jammern, fühlen sich vielleicht ganz gut.
Ohne den Relativsatz weiß man nicht, wer gemeint ist. Solche Relativsätze
heißen einschränkende Relativsätze.
Einschränkende Relativsätze werden verwendet, um verschiedene Arten eines
Gegenstands zu unterscheiden:
   Die Leute, die vorn stehen, . . .
   Die Leute, die hinten stehen, . . .
   Die Leute, die ich gern mag, . . .
   Die Leute, die ich weniger gern mag, . . .
Einschränkende Relativsätze sind also Mittel der Genauigkeit.

Erläuterung | 404 | Ein Relativsatz kann erläuternd sein, nämlich dann, wenn man schon versteht, welcher Gegenstand oder welche Person gemeint ist:

> Maradona, der oft gefoult wird, ist schnell wieder auf den Beinen.

Hier gibt der Relativsatz eine zusätzliche Erläuterung. Er gewinnt ein eigenes Gewicht, fast so wie ein Hauptsatz:

> Maradona wird oft gefoult, er ist aber schnell wieder auf den Beinen.
> Maradona – er wird oft gefoult – ist schnell wieder auf den Beinen.

● ●

Erläuternde Relativsätze sollen nur an etwas Bekanntes erinnern. Darum enthalten sie auch oft Partikeln wie *ja* oder *doch*:

> Maradona, der ja bekanntlich oft gefoult wird, ...

Für neue Informationen sollte man lieber Hauptsätze verwenden. Also:

> Maradona wurde gerade gefoult, war aber schnell wieder auf den Beinen.

Statt:

> Maradona, der gerade gefoult wurde, war schnell wieder auf den Beinen.

● ●

Bezug auf | 405 | Relativpronomen können auch Pronomen als Bezugswörter haben:
Pronomen
> Niemand, der verantwortlich handelt, wird verachtet.
> Nichts, was passierte, berührte sie.

Hier gibt es einige Besonderheiten:

– Bei den Personalpronomen der 1. und 2. Person kann das Relativpronomen nicht allein Subjekt im Relativsatz sein. In diesen Fällen wird das Personalpronomen auch im Relativsatz wiederholt:

> **Du**, der **du** stets auf der Hut bist, ...
> **Wir**, die **wir** so nicht weitermachen können, ...
> **Du und ich**, die **wir** ja gute Freunde waren, ...

Die Subjekt-Prädikat-Kongruenz besteht hier zwischen Personalpronomen und finitem Verb. Manchmal läßt man aber den Relativsatz in der 3. Person:

> Ich, der in Wahrheit Weißer war, ...

Darum richtet sich die Personalform nach dem Relativpronomen, das Subjekt ist.

● ●

Für Reflexivpronomen gibt es hier zwei Möglichkeiten:

> Ich, der ich mich schon so darauf gefreut hatte, ...
> Ich, der sich schon so darauf gefreut hatte, ...

Entsprechend:

> Ich, der ich mich/der sich ...

● ●

– Das Relativpronomen *welcher* wird heute eher als steif angesehen und gemieden. Beim Bezug auf Pronomen kämen aber öfter Wiederholungen zustande. Wer sie vermeiden will, wählt *welcher* statt *der*:

> Derjenige, der/welcher lange schläft, vertut viel Zeit.

Bei Demonstrativpronomen und Indefinitpronomen als Artikelwörtern (*alle*, *viele*, *manche* usw.) kann das Bezugssubstantiv fehlen:

> Diejenigen, die zuerst kamen, hatten es am besten.

Wir denken uns dann ein allgemeines Substantiv hinzu:

> Diejenigen Leute, die . . .

Oder wir entnehmen ein Substantiv aus dem Kontext:

> Diejenigen Zuschauer/Besucher/Teilnehmer, die . . .

406 Als Relativpronomen kommt auch das Indefinitpronomen *was* vor: *was*

– nach Pronomen im Neutrum wie *nichts*, *etwas*, *alles*, *manches*, *das*:

> Alles, was ich weiß, . . .
>
> Das, was ich vermute, . . .
>
> Etwas Spannendes, was ich erlebt habe . . .

Nach *etwas* steht aber auch das Relativpronomen *das*:

> Etwas, das ich nie vergesse, . . .

– nach Adverbialpronomen wie *darüber*, *darum*, *darauf*:

> Bist du dir klar darüber, was du gesagt hast?
>
> Erinnerst du dich daran, was du gesagt hast?

– nach Substantivierungen im Neutrum:

> Das Spannendste, was ich erlebt habe, . . .
>
> Das Schönste, was wir haben, . . .

● ●

Vermeide den *was*-Anschluß bei definiten Nominalphrasen. Also nicht:

> 🔥 Das Haus, was ihr verkauft habt, . . .

● ●

407 Als Relativpronomen kommt auch das Indefinitpronomen *wo* vor: *wo*

– nach Ortsangaben:

> Die Stelle, wo es passiert ist, . . .
>
> Dort, wo es passiert ist, . . .
>
> In Italien, wo es dauernd Unwetter gibt, . . .

Manchmal sind hier auch Präpositionen mit Relativpronomen möglich. Sie werden von vielen sogar vorgezogen:

> Die Stelle, an der es passiert ist, . . .

– nach Zeitangaben:

> Der Monat, wo/in dem es gewöhnlich regnet, . . .
>
> Im Moment, wo/zu dem ich ankam, . . .
>
> Jetzt, wo es regnet, . . .

●●●

Mundartlich und umgangssprachlich wird *wo* für alle Relativpronomen verwendet. Das ist ein grober Schnitzer in der Standardsprache:

falsch	richtig
ein Spieler, wo ich gut kenne der Spieler, dem wo das gefällt die Leute, wo sich vor dem Kino anstellen	ein Spieler, den ich gut kenne der Spieler, dem das gefällt die Leute, die sich vor dem Kino anstellen

●●●

3.2 Degradierte Gliedsätze

Degradierung | 408 | Degradierte Gliedsätze sind die hervorgehobenen Attributsätze in folgenden Beispielen:

> Seine Annahme, **daß Ostern vorbei sei**, erwies sich als falsch.
> Wir kennen den Glauben, **es sei alles in Ordnung**.
> Hast du den Willen, **die Sache zu vergessen**?

Im letzten Beispiel ist es ein satzwertiger Infinitiv, der degradiert wurde; er verhält sich genau wie ein Nebensatz.

Solche Nebensätze sind nicht mehr direkte Teile des ganzen Satzes, also keine Satzglieder mehr, sondern Teile einer Nominalphrase und damit Attribute. Die Degradierung ist besonders üblich, wenn das Kernwort der Nominalphrase ein Verbalsubstantiv ist. Diese Substantive bewahren ja Teile der Verbbedeutung und auch die Anschlußmöglichkeiten des Verbs:

> [Seine Behauptung, daß er da war,] ist doch zweifelhaft.
> Wie antwortet man auf [die Frage, ob Eva schuld ist]?
> [Ihre Absicht, die Schule zu verlassen,] gab sie auf.

Formen | 409 | Als degradierte Gliedsätze kommen alle Formen von Gliedsätzen vor:

Form	Beispiel
daß-Satz/*ob*-Satz	der Eindruck, daß etwas passiert dein Zweifel, ob sich etwas ändert
uneingeleiteter Inhaltssatz	unsere Hoffnung, sie bleibe hier seine Meldung, alles sei gelaufen
w-Satz	die Frage, weshalb es so kommen mußte der Ort, wo wir sind
satzwertiger Infinitiv	der Wunsch, endlich zu gewinnen eine Methode, dies zu erreichen

Auch Korrelate sind hier üblich. Diese Korrelate sind Attribute im Genitiv oder mit Präposition:

> meine Erwähnung dessen, daß du kommst
> die Verwunderung darüber, daß eine Ecke fehlte

410 Degradierte Gliedsätze kommen nur bei bestimmten Substantiven vor. Es handelt sich um Substantive, die eine inhaltliche Füllung zulassen. Darum haben wir es auch überwiegend mit Inhaltssätzen zu tun. Der Inhaltssatz drückt den Sachverhalt aus, der die allgemeine Kategorisierung näher erläutert:

Inhaltssätze

die Vermutung
das Problem
die Tatsache ⎬ , daß es nur zwei waren
die Hoffnung
die Möglichkeit

der Wunsch
die Absicht ⎬ , dies zu tun
die Methode

411 Es gibt einige Fälle, wo Adverbialsätze degradiert wurden. Dies geht nur,

degradierte Adverbialsätze

– wenn das Substantiv allgemein ist und die semantische Rolle des Adverbials anzeigt:
> der Ort/der Raum, wo es stattfand
> die Richtung, wohin sie gegangen sind
> die Zeit/der Tag, als alles noch o. k. war
> der Grund, weshalb wir hier sind
> die Art, wie er es machte

– wenn das Bezugswort ein Adverbialpronomen ist:
> dort, wo es stattfand
> dahin, wohin alle gehen
> damals, als die Glocken läuteten
> deshalb, weil es sich ergab
> so, wie wir es immer gemacht haben

●●

Unbestimmte *w*-Sätze als Relativsätze sollte man vermeiden. Sie wirken leicht altertümlich.

nicht	besser
das Besteck, womit wir essen der Topf, worin die Suppe kocht	das Besteck, mit dem wir essen der Topf, in dem die Suppe kocht

●●

3.3 Der Relativsatz in stilistischer Sicht

Relativsätze sind Attribute zu Substantiven oder Pronomen. Ihre Funktion ist es, die Gegenstände genauer zu charakterisieren, die die Bezugswörter bezeichnen, so daß man weiß, wovon die Rede ist.

> Zauberkünstler! Das war nämlich so: Es gab sieben Dinge, die den Kümmel-Luki am meisten interessierten auf der Welt. Zauberei, Geheimnisse, verborgene Schatzkisten, Pantoffeln, in denen die goldene Gans goldene Eier versteckt hat, unterirdische Gänge, kriminale und geheime Schriften, die niemand lesen kann, und Gegenstände, die von allein durch die Luft fliegen (zum Beispiel Tische, Stühle, Klaviere oder Trompeten). Seit er ein bißchen lesen konnte, war er diesen Dingen immer auf der Spur. Er las alles, was er finden konnte, am liebsten Bücher mit gelben Seiten und verblaßten Buchstaben, denn Geheimnisbücher sehen immer so aus.
>
> Janosch

Die Relativsätze in diesem Text schränken jeweils ein, welche Gegenstände Luki interessieren:

Bezugswort	Einschränkung
Schriften,	die niemand lesen kann
Gegenstände	die von allein durch die Luft fliegen
Pantoffeln,	in denen die goldene Gans goldene Eier versteckt hat

Dabei ist es für den Leser wichtig, daß er die Bezugswörter erkennt. Der Relativsatz darf nicht zu weit entfernt stehen von seinem Bezugswort. Sonst entstehen Unklarheiten:

- Claudia sucht einen Stuhl für ihren Onkel, der ins Zimmer paßt.
- Im Altweibersommer spinnen Spinnen ihre Fäden zwischen Bäumen und Balken, die man oft ins Gesicht bekommt.
- Das Weibchen baut seine Höhlen im Schnee, wo es dann seine Eier ablegt.

Oft ist genau zu überlegen, worauf man das Relativpronomen beziehen muß:
> Der einzige aller Pantoffeln, der mir gefällt, ...
> Einer der Leute, die man nicht gern wiedersieht, ...

Oft entstehen auch Stilblüten:
- Abends Ball beim König, der sehr voll war.
- Den Brief des Steuerberaters, der kürzlich eingegangen ist, füge ich bei.

●●●

Achte darauf, daß der Bezug eines Relativsatzes deutlich wird.

●●●

In vielen Fällen kann man die Genauigkeit ebensogut durch andere Attribute erreichen wie durch Relativsätze:

Relativsatz	anderes Attribut
geheime Schriften, die niemand lesen kann, . . .	unlesbare, geheime Schriften
Pantoffeln, in denen die goldene Gans goldene Eier versteckt hat, . . .	Pantoffeln mit versteckten goldenen Eiern der goldenen Gans
Kümmel-Luki, der ein großer Zauberkünstler war, . . .	Kümmel-Luki, der große Zauberkünstler, . . .

Aber jede Form hat eine etwas andere Wirkung. Wenn man auf das Verb Wert legt, wählt man einen Relativsatz. Wenn man auf Kürze Wert legt, kann man eine andere Attributform wählen.

●●●

Bedenke, ob ein Relativsatz besser ist oder ein anderes, kürzeres Attribut.

●●●

Außer den einschränkenden Relativsätzen gibt es aber noch andere. Sie könnten oft auch als Hauptsätze formuliert werden, und wenn sie wichtig sind, sollte man sie auch als Hauptsätze formulieren:

Relativsatz	Hauptsatz
Es war einmal ein König, der auf einem Berg wohnte.	Es war einmal ein König; der wohnte auf einem Berg.
Die Rose stammt aus der guten alten Zeit, in der es nicht Mord und Totschlag gab.	Die Rose stammt aus der guten alten Zeit. Damals gab es nicht Mord und Totschlag.
Es gab sieben Dinge, die den Kümmel-Luki am meisten interessierten auf der Welt.	Sieben Dinge interessierten den Kümmel-Luki am meisten auf der Welt.

Kein Relativsatz liegt vor in folgendem Beispiel:
   Wir konnten nicht gewinnen, was ich lange wußte.
Es gibt nämlich kein Bezugswort. Der Nebensatz bezieht sich auf den ganzen Vorgängersatz und kann gut durch einen Hauptsatz wiedergegeben werden:
   Wir konnten nicht gewinnen. Das wußte ich schon lange.

Wenn solche Weiterführungen wichtige Informationen geben, sollte man sie lieber in Hauptsätze umformulieren:

Nicht so:	sondern so:
Machen Sie eine Probefahrt mit unserem neuen Modell, die Sie überzeugen wird.	Machen Sie eine Probefahrt mit unserem neuen Modell. Dies/Das wird Sie überzeugen.
Der Mann, der ums Leben kam, ist die Böschung entlanggelaufen.	Ein Mann lief die Böschung entlang und kam dabei ums Leben.
Eine Frau betrat den Wartesaal, die einen kleinen Jungen an der Hand hatte.	Eine Frau betrat den Wartesaal. Sie hatte einen kleinen Jungen an der Hand.

●●●

Sei sparsam mit erläuternden Relativsätzen! Bring nichts in Relativsätze, was einen Hauptsatz verdient!

●●●

4 Satzstellung

4.1 Grundregeln der Satzstellung

Grund-
stellungen

|412| Nebensätze können in bezug auf ihren Trägersatz an verschiedenen Stellen stehen:

- Vorsätze stehen im Vorfeld des Trägersatzes:
  Sobald ich fertig bin, komme ich.
  Einem Vorsatz folgt direkt das finite Verb des Hauptsatzes, weil der Nebensatz das Vorfeld füllt.

- Zwischensätze stehen im Mittelfeld des Trägersatzes:
  Sie gingen, obwohl sie müde waren, den ganzen Weg zu Fuß.
  So unterbrechen die Zwischensätze eigentlich den Trägersatz.

- Nachsätze stehen im Nachfeld des Trägersatzes:
  Wie schön war es, als wir in Urlaub fuhren.
  Dies ist eine Folge dessen, daß lange Satzglieder gern nach hinten gestellt werden.

413   Die einzelnen Nebensatzarten verhalten sich in bezug auf ihre Stellung   Regeln
verschieden. Gliedsätze stehen tendenziell da, wo das Satzglied stünde, oder
sie rücken wegen ihrer Länge weiter nach hinten:

> [Wegen des Regens] bleibe ich zu Hause.
> [Weil es regnet], bleibe ich zu Hause.
> Er gibt ihr das Buch.
> Er gibt das Buch, wem er will.
> Er hat das gesagt.
> Er hat gesagt, daß er kommt.

Attributsätze wahren eine gewisse Nähe zu ihrem Bezugswort. Sonst könnten
wir den Bezug nicht mehr erkennen:

> Wir erörtern die Frage, ob das geht.
> Wir haben die Frage erörtert, ob das geht.

414   In vielen Fällen gibt es eine natürliche Abfolge von Hauptsatz und   natürliche
Nebensatz, an die wir uns zwar nicht unbedingt halten müssen, die es aber   Abfolge
dem Leser leichter macht:

– Konsekutivsätze folgen dem Trägersatz:
> Das Wasser stieg ständig, so daß die Überschwemmung unvermeidlich
> war.
> Diese Abfolge ist plausibel, weil die Folge – wie ihr Name auch sagt – der
> Ursache folgt.

– Finalsätze folgen dem Trägersatz:
> Sie taten es, damit die Leute Schutz fanden.
> Dies ist verständlich, weil die Absicht ja eine erwünschte Folge der Hand-
> lung ist.

– Temporalsätze stehen entsprechend der zeitlichen Abfolge:
> Nachdem sie gegessen hatte, ging sie.
> Sie aß, bevor sie ging.

Die Reihenfolge der Sätze bildet sozusagen die Reihenfolge der Ereignisse ab.
Dann lesen wir sie ohne Hemmung.

Sonderfälle | 415 | Kausalsätze stehen vorn oder hinten; mit *da* eingeleitete stehen aber eher vorn:

> Es taut, weil die Sonne scheint.
> Weil die Sonne scheint, taut es.
> Da es klingelt, atmen wir erleichtert auf.

Konzessivsätze stehen vorn oder hinten:

> Obwohl es klingelt, geht es weiter.
> Es geht weiter, obwohl es klingelt.

wenn-Sätze stehen oft vorn:

> Wenn die Sonne scheint, taut es.

Es ist natürlich, eine Bedingung vorzugeben.

Uneingeleitete Konditionalsätze stehen immer vorn:

> Scheint die Sonne, taut es.

Weiterführende *w*-Sätze stehen immer hinten:

> Die Sonne scheint, weshalb es taut.

Verschränkung | 416 | Satzwertige Infinitive können zerrissen und im Trägersatz verstreut werden. So entstehen sogenannte Verschränkungen, die oft schwer zu verstehen sind:

> **Das** will ich versuchen **zu unterlassen**.
> **Das** ist ja erlaubt **nachher auszudiskutieren**.

Auch Gliedsätze können so zerrissen werden:

> **So**, glauben die Wähler, **daß die Wahlen ausgehen**.
> Die Wähler glauben, daß die Wahlen so ausgehen.
> **In meiner Klasse** wünsche ich nicht, **daß das geschieht**.
> Ich wünsche nicht, daß das in meiner Klasse geschieht.

Satzwertige Infinitive können sogar in Gliedsätzen verstreut sein:

> Wer weiß, **was** diese Leute sich nicht scheuen **einzufangen**.
> Wir wissen, daß sie **eine Absicht** glaubten **verbergen zu können, die**
> **so offen zutage lag**.

Diese Verschränkungen sind mit starker Betonung verbunden. Wem sie zu schwierig sind, der sollte sie meiden.

4.2 Treppensätze und Schachtelsätze

417   Ein Nebensatz ist seinem Trägersatz untergeordnet. Jeder Nebensatz   Treppen
kann aber selbst wieder Trägersatz sein, so daß mehrfache Unterordnungen
entstehen. Die mehrfachen Unterordnungen haben die Form von Treppen:

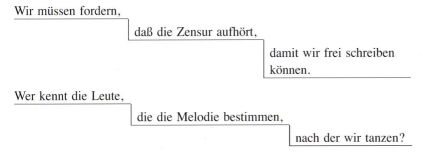

Wir müssen fordern,

daß die Zensur aufhört,

damit wir frei schreiben
können.

Wer kennt die Leute,

die die Melodie bestimmen,

nach der wir tanzen?

418   Sätze mit mehreren Nebensätzen sind natürlich schwerer zu verstehen   Sprünge
als einfache Sätze. Aber solange die Treppen nur abwärts gehen, sind sie
durchaus erträglich. Treppauf wird es schon schwieriger, besonders wenn man
springen muß:

freut mich.

Daß er behauptet,

die Sache sei ausgestanden,

lachte sie.

Als man sie fragte,

ob sie beabsichtige,

die Sache
aufzugeben,

419   Am schwierigsten sind sogenannte Schachtelsätze, in denen es treppab   Schachteln
treppauf geht:

Man hat die Sache,   annulliert.

weil es eilte,

Ein Mensch,   irrt.

der nur Dinge,   glaubt,

die er sieht,

Hier wird ein Satz zerrissen, und zwischen seine Teile werden untergeordnete
Sätze eingefügt. Wenn das über mehrere Stufen geht, versteht man kaum noch
etwas.

●●●

Besonders schlimm wird es, wenn gleichartige Adverbialsätze ineinanderge-
schachtelt sind:

🔥   Wenn der Schüler, wenn er Hausaufgaben hat, diese vergißt, sollte er es
      sagen.

●●

4.3 Die Satzstellung in stilistischer Sicht

Der Schreiber hat oft die Freiheit, seine Sätze in unterschiedlicher Reihenfolge
zu bringen. Wichtig ist: Die Reihenfolge muß sinnvoll sein, sie soll dem Fluß
der Gedanken entsprechen und den Leser nicht verwirren. Besonders in Satzgefügen muß man aufpassen, daß Übersichtlichkeit gewahrt ist. Dichter genießen die Freiheit, auch lange Satzgefüge zu konstruieren:

99   Über dem ganzen Mühlkreise, der mit den vielen vereinzelten Streifen
      seiner Wäldchen und den vielen dazwischen liegenden Feldern, die
      bereits gepflügt waren und deren Scholle durch das lange schöne Wetter
      fahl geworden, bis in die tiefere Färbung der böhmischen Höhen zurück-
      geht, stand schon eine dunkelgraue Wolkendecke, deren einzelne Teile
      auf ihrer Überwölbung die Farbe des Bleies hatten, auf der Unterwöl-
      bung aber ein zartes Blau zeigten und auf die mannigfaltigen zerstreuten
      Wäldchen bereits ihr Düster herabwarfen, daß sie in dem ausgedorrten
      Grau der Felder wie dunkelblaue Streifen lagen, bis ganz zurück der
      noch dunklere und noch blauere Rand des Böhmerwaldes sich mit dem
      Grau der Wolken mischte, daß seine Schneidelinie ununterscheidbar in
      sie verging.

                                                              Adalbert Stifter

Dies ist ein riesiger Satz, den man kaum überblickt, vielleicht hat man den
Anfang schon vergessen, bevor man zum Schluß gekommen ist. Am Anfang
finden wir eine Schachtel:

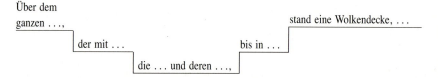

Aber für solche Texte braucht man viel Zeit, der Schreiber wie der Leser. Für
alltägliche Zwecke solltest du einiges beherzigen: Der verschlungene Satz mit
seinen vielen Zwischensätzen kann unnatürlich wirken und ist gar nicht leicht
zu bauen, aber oft ergibt er sich bei verwickelten Gedankengängen und bei
Korrekturen. Für den Leser sind Schachteln unerträglich.

Besonders ungeschickt ist es, wenn nach einer Subjunktion gleich eine weitere folgt:

  🔥   Sicher ist, daß, wenn man es genau nimmt, Zensuren viele Funktionen haben.

●●

Vermeide Schachtelsätze! Am besten, du zerreißt keinen Trägersatz.

●●

Schachtelsätze kann man auf zwei Weisen vermeiden:

– Man klammert die Nebensätze aus und hängt sie an:

    Die Zensuren, die sie bekommen, sind für viele Schüler wichtig.
    Für viele Schüler sind die Zensuren wichtig, die sie bekommen.

    Er war, als er den Schlüssel verlor, gerade auf Reisen.
    Er war gerade auf Reisen, als er den Schlüssel verlor.

– Man bricht die Sätze auf und formuliert sie um. Aus Nebensätzen kann man Hauptsätze machen:

    Sicher ist es richtig, wenn man feststellt, daß Zensuren wichtig sind.
    Eine Feststellung ist richtig: Zensuren sind wichtig.

Damit kann man schon manch üblen Text verbessern:

    Sicher ist es richtig, wenn man feststellt, daß die Zensuren, die sie bekommen, für viele Schüler, um ihre Eltern zu überzeugen, wichtiger, als ihre eigene Einschätzung zu bestärken, sind.

    Sicher ist es richtig, folgendes festzustellen: Für viele Schüler ist es wichtiger, mit ihren Zensuren ihre Eltern zu überzeugen, als ihre eigene Einschätzung zu stärken.

    Eine Feststellung ist richtig: Viele Schüler wollen mit ihren Zensuren ihre Eltern überzeugen. Das ist ihnen wichtiger, als ihre Selbsteinschätzung zu stärken.

Relativsätze kann man oft nicht ersetzen. Außerdem dürfen sie sich nicht zu weit von ihrem Bezugswort entfernen. Trotzdem müssen sie nicht als Schachtelsätze stehen.

●●

Relativsätze kannst du anhängen und ausklammern. Aber aufgepaßt: Der Bezug muß deutlich bleiben!

●●

Im allgemeinen kann man einen Relativsatz hinter das infinite Verb ausklammern:

> Wir haben die Sätze schon lange untersucht, die da stehen.

Gefährlich wird das nur, wenn der Bezug unklar wird:

> Die Frage ist nicht leicht zu beantworten, wie man verfahren soll.

Am Ende des Stifter-Textes geht es eine lange Treppe hinab:

Über . . . stand
eine Wolkendecke,
       deren Teile. . .,
             daß sie. . .,
                   bis. . .,
                       daß. . . verging.

Das ist oft langweilig. Es ist zwar nicht so schwer zu verstehen wie ein Schachtelsatz. Aber die wiederholte Unterordnung wirkt wie ein Bandwurm. Der Leser weiß nicht mehr, was eigentlich wichtig ist.

●●●

Reihe nicht Nebensätze aneinander! Ein Nebensatz pro Hauptsatz genügt meistens.

●●●

Die Treppen kann man vermeiden:

– indem man Nebensätze in Hauptsätze verwandelt:

> . . . stand eine Wolkendecke, deren einzelne Teile . . .
> . . . stand eine Wolkendecke. Ihre einzelnen Teile . . .

> Sie bekamen gute Noten, wogegen keiner etwas hatte.
> Sie bekamen gute Noten. Dagegen hatte keiner etwas.

– indem man Nebensätze in Phrasen umwandelt:

> Für die Schüler sind die Noten wichtig, um ihre eigene Einschätzung zu stärken.
> Für ihre Selbsteinschätzung sind den Schülern die Noten wichtig.

– indem man Relativsätze in nominale Attribute verwandelt:

> die Zensuren, die sie bekommen, . . .
> ihre Zensuren/die Zensuren der Schüler . . .
> die Felder, die gepflügt waren, . . .
> die gepflügten Felder

Fünftes Kapitel: Der Text

420   Was ist ein Text? Ein Text ist ein Brief, ein Gedicht, ein Aufsatz, ein Buch usw. Oberflächlich ist ein Text eine Folge von Sätzen. Die Sätze müssen aber einen inneren Zusammenhang haben: Eigenschaften

– Ein Text hat ein Thema. Das Thema ist ein Sachverhalt oder ein Gegenstand, um den es im Text geht. Oft wird das Thema durch eine Überschrift formuliert.

– Ein Text hat eine innere Logik. Er schreitet fort von einem Gedanken zum nächsten. Seine einzelnen Sätze haben eine inhaltliche Verbindung, die wir erfassen müssen.

– Ein Text hat eine Form. Sie entspricht den Absichten, die der Autor mit dem Text verfolgt. Dafür haben sich sogar Muster eingebürgert. So hat ein Brief eine andere Form als eine Gebrauchsanweisung oder eine Personenbeschreibung.

421   Der Text ist eine Einheit der Verständigung. Der Autor möchte mit ihm bestimmte Absichten verwirklichen. Voraussetzung dafür ist, daß er den Text so abfaßt, daß sein Leser oder seine Leser ihn verstehen und damit seine Absichten erfassen. Die Absichten können unterschiedlich sein, und zur Verwirklichung seiner Absicht sollte der Schreiber auf mancherlei achten: Funktion

– Er will Gegenstände und Sachverhalte der Welt darstellen. Dazu muß er sie in seinem Text sachlich und klar präsentieren.

– Er will Anteilnahme wecken, Einstellungen seines Lesers verändern, Gefühle bei ihm erregen. Dazu kann er eigene Gefühle ins Spiel bringen, gefühlsgeladene Wörter verwenden, Andeutungen machen, die den Leser zum Weiterdenken bringen.

– Er will einen Kontakt mit seinem Leser herstellen und erhalten. Dazu wird er die Sprache seines Lesers sprechen. Er wird versuchen, den passenden Stil und das richtige Niveau zu treffen.

– Er will den Leser erfreuen. Darum wird er auf die Schönheit achten. Er wird die äußere Form seines Textes pflegen, wird anregende Bilder, angenehmen Rhythmus und Klang, ansprechende Wörter und Redensarten wählen.

schriftliche
Texte

422   Texte dienen sowohl der schriftlichen als auch der mündlichen Verständigung. Schriftliche Texte sind aber haltbarer und öfter auch für mehrere Adressaten gedacht. Darum sollte man sie sorgfältiger formulieren, als das im mündlichen Sprachgebrauch nötig ist. Einige Merkmale schriftlicher Texte gilt es im Auge zu behalten:

– Schriftliche Texte sind nicht für ein direktes Gegenüber gedacht. Der Partner kann nicht zurückfragen. Oft kennt man seine Leser nicht und weiß auch nicht recht, was sie wissen. Ja, man weiß nicht einmal genau, welchen Sprachgebrauch sie kennen und beherrschen. Deshalb muß man sich gut überlegen, was den Partner interessieren könnte, und man muß darauf achten, daß man nicht zu spezielle Fragen erörtert oder eine zu spezielle Sprache spricht.

– Schriftliche Texte werden gewöhnlich in der Standardsprache formuliert, damit sie von mehr Menschen gelesen werden können. Diese Standardsprache ist eine geregelte Sprache, deren Regeln man kennen muß. Sie wird nicht nur geschrieben, sondern auch im Rundfunk, im Fernsehen und in der Öffentlichkeit gesprochen. Eigenheiten bestimmter Gegenden oder Gruppen und Individuen kann man da nur sehr gezielt verwenden.

– In schriftlichen Texten gibt es gewisse Möglichkeiten der gesprochenen Sprache nicht. Es gibt beispielsweise keine Betonung und Intonation, man kann auch keine klanglichen Nuancen ausdrücken. Dafür muß man Ersatzmöglichkeiten kennen. Vor allem muß man die Möglichkeiten der Rechtschreibung sorgfältig nutzen, genau und richtig schreiben, Satzzeichen klug verwenden.

– Für schriftliche Texte gibt es meistens Vorbilder. Es gibt Traditionen, die festlegen, was ein Text enthalten sollte, wie er aufgebaut sein sollte usw. Im einzelnen ist das abhängig von der Textsorte (Brief, Zeitungsbericht, Gedicht usw.).

Besonderheiten

423   Für Intonation und Betonung im mündlichen Sprachgebrauch gibt es in der Schrift andere Mittel. Einen Ausruf kann man im schriftlichen Text kennzeichnen

– durch die Stellung des finiten Verbs:
    Hat der hingelangt!
Die Erststellung des Verbs kennzeichnet hier nicht einen Fragesatz, sondern den Ausruf.

– durch Ausrufezeichen:

> Der hat hingelangt!

Dies ist ein normaler Aussagesatz, aber durch das Ausrufezeichen als Ausruf gekennzeichnet.

– durch Interjektionen und Verwandtes:

> Ach Gott, hat der hingelangt.

– durch Partikeln:

> Der hat aber hingelangt.

Diese Ersatzmittel können auch gemeinsam verwendet werden:

> Ach Gott, hat der aber hingelangt!

Die Betonung ist im mündlichen Sprachgebrauch meistens eine Hervorhebung. Diese Hervorhebung kann man im schriftlichen Text kennzeichnen

– durch die Stellung:

> Sie mochte **diese Klöße** besonders.
> **Diese Klöße** mochte sie besonders.

Setzt man das Akkusativobjekt an die Spitze – die Eindrucksstelle –, so wirkt das wie Betonung.

– durch Herausholen in einen Vorsatz:

> Es waren diese Klöße, die sie besonders mochte.

– durch Zusatzwörter:

> Er hatte eine Schwäche.
> Er hatte nur eine Schwäche.
> Er hatte eine einzige Schwäche.

424   Text heißt soviel wie Gewebe. Dieses Bild weist uns darauf hin, daß **Zusammenhang** Fäden durch den Text laufen und ihn zusammenhalten. Manche Fäden können längere Zeit unsichtbar bleiben, aber sie müssen immer wieder an die Oberfläche kommen. Das heißt: Der Autor muß sie durch Wörter sichtbar machen, und der Leser muß sie an Wörtern erkennen. Solche Fäden sind vor allem

– Verweise: Mit Pronomen und Artikelwörtern ist zu sichern, daß von bestimmten Gegenständen und Personen die Rede ist und daß einzelne Personen und Gegenstände im Text wiederkehren. So entsteht der rote Faden des thematischen Zusammenhangs.

– Bindewörter: Sie verdeutlichen den Zusammenhang zwischen benachbarten Sätzen, indem sie deren inhaltliches Verhältnis ausdrücklich angeben. Öfter fassen sie auch ganze Passagen zusammen.

1   Verweisstrukturen

1.1 Verweismittel

Verweise | 425 | Ein Text handelt von bestimmten Dingen und Personen. Es trägt zu seinem Zusammenhalt bei, daß öfter von diesen Dingen und Personen die Rede ist.

 Hund als Lebensretter

Ein ausgemusterter Polizeihund hat **seinem Herrn** das Leben gerettet. **Der 56jährige Rentner** aus München war 17 Jahre lang Zwingermeister bei der Polizeihundeschule in München-Allach. **Das zehnjährigeTier** hat **den Rentner, der** bei einem Spaziergang in den Isar-Auen nach einem Herzanfall zusammengebrochen war, am Mantelkragen gepackt und 60 m weit zur Landstraße gezerrt. Wie die Polizei weiter berichtete, brachten Arbeiter eines nahegelegenen Klärwerks **den Bewußtlosen** ins Krankenhaus, wo **er** gerettet werden konnte.

dpa

Dieser Text handelt vor allem von einem Polizeihund und seinem Herrchen. Von beiden ist an mehreren Stellen die Rede. Dazu werden unterschiedliche sprachliche Mittel verwendet, wie die Hervorhebungen zeigen.

Verweismittel | 426 | Ein Text, der für dieselben Dinge und Personen immer auch dieselben Ausdrücke verwendet, ist sehr langweilig. Er strotzt vor Wiederholungen:

 Der ausgemusterte Polizeihund Leo hat Fritz Mair das Leben gerettet. Mair war 17 Jahre lang Zwingermeister bei der Polizeihundeschule in München-Allach. Mair war bei einem Spaziergang in den Isar-Auen zusammengebrochen, und Leo hatte Mair am Mantelkragen gepackt und 60 m weit zur Landstraße gezerrt. Wie die Polizei weiter berichtete, brachten Arbeiter eines nahegelegenen Klärwerks Mair ins Kranken-haus, wo Mair gerettet werden konnte.

Um diese Steifheit zu vermeiden, verwendet man
– Pronomen, die auf die Hauptfiguren verweisen, z. B. *er*, *dieser*, *einige von ihnen* usw.
– Nominalphrasen mit unterschiedlichen Substantiven, die Abwechslung bringen.

427   Mit manchen Ausdrücken kann man direkt von Dingen und Personen
sprechen. So stehen die Pronomen *ich* und *du* immer für den Sprecher und den
Angesprochenen. Auch Eigennamen stehen direkt für ihrem Träger. Hingegen
meint ein Pronomen wie *er* mal diese Person, mal jene, mal dieses Ding, mal
jenes. Es kommt auf den Kontext an:

(Ein Rentner) ging spazieren. Erschöpft brach (er) zusammen.

Aber es war ein (Polizeihund) in der Nähe. (Er) rettete dem Rentner das
Leben.

Mit dem ersten *er* ist der Rentner gemeint, mit dem zweiten der Polizeihund.
In solchen Fällen spricht man von Verweisen. Verweise haben einen Vorgänger oder ein Bezugswort. Man versteht sie nur über dieses Bezugswort. Verweismittel sind Pronomen oder die Artikelwörter in Nominalphrasen.

Pronomen als Verweismittel	Beispiel
Personalpronomen	**Arbeiter** waren in der Nähe. **Sie** brachten den Bewußtlosen ins Krankenhaus.
Adverbialpronomen	M. kam ins **Krankenhaus**. **Dort** erholte er sich schnell.
Relativpronomen	**Ein Rentner**, **der** in den Isar-Auen spazierenging, ...
Demonstrativpronomen	Da war auch **ein Polizeihund**. **Dieser** rettete dem Rentner das Leben.

Artikelwörter als Verweismittel	Beispiel
Definitartikel	**Ein Polizeihund** rettet Menschenleben. **Das** Tier...
Demonstrativpronomen	Die Polizei hat **gute Hunde**. **Solche** Begleiter bräuchten wir auch.
Possessivpronomen	**Der Hund** rettete **seinem** Herrn das Leben.

Verweisregeln | 428 | Vorgänger und Verweis gehören zusammen. Zu jedem Verweis muß man den Vorgänger erkennen; nur dann versteht man ihn. Sonst steht man ratlos vor dem Text wie etwa vor folgendem:

   Richtigstellung

Nicht meine Tochter hat mir mit dem Atlas auf den Kopf geschlagen, sondern diese mit demselben jene.

Die Verweisregeln sind streng. Hier die wichtigsten:

– Vorgänger und Verweis haben das gleiche Genus (Kongruenz).

> Da fand Leo **den Rentner**. **Dieser** lag bewußtlos am Boden.
> (Maskulinum)
>
> **Die Polizei** kam gleich. **Sie** war von Arbeitern benachrichtigt worden.
> (Femininum)
>
> **Das Krankenhaus** lag an der Isar. **Es** war schnell zu erreichen.
> (Neutrum)

●●

Manchmal richtet man sich nicht nach dem Genus, sondern nach dem natürlichen Geschlecht. So erklärt sich das feminine Pronomen in folgendem Beispiel:

> Wir alle suchten **das Mädchen**. **Sie** war ja lange bekannt.

Ähnliches finden wir öfter bei den neutralen Substantiven *Fräulein*, *Weib*, *Mannequin*, *Photomodell*.

●●

– Vorgänger und Verweis haben den gleichen Numerus (Kongruenz).

> **Der Hund** war zufällig da. **Er** hat seinen Herrn sofort erkannt.
> (Singular)
>
> **Die Hunde** waren zufällig da. **Sie** spielten oft in den Isar-Auen.
> (Plural)

– Vorgänger und Verweis sollten nicht zu weit auseinander stehen:

   Der Polizeihund kannte den Rentner gut. Beide waren über lange Jahre in der Polizeihundeschule München-Allach. Dort werden jährlich 200 Hunde ausgebildet. Jetzt aber hatte **er** lange ausgedient.

Insbesondere sollten zwischen Vorgänger und Verweis keine Wörter stehen, die selbst als Bezugswort in Frage kämen.

429   Jeder Verweis kann selbst Vorgänger werden. So entstehen Verweis-   Verweisketten
ketten. Sie sind rote Fäden, die den Text zusammenhalten:
>   ein Polizeihund – er – dieses Tier – der Lebensretter
>   ein Rentner – er – dieser – der Bewußtlose

Solche Verweisketten sollten nicht zu monoton sein, sondern abwechseln zwischen verschiedenen Ausdrücken. Bei den Pronomen gibt es wenig Möglichkeiten, aber in Nominalphrasen kann man das Substantiv variieren und treffende Ausdrücke suchen. Dabei sollte man einiges beachten:

– Der Verweis muß klar sein, der Leser muß also genügend wissen, um ihn
   zu verstehen:
>   ein Polizeihund ... das Tier

   Hier weiß der Leser natürlich, daß mit *Tier* der Hund gemeint sein kann.
>   ein Polizeihund ... der Schäferhund

   Hier wird sich der Leser auch denken können, daß mit *Schäferhund* der
   Polizeihund gemeint ist.
>   ein Polizeihund ... der Lebensretter

   Hier weiß nur der Bescheid, der die Geschichte kennt.
>   in Paris ... die französische Hauptstadt

   Diesen Verweis kann nur verstehen, wer weiß, daß Paris die Hauptstadt
   Frankreichs ist.

– Der Verweis kann zusätzliche Informationen geben:
>   ein Polizeihund ... das treue Tier
>   sein Herrchen ... der alte Rentner

   Hier muß man darauf achten, daß der Verweis auch ohne die Zusatzinformation verständlich ist, nur dann versteht der Leser, daß eine Zusatzinformation gegeben wird.

– Der Verweis kann zusätzliche Effekte erzielen:
>   der Polizeihund ... die treue Seele von einem Hund
>   der Polizeihund ... die kluge und mitfühlende Kreatur

Abwechslung ist zwar empfehlenswert, aber man sollte nicht der Abwechslung
wegen die Verweise an den Haaren herbeiziehen.

● ●

Abwechslung kann auch verwirren. Wenn man für den gleichen Gegenstand
oder die gleiche Person immer wieder andere Ausdrücke verwendet oder hin
und her springt zwischen verschiedenen Ausdrücken, kommt der Leser nicht
mehr mit:
>   jener edle Menschenretter ... der Hund ... der Hund ... der Menschenretter

● ●

Variation   430   Die verschiedenen Substantive einer Verweiskette sind bedeutungsver-
wandt.

– Meistens ist das folgende Substantiv allgemeiner und inhaltsärmer:

ein Polizeihund ... das Tier

mein Motorrad ... die Maschine

in Recklinghausen ... diese Stadt

Es darf aber nicht zu allgemein sein. Ganz abstrakte Substantive sind Aller-
weltswörter: *das Ding*, *die Sache*, *der Gegenstand*. Sie bringen keine Informationen, ja sie können sogar verwirren, wenn sie so allgemein sind, daß
sie für alles mögliche passen:

Wir tauschten unser Motorrad gegen ein kleines Auto ein. **Dieses alte
Ding** hat uns lange geärgert.

Wir tauschten unser Motorrad gegen ein kleines Auto ein. **Die alte
Maschine** hat uns lange geärgert.

Wir tauschten unser Motorrad gegen ein kleines Auto ein. **Der alte
Wagen** hat uns lange geärgert.

– Selten folgt ein spezielleres Substantiv im Verweis, oft aber werden gleichbedeutende oder fast gleichbedeutende Substantive verwendet:

In Erlangen wurde **ein neues Solarmobil** entwickelt. **Das Erlanger
Sonnenauto** soll in absehbarer Zeit in Serie gefertigt werden. Denn mit
diesem idealen Stadtauto können Verkehrs- und Umweltprobleme
gemildert werden. Wenn das **neue Gefährt** sich bewährt, würde auch
die Stadtverwaltung **das technische Wunderwerk** anschaffen.

1.2 Verweisarten

Rückverweis   431   Häufig und üblich sind Verweise, denen das Bezugswort vorangeht.
Sie sind also Rückverweise.

Der törichte Bock

(Ein Fuchs) fiel in einen tiefen Brunnen und wußte nicht, wie (er)
wieder herauskommen sollte. Da kam ein durstiger Ziegenbock zum
Brunnen, sah (den Fuchs) und fragte (ihn) nach dem Geschmack des
Wassers. (Der Fuchs) verhehlte (sein) Mißgeschick und lobte das Wasser
sehr. Da sprang (der Bock) hinab, ohne sich zu besinnen. Als (er) (seinen)
Durst gelöscht hatte, erkundigte (er) sich, wie (sie) herauskommen
könnten. (Der Fuchs) forderte (ihn) auf, sich an die Brunnenwand zu
stellen und (ihn) über (seinen) Rücken hinaufklettern zu lassen. (Er) ver-
sprach, danach dem Bock herauszuhelfen.

Der Bock tat, wie ihm befohlen war, streckte sich aus, und der Fuchs

kletterte auf seine Hörner und sprang von dort mit einem gewaltigen

Satz auf den Brunnenrand. Dort blieb er, tanzte vor Freude und

verhöhnte den Bock, der ihm Vorwürfe machte.

Äsop

432
Neben Rückverweisen gibt es Vorverweise. Sie verweisen auf __Vorverweis__
Bezugswörter, die ihnen folgen. Solange man das Bezugswort nicht kennt,
hängt der Verweis in der Luft. Darum ist hier der Abstand meistens noch
geringer als beim Rückverweis:

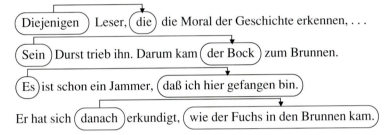

Diejenigen Leser, die die Moral der Geschichte erkennen, . . .

Sein Durst trieb ihn. Darum kam der Bock zum Brunnen.

Es ist schon ein Jammer, daß ich hier gefangen bin.

Er hat sich danach erkundigt, wie der Fuchs in den Brunnen kam.

Vorverweisend werden oft die Adverbialpronomen verwendet. Sie sind dann
Korrelate, die inhaltlich durch Gliedsätze präzisiert werden. Sonst sind Adverbialpronomen aber Rückverweise.

Auch Adjektive können nach vorn verweisen:

Der folgende Satz ist wahr: Dieser Satz ist falsch.

Vorverweise sind Ankündigungen, darum erzeugen sie Spannung. In einem
Text werden Gegenstände und Personen oft mit dem *ein*-Artikel eingeführt. Er
ist auch eine Art Vorverweis und läßt uns warten, was über das Eingeführte
gesagt wird. Ein Mittel der Spannung ist es auch, einen Text mit verweisenden
Pronomen zu beginnen und erst später zu klären, worauf sie verweisen:

?

Er war nun schon Stunden gefangen in diesem tiefen Brunnen. Was sollte

?

er tun? Da kam zum Glück ein durstiger Bock zum Brunnen und sah

den Fuchs . . .

Entfernung des Vorgängers | 433 | Es gibt Verweismittel, die ausdrücken, ob der Vorgänger näher steht oder weiter entfernt. Dabei geht es immer um einen Kontrast. Fernverweise sind nötig, um über einen möglichen Vorgänger hinwegzuspringen:

Nahverweise sind nötig, um zu verdeutlichen, daß man nicht einen entfernteren Vorgänger meint, der nach dem Sinn in Frage käme. Also nicht:

🔥   Eine Wäscherin hatte eine Tochter. Sie war blond und schön.

Sondern:

Eine Wäscherin hatte eine Tochter. Die/Dieselbe war blond und schön.

Es gibt für Nah- und Fernverweise kontrastierende Paare:

nah	fern
dieser letzterer	jener ersterer

●●

Die Kontrastierung wirkt oft pedantisch. Darum ist der Kontrast von *dieser* und *jener* nur in der offiziellen Sprache üblich. Wenn man *jener* nicht kontrastierend gebraucht, klingt es eher abwertend:

Jener Fuchs, der den Bock hinters Licht führte, . . .

●●

Vorgängertypen | 434 | Verweise kann man nach der Kategorie ihrer Vorgänger unterscheiden:

– Vorgänger ist eine oder sind mehrere Nominalphrasen, die der Verweis zusammenfaßt:

der Fuchs und der Bock . . . sie
Hänsel und Gretel . . . die Geschwister
Mayer, Müller und Kunz . . . diese Leute

Bei Zusammenfassungen muß man aufpassen, daß auch klar ist, was die Vorgänger sind:

❀   Oma war krank, dann kam Tante Frieda, unsere Gänse zu schlachten und zu rupfen. Zum Schluß kamen alle in die Gefriertruhe.

●●●

Adverbialpronomen der Form *da-* + Präposition sollten keine persönlichen Vorgänger haben. Für Personen sollte man Personalpronomen verwenden. Also:

> Vor mir lag mein Freund. Ich stolperte über ihn.

Und nicht:

🔥 Vor mir lag mein Freund. Ich stolperte darüber.

●●●

– Vorgänger ist ein Satz oder ein Sachverhalt:

> Er hatte sie gekränkt. Das tat ihm wirklich leid.

Die geeigneten Verweiswörter hierfür sind *das*, *dies*, *es*, *all das*, *darüber*, *davon*, *deshalb* usw.

●●●

Zum Verweis auf Sachverhalte dienen die Adverbialpronomen der Form *da-* + Präposition, die auch als Korrelate stehen. Präpositionen mit Personalpronomen taugen hierfür nichts. Also:

> Es kamen über tausend Leute. Darüber war ich erstaunt.

Und nicht:

🔥 Es kamen über tausend Leute. Über das war ich erstaunt.

●●●

– Vorgänger ist ein Absatz oder ein ganzer Text:

> Aus dem Blues, dem alten schwermütigen Volkslied der Neger, wurde der schwüle Tanz internationaler Nachtklubs und Kabaretts. Aus dem Boogie . . . wurde ein exzentrischer Tanz, dessen Verrücktheit den Illustrierten willkommenes Bildmaterial lieferte. Aus dem Bebop – einer abstrakten und komplizierten Jazzart – haben die Snobs aller Länder eine akrobatische Hopserei gemacht . . . All dies zeigt: Jazz und Schlagermusik sind nicht identisch.

Die geeigneten Verweiswörter sind: *das*, *all das*, *so*, *also*, *dieser Sachverhalt* usw.

●●●

Bei globalen Verweisen muß man darauf achten, daß der Bezug klar ist. Sonst produziert man Stilblüten:

❄ Meine Tante hat so starke Gelenkschmerzen, daß sie die Arme kaum über den Kopf heben kann. Und mit den Beinen ist es genauso.

●●●

1.3 Das Thema

Thema und
Überschrift

435   Zu einem Text gehört meistens ein Thema. Thema ist das, wovon der Text handelt. Thema kann also alles Mögliche sein. Das Thema ist eine Ankündigung, die der Schreiber einlösen muß. Bevor er den Text geschrieben hat, ist das Thema seine Aufgabenstellung.

Das Thema steckt in der Überschrift des Textes. Es kann allerdings recht versteckt sein, vielleicht nur in einem Sinnwort stecken. Überschriften sind oft nur Phrasen, eine Nominalphrase zum Beispiel. Ein Thema ist aber mehr: Es ist eher als Satz zu formulieren. So muß man die Überschrift erst richtig ausbauen, um das Thema zu erkennen.

Überschrift	Thema
Im Wasserwerk	Erzählen, was ich im Wasserwerk erlebt habe Berichten, was im Wasserwerk passiert ist Beschreiben, wie ein Wasserwerk funktioniert
Der Mensch als sprechendes Wesen	Erörtern, was die Sprache für den Menschen bedeutet Darstellen, wie der Mensch zur Sprache gekommen ist

Thema-
Erschließung

436   Ein Thema kann man sich erschließen. Aus der Formulierung und aus dem Sinnwort etwa entwickelt man – meistens im Geist – genauere Aufgaben, Schlüsselfragen und Leitgedanken:

– Aus der Formulierung „Erzählen, was ich im Wasserwerk erlebt habe" ergibt sich, daß eine Erzählung angestrebt ist. Grundlage der Erzählung soll ein Erlebnis sein, also wird die Erzählung in der Vergangenheit spielen. Es soll ein Erlebnis des Schreibers selbst zugrunde liegen, also wird die Erzählung streckenweise in Ich-Form abzufassen sein, sie kann Bezug nehmen auf Gedanken und Gefühle des Schreibers. Hingegen wäre eine Beschreibung eher zeitlos, sachlich, der Schreiber tritt zurück zugunsten objektiver Darstellung.

– Aus der Formulierung „Beschreiben, wie ein Wasserwerk funktioniert" ergeben sich Leitfragen: Was ist ein Wasserwerk? Wozu dient ein Wasserwerk? Aus welchen Teilen besteht ein Wasserwerk? Wie arbeiten die Teile? Wie greifen die Teile ineinander?

437 Zu einem Thema kann vielerlei gehören, man muß aber auch beden-   Stoffsammlung
ken, was nicht dazugehört. Alles, was zum Thema gehört, muß einen Zusammenhang mit ihm haben und etwas zur Problemstellung des Themas beitragen.
Der Zusammenhang muß für den Leser plausibel sein, sonst ginge man einfach
vom Hundertsten ins Tausendste. Was zu einem Thema gehört, kann man in
einer Stoffsammlung zusammentragen. Die Stoffsammlung enthält alles, was
einem zu einem Thema einfällt. Die Einfälle stehen in kurzen Sätzen oder in
Stichwörtern. Sie folgen einander bunt und ungeordnet.

Stoffsammlung: Meine Mutter

groß und blond	arbeitet viel
größer als mein Vater	hat einmal ein Kind gerettet
blaue Augen	lange, feingliedrige Hände
schmale Nase	spielt gut Klavier
auffallende Erscheinung	als Kind Konzerte
an einem Sonntag geboren	ehrgeizig
besonders gut im Rechnen	Ausbildung als Computer-
streng, aber gerecht	spezialistin
selbst streng erzogen	gute Sportlerin (Basketball)
als Kind lange krank	
Mittelpunkt in Gesellschaft	

438 Ein Thema hat eine bestimmte Struktur, zumindest kann man ihm eine   Ordnung
geben. Die Einzelheiten gehören mehr oder weniger eng zusammen. So entstehen Unterthemen, zu jedem Unterthema gehören einzelne Punkte. Die Unterthemen ergeben eine Ordnung, der gedankliche Zusammenhang kann unterschiedlich sein:

– verschiedene Aspekte des Themas; z. B.:
    die Technik des Wasserwerks, sein Nutzen, die Probleme

– verschiedene Phasen eines Ereignisses oder eines Vorgangs; z. B.:
    die Vorbereitung eines Spiels, das Spiel selbst, das Ergebnis und die
    Folgen

– verschiedene Teile eines Gegenstands oder einer Maschine; z. B.:
    der Park eines Schlosses, das Gebäude, der Thronsaal

– was für und was gegen eine Meinung spricht; z. B.:
    Vorteile und Nachteile

– was ein Spezialfall zum allgemeinen Fall ist; z. B.:
    die Abseitsregel und verschiedene Beispiele für Abseits

Reihenfolge   439   Im Text wird das Thema entwickelt. Jeder Satz muß einen – vielleicht mittelbaren – Zusammenhang mit dem Thema haben. Mit der Überschrift hat der Leser schon einen Hinweis, aber so richtig erkennt er das Thema erst beim Lesen des Textes. Darum muß der Autor vorsichtig zu Werke gehen. Er muß seine Leser behutsam und auf üblichen Wegen zum Thema und im Thema führen.

Die Ordnung und die Struktur des Themas muß der Autor dem Leser vermitteln. Er muß eine gute Reihenfolge der Darstellung wählen, und er muß die Ordnung im Text verdeutlichen. Dazu hilft ihm die Gliederung. In der Gliederung setzt der Autor die Ordnung in eine Reihenfolge um. In einer Erzählung kann er zum Beispiel eins nach dem andern erzählen, so wie es zeitlich abgelaufen ist. Er kann aber auch von hinten anfangen, vom Ergebnis ausgehen und erzählen, wie es dazu gekommen ist. Er kann schließlich Zeitsprünge machen. In einer Erörterung kann er erst das Pro und dann das Kontra bringen, aber auch umgekehrt. Er kann aber auch die Thesen nacheinander abhandeln und zu jeder einzeln die Pros und Kontras.

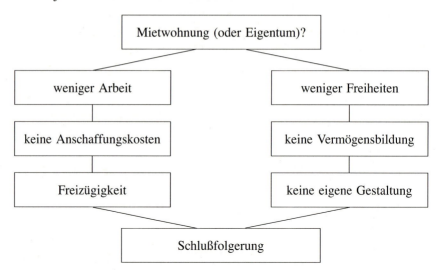

Andere Reihenfolgen sind:
– Vom Besonderen zum Allgemeinen oder vom Allgemeinen zum Besonderen; Mischungen sollte man vermeiden.
– Von einer Regel, einem Prinzip zu den Beispielen und Einzelfällen oder von den Einzelfällen zur Regel.

Der Autor ist frei, er handelt nach seinen Zwecken und Absichten und danach, wie er sie am besten erreicht.

440   Eine Gliederung zeigt nicht nur die Reihenfolge, sondern auch das   Gliederung
Verhältnis der Unterpunkte.

Gliederung: Meine Mutter

1   Das Äußere
1.1   Größe und Gewicht
1.2   Erscheinung und Haltung
1.3   Das Gesicht
1.4   Die Hände
2   Der Charakter
2.1   Umgang mit andern
2.2   Umgang mit sich selbst
3   Der Werdegang
3.1   Geburt und Kindheit
3.2   Ausbildung
3.3   Berufsleben

Die Gliederung zeigt die Unterordnung und die Nebenordnung in den Ziffern:
Nebengeordnet ist, was die gleiche Anzahl Ziffern hat, zum Beispiel 1 und 2
und 3. Untergeordnet ist, was mehr Ziffern hat, zum Beispiel sind 1.1 und 1.2
der 1 untergeordnet.

441   Das Thema eines Textes ist natürlich nicht am Anfang schon mit   Thema-
einem Schlag da. Es wird im Text entwickelt, oder aber ein Aspekt wird nach   Entwicklung
dem andern abgehandelt. Dabei können wir keine allzu großen Sprünge vertra-
gen. Als Leser wollen wir, daß plausible Anschlüsse gewahrt werden. Wir
erwarten einen Fortgang Schritt für Schritt. Für die einzelnen Schritte gibt es
übliche Verfahren:

– Thema-Erhaltung. Man bleibt beim thematischen Gegenstand oder Sachverhalt und sagt etwas Neues dazu:
      Unser Wasserwerk liegt außerhalb. Es wurde im Jahr 1910 erbaut, es
      sieht auch typisch aus.
  Daß man beim thematischen Gegenstand bleibt, zeigt sich vor allem darin,
  daß man Verweismittel verwendet, die auf ihn verweisen.

– Thema-Entfaltung. Man kommt zu einem neuen Aspekt des thematischen
  Gegenstands oder Sachverhalts:
      Die Reise war wunderbar. Wir hatten alles gepackt und fuhren früh los.
      Zuerst ging es nach X. Dort . . . Später fuhren wir nach Y. Da . . .
  Hier ist besonders wichtig, daß man klarmacht, wie der Zusammenhang
  aussieht, und vor allem, daß dieser Zusammenhang einleuchtet. Wenn ich
  eine Reise beschreibe, werde ich vielleicht die verschiedenen Stationen in
  der zeitlichen Abfolge (und nicht durcheinander) beschreiben. Ich kann also
  nicht einfach so schreiben, wie es mir einfällt. Mein Leser muß die Übergänge nachvollziehen können.

– Thema-Erweiterung. Man führt neue, verwandte Themen ein und erweitert so das Ausgangsthema:

> Unser Wasserwerk wurde erbaut im Jahr 1910. Es zeigt die typische Architektur jener Zeit, die sich auszeichnet durch ... Im gleichen Stil sind auch ...

So schreitet man von einem Thema zu einem verwandten fort und schafft einen größeren Zusammenhang oder gar ein neues, erweitertes Thema. Hier sind die Übergänge besonders wichtig. Man kann etwa den thematischen Gegenstand mit anderen vergleichen, Ähnlichkeiten oder Unterschiede feststellen.

2   Gedankenbrücken

2.1 Bindemittel

Gedanken-
brücken

| 442 | Im Text reiht sich ein Satz an den anderen. Doch wie der Faden im Innern einer Kette zieht sich durch den Text ein gedanklicher Zusammenhang. Satznachbarn sind durch Gedankenbrücken verbunden. Dies gibt letztlich dem Text seinen Zusammenhalt.

> Nina aß wie ein Scheunendrescher. Sie war sehr hungrig.

Die gedankliche Verbindung zwischen den beiden Sätzen besteht darin, daß der Hunger der Grund dafür war, daß Nina so viel aß. In andern Fällen besteht eine zeitliche Brücke; eine Handlung folgt auf die andere:

> Er putzte die Zähne und ging ins Bett.
> Er ging ins Bett und putzte die Zähne.

Hier ist die zeitliche Abfolge nicht durch Wörter ausgedrückt; die Reihenfolge der Sätze genügt. Wir nehmen an, daß der erste Satz auch die erste Handlung bezeichnet. Deutlicher wird die Gedankenbrücke, wenn man bestimmte Ausdrücke dafür gebraucht:

> Er putzte die Zähne und ging **dann** ins Bett.
> Er ging ins Bett und putzte **vorher** die Zähne.

Solche Ausdrücke können also angeben, daß die Reihenfolge umgekehrt war.

Oft ist es unbedingt nötig, die Gedankenbrücken auszudrücken. Sonst entstehen Mißverständnisse oder Stilblüten:

> ❀   Mozart ging nach Wien. Dort heiratete er und wurde arm.

443   Bindemittel durchziehen den Text. Sie legen das gedankliche Verhält-   Bindemittel
nis der Sätze dar.

> **Da** sie Pflanzen fressen, haben es Wisente **allerdings** relativ leicht, in
> Freiheit genügend Futter zu finden. Fleischfresser wie Eulen **jedoch**
> verlernen in Gefangenschaft das Beuteschlagen. Soll der bedrohte Greif-
> vogel wieder ausgesetzt werden, so muß er **zunächst** eine „Eulenschule"
> besuchen. Dort werden **dann** lebendige Mäuse in die Volieren gesetzt,
> **bis** der Hunger des Vogels größer ist als seine Furcht vor den unge-
> wohnten Kleintieren. Ein Pfleger überwacht das Übungsprogramm und
> belohnt die ersten Fangversuche mit Fertigfutter. **Doch obwohl schon**
> Hunderte von Eulen die Schulen erfolgreich absolviert haben, muß der
> Bestand an freigelassenen Tieren immer wieder mit neuen Eulen aufge-
> füllt werden. Viele haben im Zoo wohl **doch** nicht fürs Leben gelernt,
> **wie** das Töten geht.   nach Hilke Rosenbohm

Die Subjunktion *da* gibt eine Begründung. Das Adverb *allerdings* kennzeichnet eine Einschränkung. In unserem Ausschnitt erscheint aber gar nicht, was
eingeschränkt wird. Dieser Text ist also unvollständig und wir können ihn
nicht ganz verstehen. Ein Brückenpfeiler fehlt uns für die Gedankenbrücke.

444   Die Bezeichnung der Gedankenbrücken dient der Deutlichkeit. Es gibt   Formen
viele grammatische Möglichkeiten, die Gedankenbrücken zu verdeutlichen.
Meistens verwenden wir bestimmte Bindewörter.

Bindemittel	Beispiel
Konjunktion	Nina aß wie ein Scheunendrescher. **Denn** sie war sehr hungrig.
Subjunktion	Nina aß wie ein Scheunendrescher, **weil** sie sehr hungrig war.
Bindeadverb	Nina aß wie ein Scheunendrescher. Sie war **nämlich** sehr hungrig.
Adverbialpronomen	Nina war sehr hungrig. **Deshalb** aß sie wie ein Scheunendrescher.
w-Wort	Nina war sehr hungrig, **weshalb** sie wie ein Scheunendrescher aß.
Partikel	Nina aß wie ein Scheunendrescher. Sie war **ja** sehr hungrig.
Präposition	**Wegen** ihres Hungers aß Nina wie ein Scheunendrescher.
Brückenausdruck	Daß Nina sehr hungrig war, **war der Grund dafür**, daß sie wie ein Scheunendrescher aß.

Trotz unterschiedlicher grammatischer Form leisten die Bindemittel Ähnliches. Damit haben wir stilistische Freiheiten, wie wir die Gedankenbrücken ausdrücken. Und natürlich hat jede Möglichkeit ihre Stärken und Nuancen.

innere Bindemittel

445 Konjunktionen und Subjunktionen zeigen ihre Leistung als Brücke ganz deutlich; sie gehören ja zwischen die beiden Sätze. Andere Bindemittel spielen ihre grammatische Rolle in einem der Sätze, aber inhaltlich weisen sie auf einen anderen Satz und charakterisieren das gedankliche Verhältnis zu ihm. So sind Adverbialpronomen wie *dadurch*, *deswegen* Bindemittel und Verweise zugleich: Die Präposition charakterisiert das gedankliche Verhältnis, der pronominale Teil (*da* oder *des*) verweist auf den vorangehenden Satz, der den Grund enthält.

Damit haben wir die stilistische Freiheit, den Grund unabhängig anzugeben und ihn erst nachträglich als Grund darzustellen:

Nina hatte großen Hunger.   Deshalb aß sie wie ein Scheunendrescher.

Weil Nina großen Hunger hatte,   aß sie wie ein Scheunendrescher.
          Grund

In entsprechenden Präpositionalphrasen wird eine Aussage verdichtet. Man kann sie wieder auflösen:

Aus Hunger   hat Nina gegessen wie ein Scheunendrescher.
Weil sie Hunger hatte,   hat Nina gegessen wie ein Scheunendrescher.
          Grund

Korrelate

446 Die Gedankenverbindung kann mehrfach ausgedrückt sein, so daß sie noch deutlicher, oft übertrieben deutlich wird. Dies leisten zusätzliche Korrelate:

wenn . . . so/dann
obwohl . . . dennoch/trotzdem
weil . . . darum/deshalb
als . . . da/damals
wie . . . so
je . . . desto/um so
zwar . . . aber
nicht nur . . . sondern auch
einerseits . . . andererseits
zum einen . . . zum andern

2.2 Bindearten

447   Bindewörter sind für das Verstehen des Zusammenhangs entschei-   Differenzierung
dend. Sie sind Wegweiser für den Leser, und der gute Schreiber muß darauf
achten, daß er solche Wegweiser nicht zu selten setzt. Vor allem muß er
genaue Wegweiser setzen, denn es gibt viele Arten der gedanklichen Verbindung. Fehlende Bindemittel oder einfache Verbindungen durch *und* können
den Leser belasten. Manchmal reichen sie aber aus.

•••

Vermeide die ständige Wiederholung von *und* oder *und dann*! Das wirkt
schnell langweilig, und außerdem ist es ungenau.

•••

Im Sommer ging ich oft mit meinen Freunden zum Baden. Ich war ein schlechter Schwimmer, und ich ging nur ins seichte Wasser. Meine Freunde tauchten im tiefen Wasser. Es gab eine tolle Wasserschlacht. Wir verstanden uns gut.

Einmal spielten alle bei der Rutschbahn. Ich schaute nur zu und kam mir wie ein Feigling vor. Da wurde die Rutschbahn wieder frei. Ich kletterte hinauf und sah mich um, und der Mut verließ mich gleich. Ich stieg unverrichteter Dinge wieder hinab. Die Rutschbahn ließ mir keine Ruhe. Ich versuchte es wieder . . .

Im Sommer ging ich oft mit meinen Freunden zum Baden. Ich war **aber** ein schlechter Schwimmer, **darum** ging ich nur ins seichte Wasser. Meine Freunde **hingegen** tauchten im tiefen Wasser. Manchmal kamen sie zu mir, **dann** gab es eine tolle Wasserschlacht. **So** verstanden wir uns gut.
Einmal spielten alle bei der Rutschbahn. Ich schaute nur zu, **deshalb** kam ich mir wie ein Feigling vor. Als die Rutschbahn wieder frei wurde, kletterte ich hinauf und sah mich um. **Doch** mein Mut verließ mich gleich, und ich stieg unverrichteter Dinge wieder hinab. **Trotzdem** ließ mir die Rutschbahn keine Ruhe, und **so** versuchte ich es wieder . . .

Gedanken-
brücken

| 448 | Gedankliche Brücken gibt es mancherlei. Der Dienst am Leser verlangt, daß man sie unterscheidet, und vor allem, daß man sie verdeutlicht. Hier eine Übersicht über die Gedankenbrücken: |

Anreihung	Die Kinder haben sowohl Briefe geschrieben als auch Telegramme geschickt.
Hinzufügung	Ich sammle Briefmarken, zudem treibe ich Sport.
Zusammenfassung	. . . Alles in allem war die Reise ein Erfolg.
Erklärung	Du mußt nur die Schraube anziehen, und zwar mußt du sie nach links drehen.
Einschränkung	Er war eigentlich nett, nur daß er ein wenig geizig war.
Entgegensetzung	Sie fand das bedenklich, jedoch ließ sie sich nicht entmutigen.
Vergleich	Wie sie früher Militär spielten, ganz ähnlich spielten sie jetzt Fußball.
Abfolge	Er lächelte, alsdann wurde er fröhlicher.
Wahl	Entweder man läßt sich treiben, oder man nimmt sein Schicksal in die Hand.
Begründung	Sie wurden ganz nervös, weil das Wetter sich nicht besserte.
Zweck	Man knipst den Schalter, damit die Uhr läuft.
Bedingung	Wenn der Frosch steigt, gibt's schönes Wetter.
Folge	Es war dermaßen kalt, daß ich steif wurde.
Einräumung	Es war kalt. Trotzdem fror ich nicht.

449   Die schlichte Anreihung ist die allgemeinste inhaltliche Verbindung. Sie besagt nur, daß beide Sätze gelten sollen. Die Anreihung dient zwar der Fortsetzung des Textes, sie drückt aber keine besonderen Gedankenverhältnisse aus. Nur manchmal ist sie eine Art Aufzählung, in der mehrere Aussagen in einer Ordnung aneinandergereiht werden (*erstens ...*, *zweitens ...*, *drittens ...*).

Anreihung (kopulativ)

Bindemittel	Beispiel	Bindewörter
Konjunktion	Es ist ein Metall, **und** es ist gelb.	und, sowohl ... als auch, weder ... noch
w-Wort	Du grüßt, **wobei** es egal ist, wen.	wobei, wodurch
Adverb	Sie war freundlich **und zugleich** zurückhaltend.	gleichzeitig, zugleich
Präposition	Sie reinigten sich **unter** Verwendung von Seife.	mit, unter

450   Die Hinzufügung ist eine Sonderform der einfachen Anreihung. Sie betont, daß noch etwas hinzukommt. Oft wird sie als Steigerung genutzt. Das wird verdeutlicht durch Steigerung der Ausdrücke:

Hinzufügung (additiv)

Erst müde, dann krank, schließlich tot.

Zunächst waren wir hundert, dann schon zweihundert, am Schluß mehr als tausend.

Bindemittel	Beispiel	Bindewörter
Konjunktion	Sie kannten Bayern **wie auch** die Bayern.	und, wie auch, sowie, nicht nur ... sondern auch
Adverbialpronomen	Sie kannten Bayern, **zudem** auch meine Mutter.	zudem, überdies, außerdem, darüber hinaus, dazu
Adverb	Sie kannten Bayern, **außerdem** die Bayern.	ferner, zusätzlich, insbesondere, nicht einmal, übrigens auch, je ... desto
Partikel	Sie kannten Bayern, die Bayern **auch**.	auch, ebenfalls, sogar
Präposition	Sie kannten Bayern **samt** den Bayern.	einschließlich, samt, nebst, inklusive
Brückenausdruck	Sie kannten Bayern. **Hinzu kommt**, daß sie die Bayern kannten.	dazu muß man ergänzen ... hinzu kommt ...

Zusammen-
fassung
(summativ)

451   Zusammenfassungen können die Gliederung verdeutlichen. Sie sichern aber auch das Verständnis des Lesers, weil sie noch einmal in andern Worten erklären, worum es in einem Absatz ging. Außerdem sind sie Merk-hilfen.

Bindemittel	Beispiel	Bindewörter
Brückenausdruck	Erst kam meine Schwester. Nach fünf Minuten trudelte der Neffe Kai ein. Etwas später standen dann die Großeltern vor der Tür. **Kurzum:** Die ganze Sippe versammelte sich nach und nach.	zusammengefaßt, kurz, alles in allem, kurzum

Erklärung
(explikativ)

452   Die Erklärung führt zum besseren Verständnis ein Beispiel oder einen Sonderfall an. Dies wird öfter wie ein Beleg, wie ein Argument also, für eine These verstanden. Es kann sich aber auch um die Erklärung eines Wortes handeln, das man als Schreiber gebraucht, obwohl man vermutet, daß es der Leser vielleicht nicht versteht. Darum sind solche kurzen Erklärungen leser-freundlich.

Bindemittel	Beispiel	Bindewörter
Konjunktion	Sie hatten viel zu tun, **und zwar** mußten sie mehrmals täglich den Weg kehren.	und zwar, bzw.
Adverb	Sie hatten viel zu tun, sie mußten **nämlich** mehrmals täglich den Weg kehren.	freilich, eher, sozusagen, nämlich
Partikel	Sie hatten viel zu tun, sie mußten **ja** mehrmals täglich den Weg kehren.	doch, ja
Brückenausdruck	Sie hatten viel zu tun, **das heißt**, sie mußten mehrmals täglich den Weg kehren.	im Klartext, einfacher, genauer, anders gesagt, das heißt (d. h.)

453 Genauigkeit ist eine Tugend. Wenn man etwas Allgemeines behauptet, sind oft Einschränkungen angebracht. Mit einer Einschränkung nimmt man eine allgemeine Aussage teilweise zurück. Man kann sich also absichern gegen Einwände. Zuviel Einschränkungen entwerten aber die allgemeine Aussage.

Einschränkung (restriktiv)

Bindemittel	Beispiel	Bindewörter
Konjunktion	Man hörte nichts, **bloß** eine Uhr tickte.	bloß, nur
Subjunktion	Man hörte nichts, **außer daß** eine Uhr tickte.	nur daß, außer daß, nur . . ., um . . . zu
Adverb	Man hörte nichts, **allerdings** tickte eine Uhr.	freilich, allerdings
Präposition	Man hörte nichts **außer** dem Ticken einer Uhr.	außer
Brückenausdruck	Man hörte nichts, **ausgenommen** – eine Uhr tickte.	ausgenommen, Ausnahme, Einschränkung, allerdings

Entgegen-
setzung
(adversativ)

454   Entgegensetzung ist ein Grundmuster der gedanklichen Abfolge. Eine Entgegensetzung ist eine Art Vergleich. Sie betont aber die Unterschiede in zwei Aussagen. Zusätzlich zu den Bindemitteln wird sie deutlich in Gegensatzwörtern wie

die Jüngeren – die Älteren, die Großen – die Kleinen, viel – nichts, hier – dort, im Einzelkampf – im Mannschaftsspiel, die Eltern – die Kinder

Es gibt auch Ausdrücke, die den Gegensatz ausdrücklich ankündigen: *eine andere Meinung, die entgegengesetzte Ansicht*.

Bindemittel	Beispiel	Bindewörter
Konjunktion	K. hat gar nichts bezahlt, **aber** W. hat zuviel gezahlt.	aber, sondern, doch, jedoch
Subjunktion	**Während** K. gar nichts bezahlt hat, hat W. zuviel gezahlt.	während, währenddessen
Adverbialpronomen	K. hat gar nichts bezahlt, **dagegen** hat W. zuviel gezahlt.	indessen, dagegen, demgegenüber, währenddessen
w-Wort	K. hat gar nichts bezahlt, **wogegen** W. zuviel gezahlt hat.	wohingegen, wogegen
Adverb	K. hat gar nichts bezahlt. **Jedoch** hat W. zuviel gezahlt.	dennoch, allein, einerseits . . . andererseits, hingegen, zum einen . . . zum andern, vielmehr, jedoch
Partikel	K. hat gar nichts bezahlt, **doch** W. hat zuviel gezahlt.	doch
Präposition	**Entgegen** der öffentlichen Meinung fiel die Wahl aus.	zuwider, gegen, entgegen
Brückenausdruck	K. hat gar nichts bezahlt. **Im Gegensatz dazu** hat W. zuviel bezahlt.	im Gegenteil, umgekehrt, im Gegensatz dazu

455 | Vergleiche stellen zwei Aussagen gegenüber, die beide gelten sollen. Oft genügt auch eine Vergleichsphrase in einem Satz, ohne daß man beide Aussagen zu vollständigen Sätzen ausführen muß. Vergleiche sind für den Schreiber empfehlenswert. Sie lassen den Leser die Sache besser verstehen, weil er sie von anderen abgrenzen kann, Ähnlichkeiten und Unterschiede sieht. Außerdem können Vergleiche Anschaulichkeit und Kurzweil bringen.

Vergleich (komparativ)

Bindemittel	Beispiel	Bindewörter
Subjunktion	Sie erwarben Häuser, **wie** normale Leute Brötchen kaufen.	als ob, wie wenn, wie
Adverbialpronomen	Normale Leute kaufen Brötchen. **Genauso** kauften sie Häuser.	ähnlich, ebenso, ganz anders, desgleichen
Adverb	**Zum einen** war er ein guter Vater, **zum andern** ein guter Sportler.	zum einen . . . zum andern
Präposition/ Konjunktion	Hauskauf war bei ihnen **wie** Brötchenkauf bei andern Leuten.	wie, als
Brückenausdruck	Die Art, wie sie Häuser kauften, **kann man vergleichen** damit, wie andere Brötchen kaufen.	kann man vergleichen, ist zu vergleichen, Vergleich

Abfolge
(temporal)

456   Der Ausdruck der zeitlichen Abfolge erscheint ganz natürlich. Ereignisse wie Aussagen darüber folgen aufeinander. So versteht man unverbundene Sätze gern als Abfolge, man fügt im Geist ein *dann* hinzu. Aber sprachlich sind wir frei, wir können die Aussagen in anderer Reihenfolge bringen als die Ereignisse. Dazu haben wir Ausdrücke, die uns die Reihenfolge verdeutlichen. Am Anfang eines Textes wird oft ein Zeitpunkt gesetzt, auf den wir uns im weiteren beziehen, indem wir klarlegen, ob die weiteren Ereignisse darauf folgen, ihm vorangehen oder gleichzeitig ablaufen. Dabei spielt auch das Tempus (→ 24) seine Rolle.

Bindemittel	Beispiel	Bindewörter
Konjunktion	Sie tranken Kaffee, **und** (dann) sie fühlten sich wohl.	und (dann)
Subjunktion	**Nachdem** sie Kaffee getrunken hatten, fühlten sie sich wohl.	sobald, als, während, bevor, bis, nachdem
Adverbialpronomen	Sie tranken Kaffee, **danach** fühlten sie sich wohl.	darauf, dabei, zuvor, danach, währenddessen, daraufhin, unterdessen
Adverb	Sie tranken Kaffee, **später** fühlten sie sich wohl.	damals, früher, dann, zuvor, gleichzeitig, zuerst, zunächst, sodann, schließlich, endlich, später
Präposition	**Nach** dem Kaffeetrinken fühlten sie sich wohl.	seit, während, vor, nach

457 Mit dieser Verknüpfung werden zwei Möglichkeiten als Alternative dargestellt. Eine der beiden Aussagen soll also gelten.

Wahl
(alternativ)

Bindemittel	Beispiel	Bindewörter
Konjunktion	Du kannst mehr Fleisch essen, **oder** (aber) du nimmst mehr Gemüse zu dir.	entweder ...oder, oder
Subjunktion	**Anstatt** mehr Fleisch zu essen, kannst du mehr Gemüse zu dir nehmen.	anstatt daß, ohne daß, anstatt ... zu, ohne ... zu
Adverbialpronomen	Du kannst weniger Fleisch essen, **statt dessen** kannst du mehr Gemüse zu dir nehmen.	statt dessen, anstelle dessen
Adverb	Du kannst mehr Fleisch essen. **Andernfalls** kannst du mehr Gemüse zu dir nehmen.	sonst, andernfalls
Präposition	**Statt** Fleisch kannst du Gemüse zu dir nehmen.	statt, anstatt, anstelle von
Brückenausdruck	Viel Fleisch zu essen **ist eine Alternative dazu**, viel Gemüse zu dir zu nehmen.	widerspricht, schließt aus, Alternative zu

Begründung
(kausal)

458   Die Menschen interessieren sich nicht nur für die Erscheinungen und die Tatsachen. Sie wollen die Hintergründe sehen, möchten die Regeln und Gesetzmäßigkeiten kennen. Darum ist es wichtig, die Gründe und Ursachen zu erkennen und zu nennen. Wer jemanden überzeugen will, sollte in seinem Text unbedingt Gründe angeben. Wer etwas verständlich machen will, sollte auf die Hintergründe nicht verzichten.

Bindemittel	Beispiel	Bindewörter
Konjunktion	Er kam in die Klinik. **Denn** er war krank.	denn
Subjunktion	Er kam in die Klinik, **weil** er krank war.	weil, da, zumal
Adverbialpronomen	Er war krank. **Deshalb** kam er in die Klinik.	deswegen, dadurch, darum, deshalb
w-Wort	Er war krank, **weswegen** er in die Klinik kam.	weshalb, weswegen
Adverb	Er war krank. **Also** kam er in die Klinik.	also
Partikel	Er kam in die Klinik. Er war **ja** krank.	eben, doch, ja, nämlich
Präposition	**Wegen** seiner Krankheit kam er in die Klinik.	durch, dank, aufgrund von, mangels, wegen, angesichts
Brückenausdruck	Er war krank. Das war **der Grund**, weshalb er in die Klinik kam.	begründet, Grund, bewirkt

459   Die finale Verbindung gibt die Zwecke, Ziele und Absichten an, die Menschen mit ihren Handlungen verfolgen. Wer menschliche Handlungen darstellt, sollte deshalb auch ihre Ziele und Motive nennen. Sie machen die Handlung verständlich und oft erst deutlich, was jemand eigentlich getan hat. Denn der Sinn einer Handlung zeigt sich darin, was jemand mit ihr erreichen wollte.

Den Zweck einer Handlung kann man auch als Grund für sie angeben. Man verwendet dann ein Verb wie *wollen*:

Sie tat alles, weil sie reich werden wollte.

Die finale Verbindung kann sich auch auf Handlungen beziehen, die gar nicht genannt sind. Trotzdem verstehen wir, daß jemand etwas gemacht hat, dessen Ergebnis erklärt wird:

Das Stopschild ist rot, damit man es besser sieht.

Bindemittel	Beispiel	Bindewörter
Subjunktion	Sie tat alles, **um** reich **zu** werden.	damit, daß, um . . . zu
Adverbialpronomen	Sie wollte reich werden. **Dazu** tat sie alles.	dazu, deshalb, deswegen, dafür
Präposition	**Für** das Reichwerden tat sie alles.	zwecks, um . . . willen, halber, zuliebe, für
Brückenausdruck	Sie tat alles. Ihr **Ziel** war, reich zu werden.	bezweckt, Ziel

Bedingung
(konditional)

460   Allgemeine Gesetzmäßigkeiten, Regeln und natürliche Zusammenhänge werden durch Bedingungsgefüge angegeben. Ihre beiden Teilsätze enthalten oft auch eine zeitliche Abfolge, aber eine Bedingung ist keine Tatsache.
Sie bleibt offen, kann eintreffen oder nicht.

Bindemittel	Beispiel	Bindewörter
Konjunktion	Du wirst dich verletzen. **Es sei denn**, du fällst nicht.	es sei denn
Subjunktion	**Wenn** du fällst, wirst du dich verletzen.	wenn, sofern, sobald, falls, bevor ... nicht
Adverb	Fall nicht, **sonst** verletzt du dich!	andernfalls, dann, sonst
Präposition	**Bei** Regen fällst du.	bei, unter, ohne
Brückenausdruck	**Angenommen** du fällst, dann verletzt du dich.	bedingt, setzt voraus, hängt ab, ermöglicht, angenommen

461   Die Folgen zu bedenken und anzugeben läßt erkennen, wie Tatsachen   Folge
zusammenhängen. Die tatsächliche Folge ist oft bedingt durch eine allgemeine   (konsekutiv)
Wenn-dann-Regel. Aber im Gegensatz zur konditionalen Brücke müssen bei
der konsekutiven Brücke beide Teilaussagen wirklich Tatsachen sein. Darum
sind allgemeine Bedingungsgefüge oft Voraussetzung für die Folgebeziehung:

Es war sehr kalt. So fror der See zu.

Wenn es sehr kalt ist, dann friert der See zu.

Bindemittel	Beispiel	Bindewörter
Subjunktion	Es war sehr kalt, **so daß** der See zufror.	so daß, dermaßen . . . daß
Adverb	Es war sehr kalt. **So** fror der See zu.	somit, mithin, also, folglich, so
Adverbialpronomen	Es war sehr kalt. **Infolgedessen** fror der See zu.	demzufolge, darum, daher, infolgedessen
Präposition	**Infolge** der Kälte fror der See zu.	auf . . . hin, infolge
Brückenausdruck	Es war sehr kalt. Das **hatte zur Folge**, daß der See zufror.	mithin, folglich, Ergebnis, aus . . . folgt, Folge

Einräumung
(konzessiv)

| 462 | Behauptungen wecken im Leser bestimmte Erwartungen. Wird über diese Erwartungen nichts gesagt, so nimmt der Leser stillschweigend an, daß sie zutreffen. Der gute Schreiber nimmt im Geiste aber vorweg, was sein Leser glauben könnte. Und wenn es ihm wichtig erscheint, wird er ihn vor falschen Erwartungen bewahren und ihn z. B. darauf hinweisen, daß zwei Aussagen gelten, obwohl man nicht beide zusammen erwarten würde.

Bindemittel	Beispiel	Bindewörter
Konjunktion	Es war zwar Krieg, **aber** es ging ihnen gut.	aber
Subjunktion	**Obwohl** Krieg war, ging es ihnen gut.	obgleich, wenngleich, obschon, obzwar, selbst wenn, wo doch
Adverbialpronomen	Es war Krieg. **Trotzdem** ging es ihnen gut.	trotz allem, trotzdem
Adverb	Es war Krieg. **Gleichwohl** ging es ihnen gut.	immerhin, sowieso, dennoch, gleichwohl
Partikel	Es war Krieg. **Doch** es ging ihnen gut.	doch
Brückenausdruck	Es war Krieg. **Ganz egal**: Es ging ihnen gut.	verhindert nicht, wie dem auch sei

3 Textordnung

3.1 Textaufbau

| 463 | Ein Text ist stufenweise geteilt in unterschiedliche Arten von Text- einheiten. Die Texteinheiten sind unterschiedlich lang und unterschiedlich ausgebaut:

Stufung

Text

Textteile

Absätze

Sätze

Bei längeren Texten sind die größten Teile die Kapitel.

| 464 | Ein Text kann mehrere Teile haben. Üblich ist der dreiteilige Text- aufbau:

Textteile

Aufbau   Funktion

A Einleitung → Die Einleitung ist ein Vorspann, der den Leser orientiert. Sie führt vielleicht die handelnden Personen ein, skizziert die Ausgangssituation oder nennt die Fragen, die der Text behandelt, und die Ziele des Schreibers.

B Hauptteil → Der Hauptteil bringt die Hauptsache. Er stellt etwa die Handlung in ihrem Ablauf dar oder behandelt nacheinander die verschiedenen Aspekte des Themas. In Erörterungen gibt der Hauptteil das Für und Wider und bringt das Ergebnis der Überlegungen, die eigene Meinung.

C Schluß → Der Schluß ist ein Ausklang. Er rundet den Text ab. Er kann ein Fazit ziehen (die Moral der Geschichte) oder eine Nutzanwendung. Er kann aber auch den Leser anregen, die Geschichte weiterzuspinnen, sich zusätzliche Gedanken zum Thema zu machen. Der Schluß kann eine Zusammenfassung enthalten, er läßt den Verlauf des Textes noch einmal vor dem inneren Auge Revue passieren. So kann der Leser das Wesentliche besser im Gedächtnis behalten.

Ordnung 465 Der lange Hauptteil hat eine innere Ordnung. Er besteht aus einzelnen, oft gleichberechtigten Absätzen, ihre Reihenfolge kann unterschiedlich
begründet sein.

– Unterschiedliche Aspekte, Unterthemen werden behandelt:

– Unterschiedliche Phasen des Vorgangs werden dargestellt:

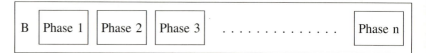

– Das Pro und das Kontra werden erörtert:

– Ein einzelnes Pro wird direkt vor seinem Kontra abgehandelt. So entsteht
ein Wechsel der Pros und Kontras:

– Die Lösung eines Problems wird vorgeführt:

● ●

Verschieß dein Pulver nicht zu schnell! Du solltest auf eine allmähliche Steigerung achten. Am Schluß des Hauptteils kommt der Höhepunkt.

● ●

466   Absätze fördern die Orientierung und Übersichtlichkeit. Sie sind durch Schreib- oder Druckbild herausgehoben; sie beginnen mit einer neuen Zeile und enden vielleicht mitten auf der Zeile, so daß es auf einer neuen Zeile weitergehen kann. Die Gliederung durch Absätze kann auch durch Zwischenüberschriften, durch Leerzeilen oder durch Einrückungen verdeutlicht sein. Inhaltlich ist ein Absatz jeweils einem Unterthema, einem Aspekt des Themas gewidmet. Der Absatz sollte so enden, daß man zu einem anderen Unterthema übergehen kann. Die Absätze eines Textes sollen möglichst Sinnschritte zeigen, und die Sinnschritte sollen auch durch Absätze hervorgehoben sein. Also: ein Sinnschritt – ein Absatz.   **Absatz**

467   Die Sinnschritte sollen augenfällig werden. Dazu sollten die Absätze möglichst am Anfang einen Hinweis enthalten.   **Hinweise**

– Die Absätze können mit einem Hinweis auf das Unterthema beginnen:

   Ein Café

   Die Lage . . .
   Die Einrichtung . . .
   Die Stühle . . .
   Das Personal . . .
   Der Kaffee . . .
Aber Abwechslung ist natürlich wichtig. So könnte man den Absatz über die Lage mit unterschiedlichen Formulierungen beginnen:
   Das kleine Café liegt . . .
   Das Café „Herzerl" ist . . . gelegen.
   Kommen wir zuerst zur Lage unseres Cafés.
   Die Lage unseres Cafés zeichnet sich aus durch . . .

– Ein Absatz kann mit einem Hinweis auf seine Funktion im Text beginnen:
   These . . . .
   Argument . . . .
   Also . . . .
   Zusammengefaßt . . . .

– Ein Absatz kann mit einem Stichwort beginnen, das andeutet, worum es geht:
   Der Fall: Im Jahre 1910 wurde in Bremen . . .
   Die Entwicklung: Nach diesem dramatischen Beginn . . .
   Die Lösung: . . .

– Ein Absatz kann mit einer Frage beginnen:
   Was kann man dafür vorbringen? . . .
   Was spricht dagegen? . . .
   Was folgt daraus? . . .
   Wie geht es weiter? . . .

Satzzeichen | 468 | Deutliche Hinweise auf den Textaufbau sind auch Satzzeichen und Gliederungszeichen. Für die innere Gliederung einzelner Sätze sind natürlich Kommas und Satzschlußzeichen vorgeschrieben. Man kann aber zusätzlich Gedankenstriche und Klammern verwenden und so den Bau durchsichtiger machen:

> Wenn Sie mit diesen Vorschlägen einverstanden sind – wir gehen davon aus, daß Sie das sind –, brauchen Sie nicht zu antworten.
> Am Nachmittag wollten wir den Mount Vernon (das ist der höchste Berg der Region) noch einmal besteigen.

Doppelpunkte markieren oft den Beginn einer Textpassage. Sie sind wie Gedankenbrücken (*folglich*, *denn*, *also*), indem sie ankündigen, daß die folgende Passage eine Erklärung (explikativ) oder eine Folge (konsekutiv) formuliert:

> Wir drückten, wir schoben, wir streichelten: Der Esel bewegte sich nicht.
> Und dann wußten wir es endlich: Die ganze Geschichte war erfunden.

Gleichgeordnete Absätze (etwa in Aufzählungen) kann man durch einen Gedankenstrich am Anfang (einen sogenannten Spiegelstrich) kennzeichnen:
– Spiegelstriche zeigen den Anfang des Absatzes.
– Spiegelstriche verdeutlichen, daß es sich um parallele Einheiten handelt.

Will man eine Ordnung in solchen Aufzählungen zeigen, so verwendet man Ziffern am Beginn der Absätze (1., 2. usw.). Dies ist aber nur angebracht in sachlichen Texten.

3.2 Textformen

Textsorte | 469 | Texte kann man gruppieren nach verschiedenen Sorten, die sich durch den Zweck des Textes bestimmen. Jede Textsorte hat ihre formalen und inhaltlichen Besonderheiten. In Gedichten finden wir oft Verse, besonderen Rhythmus und Reime. Kochrezepte bringen die Zutaten in Stichworten, den Kochablauf ausführlich und das Produkt oft im Bild.
Nach den Zielen der Textsorte richtet sich auch der Stil. Briefe können persönlich gehalten sein oder aber in offizieller Sprache. Nachrichten sind betont sachlich, Kommentare enthalten Wertungen.
Für die meisten Textsorten haben sich im Laufe der Zeit bestimmte Inhalte, Gliederungen und Abfolgen als typisch herausgeschält. Es gibt Vorbilder und Muster für diese Textsorten.

Textform | 470 | Mit einer **Bewerbung** will man einen Adressaten über sich selbst informieren. Der kluge Bewerber wird das aber so tun, daß der Adressat ihn auswählt. Deshalb wird er sich in einem günstigen Licht darstellen (aber sachlich und nicht übertrieben, weil Selbstlob leicht stinkt).

Für den Erfolg einer Bewerbung ist nötig, daß sie alle wichtigen Daten enthält und der üblichen Form entspricht.

Absender   Datum

Adressat

Betreff

Anrede ,

hiermit bewerbe ich mich . . .
ich bewerbe mich, weil . . .
bisher habe ich . . .

Empfehlungen und weitere Auskünfte . . .

Grußformel

Unterschrift

Anlagen

471   Mein **Lebenslauf** dient dazu, einen anderen über mein Leben zu   Textmuster
unterrichten. Meistens hat der Lebenslauf einen offiziellen Zweck (es gibt aber
auch persönlich gehaltene Lebensläufe). Er kann ausführlich geschrieben sein
oder tabellarisch. Für beide Formen gibt es eingeführte Muster. Hier ist das
Muster eines tabellarischen Lebenslaufs:

Name: . . . .

Geburtsdatum: . . . .

Geburtsort: . . . .

Eltern: . . . .

Schulbildung: . . . .

Fremdsprachen: . . . .

Hobbys: . . . .

Beruf(swunsch): . . . .

Textmuster | 472 | Ein **Protokoll** stellt in sachlicher und kurzer Form ein abgelaufenes Ereignis dar, zum Beispiel eine Unterrichtsstunde, eine Konferenz, eine Versammlung. Den Hauptteil bilden natürlich der Verlauf und die Ergebnisse. Darüber hinaus muß das Protokoll aber noch andere wichtige Daten enthalten:

Gegenstand: . . . .

Zeit: . . . .

Ort: . . . .

Teilnehmer/Anwesende: . . . .

Themen: . . . .

Beginn: . . . .

Verlauf: . . . .

Ende: . . . .

Ort und Zeit (der Protokollabgabe): . . . .

Unterschrift: . . . .

Dreischritt | 473 | **Erzählungen** sind meistens nach dem geläufigen Dreischritt gebaut. In diesem allgemeinen Schema lassen sie aber viel Spielraum und sind nicht formalisiert wie beispielsweise offizielle Briefe. Die Ausführung der Erzählung ist weitgehend dem Autor überlassen, und der muß sich etwas einfallen lassen, damit er seine Leser unterhält.

Einleitung	– Orientierung – Personen vorstellen – Skizze der Ausgangssituation

Hauptteil	– Kernthema ausführen – *Plötzlich . . .* – *Da auf einmal . . .* – *Eines schönen Tages . . .*

Schluß	– Ausklang – Nutzanwendung – Anregung

Problemregister

Die Zahlen verweisen auf Paragraphen; Seitenverweise haben ein „S.".

1. Fragen zum Verb

Grundform	Was kann alles aus der Grundform werden? 11
	Was bedeutet ein großgeschriebener Infinitiv? 17
	Wann braucht man *zu*? 17, 235, 252
Partizip	Mit oder ohne *ge-*? 19
	notgelandet oder *genotlandet*? 19
	geheißen oder *gehießen*? 15
	die lange bestandene Firma? 20
Gegenwart	*fragst* oder *frägst*? *Das Licht erlöscht* oder *erlischt*? 25
Vergangenheit	Ablaut oder regelmäßig: *fragte* oder *frug*? 15
	Doppelformen: *Er wendete* oder *wandte*? *Sie hingen* oder *hängten*? 15
	Perfekt mit *haben* oder *sein*: *Wer ist* oder *wer hat hier gesessen*? 240
	Es hatte geregnet gehabt – warum nicht? 29
	Präteritum oder Perfekt? Was ist der Unterschied? S. 48
Zukunft	Wie kann man etwas Zukünftiges ausdrücken? 30
	Wann wird Futur II verwendet? 31
Befehlsform	*Eß!* oder *Iß!*? *Seien Sie* oder *Sind Sie so nett*? 42
	Mit oder ohne *-e*: *Mach* oder *mache*? 42
Möglichkeits-form	*gehe* oder *ginge* oder *würde gehen*? 41
	Sagt man: *schwömme, hülfe, flöhe*? 38
	Wann braucht man *würde*? 40, 41
	Welcher Konjunktiv gehört in die indirekte Rede? S. 61–62
	Wie stellt man Aussagen als wahr bzw. unsicher dar? Wie kann man anzeigen, daß man eine Meinung nur wiedergibt, wiederholt? S. 62

2. Fragen zum Substantiv

3. Fragen zum Adjektiv

Wie erkenne ich ein Adjektiv? 83

Beugung   Stark oder schwach:
mit *ihrem entlaufenen* oder *ihrem entlaufenem Hund*? 271
wir Deutsche oder *wir Deutschen*? 277

Gereihte Adjektive:
mit frischem, gedünsteten oder *gedünstetem Fisch*? 96

Wo liegt der Unterschied:
ein scheußlich kalter Wind – ein scheußlicher, kalter Wind? 97

Wie beugt man Farbadjektive: *ein rosanes Kleid*? 99

Steigerung   *als* oder *wie*:
Sie ist größer als oder *wie ich*? 93
umgekehrt als oder *wie*? 93

e- Auslassung: *teurer* oder *teuerer*? 90

Steigerung möglich oder nicht:
eine erstklassige oder *eine erstklassigste Maschine*? 91
der hauptsächliche oder *der hauptsächlichste Grund*? 92
in keinster Weise, mein einzigster Freund? 92
das Optimalste, Idealste? 92

Abfolge   Wie reiht man mehrere Adjektive? 301, 302

Wortbildung   Wie bildet man Adjektive aus Substantiven oder Verben? 222, 223

Wie wird ein Adjektiv zum Substantiv? Wann wird es groß geschrieben? 215

Worauf bezieht sich das Adjektiv:
der vierköpfige Familienvater? 269

vierzehntägig oder *vierzehntäglich*? 222

Stil   Wann soll man sparsam mit Adjektiven umgehen? S. 107 f.

4. Fragen zu den Artikelwörtern

Arten   Welche Artikelwörter gibt es außer *der, die, das*? 103

Woran erkennt man Substantivierungen? 102

Welche Wörter haben keinen Artikel? 108

Beugung	Stark oder schwach nach *deren* und *dessen*: *mit meiner Schwester und deren netten Freund* oder *nettem Freund*? 111
	Gibt's die Form *dessem*? 138

5. Fragen zum Adverb

Wie erkenne ich ein Adverb? 148, 149

Abstufung	Kann man Adverbien steigern? 148
	Wann paßt das Adverb nicht zum Adjektiv: *ziemlich verheiratet, schrecklich hübsch*? 156
Bindewörter	Welche gehören zusammen: *Je bunter, desto besser? Die Idee ist insofern gut,* *weil sie keinem schadet*? 157
Adverbiale und Adverbien:	Wo liegt der Unterschied? 154, 348
Wortbildung	*scheinbar* oder *anscheinend*? 151 *öfter* oder *öfters, durchweg* oder *durchwegs*? 148
Stil	Warum ist hier das Adverb überflüssig: *Ich fange zuerst mit den Luftmaschen an*? 154

6. Fragen zu den Präpositionen

Bedeutung	*von heute an* oder *ab*? 170 *Wir sind seit dem* oder *am 1. Januar weggezogen*? 170
	Was ist richtig: *Ich gehe bei meine Tante* oder *zu meiner Tante*? 169
Fall	*östlich Münchens* oder *München*? 165 *wegen Schneefällen* oder *wegen Schneefälle*? 164
Stil	Was bewirken Präpositionen? 159, S. 156
	Welche Präposition paßt: *Mitleid mit* oder *für . . .*? S. 158 *ein Mittel für* oder *gegen Schnupfen*? S. 157 *Man rettete ihn vor* oder *von dem Ertrinken*? S. 158

7. Fragen zu den Pronomen

persönliche   (Personalpronomen)

Wann wird *Sie* groß geschrieben? 120

wegen mir oder *meinetwegen*? 164

rückbezügliche   (Reflexivpronomen)

Meine Frau und ich würden uns freuen oder *würden sich freuen*? 122

bezügliche   (Relativpronomen)

Grammatisches oder natürliches Geschlecht:
 das Mädchen, das oder *die du meinst*? 402

Welches Relativpronomen ist richtig:
 alles, das oder *was*? 406
 das Schönste, das oder *was*? 406
 das Haus, das oder *was ihr . . .*? 406

Zwei Möglichkeiten oder eine:
 ich, der ich mich oder *ich, der sich*? 405
 die Frau, welche oder *die*? 142, 405

Wann ist das Relativpronomen *wo* zulässig:
 der Schlüssel, wo fehlt oder *der fehlt*? 142, 407

deren oder *derer*:
 die Annahmen, aufgrund deren oder *aufgrund derer*? 141

Was ist der Unterschied:
 das Besteck, womit oder *mit dem*? 411

unbestimmte   (Indefinitpronomen)

Indefinit- oder Interrogativpronomen:
 Ist dort wer oder *jemand*? 124

Welches Geschlecht nach *jemand*:
 Jemandes andern Frau oder *jemand anderes Frau*? 130

hinweisende   (Demonstrativpronomen)

derselbe oder *der gleiche*? 139

fragende   (Interrogativpronomen)

Fragen *welcher?* und *was für ein?* dasselbe? 127

Wie wird *wer* gebeugt? 125

Worüber oder *über was sprichst du*? 126

Stil   In welchen Texten sind persönliche Fürwörter angebracht?
Wo kommt statt dessen *man* häufiger vor? S. 133 f.

Wo soll das Bezugswort zu einem Pronomen stehen? 121

Wie mache ich einen Text persönlicher? S. 133